新釈
メラニー・クライン

Melanie Klein: Her Work in Context

ミーラ・リカーマン 著　飛谷 渉 訳
Meira Likierman　　　Tobitani Wataru

岩崎学術出版社

Melanie Klein: Her Work in Context
by Meira Likierman
Copyright© 2001 Meira Likierman
Japanese translation rights arranged with
The Continuum International Publishing Group
through Japan UNI Agency, Inc., Tokyo

目　次

謝　辞　vii

第 1 章　「クライン論文の衝撃」——はじめに　1

第 2 章　「微妙な批判の兆しに気づく必要性」——フェレンツィ，フロイト，そして精神分析との出会い　19

第 3 章　「どうやってお船たちはドナウ川に浮かべられるの？」——子どもの心的発達　32

第 4 章　「ただの奔放さにあらず」——初めてやってきた子どもの患者たち　60

第 5 章　「完全に現実離れしたイマーゴ」——フロイトからの離脱　89

第 6 章　「誰がそれを疑えようか？」——早期対象愛，心的防衛と解離のプロセス　117

第 7 章　「愛の対象の喪失」——アンビヴァレンスと抑うつ状態　137

第 8 章　「愛の対象の喪失」——抑うつポジションにおける悲劇性と道徳性　154

第 9 章　「この非現実的な現実」——クラインの空想（幻想）phantasy 概念　188

第10章 「超然とした敵意」——妄想分裂ポジション　　*199*

第11章 「バラバラになること，自らを分割すること」
　　　　　——投影同一化，未統合状態と分割過程　　*216*

第12章 「あまりにも得難いがゆえ」
　　　　　——羨望に関する2つの説明　　*239*

第13章 「言葉なくても分かってほしい，果たされぬ望み」
　　　　　——孤独 loneliness　　*268*

　訳者あとがき　　*277*

　索　引　　*283*

アンドリューに

謝　辞

　この本を執筆するにあたって協力してくれた友人たちと同僚諸氏に謝意を表すことができ，私はこの上なく嬉しい。ここでは直接かかわっていただいた人たちのみの名を挙げるにとどめるが，しかし他の多くの人々にも私は感謝している。

　ディック・ブラッジマンは原稿に目を通してくれた。彼の詳細な編集コメントは非常に貴重なものであった。アダム・フィリップスのコメントは，常にそうであるとおり，鋭く洞察的で当を得たものであった。ニック・テンプルとマーゴ・ワデルは原稿の一部を読み，寛容にも励みになる意見を返してくれた。『英国心理療法誌 British journal of psychotherapy』のジャン・アルンダーレは第8章の基礎となる同誌への発表論文の使用を許可してくれた。ルース・レヴィットは索引の作成にあたって高度な専門技術を駆使してくれ，また私のエージェントであるヒラリー・ルビンシュタインは本書の出版に際し明晰な考えを与えてくれた。

　私の家族では，ジェイムズ・トンプソンとマシュー・リカーマンは，消失したかに見えた章や動かなくなったディスクを復活させてくれるにあたって，驚くべきテクノロジー的救援作業を施してくれた。ルース・トンプソンはつねにリラックスできるコーヒー・ブレイクを準備してくれ，ムーシャ・グルエンスパンはこの企画を通じて熱意を込めて励ましてくれた。だがこの2人はただ一つ本書の完成を見る父がいないことを嘆いていた。しかし誰よりも，夫アンドリューが，特にゴールがあまりにも遠くに感じられたときに，援助の基盤であり続けてくれた。

第1章 「クライン論文の衝撃」――はじめに

　1926年の初秋，メラニー・クラインはベルリンの家を永久に離れて英国に移り住んだ。そのとき44歳であった。しかし，彼女の最も創造的な年月はその先に続くことになる。そのうえ，英国における彼女の仕事と文章から立ち現れた視野は，理論的射程と独自性において傑出していることが認められ，人間的状態を考えるに際しての独創的な次元を提供することになった。クラインの達成を振り返って評価してみると，どのような基準に照らし合わせてみても，それが価値ある実質を備えて際立っていることがわかる。彼女は新たな理論的学派を築き，子どもの精神分析的治療を開拓し，英国の非常に創造的な同僚たちに影響を与えるとともに，精神病やボーダーライン状態にさいなまれた人々の最初の精神分析作業に命を吹き込んだ。

　それが別段派手なものではないとしても，クラインがもたらした影響には，この卓越した達成のリストを超えてより深遠な相がある。すなわち，彼女の考えは広く知れ渡ったわけではないとしても，20世紀精神分析に対して，さらにはより広い文化的キャンバスの上に永続する刻印を残したのだ。クラインの貢献にふれたことのない人々でさえ，今では幼児期について，心理発達について，あるいは大人のメンタルヘルスについてなどといった題目に接近するときには対象関係をもとにして考えている。これらに関して当たり前だと思われていることの多くは，クラインによって先取りされていたのだ。たとえばこれらには，乳児が人間的環境，特に彼らが出会う母親の情緒的態度に対して敏感であるという信念，そして乳児期や幼児期に享受する愛情のこもった質的に鋭敏な両親の目 attention が大人の心の健康への大切な基盤を提供するとの信念が含まれている。これらの信念は深遠な発見というよりはむしろ平凡なものであるかに見えるかもしれないが，しかし実は，メラニー・クラインがその見解を公にするまでは，それらが早期の乳幼児期に関連してはっきりと言明されたり，考えられたりしたことすらなかったのだ。クラインは内的対象関係論の創始者であり，早期の精神生活に関する徹底した対人関係モデルを提示した初めての人物

なのである。

　子ども時代の本質についての理論がクライン以前には存在しなかったと言おうとしているわけではない。なぜなら、ほとんどの大人社会において、そのような理論のさまざまなバージョンが歴史を通してあれこれと生まれていたからである。より以前の思想が20世紀精神分析へと生き残り、さらにはクラインの仕事へと活路を見いだしたということは驚くに値しない。たとえば、彼女のように子ども時代の状態に重要性を付与するということは、すでにヨーロッパにおいてロマン派運動を開花させた作家、哲学者そして詩人たちによって予期されていた。クラインの思考は子ども時代の理想化よりはむしろそのロマン派的強調に一致するものである。しかし、彼女なら子ども時代を理想化することでさえ、前時代の思想における偉大な発展なのだと見なしたかもしれない。子どもを、悪くすれば原罪の代理人、良くて欠陥バージョンの大人——ライフサイクルにおいてはどこにも目立った存在意義を持たない劣等存在の一種——としてきた旧来の描写に対しては、ロマン派の人々同様クラインも反発したことだろう。しかしながら、クライン派の観点からすると、ロマン派の熱狂者たちは対極に行ってしまうことで、つまり子ども時代を理想化し、そこを純潔と完璧の領域に書き換えてしまうことによって、現実の子どもがそこに住まうことを同様に困難にするという過ちを犯しているのである。

　1921年から1957年の間に主要な著作を執筆したクラインは、フロイトが築いた礎のもとに仕事を積み上げてゆくことができた。子ども時代の赤裸々な真実を隠蔽し、子どもたちが本能の突き上げにさいなまれることなどないのだという幻想を永続させてきた純潔神話を彼女は一掃した。クラインは断固としてその対極を主張した。すなわち、未成熟であれば、衝動による動揺に即座に捕らわれ、不安、怒り、そして激情に心が圧倒されてしまうということである。したがって、子どもたちはその状態の制御にあたって大人に情緒的に依存するのであって、それまで信じられていたように、純粋に物質的、教育的な意味で依存するわけではない。

　子ども時代の純潔という観念を拒否することによって、クラインは大人の思考における子どもの位置をいたずらに危険にさらしたわけではなかった。その反対に彼女の主張は、社会意識における真実の空間をこじ開けることに成功し、子どものおかれた弱い立場に対する認識を拡大させた。この意識は、クラインが人間環境という文脈における幼児の心的発達を描写したことでさらに強められることになった。子どもに対して社会が負わねばならないやっかいな義務を

正確に際だたせるというやり方でもって，成長しつつある個人がいったい何を必要としているのかを彼女は最終的に浮き上がらせることができたのだ。

　だが，クラインが提示したのはこれだけではなかった。確かに彼女は早期の精神生活に焦点化することで専門家として成長しはじめたのだが，この領域における彼女の探求は，ほぼ即座にさらなる彼方へと到達する広大な意義を含んでもいた。子どもの患者たちとの最初の出会いが，強力で原始的な幻想生活への気づきを彼女にもたらした。それらの幻想は自己感覚と他者との関係に形を与え，人生に持ちこたえる能力，その衝撃を加工 process する能力，世界の持つ意味を理解する能力という全般的な力に形を与え，それらが彼らの心的生活の土台となっていることに彼女は気づいた。子どもたちにおいてこれらのプロセスを探求するうち，クラインはここで自分は大人の精神生活の最初期的基礎を垣間見ているのではないかと疑うようになっていた。

　原始的精神活動領域への彼女のさらなる探査は，その直観的深度と射程距離において驚くべきものとなった。ついに彼女は，正常と健康から統合失調症や躁うつ病という重篤な精神病へといたる広範な心の状態を説明する人間的経験の視野を提供することに成功した。この過程の一部としてクラインは，われわれの日常的実存の揺らぎに決定的に影響する情動，すなわち抑うつ，羨望，嫉妬，強迫行為，不安，猜疑心，孤独などありふれた人間的苦悩に注意を傾けた。こうしてクラインの理論は，人間の情動性の力を明確にしたのみならず，われわれの日常的気分に隠された多くの切実な個人的シナリオを独創的なやり方で照らし出すことになった。

　このような野心的題目からして，クラインの仕事が熱意もしくは少なくとも関心によって迎えられるどころか，精神分析エスタブリッシュメントの疑惑と敵意をかき立てたことは何ら驚くに値しない。挑戦を受けての闘争ゆえ，波乱含みの彼女の経歴は繰り返し揺るがされ，一度などその代価として分析実践を行う上で依って立つところの精神分析家資格すら剥奪されるところであった。

　革新的な仕事が物議を醸すことは何ら珍しいことではない。独創的な思考は知的な交流と相互作用の気候のもとに育まれるものであり，概念 idea の歴史は情熱的な議論によって恩恵を受け，その議論が個人思想の具体化を助ける。それでもなお，メラニー・クラインの場合には，早期ベルリン時代当初から彼女の思考が典型的な形で引き起こしてきた強烈で極端な反応について，それは一体なぜなのかと訝ってみる必要がある。彼女の仕事への批判のなかには疑いなく熟考されていて妥当なものがある一方で，焦燥と敵意に彩られた個人的反

応を激しくかき立てられたことによるものもあったに違いない。

そのような反応は，部分的にはクライン自身の素質の問題に遡ることができ，それには彼女の概念提示手法が拙劣であることや，心の理論を構築する際の接近様式の問題点が含まれている。彼女は情熱的で直観と洞察に溢れんばかりだったものの，知見伝達に性急で，定式化と表現において不注意だったという彼女のパーソナリティが，この接近様式の問題点と密に結びついていた。クラインは最初期の思いつきを不用意に確信として表現してしまう間違いを犯すことがあったが，その後に実証するものが十分に得られなかったときにそれはより一層ひどくなりがちだった。

しかしながら，子どもたちの精神生活を探求するのだと決断したことで彼女が直面することになった仕事は，決して単純なものではなかった。クラインの時代に活用することのできた精神分析モデルは，クライン自身にとっては革新的なものではあったにしても，彼女の仕事を育んだその他の社会科学や学術的領域もまたそうであったように，それ自体いまだ黎明期にあったのだ。クラインが頼みにできた唯一の「実験室条件」を，彼女の時代の臨床的習わしに何とか適合させる必要があったばかりでなく，それ自体彼女自身によって考案されねばならなかった。これらの困難に対する彼女の解決法は，成人患者を対象としていた精神分析家たちが標準的に行っていたように，自分の臨床を進行中の研究プロジェクトとして使用することであった。

クラインが精神分析的研究プロセスの枠組みとして，子どもとの直接のセッションを使い始めたとき，彼女はすでに数人の子どもの患者の精神分析的治療をはじめていた。彼女よりも先に他の臨床家によって試みられた子どもとの精神分析的セッションがほんの少しは存在したのだが，それらは彼女にとって十分精密なものには映らなかった。フロイトとその信奉者フェレンツィは，両親や観察者によって間接的に得られた小さな男の子のケースをそれぞれ単独で報告していた。より直接的な仕事も，クラインよりも年長の精神分析家ハーマイン・フォン・フーク-ヘルムートによって行われていた。彼女はそのなかで2，3の子どもたちとの臨床作業を行い，1920年にその結果を出版していた。その作業は不定期で試験的なものであり，子どもたちとの普段のやり取りの中で，精神分析的知識を行き当たりばったりに使用する試みであった。そのような仕事は治癒を目指したものではあったのだが，子どもに特化した方法論として取り出されるべきある種の形式的厳格さを避けていた。

クラインは，はるかに高い精密度を目指し，彼女の研究対象を可能な限り純

粋培養する条件を求めた。これに対する彼女の解決の革新性は，大人の精神分析セッションの構造をそのまま子どもとの仕事に適用することにあった。これは，両親からは離れたところで行われる個人的で内密な作業に集中し通常の教育的判断を控えるというセッションの枠組みとして結実した。同時に子どもたちは，説教や提案あるいは指導といった通常彼らが大人から期待するものぬきで，一定の品揃えでの遊び道具を与えられる。この枠組みは，ひとり遊びの自然な状態を部分的に再創造する。クラインは，通常憚られるような題材についても，平易な子どもの言葉で話し合う用意がある存在として，つまり中立的neutralで非判決的non-judgementalな存在であり続け，それによってもたらされる自由の中で意外な事実が現れてくることを奨励した。

　後から振り返ってみると，これらの基本的手法が印象的な結果をもたらしたことが明らかになる。クラインとの分析作業を行った子どもたちは，彼らに与えられた状況をしっかりとつかんでおり，内的な自己の大部分を彼女に開示した。クラインは彼らとのコミュニケーションの記録をとり，それらをもとにして理論構築ができた。この初期の子どもの患者がもたらしたコミュニケーションのうちでもっと重要な点は，全く抑制されることなく表出されたその内容であり，それらによってクラインは人の心にあるもっとも蒼古的な空想とそのプロセスへの決定的な洞察を得た。

　これらクライン初期の洞察は，それに続くものの多くと同様，まことに風変わりなものであったし，今なおそうあり続けている。クラインの追従者たちにとってそれらは，早期の心的生活の一風変わった様式を見事に捉えているのだと感じられていた。彼女を批判する者たちにとっては，それらが彼女の拙劣な推論プロセスを裏付けるものと映った。さらに，クラインが自説を実証するための量的研究を行わなかったために，彼女の生涯の期間，あるいはそれを超えてもなお，それらは深い魅惑と深い疑惑とをかき立てがちな謎のままであり続けたのだった。

　これらの要素をすべて考慮に入れるなら，成長期の精神分析コミュニティにおいてクラインの仕事の評判が悪かったことは何ら驚きに値しない。彼女の時代にそうであったように，今でも概してこの悪評が彼女の仕事を知ることに先立ってしまう。彼女に対して批判的な者たちは，彼女は推察的であり，彼女が幼児のものとしてみなす心的な洗練の度合いが非現実的であると感じる。さらに彼らは，クラインが人間の本性に対して不穏当に否定的，悲観的だと感じる。また他の批判は彼女の理論がまだしっかりと取り組んでいなかった領域に焦点

づけられている。クラインは前言語的経験を探求していたにもかかわらず，言語と無意識との関係にほとんど関心がなく，それに気づいてさえいなかったために，人間の発達を説明するにあたって決定的な欠陥を残してしまっているというのである。クラインの基本的な前提条件を頭から拒否し，したがってその上に建造した建築物をすべて否定する者までいる。クラインの支持者たちは，彼女の仕事に対して起こりがちな個人的で主観的な反応を，彼女の考えが人の心に深く入り込み，言い知れない恐怖と怒りを引き出す証拠なのだと指摘する。クラインはぶっきらぼうだとしても偉大な知的勇気を持ち合わせてもいて，彼女以前の独創的思想家たちと同じように，歓迎されないメッセージの運び手であったがゆえに拒絶されたきらいがあると指摘する。彼女の理論が，それ以前の多くと同じように，文化的個人にとっては侮辱であり，統合された自律的文化的存在としての大切な理想像への襲撃であると映るようだ。

　クラインの仕事が急速で安易な人気を獲得することはなかった。それは20世紀の大部分からほとんど無視され続け，ごく少数のクライン派分析家が臨床を通じて基本概念を発展させ続けただけであった。メラニー・クラインの晩年にあたる時期と死後に書かれた彼らの論文が，彼女の考えをより広く行き渡らせ始めるための道を間接的に開いた[1]。これは初め，たとえば投影同一化など単一の概念として，いくぶん断片的な形で生じた後，より一般的な専門用語様式の形成へとつながっていった。しかしながら，皮肉なことにこれは，全世界の専門家の認識において，これらの概念がクラインの仕事の中から不相応に重要視される傾向をもたらした。彼女自身，投影同一化には比較的小さなスペースしか与えなかったのだが，この概念の臨床的派生物の探求に捧げられた無数の臨床論文がある。

　ある意味では，これはよいことのように見えるかもしれない。すなわちそこでは，その概念を臨床的に使用したときに明らかになる価値を強調することになる。たとえば，投影同一化は理論的理解の重要な間隙を埋めるばかりでなく，高度に臨床応用可能だと判明している。しかしながら，別の視点から見ると，投影同一化を強調することが，彼女自身で莫大なスペースを割いた他のクライン概念という広大な領域から注意を逸らせ続けることになってしまった。

　これによって別の問題が持ち上がる。クラインの概念が他学派を経ることでより広い読者層に届きがちだったという事実は，このようにして馴染みになった彼女の概念が他人の手になる文献を通して知れ渡ったのだということを意味する。すなわち，このことによって，ただでさえ決して近づきやすいものでは

なかった原著が，ますます無視されてしまうことにもつながるかもしれない。個々の概念を抜き出した選択的使用は，特にそれが臨床論文で他人によって流布されたものだと，クラインの視野の全体像に煩わされる代わりに，おあつらえ向きの代替物が得られたという感じを与えるかもしれない。しかし，これでは怠慢によって偏見を固定化させてしまい，悪循環を永続させることになるだろう。すなわち，その文章が部分的にしか知られていないと，その著者は部分的にしか信用されることはないのである。今日にいたるまで，クライン派の理論は全面的な受け入れか全面的な拒絶かという反応を産みがちで，人間経験の理解の試みに近づく際に必要なモデルを提供するものとして考えられるというよりはむしろ，あたかもそれらが「正しい」か「間違い」かについて判断されるべきなのだとしているようである。

　本書の目的は，これらの障害のうちのいくつかに取り組むとともに，クラインの原文への新鮮なアプローチを促進することである。しかしながら，ここで目指されているのは，彼女が為すべきだったことへの遡及的批評ではなくて，むしろ原文に現れている彼女の理論をそれ自体として彼女自身の視座からよりはっきりと明示することである。彼女の早期の論文において徐々に勢いを増してくる種々の主題を探求することで，そして彼女の思索に拍車をかけることになった専門的議論のより広い文脈にそれらを位置づけることを通じて，彼女の鍵論文において概念がいかにして形を為していったのか，われわれの前に彼女が呼び出すその像を見せることができるようにと私は願っている。

　原文に直接取り組むことに代わるものは何もない。そして，それに気づいていることがクラインのような思想家に関しては殊に重要である。文章化するのに大変骨の折れる領域に関して，地道な作業をすっ飛ばすことで学びの過程を短縮してしまいたいという誘惑に書き手も読み手も惑わされがちだが，このような彼女のせっかちさにもかかわらず，その単調な走り書きを通じてでも概念はコミュニケートされうる。いずれにしても，ことをあまり明確にしていないように見えるがために，これらはしばしば使い捨て可能な品であるかのように映る。しかしながら，クラインの難解な文章を避けて通りたいという十分に理解可能な誘惑が，どちらかといえば余計にフラストレーションを増大させてしまうことになる。そうなると，クライン文献に対して読者がより鋭敏な眼力を伴った知識を発展させる能力を奪うばかりでなく，その独自性ゆえ安易な転用を拒むクライン概念の細部を見えなくしてしまうことにもなるのだ。

　そのような要素を考慮に入れて，本書では原文の取っつき難いところにも必

要とあらば取り組むことになるだろう。そうすることで，確かに時として圧倒するような理論的不協和音を発生させてしまう原文から聞こえてくる著者独特の声に対する感受性を育むことになるからだ。このプロセスの一部として，クライン論文における避けがたい不完全性，矛盾，曖昧さのうちのいくらかには注意を向けることになり，彼女の主要な論点をより明瞭に展開させることができる。だが，その他の解説書と同じように，本書でも原文から発生するものすべてを網羅することはできない。

クラインの貢献を評価するにあたっては，その欠損領域のいくつかに注意を向けないわけにはいかない。したがって，それ自体の内的論理に関してであれ，同時代の精神分析家が当然そこにあるべき理論が欠落していると批判したものに関してであれ，彼女の理論がどのような点で不十分であるのかということも考慮に値する。ここでの調査の領域は，クライン自身に直接関わりのある批判に限られる。クライン派の思想に関するそれ以後の批判は本書の想定領域を超えている。クラインの思想が成熟するに至った特別な状況のために，前述のごとく彼女は精神生活における言語の役割に関して十分配慮していない。さらに彼女は認知発達に関する包括的説明の試みを行わなかった。さまざまな段階における認知的気付きや認知の原初的根源に関しての革新的で独創的な考えを彼女がもっていた一方で，心的成長を促進する現実的要素や，彼女の用語でいう統合に向かう欲動が何なのかといったことは，神秘のプロセスであり，自然の秘密のままだった。彼女に関する限り，彼女の見識はこのプロセスを説明するために向けられるのではなく，むしろそのプロセスがいかにして不安や攻撃性によって妨害されるのか，そして生の本能，好奇心，そして愛によって促進されるのかということを照らし出したのだった。

たしかにクラインが，すべてを網羅的に説明できる心の理論，もしくは新たな認識論，あるいはフロイトのメタ心理学に完全に取って代わるものを自らが提供しているなどとは，見なしていなかったということを念頭に置いておく必要がある。彼女は，自分の時代のフロイト理論に彼女自身がさらなる次元を加えようとしているのだと考えていたし，同様の作業をしようとしていた同僚たちの考えや批判に答えようとしているのだと見なしていた。彼女の研究はすべて臨床からの要請によって推進力を得ており，これこそが彼女の理論の射程を描くものである。したがって，彼女の取り巻きからおこった疑念のいくらかを調査してみることで，その限界と独創的な長所も含めて彼女が働いていた知的脈絡の感覚を得ることができる。また，そのような調査によって，自分に直接

掛けられた嫌疑をクラインがどのように扱ったのかをとことんまで熟慮することが可能になる。それらには最もしつこく続いた2つの嫌疑が含まれている——すなわち、彼女が幼児の心的プロセスに不当にも過度の複雑さを付与してしまったというもの、そして人間の本性に対する彼女の見解が不適切に否定的であり悲観的であるというものだった。

　クラインの貢献に今新たにアプローチすることは時宜を得たものだ。半世紀以上の距離を得て、彼女の並外れた人生、パーソナリティ、そして思想にたいして私情を交えないスタンスでもって再吟味することがいまや可能なのである。彼女が活動していた歴史的専門家的脈絡は彼女の思想の発達を理解する上で重要である。というのは、時として彼女にとってこの上なくやっかいなものとなった同世代の専門家集団は、彼女に深い啓示をもたらしもしたからである。もしかしたら、彼女の早期の専門家的発達の主要な特徴を明確にしてくれる伝記的歴史的詳細から始めるのが最もよいスタートになるかもしれない。それはわれわれを彼女がベルリンから出発した1926年という時点へと連れ戻すことになる。

流浪、そして定住——ブダペスト、ベルリン、ロンドン

　出立の決断に先立ち、個人的にも職業的にも苦難の時期が続いていたために、1926年にはベルリンを発つことへの圧力をクラインが感じていたことは疑いがない。私生活では、夫のアーサーとの離婚もその1年前の1925年に決定的となり、結婚と家族生活に捧げた彼女の人生の時期は終わりに向かっていた。3人の子どものうち、12歳だった末っ子のエリックだけを彼女はイギリスに連れて行った。クラインの長女メリッタはすでに結婚しており、15歳だった長男のハンスは父親のところにとどまった。

　このような個人的状況は当然苦しいものであった。だが、彼女の専門家としての生活に与えられたある深刻な打撃をこれらが増強したという事実がなければ、それだけでクラインにベルリンでの暮らしを捨てさせるに十分だとは見なすことはできない。少なくとも15カ月は続いたクラインの分析を行った精神分析家カール・アブラハムが1925年のクリスマスに亡くなったのである。彼を失うことでクラインは、ベルリン精神分析協会においてその創始者として尊敬を恣にしていた指導者を失ったのだった。アブラハムが亡くなった時点では、いまだクラインはベルリン協会での地位を確立していなかった。彼女はまだ駆け

出しであり，子どもの分析の先駆的な仕事の重大な意義を周知させようと奮闘していたところだったのである。アブラハムが存命であれば，彼がクラインの能力を高く買っていたことで彼女の活動は守られていた。アブラハムが亡くなったいま，彼女の弱い立場が明るみに出ることになる。彼女の専門家としての前途は，ベルリン協会の新しい幹事となったサンドール・ラドによって阻まれることになった。彼は2つの主要な精神分析雑誌の編集をフロイトから任されていた。ラドはクラインが投稿していた非常に革新的な論文を却下し，会議では彼女を口汚く罵りさえした。だが，彼のあけすけな敵意は，ベルリン協会において現れつつあった彼女の仕事に対する感情的反応の単なる一徴候に過ぎなかった。アブラハムの死の余波によって反論は表面化したが，これは彼女の極端に不安定な職業生活において後に繰り返し出会うことになるものの前兆を味わわせた。

　何ゆえそのような反論を巻き起こすのだろうか。そこには個人的要素と専門家的要素の混成物が認められるのは確かである。なぜなら，まずもってクラインは部外者でありもともとベルリン出身ではなかった。クラインが精神分析に対していかに高い貢献度を誇り，そこからの高い要求に堪え忍んだとしても，能力豊かで，活性の高い集団を形作ったベルリンの精神分析家たちが，彼女を例外と見なしたはずもなかった。クラインの人間的成長の度合いになどさらに気づくはずもない。思春期や青年期に過ごした見込みのない状況から自らを奮い立たせるために彼女がなし得た猛烈な努力など，ほとんど孤独なものであり，振り返られるわけもない奮闘だったのだ。

　クラインは1882年ウィーンに生まれた。そして，中部ヨーロッパで何度も引っ越しをかさね，1910年からはブダペストに11年といくぶん長い期間留まった後，1920年ベルリンに移り住んだ。クラインが自分の苦境のため最初に精神分析を受けたのはブダペストにおいてであり，その間にフロイトの著作に出会った。ハンガリー人でクラインの最初の精神分析家，サンドール・フェレンツィは彼女の精神分析への高まる関心を鼓舞し奨励した。彼女は1919年ブダペストにおいて初めての精神分析論文を記し，それをもとに小規模だったハンガリー精神分析協会への加入を認められている。残念ながらここでの資格は長く維持されることはなかった。ハンガリーにおける政治的緊張が，ハンガリー精神分析協会のメンバーにとっては，生き残りがたい空気を創り出し，多くの人たちは職業的所属を他の領域に探し求めざるを得なかった。これがクラインをして，繁栄する精神分析協会があったベルリンへの移住を決心させた背景であった。

ベルリンへの移住はフェレンツィの手助けによって上首尾にことが運んだ。彼はクラインを，ベルリン精神分析協会の卓越した創始者でフロイトから特に気に入られていたカール・アブラハムに熱心に推薦した。ベルリン精神分析協会の正会員となったクラインは，その3年後，2回目の精神分析をアブラハムから受けることになる。しかし，彼の強固な援助にもかかわらず，クラインの地位は不安定なままだった。それは，彼女が大学教育も医学の訓練も受けていなかったことから，精神分析における僻地からの新参者だと見なされたばかりでなく，どことなく成り上がり者のように見えたからだった。

ここには痛々しい皮肉がある。というのは，若い頃，精神分析と出会う遙か以前に彼女は医学を学びたいと切望していた。だが，悲しいことに彼女の家族状況には個人的野心を叶える余地は残されていなかった。一家の生計を立てる稼ぎ手としての父親も兄も，クラインが十代のときに死んでしまったので，未亡人となってしまった母と哀れな妹たちをまかなうため，安全な暮らし向きを保証するには，この年齢の娘にとって結婚が最も現実的な選択肢であると思われたのだった。クラインも最初は夫のアーサーとうまくいっていたし，結婚生活の行方にも熱心だった。しかしながら，この決断が程なく災いをもたらすことになる。結婚が女性に家事と子育ての重責をもたらすということは，20世紀の初頭においては一般的なことだったのだが，クラインの場合にはアーサーがまだ専門家としての地位を確立する途上にあり，職業的安定と地位の改善を目指して，中部ヨーロッパを家族ともども何度も移住することになってしまったことにより，状況はなお悪かった。

結婚生活の初期，クラインは根無し草のように社会的に孤立した生活に苛まれた。彼女の心の支えが必要な未亡人の母親の厄介な窮状と，結婚生活は気持ちの支えとなって親密なつながりを育むような代物ではないのだという思いが高じたこととによって，彼女はふさぎ込み孤独感は強まった。このような状況は，彼女がブダペストに定住して精神分析との接点を得るまで，クラインの教育されてはいないけれど強力な知性が飢餓状態のままに置かれていたということをも意味した。クラインがいかにして自分自身で精神分析の可能性を知るに至ったのかに関する情報はないが，しかし，彼女はその経験に対して即座に応答したようである。それは彼女に情緒的な安堵をもたらしたばかりでなく，彼女がそれまで知り得なかったほどの知的な満足と豊饒さを与えたのだった。

数年後クラインはベルリンにいた。そして，小さな子どもたちに精神分析を適用することで，そしてこの分析作業に基づいて独創的な理論的組織立てを行

うことで新たな地平を開拓しようとしていた。この最初の仕事によってクラインの中に強烈な情熱がかき立てられた。その情熱は1921年にベルリンに到着して以来，彼女がベルリンの同僚たちの前で発表した初期の論文数編中にその痕跡を残している。これらの論文は，小さな患者たちの想像生活と同時に，著者のアイデア，直観，そして大胆な断定が激しく迸り出ていることによって特徴付けられる。これらの論文は今でも輝かしさとばかばかしさとが共存しているように見えるかもしれない。クラインは臆することなく記述した。そして，たとえば幼児の心的生活の詳細を説明するにあたっては，手段として幼児語を借りてくることなど一切考えもしなかった。残念ながら，ここにはお堅いベルリンの同僚たちが期待していた科学的作法が顧慮されていなかった。また彼女のスタイルは，科学的敬意を得ることに躍起になっていた分析協会の識者の意図を後押しするようにも見えなかったのである。

　しかしながら，スタイルばかりでなくその内容自体も問題だった。生後1年から果ては思春期までという年齢層を網羅する臨床データを引き合いに出すことで，クラインはお堅いベルリンの精神分析家に対して新種の子どもたちを紹介することになった。この臨床の仕事はただ実験的であったばかりでなく，精神性的発達のタイミングに関するフロイトの説を覆し挑戦するようにすら見えるものであった。したがって，それを同僚に紹介するには慎重で政治的に巧妙な根回しが必要だったのだが，刺激的な発見に焚きつけられ情熱的に取り組んでいたクラインにとって，そのような配慮は困難なものだった。子どもの内的生活に対する彼女の描写は，したがって，生々しく容赦ないものであり，プレイのセッションの中で小さな患者たちが展開した，口唇的，肛門的，そしてエディプス的衝動の残虐さに関する彼女の解釈もまた然りであった。

　彼女は患者たちの言語的象徴的表現を詳細にわたって記載した。内密さの保持されたセッティングの中で，子どもたちが自由な表現を許されるとともに垣間見せる本能的争乱，サディスティックな残酷さ，そして急性の不安をクラインは次々と記録にとどめていった。このデータは子どもの内的生活への扉を開き，小さな子どもたちが極端さに苛まれているという結論へとクラインを導いた。すなわち，彼らの残酷さは制御不能なほどサディスティックであり，それによって生まれる不安は，それに見合うくらいに激しく恐怖を伴うのであった。

　これに対してベルリンの精神分析家たちは面食らった。一つには，その手の記載における初めてのものであったためであり，直接子どもを扱ったそれまでの一握りの発表が，クラインのものに比べて御しやすいものであったためであ

った。早期の記述で最も著名であったのは，フロイトの「ハンス坊や」であり，それは母親の妊娠とそれに引き続く妹の出生の間に馬恐怖症を発症した5歳の男児についてのものであった。フロイトはハンスのエディプス・コンプレックスと，それにまつわる敵意や近親姦衝動を探求したが，それは子どもとの直接の仕事ではなく，父親から報告されたものを扱っただけだった。したがってフロイトの論文は，一世代離れた大人の平静な視点というフィルターを通してみた子どもの心的生活の記述だったのである。それに加えて，フロイトの論文は子どもの自由な表現記録を提供してもいなかった。ハンスのコミュニケーションはすべて，自宅で両親によって観察記録されたものであり，それゆえ，彼らの親的教育的機能によって文脈が修正されていた。子どもの不合理な恐怖の勢力におけるリアリティを明らかにしているため，この記述がそれ自体革新的であることには疑いの余地はない。だが，不安は外から観察されたものとして提示された。子どもに内側から体験された生々しい主観的な詳細をそれは含んでいなかった。これこそ後のクラインの記述において際だった特徴となったものであった。

しかしながら，同僚たちの既成概念を揺さぶったのは，単にクラインの風変わりな記述だけではなかった。彼らの見たところでは，フロイトが奮闘してきた1889年にまで遡る心の理論構築の努力によってもたらされた方法論と秩序を，彼女の理論構成のやり方そのものが大混乱に陥れると映ったのだった。確かにフロイトも自分自身の考えに対して矛盾を生じることがあったが，しかし彼の理論は科学的学術的伝統を重んじるものであった。その出発点は，それまでに培われてきた科学的研究と文献という背景に依存しており，その歴史的文脈に収まることに耐えうるものであった。この基盤の上に構築されるものはすべて厳重に議論され尽くしていた。たとえば，人の乳幼児がその精神生活を最小限の認識から，あるいは胎児のような状態から，つまりフロイトが快感原則に支配されていると見なした一次性自己愛の状態から出発させるのだという彼の見解に分析家たちが挑戦するなどというのはあり得ないことだった。さらに，心が発達に向かう動きは漸次的なものであり，現実原則への適応強化とそれによってもたらされる現実認識の増大を可能にするような心の拡張の諸段階に，その発達が依存しているという主張はフロイトにとっても合理的だったのだ。

自分が探求した小児期発達の複雑なプロセスは，自ら先に行った心的世界の拡張をもとにしているとフロイトは感じていた。フロイトに関するかぎり，最初の重要な関係の中に引き込まれエディプス・コンプレックスの波乱に満ちた

情緒的葛藤を経験するまでに，すでに子どもは心象を首尾一貫した形にまとめ上げることができており，言葉と運動性を操ることができ，したがって，しばしば合理的ではないにせよ，考え行動することができているものだとされていた。フロイトの描く子どもは疑いなく原始的なのであるが，その原始性はもっぱら欲動や衝動，特に幼児性愛の領域に属する衝動コントロール能力不全にある。そして，フロイトの幼児性愛理論には反論が多かったのだと時おり誤解されるが，幼児性愛概念がすでに存在していた当時の科学界においては実はそうではなかったのである。

　クラインの考えは，表面的にはフロイトの概念の上に構築されたとはいえ，その方法論と理屈をただ覆すだけだと見なされた。彼女の概念は直に早期の心的生活へと遡っていた。その複雑さと奇妙さは度肝を抜くものであり，そこで彼女は幼児の意志性を強調したばかりでなく，小さな子どもたちに洗練された複雑な心の働きをも想定していた。クラインの同僚たちは，彼女が主観的体験の記述を心的現象の客観的な現れと混同しており，単なる心的内容の描写が自動的にその説明になっているかのようだと批判することになった。ベルリンの人々が彼女を激しく批判したのももっともなことだったのだ。

　しかしながら，いくぶん一筋縄でいかなかったことには，クラインの仕事への反響がここですでに，それが精神分析のより広い発展の中でどのように位置づけられることになるのかという徴候を占う上での大方の予想や大多数の意見のなかに収まらなくなってしまっていたのだった。ベルリンの分析家たちからの批判と全く期を同じくしてのロンドンでの賞賛，そういうかたちでこれは表面化することになった。英国精神分析協会における1925年の講演のための彼女の訪問は，まさに大成功だったのであり，英国分析協会の代表だったアーネスト・ジョーンズがフロイトに書き送った報告にもそれは記されている。「メラニー・クラインが，われわれ協会員の前で英語での6回続きの講義をしてくれました……，彼女はわれわれ聴衆に非常に深い印象を与え，高い賞賛を得ました」[2]。この英国での熱狂ぶりは，おかしなことに彼女の仕事に対するベルリンでの評価に反するものではあったのだが，第一印象のために誤解したとか，新しい考えに毒されたとかいった類のものではなかった。確かに，たとえばジェイムズ・ストレイチーが「彼女の論文にはショックを受けました」と訴えるなど，最初の印象のなかにはいくぶん否定的なものもあったのだが，この種の反応は広まることはなかった。英国の精神分析家たちは，彼らが目の前にして聞いたものの意義をよく理解したようだった。後に十分はっきりと現れて

くるように，彼らはクラインの考えが自らの団体の学識として，あるいは英国学派としての理論的独自性にも影響を与え，将来の英国分析協会の鍵になるのを見ることになる。英国での反応からクラインは短期間で大いにやる気をかき立てられた。数カ月後に，もっとロンドンに滞在して欲しいという招待が届くと，クラインは熱烈にそれを受け入れ，目の前に開かれた選択の可能性に喜んだ。「8月にロンドンに行こうと思います。科学的にも個人的にも見込みがありそうだし，いい臨床対象とたくさん仕事ができそうだから」[3)]。クラインは失望させられることはなかった。あるに違いないと期待した機会はしっかりと形になったのである。少なくともロンドンに移り住んでからの14年間の生活では。この間クラインは気の合う専門家環境にも恵まれて創造的自由の感覚を満喫した。彼女は臨床研究を拡張し彼女の中で展開しつつあった理論的概念を，有能で受容的な分析家集団の前で発表していった。

　英国での熱烈な歓迎と成長促進的な気風とがクラインを抑制から解放した。これは当初，過剰性の激流となって現れた。1926年から1930年の間に書かれたロンドン初期の論文にはほとんど怒濤のような激情がほとばしっている。その中で，子どもの心は容赦なく浮き彫りにされ，それはいくぶん挑戦的ですらある。あたかも著者が，ベルリンの精神分析家たちからのくだらない批判や締め付けから解放された証を必要としているかのようである。これらの著作に描かれる人間の子どもは，生き残りをかけての冷酷で貪欲な様子を露呈し，身体生活と口唇的な衝動にあおられて母親から可能な限りの生命維持力を引き出そうとする。その子どもの基本的本能の傾向は原始的精神生活の中に現れ，それは子どもの眼前にある人間的存在——母親の身体——への無意識的な食人攻撃によって特徴づけられる。

　この初期のクラインの記述がもたらした遺産は，いまもさまざまな形で尾を引いている。それには，たとえばしばしば出会う誤解，すなわちこの記述こそクラインが人の子に下した唯一の決定的な評決を示しているのだ，というものが含まれている。さらにそのうえこの期間に見られたクラインの粗暴さのもたらした衝撃があまりに強く注意を引いてしまうために，ここで同時に文章の中に現れ始めていた彼女の見解におけるより深くより繊細な動きが顧みられる機会が犠牲になってしまった。

　英国精神分析協会の寛容な気風がそのようなクラインにたいして魔法のように働きかけた。彼女の態度は徐々に和らぎ，もともとの冷酷な見方はより公正で共感的なものへと，さらには原始的な心的次元における体験への学術的な関

心を維持する態度へと変わっていった。その結果，幼児期に対する見解を多くの社会的文化的現象に結びつけるなど，彼女はその臨床論文にかなり異質な特徴をちりばめ始めた。彼女は創造性について書き，絵画について，オペラについて，そして象徴形成について書いた。1930年頃をさかいに早期幼児発達に関する彼女の考えは，大人の精神生活に関する概念と連動し始めた。クラインの考えを理解するには，彼女が子ども時代の単発の出来事を探求していると見なすのではなく，幼児の心の在り方が大人の心においても作動していて合理性の底流をなし，大人の心と同時的に存在する原始的プロセスとしてそれを探求していると見なすのが最もよい。この叙述の細部は，非常に精妙な発想から生まれた諸概念の助けを借りて前言語的存在の深みを潜り抜け，今見てもきめ細やかで含蓄深くあり続けている。

　この時期クラインの考えの中には，より大きな調和がはっきりと現れ，そこに実に重大な変化をもたらした。幼児はもはや生き残るための所作の中でただただ攻撃的であるだけの存在として描かれることはなくなった。幼児はむしろはるかに込み入った存在として描かれた。すなわち，人間環境と複雑な方法でかかわり，母親の身体をめぐって，特に滋養的乳房のもとで得られる満足と欲求不満の経験を通じて意味の世界を組み立てる存在として呈示されたのであった。クラインはここでもはや明らかにフロイトから離れていた。フロイトと異なり彼女は，母親の滋養的側面を感受する能力がいかに未発達であるとはいえ，それでも幼児が生後すぐから母親と関係することができると示唆しているのである。これらは未発達ながら幼児によって質的に良いと悪いに区別され，さらには心の中に取り込まれることになるのである。

　クラインは，幼児の体験はすべて心にその痕跡を残すと考えた。その痕跡は結集して実質となり，同定しうる安定した形を呈するにいたるまで蓄積されるのだと推論した。体験は必然的に生きた人間的対象という媒体を通して乳幼児に伝達されるため，それらは高度に擬人化された形で心の中に取り入れられる。心における最初の構成物は単なる表象ではなく，思考でも言葉でもない。さらには象徴ですらないのである。そのような思考の洗練された形式に対してそれらは先行しているものであって，クラインの言語によると「内的対象」なのである。したがって，発達早期の心には，幼児がそれまでの生活で交わりを持ち，知ることになったものを活動的に表象し続けている存在が棲息していることになる。

　クラインの考えのこのような要素は理論的雑多性の一例にすぎないが，それ

らが，それぞれ1935年，1940年そして1946年に書かれた彼女の3つの最重要論文へと徐々に道を開いていったのである。これらの論文の中で，クラインは乳幼児の心的生活への自分の理解を，人間の苦悩の新しい理解へと結びつけた。彼女は人間の不安の2つの基本的形態を細かく描き出し，それらが人生の始まりからいかにわれわれ人間に突きつけられるのか，それらにたいして最初にどのように取り組んだのかということが，いかに性格形成と運命決定に際して決定的に働くのかを明らかにした。さらにクラインは，統合失調症や躁うつ病という重篤な精神病が想定可能な無意識の様式にどのような形でしたがっているのかを明らかにした。それは，早期の不安状況とそれが幼児のできかけの壊れやすい心的装置へともたらす衝撃へと遡ることができるものだとされた。

このように込み入った描写によってクラインの論文は，心のモデルの構築に際してのフロイトの考えから果てしなく遠ざかっていった。クラインを批判する者たちにとって，それはとにかく彼女の考えの胡散臭さを証明するものにすぎなかった。彼女の信奉者たちは，彼女の文章において変化してゆくものは人間の心を表示する様式そのものなのだという事実を受け入れていた。彼女の表現は1940年代に向けて，もとの現実主義から，はるかに抽象的で表象主義的なとらえ方へと徐々に変化してゆき，同時代の典型的なモダニスト的表現様式とそう遠くはないものとなった。多くのモダニストによる表現はその頃，キャンバス上であろうが，ページ上であろうが，楽譜の上であろうが，もはや思考の対象と同等化するというリアリストの境地を目指してはいなかった。しかし，これらの不調和性と断片化，そして高度な抽象化は，フロイトが好んだ明確な秩序化と図式化，さらには解説的な局所論からはこの上なく遠いものであった。クライン論文の重要な章はどれも，それが説明しようとしているものをはるかに超えて，収まりのつかない非常に複雑な心的生活のプロセスを表現しているのだ。さらにそれらは，生きることの苛酷な条件を通じて，自己 self に住処を与え栄養を与えることに対して，たとえぐらぐらした不安定なものだったとしても，絶妙な形で波長が合っているのだということを示している。

ロンドンでの平穏な職業生活が終焉を迎え，クラインの人生がふたたび敵対的な専門家たちによって妨害されることになったのが，ちょうど重要論文を手がけていた頃だったというのは皮肉なことである。これが対決としては最後となったが，しかし彼女の生活において最もトラウマティックなものとなった。それによって彼女の専門家資格はしっかりと基礎づけられはしたものの，それを獲得するプロセスにおいて，皮肉にも思想家としての彼女の名声を深く傷つ

けることになってしまったのだった。

　フロイトが虚弱な老齢になるなか，彼の代弁者であると同時に知的相続者と見なされていたアナ・フロイトを相手に戦うことになってしまったために，クラインへの激しい反論はいささか爆発的なものとなった。これはフロイト‐クライン論争という名で語り継がれることになったもので，そこで催された連日の学術会議のなかでアナ・フロイトとメラニー・クラインは対決を繰り広げた。おまけに，長々と催されたこのイベントは英国精神分析協会全体を巻き込むことになり，結局その結果，協会内に後戻りできない変化をもたらしてしまった。さらには，この論争には個人的次元があって，これは特にクラインにとっての痛手であった。彼女の娘メリッタは，その頃すでに精神分析家としてロンドンに住んでいたが，彼女もクラインの敵対者集団に加わり，母親の理論に真っ向から反論したのであった。これらクライン後期論文に関する論争の衝撃を跡づけてゆく前に，まずは彼女の理論の背景を探求する意味で，クライン最初期の精神分析的活動に現れた数々の重要な洞察から始めることが必要だろう。

注

1. See Spillius, E. B. (1988) *Melanie Klein Today*, Vols 1 and 2. London: Routledge.（松木邦裕監訳：メラニー・クライン・トゥデイ①．②．岩崎学術出版社，1993.）
2. Grosskurth, P. (1985) *Melanie Klein*. London: Maresfield Library, p. 138.
3. 1926年1月18日の手紙．Grosskurth, P. (1985) *Melanie Klein*. London: Maresfield Library, p. 147.

第2章 「微妙な批判の兆しに気づく必要性」
——フェレンツィ，フロイト，そして精神分析との出会い

　クラインの最初の際だった著作「子どもの心的発達」は，サンドール・フェレンツィとの個人分析体験から触発されたものであり，したがって，そこにおける独創性は分析プロセスが彼女の中に引き起こした精神的変化と拡張に多くを負っている。以後経験を重ねたクラインは，フェレンツィがあまりにも親切すぎて，陰性転移を解釈することに尻込みしていたため，彼女の分析治療は「不完全」なままになってしまったと後になってこぼしている。だが，もし実際にそうだったとしても，彼らの精神分析的出会いは実に生き生きしたものであった。特にそれはその分析が，両者とも精神分析にかかわってからそれほど長くはなかった時期に行われたためであり，あまりにも長く精神分析にかかわることで，その限界を知りすぎ，熱意が覚めてしまうなどということもなかったためである。まだ先に最良の仕事の多くをなすことになる41歳という年齢にあって，フェレンツィは精神分析が目のくらむような冒険であり発見であるという感覚をクラインと分かち合っていたということは当然理解できる。両者にとってその真剣な営みは前途有望なものと思われた。その楽観論と活気とを彼女は自らの論文にも持ち込んだのである。

　クラインのフェレンツィとの分析はおよそ1914年から1919年まで続いた。この時期の終わりに向けて彼女は「子どもの心的発達」の最初の章の執筆に着手し，1919年に5カ月間かけて完成させている。この論文のはじめの章には，彼女の最初の精神分析的プロジェクトが発表されている。それは彼女の家で行われた4歳の息子エリックを対象とした短期研究であった。その目的は，この短い期間にただ彼の行動を観察することだけではなかった。とりわけ，クラインは彼の性的好奇心の表れにたいして自身の精神分析的な知識をもとにしたアプローチを記述したのである。唐突に繰り返されたエリックの知ることへの要求，すなわち「僕は生まれる前どこにいたの？」という問いによって，彼女はフロ

イト精神分析の主張に沿った子どもの啓蒙に手応えを感じるようになった。また，彼女には別の動機もあった。つまりそれは，息子には発達の遅れと抑制とがあるようにみえために彼女が心配していたということである。そこには彼の捕らわれている問題を見定める機会があり，さらに無意識的要素に対して精神分析的知識が提供してくれるより深い理解とそれを関連づける機会があった。したがってクラインはそのようにしたのだった。つまり，彼の質問に対する彼女の率直な応答，それに対する彼の反応，そして彼らの間に続いて展開する会話を記録し，それに続いて彼女は解釈したわけである。その1年後，クラインはその知見をハンガリー精神分析協会に対して発表し，それをもとに入会資格を得たのであった。その論文は好評価を得て，クラインはそれに考察を加えることになった。そして1921年には，その続編，つまりエリックの分析へと進んだものを発表することに彼女は前向きになった。毎日この作業のために費やす時間が空けられ，そこで彼の考えや空想を話すことが促されたのだった[1]。エリックは遊びが邪魔されないときにこそ，要求されるままに意思を伝える傾向がより顕著だった。そしてクラインは，自分が彼の遊びをめぐって「セッション」を構成しているのだということにまもなく気がついた。セッションの構成こそが彼の抑制を解除し，原始的空想や不安への接触を可能にし，それこそが彼女の解釈的応答へとつながる生の素材を提供したのだった。こうして，母と子の間で，革命的なプレイ技法がはじめてその姿を現し始めたわけである。

　クラインは，このプロジェクトの理論的価値と臨床的価値に確信を持ち続けた。しばらくして，その2つの部分を単一の論文としてまとめて出版することになり，そこではエリックの素性は「フリッツ」という名に置き換えられていた。1920年のフェレンツィへの手紙で彼女は彼にコメントを求めている。さらに引き続いて交わされた手紙からは，彼女がフェレンツィの反応に励まされた様子が見て取れる[2]。

　この最初の革新的論文に対して，フェレンツィが影響を及ぼしたことは明白である。したがって，この論文を執筆中のクラインに，彼がいかなる脈絡を与えることができたのかということには一考の価値があろう。それには，彼自身の精神分析的理解と実践を示す源泉が含まれている。そのような背景要因を知ることで，クラインがいた精神分析的環境の内部で，そのとき影響力を持っていた要素に染まりがちなその論文の中に，クライン自身が持ち込んだ新生の様式を見つけることができるのである。

　フェレンツィの影響はそれ自体，3つのより糸が編み合わせられた複雑なも

のである。まず第1に，クラインの分析家であり職業上の指導者という二重の役割の力強い組み合わせがある。第2に，クラインの治療の間にもたらされたフェレンツィ自身の専門家としての成長，これは特にフロイトとの手紙を通じての交流によるものだった。最後に，フェレンツィ自身の理論的視座であり，これがはっきりと際だった一本の線を形作っている。もしこれがなかったなら，彼女のセラピーはただ単にフロイトに忠実なものとなったことだろう。これらの3つの側面が，クラインのアプローチに永続的痕跡を残す複雑な混成物を形作ったわけである。それらは注目に値するものだ。したがって，「子どもの心的発達」のより詳細な吟味に先立ちそれらを概観しておこう。

　第1の点，すなわちセラピストであり指導者であったというフェレンツィの二重の立場は，精神分析的発達の形成初期段階にあったクラインにとって，当然彼の重要性を増幅させた。もっとも，双方とも治療の過程において師弟関係が同時に生じてくるなどと予期したわけではなかった。そもそもメラニー・クラインは純粋に個人的必要性から精神分析を受け始めたのであった。しかしながら，まもなく気づけば，自身の治療プロセスを主導する理論体系に強烈な関心を抱いており，それらの探求に引き込まれていた。まずフロイトの著作を読むことで，さらなる探求心を充たそうとし始めた。彼女はさらに，自分の小さな子どもたちの行動や遊びのなかにフロイトの原理が現れている様子を観察し始めた。日常生活におけるそのような観察を通じて集められた深い印象群は，当然彼女が分析セッションに持ち込む素材の中にも表面化していたことだろう。それらは，特に子どもの精神生活に関心を持っていたフェレンツィとの議論の焦点となった。そして，クラインが鋭敏で独創的な観察者であったことと，フェレンツィが機敏に新しい考えの真価を認める人であったことから，彼らの間で先駆的な精神分析的対話が展開した。それらがクラインの中で進展しつつあった自己理解を支える言外の意味を形作っていったのである。

　彼らが分析関係を不用意に広げてしまったことは，当時の状況からするとそう突拍子もない性質のものではなかった。そのような「精神分析的教育付きセラピー」という性質のものが普通に許容されていた時代なのである。精神分析の実践者たちは，患者の投げかけてくるセラピー以外のモードの討論からセラピーそのものを分離するというところにまでは，その頃まだ達していなかった。被分析者のうちには，彼ら自身の治療を精神分析の専門家になるための第1ステップとして使う者がいてはいけないという理由もないだろうとされていたのであった。

したがって，治療という枠組みの中に加わった専門家的指導に関するクラインのフェレンツィへの依存が増強することを彼が受け入れたことで，フェレンツィが常軌を逸していたというわけではない。彼らの間で交わされた理論に関する議論のなかで，彼女には才能があり援助するにふさわしいということを彼は確信したのだった。分析が始まって5年が経った1919年までには，クラインが彼から数年間かけて確実に学んだのだということをフェレンツィは確かなこととして断言した[3]。フェレンツィの励ましに応えて，クラインがハンガリー精神分析協会において，息子を題材とした研究発表を行うことを決めたのはこの年であった。このときまでに，彼女もフェレンツィも，彼女がそれ以後も子どもの精神分析的仕事の探求を先に進めるべきだということで合意していた。子どもの精神分析はいまだ職業として存在してはいなかったものの，精神分析的に方向付けられた子どもとの仕事を試みる臨床家はいた。フェレンツィは，この仕事の将来に大きな期待を持ち，クライン以外の女性患者に対してもその推進を奨励した。

クラインにとってフェレンツィが，同時に精神分析的転移像でもあったために，支えてくれる指導者としてのインパクトは自ずと増幅することになった。他の多くの患者と同様に，彼女は治療プロセスの一部分として，人間としての分析家に対して激しい情緒を注ぎ込んでいたはずであり，これが彼の指導者としての役割と相まって，特に頼もしい複合像の形成を助長し，専門家的権威としてのフェレンツィのインパクトを強調したのだろう。精神分析運動史の早期は，これと同様の師弟関係における多くの多元決定的な関係によって特徴付けられ，その結果はしばしば双方にとって問題を含んでいた。

だが，ことフェレンツィとクラインとに関しては，お互い過度に巻き込まれることも，あるいは爆発的な敵意へといたることもなかったようであり，バランスを維持できていたように見える。クラインはその作業から広く恩恵を被っていた。フェレンツィからの励ましの言葉は，彼女の中に自信の感覚を宿らせ，それ以後，波乱含みになる彼女の職業生活において，そこからたびたび彼女は慰めを得ることになったのである。これに加えて，フェレンツィからの支持は，精神分析的思想家としての最初の試みをクラインが解放してゆくことに寄与した。それは「子どもの心的発達」に満ちあふれている生き生きとしたテンポと知的な大胆さの中にはっきりと見て取れる。その文章は初心者の知的な戸惑いを微塵も感じさせない。そして，精神分析コミュニティにおいてその頃はまだ議論のあった問題に関しても，臆せずフェレンツィを支持している。このうち

のいくらかについては，後の章で議論することになるだろう。

　クラインがフェレンツィから大きな影響を受けていたことは確かなのだが，とはいえ，その後次第に彼女が彼の見解の幾つかに関しては躊躇することなく批判し拒否するようになったことも思い出す必要があるだろう。フェレンツィの影響力は，それが強力で転移感情に彩られたものであったとしても，彼女の自立した知的ポジションを維持させることができたことをうかがわせる。そして実際に，彼の性格と行動も，彼がすべてのアナリザンドに独立を促していたようだということを裏付けるものである。フェレンツィは随分若い頃から，本能的に権力を憎み，考え方において猛烈に自由主義的なところがあった。まだ医者になりたてだった頃，彼は社会的に恵まれない人々との仕事に向けてかなりのエネルギーを注ぎ込んだ。売春婦の治療に基づいた論文を50篇も記した。さらに1905年には，同性愛者保護に関する国際人道主義会議の開催を精力的に働きかけた[4]。

　フェレンツィの自由主義的本能は，最初，青年特有の熱情とイデオロギーという形で姿を現したが，その後成熟するにつれ，それらは彼の精神分析思想の中にふたたび現れてくることになった。たとえば，彼が分析家と患者との権力不平等に気づかぬわけにはいかなかったこと。これは，物議を醸すことになる方向へと彼を導き，患者に分析家自身の葛藤を開示することを必要とする実験的技法「相互分析」において頂点に達した。当然のことながら，精神分析のエスタブリッシュメントはこのような「乱暴な方法 wild measure」を容認できるはずもなかったが，しかし，さいわいフェレンツィは問題の多い単一のアイデアで示されるよりも，遙かに厚みのある人物であった。より深いレベルでは，彼のすべての技法には共感的な流れが染み渡っており，それが権威的な硬直性を覆し，患者の最も幼児的な要求にさえ尊厳を付与していたのである。この線に沿って，フェレンツィは分析的設定の内部で患者が「母親的好意」を切望することを正当化した。「われわれは患者に，子ども時代の最早期から探し求めてきた親イメージを与え，そこでリビドーを情緒的に具現化することができるのだ[5]」。フェレンツィが患者たちの中に思考の自由を促進しがちだったということを示すのは，このような共感的アプローチにほかならない。ただ，他方で，物議を醸した彼のもう一つの方法，すなわち「積極技法 active technique」はその対極を示しているかに見えるのだが。グロスクルスもペトーも，フェレンツィがクラインに対してこの積極技法を使用したというのは十分あり得ることだと推測している[6]。これはいくぶん専制的な技法のようだっ

た。これには，分析の間に患者に対してある種の活動を差し控えるよう促すということが含まれていて，それらの活動に付随するはずの感情が現れてくることができるようにするというものであった[7]。これをフェレンツィがクラインに対して用いたというのはありそうなことだ。だが，技法に対する彼の構えをより網羅的に理解するには，2年後の1922年に彼が自身の考えを蓄積してまとめたものを参照すべきである。これは彼の同僚だったオットー・ランクとの共著「精神分析の発展」というモノグラフである。その中でフェレンツィは彼の積極技法についての粗雑な見方を論駁している。その技法は患者が分析状況において強迫的で無意味な繰り返しに捕らわれてしまっているような極端なケースに対してのみ使用することを意図しているのだ，と彼は説明している[8]。この状況においてさえ，この積極技法は「……患者を命令と禁止で圧倒してしまうというような，ともすれば乱暴な方法だと見なされても仕方がないような」目的を持っているわけではない[9]。

したがって，いくらこれが不適切であるとはいえ，積極技法は，技法という形に隠された個人病理の激しい噴出というよりはむしろ，伝統に則った専門家的実験以上のものではなく，ありふれた技法上の困難に取り組もうと試みたものに過ぎない。これはモノグラフの全体としての文脈に組み込まれるとよりはっきりする。「分析家をおだてるという位置に被分析者を押しだし，そして他方で，分析家に関する不快な性質の連想や発言の差し止め」を誘発してしまう「分析家のナルシシズム」に対して，それが「特に失敗の温床となる[10]」とフェレンツィが警鐘を鳴らしているところにこれはよく現れている。このような状況にいたっては，患者の改善は単なる見せかけであり，これは分析家を喜ばせ「買収する」ためのものである。この際，分析家は「微妙な批判の兆しに気づく必要性[11]」を免れてもいるのだ。要するに，このモノグラフでは，患者に提供されているものの妥当性を繰り返し検証しているのであり，権力に飢えた個人が作動していることを示すものはほとんどない。

だが，フェレンツィがクラインとの関係において強権的なポジションに立つのを防ぐことにさらに寄与したもう一つの要素があった。この2人は，ただお互いに直にかかわっていたばかりではなく，治療的パラメーターを設定する外的な枠組みへの忠誠を共有していたのである。これこそがフロイトの精神分析の方法であった。クラインの精神分析において最も強力な権威はフロイトでありフェレンツィではなかった。これにはクラインがフロイト精神分析を求めたということと，フェレンツィが彼自身フロイトの強力な影響下で働いていたと

第2章 フェレンツィ,フロイト,そして精神分析との出会い　25

いうことがある。

　シーガルも指摘しているように,クラインが自分をフロイトの弟子だと見なしており,本物のフロイト精神分析を探し求めていたということには疑いの余地はない。また,彼女が弟子だというわりにはフロイト自身との接触はほとんどなかったということも自覚していたはずである。初期における多くの信奉者たちはこぞってフロイトから直接分析を受けることを望むか,あるいは彼と文通や会話をしようと試みた。クラインにはこれらのどの方法も利用できなかったし,そもそも手の届かないものだと思っていたかもしれない。したがって,彼女はフロイト直属のサークルのメンバーから分析を受けることができることを幸運だと感じていたに違いない。そしてこれが,フェレンツィがクラインにおよぼした影響の第2の側面を際だたせている。すなわち,これは彼女の治療期間にフェレンツィが行ったフロイトとの密で深い教育的対話である。

　フェレンツィがフロイトの仕事を知るようになったのは1908年にまで遡る。その頃までにフロイトは主要な理論を樹立しており,すでに孤立して働いてはいなかった。とはいえ,精神分析はいまだ,完全で安定した知識体系を形成してはおらず,枠組みを確かなものとするフロイトの持続的な努力を要とするいまだ発展途上の学問なのであった。フロイトの考えと密に接していることがどの弟子たちにとっても不可欠であり,ウィーンで水曜の夜に催されたフロイトのサークルでは,一握りの取り巻きたちが定期的に会合を開いていた。このグループは,ここですでに論争によって割れることがあったものの,それでも精神分析の発展に寄与する唯一の討論の場であった。フェレンツィは即座に何とかしてその場に参加する道をさがさねばならないと考えた。だが,他のグループメンバーとは違って,彼はウィーンに住んではいなかったため,直接ミーティングには参加できないだろうことも分かっていた。

　だが,彼がこれで思いとどまることはなかった。またその上,地理的な障壁など克服できないようなものではなかった。その頃,統合されていたオーストリア-ハンガリー帝国の内部において,ブダペストとウィーンとの間では列車によるアクセスと交流が可能で,毎日書簡を交わすことや,より一般的な文化的接触が促されてもいたのであった。ハンガリーの知識階級がドイツ語を話し,ドイツ語圏の考えに親しむことが,特に珍しいことではなかったということをこれは意味するのである[12]。

　したがって,1908年にフロイトに個人的接触を求めた後,2人の間での文通を開始することで,フェレンツィがフロイトと申し合わせて直接会うことが比

較的容易になった。同時に彼は，フロイトが催していた水曜会参加の可能性を模索し，準会員としての位置を得るにいたった。メンバーとしての彼の貢献は俄に際立ち，活発なものとなった。その上，それらの貢献は，グループ内部の理論的交流においてだけでなく，そのグループが学術団体兼専門家集団として徐々に確立していくことにおいても同様に，彼の卓越した位置を予見するものとなった。これは国際精神分析協会（IPA）の礎石を形成した。

　これらの活動はフェレンツィに必要な知識を与えはしたものの，精神分析的理解への深い飢餓感が，フロイトとのさらなる個人的文通の継続へと彼を駆り立てた。文通は進展し次第に深まって，親密で重要な共同作業を行う関係性へと発展した。そこでは，ほぼ毎日のように手紙の交換が行われ，専門家としての経験が分かち合われ，さらには診断のために患者が紹介されて，その症状に関する印象が分析されることとなった。これに加えて，学術論文が交換され議論された。そしてフロイトは精神分析ムーヴメントを拡大してゆくという計画にフェレンツィを巻き込んでいった。これらはすべて，規則正しい間隔での面会によってリズム化され，さらには長めの訪問の際に，フェレンツィはフロイトから直性精神分析を受ける手配を整えるまでに至った。

　この関係が確かに内実のある充実したものであった一方で，フォレスター[13]が抜け目なく指摘するごとく，これが多数の個人的要素によって複雑化していたというのもまた事実なのである。実のところ，この文通をよく見ると，フロイトが習慣的に用いていた「親愛なる同僚へ」という書き出しが，「親愛なる友へ」に変わっているというところに，「親愛なる友」がどうあるべきで何を提供すべきかといったことに関して，この2人の中にあらゆる種類の非現実的な期待が現れていたのを見て取ることができる。「親愛なる友」は心の友であることを期待され，親友，忠誠を誓う同僚，政治的同盟者であり続けることを期待されている。そして，ここにはライバルや敵対者になることはあり得ないとの前提がある。だが，そこに失望があったのは驚くべきことではない。1920年代になると，フロイトとフェレンツィは次第に距離をとるようになり，文通は途絶えていった。

　精神分析ムーヴメントの礎石を作った世代に関するより個人的で伝記的な情報は，最近になって手に入れることができるようになった。最近出版された伝記や手紙類から得られる素材に関しては，その量のおびただしさに圧倒される。その多くがフロイトが重要な役割を演じた侵入と支配の顛末を含んでいる。これらから明らかになる個人史のなかでは，複雑な人間関係と政治的協力関係と

がわれわれの注意を引く。そして, 題目が精神分析であるからには, 理論構築者の個人的背景に関する情報は, 常に魅惑的で隠された意味を提示するものであり, その意味は理論形成を基礎づけるに至った実際のライフイベントを通して捕らえられるものなのである。しかしながら, これを過度に取り上げすぎる場合, 示唆的であるどころか誤解を招くことにもなり得る。初期の精神分析家たちが陥りがちであった近親姦的もつれ合い, 彼らの過度に接近した侵入的親密さ, それらに引き続く失望ともめ事, これらはすべて特殊な歴史的文脈に組み入れられるものなのだ。そこでは個人的な距離というものが, 直截的で強烈な形で実現化され, 時には極端で暴力的な変動に晒されることにもなったのだが, これらは昔日にはありがちなことだった。

　フロイト・フェレンツィ書簡から明らかとなる詳細の多くは, 今日のわれわれからすると露骨なものに映る。だが, しかしそれでも, どの時代においてもそのような人たちが存在したように, 彼らが自分たちの思いからある一定の客観的距離を保つことができ, 理論というものを最優先することができる思想家として機能できたことは認める必要があるだろう。したがって, 1920年代以前には, フェレンツィにとって, フロイトとの文通が最も形成的な学びの体験を提供したのだと思い起こすことは重要である。膨大な往復書簡からは同僚同士の深い親密さをうかがい知ることができる。そこではフロイトの思考プロセスが花開くその瞬間に, フェレンツィが至近距離でフロイトと論を戦わせており, それゆえ彼が精神分析理論の形成自体を体験したことになるのだ。フェレンツィはまた, その対話の中で受動的な受け手の位置に甘んじることは一切なく, フロイトが持ち出す問題を積極的に追いかけた。

　ヘイノーは「フェレンツィとフロイトが実はどれほど多くの仕事を共同で成し遂げたのか」に関しては, しばしば十分に吟味されていないことを指摘している[14]。フェレンツィは, フロイトのおそらく最も重要な技法的探求にも関わっていた。すなわち, それは転移という現象である。患者が分析家という人物に対して深く情緒的に傾倒 emotional investment することを意味するこの現象が, 治癒過程の要になるものだと見なされ始めていた。フロイトはその科学的基盤を発見することに奮闘し, その探求にフェレンツィを巻き込んだ。この探求へのフェレンツィの寄与のすべてが, 実際に役立ったわけではなかったにせよ, それでもフロイトの方向性には影響を与えた。またたとえば, テレパシーと非言語的コミュニケーションはフェレンツィ生涯の関心事だったのだが, これらはフロイトの1922年の論文「精神分析とテレパシー」執筆の動機になっ

ている．より顕著な例としては，フェレンツィが患者 - 分析家間のコミュニケーションにおける非言語的要素に対して特別な感受性を示していたことがある．彼は精妙に細部までこれを観察することができ，それによって人間の無意識生活と情緒性の強さを浮き彫りにした．分析的出会いによってかき立てられるものの言葉にならない感情の強力さと危険性とをフロイトが吟味する際に，このフェレンツィの貢献が重要な助けになっていたことは確かである．

　フェレンツィがフロイトと交わした実のある交流は，彼のクラインとの仕事に浸透しないはずはなく，彼女へのフェレンツィの影響の中で決定的な要素を形成した．彼とフロイトとの文通の広さと深さ，さらにフロイトの考えの発展そのものへの彼の能動的な寄与，さらに決定的なのは転移の探求への直接的な関わりであるが，それらすべてが，根源から知り得たフロイト精神分析を彼がクラインに対して提供できたことを確証している．それどころか，彼のクラインとの臨床的相互作用 interaction は，その多くがフロイトからの啓示が現れた手紙の新鮮なインパクトのもとで起こっていたのかもしれない．しかしながら，自分自身も独創的で傑出した人物だったフェレンツィは，彼自身の並外れたアイデアや洞察からの引力に抗うこともまたできなかった．クラインへのフェレンツィの影響の第3の側面はまさに，思想家としての彼自身のアイデンティティを示す個人性の領域によって成り立っている．

　フェレンツィの独創性は，いまや独立した高い影響力を持った精神分析思想の学派の礎を築いたと見なされている．これは英国対象関係論学派であり，その中にはウィニコット，バリント，フェアバーンといった才能豊かな思想家が挙げられ，さらにはボウルビィやビオンなど，多くの卓越した思想家に間接的にも影響を与えた．

　フェレンツィの思考を用いて，新たな精神分析的論考に必要となるきわめて重要な概念的語彙を発展させたのはクラインであった．だが，それらにおける主だったものは，フェレンツィ自身の思考の中に萌芽的に現れていた．たとえば「現実感覚の発達段階」などの論文は，クラインが自分の思想を構築してゆく際に豊富なアイデアをもたらした．彼女は，最早期の母子関係の複雑さのもとに，あるいはこの早期の関係の本質を吸収し取り入れる乳幼児の能力のもとに，そして，うまく機能する自我を形成するにあたってこの母子関係がいかに大切になるのかということのもとに思考を形成することができたわけである．最早期の母子関係が後の象徴思考の発達に原初的な鋳型を提供し，さらには世界の意味を理解する能力を与えるのだとクラインが着想するに際して，フェレ

ンツィの考えがこれを助けたのであった。しかし、クラインにインスピレーションと影響とを与えたのはフェレンツィが言明した理論ばかりではなかった。フェレンツィのパーソナリティもさることながら、彼の精神分析的感受性の高さという個人的特質も同じように、クラインの思想家としての成長に寄与したのであった。

　ちょうど精神分析を発見しはじめていた初期の頃にフェレンツィは、ブダペストのさまざまな職種に関わる公開討論会を通して、精神分析の原理を宣伝したがっていた。彼がこの時期に執筆した論文の数々はフロイトの文章を深く理解し、鋭く捕らえている。そして、フロイト思考の入門書のなかでは現在でも類を見ない卓越したものであり続けている。だが、これらの文章から語りかけるフロイトというものは、実はすでにはっきりとフェレンツィ的な色合いを持ち合わせてもいるのであり、それはフロイト本人には困難だったであろう、生き生きとした情緒と流暢な饒舌に充ち満ちていることにあらわれている。自身のアイデアを科学的に立証することに常時とらわれ、時にはそれが強迫的ですらあったフロイトの一面は、フェレンツィの著作にはほとんど認められない。フロイトのペダンチックな知的厳格さは和らげられ、その部分にフェレンツィは彼自身の厳格さをあてがった。すなわち、それは強烈な情緒的厳格さであり、精神分析的な意識 awareness を洗練するためにそれでもって心的状態の質的側面を探索するのであった。

　フロイトの考えを伝達するにあたってのフェレンツィの流儀は、彼のパーソナリティの本質的な何かを捕らえている。フロイトはフェレンツィのいわゆる粗野な側面を次第に警戒するようになった一方で、フェレンツィ自身の患者たちは彼の臨床的感受性やたぐいまれな直観力の資質、そして彼の人間的親密さに関する天賦の才を賞賛した。確かに、彼のライフワークは人間の親密さに関する議論を拡張したことであると見なされており、それが、乳児が最初に母の腕に抱かれる瞬間から、カウチの上で患者が示す最も親密な身体言語にいたるまでの現象に光を当てることを可能にしたのであった。心のありのままの状態を容易にしかも同情をもって研究するフェレンツィの能力、そして「乳児の心にわれわれが感じ入る feel into ばかりでなく、考え入る think into」ことを奨励した彼の言葉は、彼を人生の最早期の関係へと導き、さらには発達に対する対象関係の重要性へと誘うことになった[15]。

　クラインに関していえば、フェレンツィからの影響は、それぞれの概念という遺産を受け継いだことを超えてはるかに複雑である。彼の聞き入る方法や照

らし返し方の特殊な性質は，独創的なクライン派の洞察を世にもたらすことを助け，さらには彼らの何らかの究極的特性を形作ったのである。臨床的親密性を取り扱い，そこからきわめて重要な知識を導き出す彼の能力は，クラインがひるむことなく原始的な心的状態を探索するにあたって，それを助ける枠組みを提供したのかもしれない。ことによるとこの能力が，彼をして躊躇なく自分自身を献身的に捧げることをも可能にしたのであり，クラインの最初の論文にも明白に現れているのはこの，親密さを恐れず，むしろそれを宿らせるという能力であるのかもしれない。

フェレンツィからのクラインへの影響は非常に重要であったにもかかわらず，それはほぼ1世紀のあいだ顧みられることはなかった[16]。これは部分的には，彼自身の思想家としての欠陥が招いたものである。1933年の死に近づくに従って，彼のすべての仕事は不評を買うようになり，以後少なくとも半世紀にわたって世に知られることなく衰退していった。彼のフロイトからの逸脱，そして物議を醸しがちな独創性が，社会に受け入れられる専門家としてのアイデンティティと凝集性の獲得を目指して奮闘していた精神分析コミュニティから拒否されたのだった。これはクラインにも関わることであった。フェレンツィへの言及は，早くから彼女の論文の中から消え失せており，それに加えて，職業上の困難が高まる中，彼女はフロイトに忠誠を誓うこと以外のすべてを捨て去るように強いられた。この誓い自体には何ら偽りはなかったのだが，しかし，それは時として無理強いされることもあった。

クラインの騒動が最高潮に達していた1940年代早期まで，アナ・フロイトは，クラインの仕事がフロイト精神分析に対して異端であるとして攻撃し，したがって，なにかとクラインの仕事を精神分析の協会から排除しようとしていた。このような状況では，クラインにとってフェレンツィとのつながりなどトラブルの元だったに違いない。フェレンツィにはそれなりの名声はあったが，敵対的グループに印象づけるにしても，彼女が個人的な支えにするにしても，救いを求められるほどの権威ではなかった。彼女の追従者たちにとっても，それは不幸な先例となってしまった。フロイトの直系であることを強調しようとするクラインの配慮は，彼女に追随する第1世代と第2世代とに影響した。彼女と同様，それらの世代はフェレンツィを無視し，クラインの仕事を正当なものとするためにフロイトだけに注意を向ける傾向があった。

20世紀の精神分析のなかで，実際には重要だった関連性の一つが，このように過小評価されていたことが，今や見直され始めるにいたった。だが，この過

小評価の影響は，フェレンツィの貢献など顧みない読み方のうちに残り，次章にて明らかになるように，これは全般的にいっても，あるいは特殊領域においても損失となっているのである。

注

1. クラインの「空想」という概念には，第9章で議論されるごとく特殊な意味合いが付与されていた。それは通常の白昼夢と区別する目的で ph で始まるスペリングが採用されている。単純化の目的で本書においてはすべて phantasy というスペリングを使うことにする。
2. メラニー・クライン協会とウェルカム・インスティテュート内の現代医学文書センターのご厚誼による。
3. Grosskurth, P. (1985) *Melanie Klein*. London: Maresfield Library, p. 75.
4. Stanton, M. (1990) *Sandor Ferenczi: Reconsidering Active Intervention*. London: Free Association Books.
5. Ferenczi, S. and Rank, O. (1986) *The Development of Psychoanalysis*. Madison, CT: International Universities Press Inc. (First published in 1922.) p. 21. Authorized English translation by Caroline Newton.
6. Petot, J. M. (1990) *Melanie Klein: First Discoveries and First System 1919-1932*, Vol. 1. Madison, GT: International Universities Press Inc. Translated from the French by Christine Trollope.
7. Ferenczi, S. and Rank, O. (1986) *The Development of Psychoanalysis*. Madison, CT: International Universities Press Inc. (First published in 1922.) p. 11. Authorized English translation by Caroline Newton.
8. 同上，p. 43.
9. 同上，p. 41.
10. 同上，p. 42.
11. 同上，p. 42.
12. Haynal, A. (1993) *The Correspondence of Sigmund Freud and Sandor Ferenczi*. Cambridge, MA: Harvard University Press.
13. Forrester, J. (1997) *Dispatches from the Freud Wars: Psychoanalysis and its Passions*. Cambridge, MA: Harvard University Press.
14. Haynal, A. (1993) *The Correspondence of Sigmund Freud and Sandor Ferenczi*. Cambridge, MA: Harvard University Press.
15. Ferenczi, S. (1952) 'Stages in the development of a sense of reality', in his *First Contributions to Psycho-Analysis*. Authorized translation by Ernest Jones. London: The Hogarth Press. (First published in 1913.) p. 221.（森茂起ほか訳：不快感の肯定の問題――現実感覚の認識における進歩．精神分析への最後の貢献．岩崎学術出版社，2007.）
16. Stanton, M. (1990) *Sandor Ferenczi: Reconsidering Active Intervention*. London: Free Association Books.

第3章 「どうやってお船たちはドナウ川に浮かべられるの？」──子どもの心的発達

　ボラスは，患者たちが精神分析家を「かなりの部分無意識的」に使用するものであり，「その使用を通じて，自己の部分部分を語り，立ち上がらせ，分節化させることができる[1]」と述べている。メラニー・クラインの場合は，精神分析の師匠としてのフェレンツィを意識的に使用し，それが彼女の鍵概念のいくつかへと結実するという帰結をもたらした。しかしながら，クラインは自分がフェレンツィからより本質的な何かを無意識的な経路で吸収したことにも気がついていた。「無意識と象徴をとらえる彼の強力で直接的な感性 feeling と子どもたちの心と交感できる彼の非凡な能力」としてあらわれたフェレンツィの個人的な精神分析的特徴が，「小さな子どもを理解することに関して永続的な影響をもたらした[2]」のだとクライン自身には感じられていたのである。

　フェレンツィがクラインにもたらしたインパクトは，子どもを理解することへの貢献をはるかに超えて拡張された。彼が提供しようと努めた治療的体験には次のような彼の信念が浸透していた。「説得力をもって分析するために，まずは情緒が復活させられなくてはならない，つまり，まずもってそれを表に現れるようにしなくてはならない，……われわれにまだ直接影響を与えておらず，実効がないままになっているものを表に出すのである[3]」。ここでクラインの中に復活した情緒は，至極特殊な意味において持続することになった。というのは，情動と対象関係の理論という形で執筆されることになったからである。フェレンツィから学んだことは何だったのかを述べる際クラインが，それは「精神分析の本質と本当の意味[4]」だったというふうに非常に強い言葉を用いているが，これはまったく驚くに値しないことなのだ。

　クラインの「子どもの心的発達」では，彼女がこの知識を実際に使い始めた萌芽期を捕らえているため，これらの主張のいくつかを照らし出している。そして，この論文は最初の理論的論文にありがちな限界のすべてをそなえているようなものではあるのだが，しかしそれでも，彼女の後の思想として姿を現す

ことになる非常に重要な要素がここにすべて含まれているという意味においてなお注目に値する。まとまりのないごちゃごちゃした語りと過剰に饒舌な文体というこの論文のスタイルが，その素材に隠された精密さを伝えそこねてしまったのかもしれない。フェレンツィのアイデアをクラインが使うその様子は，それがいかに未発達なものであるとはいえ，以後生涯にわたって彼女の思想を占めることになる主要な題材を予告していたのである。

　だが，上述のごとく，クラインに対するフェレンツィからの影響が精神分析コミュニティのなかで姿を現してくる様子は，非常にゆっくりとしたものであったため，その重要性にもかかわらず，それほど広く知れわたったわけではなかった。こと「子どもの心的発達」に関していえば，彼のインパクトはさらなる要因によって，より不明瞭になっている。なぜなら，彼女がその論文の中で第二の堅実な出典から引用しているからである。それは他ならぬフロイトであった。フロイトからの影響のほうが至極簡単に認識されがちであり，さらにしばしばより大きく歓迎されたため，クラインの最初の論文は過剰にフロイト的に読まれる条件を作ってしまった。つまり，それはフロイトの1909年の「ハンス坊や」を彼女が継承しているという点を中心におく読み方である。そのような読み方では不完全なのである。さらには，彼女がそれぞれ別々の二つの影響の中から故意にどちらかを選択していることも，あるいはその二つを橋渡ししようとする彼女のやり方も，その読み方では考慮することができない。ようするに，フロイトとフェレンツィの理論が重要な両立可能性をもっているという彼女の視点，そして後者が彼女の思想的特徴に刻印されているとの信念を読み取ることができなくなってしまう。

　この信念をめぐっては，以来多くの学者が疑問を投げかけてきた。たとえば，グリンバーグとミッチェルは，フロイト，クライン，そして対象関係論という発展の流れを追跡している[5]。彼らは，クラインの理論がこの発展における過渡期にあたると見なしており，フロイトの生物学的欲動モデルとその後に発展した全面的な対象関係論との中間に位置づけられるものだとしている。この考えからすると，クラインは対象関係論そのものへの移行を完全には果たすことができず，その移行は代わりに，クラインに触発された他の分析家，ウィニコット，フェアバーン，バリントなどによって成し遂げられたことになる。したがって，彼女の理論は両立しえない枠組みの混合物のようなもののままだったということになる。

　だが，多くのクライン論文からは，彼女の理論に対する違った認識方法が可

能であることが分かる。つまり，移行期にある不完全な形の対象関係モデルとしてではなく，むしろ，純粋な理論的選択肢なのだというとらえ方である。すなわち一方でフロイトの欲動論に依拠しつつ，他方で対象関係思想をよりどころにもするという独自の精神概念観である。「子どもの心的発達」は，これにさらなる照明を当てる際に特に価値がある。なぜなら，それはクラインがフロイトの欲動論から，そしてフェレンツィの萌芽的対象関係モデルから，さまざまな主題をいかにして選び出し結びつけたのかに関する手応えある事実を提供するからだ。また，それは2つのモデルの両立不能性に彼女がどのように折り合いをつけたのか，またそれらの相補性をいかに感知できたのか，これら双方に対してのクラインの方法を知るにあたっての手がかりを与えもするのである。

　だが，クラインの思考におけるこの点を理解するには，まず彼女が論文の中で，実際にフロイトとフェレンツィの考えをいかに加工したのかについて記述する必要がある。ざっと見渡しただけでも，2人の考えそれぞれに対する彼女のアプローチが独特のものであり，それらが一緒になって彼女の考えに二通りのそれぞれ違った，しかし両立可能な機能を提供していることが明らかとなる。クラインは，模倣できるモデルを提供するものとして，そして科学的信頼に足る精神分析の生物学的基礎として，フロイトを意識的実際的に使用する。他方フェレンツィは，より形而上学的な様式で使用されており，社会的，倫理的あるいは哲学的問題を包含する巨視的な視野の啓発者として使用されているのである。この論文の中では，より形がはっきりとして，よく見える存在はしたがってフロイトなのであり，一方，隠れたエッセンスはフェレンツィだということになる。

　より詳細な視座から吟味してみると，影響力の源を彼女が用いるこのような方法は，ただ彼女の好みを示しているばかりでなく，実際の必要性から生じたものなのだということがすぐさま明らかになってくる。フロイトの考えを彼女が使ったことは，彼女の論文がもっぱら子どもへの，すなわち自身の息子エリックへの精神分析的介入にまつわる目論見に基づいていたという事実に結びついていた。この論文における見解は，ある種の先行研究なしには思いつくことは不可能であっただろう。もちろんそれはフロイトがその10年前に提供していた立派な仕事，つまり史上初の子どもの分析の記述である。「ハンス坊や」にはエリックとなにか通じるものがある。そこには，双方が同い年であったこと，そして性的な気づきの発達に関わる同様の問題にとらわれていたということがあった[6]。「ハンス坊や」の記述は，このプロセスが小さな子どもにもたらす

不安と混乱を照らし出しているということにおいても有用であった。

　フロイトの「ハンス坊や」では子どもの不安は急性の形で顕現している。そこでも示されているとおり，そもそもハンスに関する相談がフロイトのもとに持ち込まれたのは馬恐怖のためであった。馬恐怖が彼に恐怖心を喚起し，しばしば号泣させ，街の交通である馬車に耐えられなくしてしまっていた。さらにそこで述べられているように，フロイトはハンスの父親を介して精神分析的介入を行った。すなわち，父親はフロイトに定期的に報告し，フロイトの解釈を妻に伝えた。エディプス的葛藤とそれに付随する去勢不安がハンスの恐怖症の引き金になっており，しかもそのすべてが母親の妊娠と妹の出生という出来事によって刺激を受けたのだというフロイトの見方に両親とも同意していた。この出来事は攻撃性と恐怖とをかき立てたが，それらは抑圧されて象徴的代理物である馬に置き換えられた。さらにそれらはハンスの心の中で大幅に誇張され圧倒的な力を得るにいたった。フロイトの導きを得て両親は，ハンスと彼の不安について話し合い，そのプロセスの中で性愛と生殖の現実を説いて聞かせることで彼を安心させたのであった。ハンスは性的啓蒙によく反応し，不安は目に見えて軽減したのである。

　クラインが自分の息子への精神分析的介入を考えた際，「ハンス坊や」が自分の目論見を原則的に正当化してくれる先行研究としての位置を遙かに超えたものであることを発見した。それは，実際上有用な作業モデルを提供してくれていたからであり，彼女が自身の試みの途上で出会うことになりそうなことについての情報を含んでいたからである。例によってフロイトは，背景の歴史やハンスと彼の両親とのやりとりをこと細かに提示しつつ，それらの多くを，伝えられたままの逐語録として詳細に記述している。

　その論文の中で明快な形で開始されたものにクラインが従ったことは驚くべきことではない。フロイトが提供したものは，接近しやすいモデルだったばかりではなく，実際に試されテストされて好い結果を得たものだったのであり，そしてそういう意味においては，性愛に関する子どもの質問に実際にどのように答えたのかが明らかにされた実際的なマニュアルとなっていたわけである。したがって，クラインの最初の論文はその内容においても提示のスタイルにおいても「ハンス坊や」に非常に多くの類似点をもっているのである。フロイトと同じように，クラインのケースの提示法は子どもの自発的な質問スタイルや幼児語を用いた逐語報告の形をとっている。しかしながら，じかに見えるこのような体裁の奥には，フロイト論文へのより深い応答性が横たわっている。ク

ラインの思考過程においてフェレンツィからの影響が弾みをつけるのは他ならぬこの場においてなのである。この影響の兆しは一見些細なものに映るのだが、ものを言う細部でもある。つまりそれは、そもそも彼女が息子を扱うなどというういくぶん不可思議な決断のことである。

　ハンスとは違って、エリックは恐怖症的ではなかったし、そもそもはっきりとした症状はなかった。その反対に、クラインはエリックが健康で機敏かつほどよく協力的で友好的であるとも述べている。後の批評家たちは、彼女が列挙した症状にはあまり説得力がないと見なしている。たとえばペトーは、エリックが2歳で言語を獲得したのをクラインが遅いとしたことに対して疑問を呈しており、このクラインの受け取り方はむしろ、概して彼女がもっていた誇大な期待や母親としての野心の大きさ、さらには子どもの知的発達に対する不安に満ちた監視のあり方に関連しているのではないかと疑っている[7]。グロスクルスはこの論文におけるクラインのアプローチを「……クライン自身の楽観的万能感の絶頂期」にあった彼女の職業的初期段階を反映するものだと見なしている[8]。

　後になってクライン自身、この最初の論文を振り返っている。その中で彼女は次のように示唆した。すなわち、エリックの真の問題は明白に現れてはいない、なぜならそれは乳幼児期と早期児童期における覆い隠され深く浸透した無意識的不安だったからで、それを彼女はいまではすべての子どもに起こるものだと考えている、と。だが、エリックに関するこうした理解は、この論文に先立っていた。そして、確かに彼女がエリックの不安を感じ取ってはいても、そのときはまだそれを言葉にすることはできなかったのだという可能性はあるのだが、「子どもの心的発達」を執筆した頃には何らそれを言葉には示さなかった。実のところ、少なくとも子どもたちに関する限り、当座の症状の重要性に対して無関心であるというこの論文の特徴は注目に値する。フロイトとは違いクラインは、すでに神経症状態に圧倒されている子どもの治療に乗り出したわけではなく、その子の現在のある傾向が適切な時期に注意を向けられないなら、将来的に病理に圧倒されかねないという予防策のためにそれを始めたのである。

　当時としてはこの上なく革新的なものだった彼女の予防策は、部分的には個人的要因に根ざしていた。極端なものではなかったにせよ、彼女から見ると抑制があり不安定なパーソナリティを示していると思われる行動のために、クラインの息子は早くから彼女を心配させていた。姉や兄と比較すると、エリックはのろくためらいがちに発達する子どもであり、彼らよりも言葉は遅く、普通

のことを分かるのに苦労し，子ども時代にありがちな正常な質問癖は抑制されていた。彼が4歳を超えてなお色を識別できないのはなぜか，4歳半になるのに「昨日，今日，明日」の意味が分からないのはなぜかといぶかったのであった。ただ単純に兄姉よりも知的に劣っているのだという可能性は排除された。というのは，彼が「……見た目からも行動からも，機敏で賢い子ども」という明らかな印象を与えたからである[9]。これに加えて，ひとたび自分のものとしたなら，細部を捕らえる能力と同様に彼の記憶力は優秀であった。これらの事実からすると，比較的単純なことを理解するのに要する彼の苦労は奇妙なものであった。それに付随した彼の知的受動性によってクラインの心配が高じることになった。エリックの中の何かが，彼の状況をそれだけで好転させることができるであろう健康な好奇心を阻んでおり，彼は「ほんの少しの質問」だけしかすることができなかった。その代わりに彼は，万能空想に逃げ込むことで子ども時代の無知に対処していたのだった。「だから，すべてのことがその反対を証明していたにもかかわらず，それでも彼は自分には料理，読み書き，さらにはフランス語を話すことさえ完璧にできるのだと確信していたのだ[10]」。

　これらを考え合わせると，彼の症状は知的抑制としてまとめられるものであり，これがすぐさま大きな問題になることはないが，とはいえ適切な時期に気づかれないならば後に病理をもたらしかねないとクラインは心配していたということになる。このような配慮をクライン自身の生活史における個人的要素と重ね合わせることで，さらにそれらを照らし出すことができる。処女論文を書くという行為がクライン自身にとって知性の解放の瞬間であったのだといえるのだ。彼女の若かりし時代は，より高い教育への欲望がくじかれたことで損なわれていたが，今や彼女はこれを取り戻す機会を得たわけである。だが，刺激的な知的新事業に取りかかったにもかかわらず，彼女は自分が不安から解放されていないことに気づいていた。家族物語の筋書き family script という形をとって，知性の阻害がまたもや彼女の生活に現れた。今度は彼女の息子にそれは位置づけられていた。彼女は幼少期からこの筋書きと共に生きてきた。特にそれは彼女の人生における重要な男性像と関連があった。

　クラインの幼少期に支配的だった家族文化は，知性の発達を尊重することがその特徴だったが，それと同時に，知的努力を阻む困難や抑制の存在によっても特徴づけられる。クラインの父親は厳格な正統派ユダヤ人家庭の出身であり，両親の期待にそって敬虔なユダヤ教学徒の堅苦しい生活スタイルを身につけていた。しかしながら，彼は30代になって，反旗を翻して医学の訓練を受け開業

医をはじめる。この方向転換はどちらかといえば失敗に終わり，そもそも失敗を引き起こす誘因となった家族間葛藤につきまとわれ続けることになる。クラインの父親は知性を抑制する宗教生活を嫌ったばかりでなく，当然，その代弁者たる両親，自分たちのアイデンティティのモデルを教義の中に求める両親を拒否していた。両親の反対は徹底しており，彼が医学の試験に失敗するよう願い祈ったのであった。医学を選んだことで，クラインの父は宗教の教義に対して説得力のある武器を手に入れた。これはつまり科学であり，科学的合理性であった。彼との同一化において，クラインの最初の職業に関する野心は医学へと焦点づけられた。そして彼同様，クラインは組織化された宗教を拒否し，科学的に基礎づけられた信念システムを好むことになった。それは彼女の最初の論文にはっきりと示された。父のように，クラインは知的反逆心を持つゆえ，生涯を通じて狭小な伝統主義のまえに立ち往生することになる。彼女の場合それは，精神分析エスタブリッシュメントの教条であった。

　クラインの父親の苦境は，医者になってからも終わることはなかった。彼の辿った道は苦しい戦いに満ちたものだったが，それらは悲しいかな彼自身のせいでは決してなかった。彼の職業生活の間に科せられたユダヤ人専門職への幾多の制約のために彼の仕事は不首尾に陥った。彼は家族の食い扶持を得るために苦労し，やりくりのため歯医者に転向することさえ余儀なくされた。その結果，家族を悩ませた貧困が，長年の家族力動の決定因となり，幼少期からそれを意識し不安に感じ続けていたクラインに強い影響を与えた。この不安は歴史的文脈において理解される必要がある。つまり社会保障制度が一般化する以前，特にユダヤ人に対して冷淡な世の中であったことである。帳尻を合わせられないユダヤ人家庭は零落の危機に陥り，文字通り物乞いや飢え死にいたった。クラインの父親が家族を適切に養えないことが死の恐怖そのものを呼び起こすのであった。彼の知的反逆は刺激と危険を同時に予告するものであった。

　知的満足の追求をめぐるさらなる悲劇は，クラインの人生におけるもう一人の重要な男性が経験したものだった。それは彼女の兄エマヌエルである。だが彼の場合，その苦境には外的というよりはむしろ内的な起源があった。幼少期，クラインは知的芸術的音楽的趣向をもつ兄を理想化したが，その才能が開花するのを見ることは決してなかった。エマヌエルは「片意地で反抗的な子ども」で，教師たちとはうまくいかず両親を苛立たせた[11]。彼は教師に対して侮蔑的であったとクラインは述べている。その記述からは，万能感がいかに学びのプロセスを妨害するものであるのかに対する彼女の最初の直観的な気づき

がうかがえる。エマヌエルの困難は彼が結核を患うことになる青年期にいたってより悪化する。学びというものは，もともと彼にとってこのように葛藤を産むプロセスであったが，ここに至ってはどうにも耐え難いものになってしまった。エマヌエルは少しばかり出席しただけで大学を退学し，作家になるのだという気まぐれな考えをたよりにヨーロッパを流浪することになった。だが，貧しい家からの仕送りはわずかだった。結局，彼は病気と不摂生がもとで，哀れにも25歳という若さで亡くなった。

　ここでもまたクラインは，愛する人の約束された知的才能が実を結び損なう様を目撃した。20歳代の旅行中にエマヌエルがクラインから借金を繰り返したことで，実際問題として，それが彼女の経済的負担となっていたという事実によって，疑いなく彼女はさらなる心痛をつのらせた。父親とおなじように，エマヌエルは知的反逆の道を選んだことで周囲に影響を与えるほどの経済的苦境をもたらし，クラインの不安をあおることになったのである。

　有望であったはずの知的職業的前途が成就しないというパターンが，クラインの受け継いだ逃れられない家族背景であり，当然彼女の職業的発進の瞬間にもそれはついて回ることになった。この文脈の中に位置づけてみると，エリックのゆっくりとした発達のテンポに対するクラインの不安はより理解しやすくなる。たとえば4歳のとき，プレゼントを受け取ることと，店ではお金を支払わなくてはならないこととの違いを理解できなかった，などというエリックの些細な困難をクラインが必要以上に強調しているというのが顕著な実例である。店に陳列してある品物を選り取り見取りにしようとする無害で子どもっぽい空想をそういうものとして放っておかなかったという事実は，父親や兄がそれぞれ違った形ではあったにせよ危機に瀕した経済状況の現実を無視する様を年余にわたって目撃してきたクラインにとって，そのことがどのように響いたのかということを考えに入れるとより分かりやすくなる。この家族背景に対抗するという意味で，精神分析を単に治療としてばかりでなく，予防策として使用しようとしたクラインの切迫した要求についても，あるいはエマヌエルの場合がそうであったように彼女の息子にも現れ始めていた学びの抑制が頑固なものになってしまわないうちに解放してやろうという彼女の欲求もこれで理解することができる。

　だが，クラインの思考に収斂した個人的要素がどれほど強かったとしても，なお「子どもの心的発達」は私的なものを超え，自分の息子を扱うという個人的次元を超えていた。フロイトは一人の小さな男の子の問題を扱うことで満足

した。他方クラインは，彼女の見解をすべての子どもへと一般化するという重要な段階へと踏み出した。彼女自身の息子と同一視させずにはおかない「ハンス坊や」を読んだことは，彼女の母性の琴線に触れ，息子に対してなされてきた保守的な養育が不毛であったという後悔を伴った気づきを彼女にもたらした。多くの子どもが神経症的問題に苛まれていたが，ハンスとは違い，ほとんどの子どもたちは両親に質問して率直な答えを得るという自由を享受することはできなかったのである。ハンスに対して教え込まれた知的な内密事は残念ながらそう滅多に子どもたちに明かされることはなかった。しかしそれでも，子どもたちは特に大人の助けを必要としている。子どもたちは，しばしばそれが何であるのかを知るすべを，あるいはそれを克服するすべを持たぬまま，生々しい衝動に身を任せてしまうことになるのだ。大人の世界は，子どもに助けになる知識を与えるというよりは，道徳的罪悪感をしみこませることでより負担を課すものである。クラインにとっては，「ハンス坊や」において述べられているような，開かれた態度と信頼から，もっとほかの多くの子どもたちが恩恵を得ることができないのは不公平なことのように見えた。そして，彼女の息子のように，明らかな神経症傾向を見せない子どもたちでも，大人たちが気づくことができないでいる多くの細々したやり方で彼らの衝動を押し殺しているということもありそうなことだった。

　個人に関する知見を広く社会的見地へと，このように一般化することには，子どものための精神分析の潜在力に強い関心を示したフェレンツィの特徴が刻印されている。このことは，クラインが純粋に個人的育児状況として始まったものを一般化することと，フロイトが「ハンス坊や」においては行っていなかったこと，すなわち，個々の子どもをその子自身として考えると同時に，若い人間すべてにある治療的必要性の代表だと考えることを可能ならしめたのである。子どもに対するこの二重の見解は，クラインの論文における問いに2通りの道筋を開くことになった。1つは，子どもの社会的環境へと外向きに導かれ，もう1つは子どもの無意識生活つまり内側に向けられた。

　この論文の外へと向かった社会的次元には，その出発点としてフロイトの「ハンス坊や」が使用されている一方，全体を通してフェレンツィの自由主義的傾向が見まがうことなく刻印されている。息子とのやりとりと遊びに関する多くの詳述記録においてクラインは，治療的にも教育的にもそして社会的にも応用可能なフロイト・モデルの巨大な潜在力を視界に捕らえている。したがって，彼女の論文の内省的内容は，子育てや幼児教育の革新から社会における子

どもの権利の確立に至るまですべてを包含する野心的スペクトラムを網羅している。

「ハンス坊や」の中に描かれた開放的な家族交流を賞賛しつつ，クラインはそれを使えば臨時に行う子どもの治療以上のことができると主張した。もしこれが広く社会に行き渡り，子育ての永続的な方法として採用されるならば，家族文化を革新することができる。すなわち，「子どもたちに対して正直であること，彼らの質問に率直に答えること，そしてこれがもたらす内的自由が，心の発達に深く有効に影響を与えるというのである[12]。

親たちは子どもたちの自然な性的好奇心に応答すること，そして子どもの発達の度合いに波長を合わせつつ，徐々に啓蒙を与えてゆくことを学ぶことができる。これが「抑圧傾向から思考を守る」こととなり，さらなる「本能エネルギーの撤回」を防ぐことになる。この撤回は，禁止された思考へとつながるすべての豊かな連想の鎖も押さえつけるので，抑圧はさらに損傷をもたらすものとなるのである。このような抑圧における負のスパイラルは，性を「秘密主義の厚いヴェール」から解放することで回避することができ，そのおかげで，子どもたちの自然な「願望，考えや感情」が押さえつけられることもなくなり，それらが「誤った羞恥心や神経質な心配という重荷」になることもなくなるのである。

クラインは，この提言が性的抑圧を防ぐばかりではない別の利点を持っていると感じていた。「ハンス坊や」においてフロイトは，性的好奇心がより一般的な知的渇望の源であり，それに至る出発点なのだという信念を繰り返し述べている。クラインはこの考えを大きく拡張した。性に関して質問する自由を得た子どもは，生き生きとした好奇心を持って世界へと向かうことができ，これが「知的能力の発達に決定的な影響」を持つのだと彼女は示唆している。この知的能力の解放こそ，そしてこの重要な教育的利点こそ，子どもたちにたいする率直さ openness を普遍化することに決定的な重点を置く根拠となるのである。

すべての家庭のすべての子どもたちへと精神分析を普遍化するというアイデアは，それだけで十分大胆なものである。だが，クラインはさらにその先へと進むことを望んだ。彼女は親として，子どもの発達における重要な局面のいくつかは親から離れたところで，あるいは幼稚園の中で起こるものだと気がついていた。このような環境にも精神分析的知識が広まってはいけないなどという理由はないと彼女は考えた。つまり幼稚園には精神分析的に訓練を受けた女性

がいるべきで，子どもたちの発達的問題を見つけ出しそれと取り組むということである。そしてもし，このような方法が広く受け入れられたとすれば，大切だが見落とされてきた重要な権利を大人の社会が認識できる。すなわち，大人があらかじめ用意する結論を受動的に受け取るだけでなく，子どもたちが自分たちの生まれ持った道具としての好奇心や知への衝動を使うことで，自分たちの努力で彼らの心を発達させる権利である。最も重要なのは，子どもたちに知的黙従を強いることが危険な所作であり，それが子どものその後の人生につきまとう「知的傷つき intellectual injury」へと導きかねないということなのであった。

「子どもの心的発達」の中で提案されたこの構想は革新的であった。なぜなら，精神分析は子どもに対して日常的に使用されうるもので，社会は違った形の養育を通じて早期から神経症の予防を考え始めるべきなのだと示唆しているからである。この養育法では子どもに知的能力 intellectual potency の感覚を与える必要があり，盲従を強いるような大人の権力行使を防ぐ必要がある。これらの結論からはフェレンツィがもっとも重要視していた価値の香りがする。すなわち，彼のリベラルな本能であり，人間関係におけるすべての不平等性に対する嫌悪であり，そして子どもの精神への彼の精神分析的な共感である。さらにそれらは，子どもの教育に対するフェレンツィ独特の思想を反映している。自分が受けた保守的な教育には弊害となる側面があったと彼が感じ始めたのは1908年に遡る。特に教育が「情動と思考の抑圧」を通じてなされるとその弊害は顕著となり，さらに「情動と思考の否定」を通じて教化されるとなお悪いという主張であった。実のところ，フェレンツィからすると，「……抑圧に基礎をおく道徳化した教育は，健康な個人にすら神経症の種をまくことになる」のは当然のことだった[13]。

フェレンツィは大人によって使用される知性への専制的弾圧の主な道具は宗教だと感じた。制度化した宗教は，子どもの自然な性愛を許容することはなく，究極的には子どもが「生の喜びの中に気取らない楽しみ」を発見することを妨げる[14]。フェレンツィの思想は，ヨーロッパにおける知的生活の進歩的潮流とも同期していたが，彼はさらに当時のブダペストあるいは東部中央ヨーロッパにおける教育的エスタブリッシュメントを攻撃しようとしてもいた。そこは，いまだ宗教と迷信とに牛耳られており，不寛容は夥しく，養育は窮屈で残酷であった。キリスト教の教理問答を学校のカリキュラムから取り除き，その代わりに「子どもたちに自分たちの市民としての位置を教える初等教科書」を通じ

て，健全な市民の価値体系を子どもたちに紹介するフランスのような進歩的な国を彼は引き合いに出した。もし子どもの知識の蓄えに性的啓蒙が加えられたならこの進歩的教育法は完全なものとなるのだと彼は考えた。

このような力強い志向性がクラインの最初の論文にははっきりとこだまし，それによって裏書きされていた。フェレンツィのように，彼女は性的好奇心に自由を与えることに，発達と知的自立へといたる動きのなかでの大きな役割を与えた。さらに，フェレンツィと同じくクラインは，宗教と道徳的圧力がこの道筋に対する障害物となるのだと見なした。宗教的不合理性によってもたらされた損傷について考えたとき，性的啓蒙がさらなる利得をもたらすものとして彼女の目には映った。すなわちそれは，子どもの知識探求におけるもっとも形成的で身近な領域に対して科学的合理性を導入することになるのであり，その領域こそ子どもの強い性的衝動によって喚起される不安の餌食になってしまいがちなのである。これらが科学的に自然なものだと理解する学びの中で，子どもの心は，歪曲と迷信よりも合理性と科学を選択することで，最初から健全な知的慣習を適用できる。

そのような考えを後からみて否定することはたやすい。それらの主張は単に明々白々であるとともに，この上なく誇大的だと映るかもしれない。しかしながら，このように否定してしまうことは歴史的な重要性を見落とすことにつながる。子育てに精神分析的原理を遍く導入する必要性をこの黎明期にはっきりと表明したのがクラインだったのであり，それらはこの時期には全く明白なものでなかったのだ。したがって，少なくとも原理的にクラインは正しかったわけである。にもかかわらず，クラインが高く舞い上がりすぎていたために，ろくに考えることもなくその思想を息子に対して適用していたに違いないと疑い，彼女に批判的であり続ける人もいる。もし実際にそうであるならば，クラインの手順の妥当性のすべてに疑問を投げかけることになり，彼女が原理的には正しかったとしても，実践において間違いを犯し，結局はその結論も当然間違ったものだという含意を示すことになる。

しかしながら，クラインが息子を実験対象として使用したのではないことには多くの証拠がある。さらに，実は彼女の実際面での失敗は，その対極の理由から出たものなのである。つまり，それは彼女がこのケースに主観的に巻き込まれているために生じたものなのだ。自分の息子を治療するなどという高度に張り詰めた状況はクラインの行動に強力な拘束を課すことになった。原理においてフロイト・モデルを適用することに熱心だった一方で，彼女は実践におい

ては躊躇いがちで用心深かった。だからクラインは,「遅れた slow」息子を高まる心配とともに観察しながらも，4歳と9カ月の歳までは何もしはしなかった。その歳になって，彼は突如として「僕は生まれる前どこにいたの？」「人はどうやって作られるの？」といった質問とともに持続的に性的好奇心を示し始めたのであった。

　これらの質問が，その課題に着手するうえで欠かせない根拠を彼女に提供した。というのは，彼女は率直に答えることでエリックのなかで目覚めてきた好奇心を支えようと決心したからである。だがそれでも，エリックを性愛性に関して啓蒙する実際の手だては，彼女の雄弁からするとどれも後れをとっており，常に彼を言い逃れや不安へと導いてしまいがちだったことがクラインの論文からは伺える。その文脈から見てみると彼女の疑念は驚くに値しない。啓蒙は小さなハンスに対してはよく機能したが，だからといって常にそれが好ましいという決定的な証拠を提供するわけではない。神経症的というよりはむしろ抑制を被っているだけだったエリックに限ってみれば，啓蒙はそもそも不適切であり，圧倒しすぎるものなのではないかとクラインは心配したに違いない。それゆえ彼女は，情報を細切れに与え，取り返しのつかないような差し手は控えつつ，非常に注意深くそれを進めたわけである。

　そのような詳細は，クラインの子育てを擁護するうえでそれが何の役に立つのかという点ではさほど重要ではないが，それらは息子とのやりとりに対して予期せぬ形でインパクトを与えており，クラインの計画をさらに複雑なものにしてしまっている。たとえば，できるだけ安全にことを進めるために，一度には一つの情報しか与えないでおくというふうに彼女は決めており，それは性愛の諸側面の中でも，彼女から見てより害がなく議論の余地のないような類の情報から始めるということであった。こうして彼女はエリックに赤ちゃんはお母さんの体の中から出てくるのだと教え，大人の性交渉の現実を教えてしまうことは差し控えた。クラインはこれが知識を安全に提供するための方法なのだと説明している。そうすることでエリックは一度にひとかけらの情報に対して応答すればよかったし，おそらくクラインも彼の不本意な反応に適宜気を配ることができたのである。

　したがって，当初彼女の答えは事実に基づいてはいても重大な省略に満ちており，母と赤ん坊にだけ焦点化した非性器的で非性的な起源の説明であった。クラインは後に，この説明では不十分なのだと気づくことになる。このような不十分さにもかかわらず，それは息子との対話を開き，多くを表面化したため

に，彼女に思案する材料をたくさん与えることになった。

　驚くべきことに，彼女が最初の情報を与えたことでエリックは，自由になったと感じるどころか，反対に抵抗を示したのであった。彼は即座に賢明にも家庭の中にいる別の大人に聞いて回ることで真実の別バージョンを探しに行った。戻ってきた彼は，女性家庭教師の意見，すなわち赤ちゃんはコウノトリが運んでくるということでもってクラインに挑戦した。赤ちゃんを運ぶコウノトリは「単なるお話」よ，というクラインの主張はエリックからの激しい反論を解き放つことになった。ほかの魔法の動物とか生き物はどうなの？　イースターのウサギもただのお話？　サンタクロースも？　じゃあ天使は？

　性的啓蒙を先に進める前に，神話的な存在や天使などの世界をあきらめる様子のない息子との対決に折り合いをつける必要があることをクラインは発見したのだった。そのうえ，彼女の啓蒙セッションは期待したほど純粋な興味を引き出すことはなかった。クラインは「ある種の'痛み'，受け入れたがらず」と記録している。これがエリックをたえまなく続く質問へと導き，「自分が始めた話題をやめてしまおうという試み」とともに「心ここにあらず，どこか戸惑ったような振る舞い」へと至らしめる[15)]。エリックは大人の意見にあからさまに反対するには明らかに若すぎたが，それでも彼は多くの方法で反対を表明している。答えが気に入らないと彼は休むことなく質問を繰り返し，それでもクラインがその答えにこだわっていると，家出をするのだといい，隣の人と一緒に住みたいなどと言い出すのであった。だがそれにもかかわらず，戻ってきて母親にさらに質問を続け，彼が教えられたことのうちのいくらかは受け入れ始めたようにも見えるのだった。しかしながら，総じて彼の態度は，クラインが提示する現実への説明に対する消えない疑念を表していた。そして2人は決まって御しがたい論争の泥沼で身動きできなくなった。母親が天使の存在を否定するのなら，彼の周りの超越的な世界について説明する必要があり，少なくとも一人の魔術的存在すなわち超越的創造者の存在だけは認めなくてはならないじゃないか，とエリックは反論した。そして，彼は神の存在について直接彼女に質問した。それはクラインの進歩的な教育計画にとって呪詛の対象であったに違いない。その上おまけに，エリックは神を信じていた父親を論争の見方に得たのであった。

　クラインは，したがってエリックとの仕事においてここで危機的な転機に至った。彼女の前には，どちらもまっすぐとはいえない2つの可能性の道が開かれていた。エリックに神の信仰を奨励することは彼女自身の信念を否定するこ

とになる。さらに悪いことには，それは彼女の教育プログラムが対峙しようとしていた魔術的原始状態や万能物と結託することを意味するのだった。とはいえ，エリックの神への信仰をくじくのもやはり厄介なことだった。そうなると彼女は，彼の父親に反対することになり，大人の判断の地位全般に対する疑念を生じさせることになる。それは小さな子どもの知的領域の範囲に収まらない問題となる。この後者への配慮が，科学的な立証の対象ではなく大人社会においても議論のあるような見解を，子どもに伝えることの重大さについて熟慮するようクラインに強いることになったのかもしれない。子どもに性の事実について教えることと，神の本質と存在について主張することはまったく別なことである。だが，それでもエリックの質問のうちのいくらかを避ける一方で，別の質問には誠実に答えるなどということは不可能なのである。子どもが大人から得ることを必要としている知識というものは，大人がすでに知っているものばかりに限定されるなどという都合のいいものではなく，近づきがたい領域へと広がることもままあるものだと彼女は気づいたのだった。子どもを啓蒙するという計画に乗り出す親たちは，したがって，そうするプロセスにおいて，子どもと彼ら親自身双方の知的限界に対処しなくてはならないのである。

　この難題に遭遇してもクラインはひるむことはなかった。このような深淵を航行するにあたって，彼女が自らを方向づけるために頼りにした灯火は，またしてもフロイトでありフェレンツィであった。フェレンツィから彼女は科学でもって宗教に挑戦するという度胸を得た。お父さんも含めて，神さまを信じることを選ぶ人もいるけれど，その目で神さまがいることを確かめた人はいないのよ，と彼女は息子に教えた。そしてフロイトから彼女は，エリックの質問のパターンが引き起こす多くの葛藤にもかかわらず，そこに進展が表現されている様子を読み取ることができるような予備知識を得た。

　フロイトが予期したように，エリックの質問パターンには性的なものから一般的な好奇心へと展開するはっきりとした脈絡があった。ひとたび性的な質問に答えが与えられると，それは疑問の領域を広げることになり，その含蓄から質問が生まれ，それらは一般的な意味に関するものとなった。赤ちゃんがお母さんの体内で大きくなるのだとわかると，エリックはそれに含意されたあらゆる領域の信念に対して疑問を持った。それには魔術的な起源を持つ物語，コウノトリやさまざまな空想上の万能的存在，すなわちイースターウサギ，サンタクロースあるいは天使などが含まれていた。これらの質問は，神の存在への疑問をともなって，順次その分野を広げていった。神の存在に疑問が投げかけら

れたとき，エリックは神なしでいったい事物は最初にどのように作られたのだろうかと論理的に訝ったのである。「いったいどうやっていろんな物は大きくなるの？」

クラインは，彼の性的な疑問「人間はどうやって作られるの？」が，ついには「一般的な意味での存在に関する疑問」へと導かれたのだと理解した。彼女は次から次へと現れてくる豊かな疑問に答えねばならなかった。「歯はどうやって生えてくるの？」「サクランボの柄は最初からついてるの？」「切った花はまた植え直せるの？」「川はどうやってできるの？」「どうやってお船たちはドナウ川に浮かべられるの？」などといった質問であった[16]。エリックは，さらにこの世で目に見えるさまざまな物の現実的状態を吟味した。天使や赤ちゃんを運ぶコウノトリとは違って，自動車は目に見える物だけれど，それが現実の物であることの条件なのか，そしてもしそうだとすれば，目に見える物だけが，触れることができる物だけが現実なのかを知りたがった。

クラインはすぐさまそのような質問の重要性に気づいた。なぜなら，彼が環境における触知可能な物に関して聞いてくることは，エリックが彼の世界における触知不可能な側面を探求しようとしていることを意味し，そうすることで「……彼が，まず手始めに触知可能な物の中に標準を発見しておくと，それによって，真実への感受性が拒否させてしまうような漠然として頼りないものまでも測ることができる[17]」ということになる。

このようなエリックの包括的探索にもかかわらず，クラインは未だに彼が大丈夫だとは思えないでいた。彼女が質問に答えることが，単純な因果律に沿ってエリックを解放することはなく，彼が最初の抵抗を克服し神の存在への疑念を抱くことができはじめてからでさえ，その信仰の喪失は自由の感覚をもたらすどころか，むしろ知的空白を残してしまうという結果をもたらした。これが「見えるものの現実性」と「考えられるものの現実性」との違いに関するより難解な哲学的疑問へと彼を導いたわけである。今や神の不在が，現実のほかの触知不能な次元への疑問を呼び，エリックを自由へと導くどころか，よりやっかいな神秘の中に置き去りにすることになってしまった。

精神分析の歴史においては，分析家よりはむしろ患者が先導した発見の瞬間が散見されるのだが，エリックの質問パターンはまさにこの好例であった。子どもが不可知の宗教領域を必要とするのは，それがもう一つの不可知領域，すなわち後に彼女が無意識的内的世界として知るところとなる領域を表象しているからなのだ，とクラインが理解することをそれは助けた。宗教と同じように，

この無意識領域が強力な神秘的存在，あるいは原始的内的イマーゴを含み，それらが自己に対して巨大な力を保持するのだということを彼女は発見することになるのである。

　エリックの質問癖という個人状況がなかったならば，おそらく「子どもの心的発達」におけるクラインの思想はあまり発展することはなかったであろうし，もしかしたら，フェレンツィに触発された，子どもに精神分析的な権利を与えるマニフェスト以上のものにはならなかったかもしれない。だが，彼女の啓蒙計画が抵抗に会ったその様子は，この比較的単純なプロジェクトとそれをすべての子どもへと推奨するという意図を超えて彼女を導いた。これは重要なことなのである。なぜなら，そもそも「子どもの心的発達」が精神分析の文献と見なされるためには，単に社会的で対人的な次元を超えた精神内界的な次元が必要とされるからである。

　ここまで見てきたように，クラインは幼児の性的好奇心が一般的な知的疑問の前駆体であるというフロイトの考えを受け入れ，さらにその流れから宗教教育の道徳化に反対するというフェレンツィにも賛同していた。だが，子どもの知的発達に関するフロイトの考えはいわば一般化されたものである一方，性的啓蒙では，クラインがエリックとの個別的交感の中で発見しように，その重要性は，子どもに事実を教えることにあるのではなく，より根源的な何かの中に存在している。それが知的発達を促進するのは，そこに重要な精神内的過程が横たわるためであり，それはただ一つ精神分析の助けを借りなければ理解できないものである。すなわちこれが幼児的万能感の現実志向的減少であり，発達的に特に重要となる。

　これを洗練するにあたってクラインは再びフェレンツィを利用することができたのだが，今回用いたのは彼の社会思想や教育観ではなかった。その代わりに彼女が用いたのは，心的発達を理解するにあたっての彼の純粋に精神分析的な寄与の一つであった。この貢献は，彼の1913年の論文「現実感覚の発達段階 Stages in the development of a sense of reality」において詳述されているものである。フロイトが大ざっぱに描いて見せた幼児の万能感という概念を駆使して，フェレンツィはそれに肉付けしたばかりでなく，成長とともにその万能感が減少し，それが発達する現実感覚へと道を譲る様子を描き出している。

フェレンツィの「現実感覚の発達段階」

　フェレンツィは知性の成長を，世界をそのものとして認識するその正確さが増大してゆくプロセスとして記述した。すなわちそれは，世界が幼児自身とは分離したものであり，幼児の万能的支配に従属するものではないとの認識である。この見地からすると，認識の出現は避けられないものであり，それは生からの必要性によって促進されることになる。人の乳幼児は，生き残りに関しても快感を得ることに関しても，危急の身体欲求 bodily needs の満足を最初はその環境に依存する。乳幼児がその欲求を伝えるすべは，直接的に身体を通じてのものだけである。すなわち，高まる緊張に対して身体がそれを解放することで対処し，同時にその解放の機制がコミュニケーションの身ぶりとして用いられる——たとえば，泣き叫ぶこと。最初，その身ぶりは，それ自体の力が願望充足を導き出したのだとして魔法のように感じられる。実際の欲求不満や満足遅延に出会うとき，乳幼児の心は万能感を使用することでそれらを払いのける。フェレンツィのいうところでは，万能感とは「必要なもの，欲しいものをすべて持っているという感覚」[18] である。母親がこの自然状態を満たすことになる。なぜなら母親は，寄る辺なさの感覚に全面的にさらされることのないように乳幼児をかばいたいと本能的に願うからである。したがって母親は乳幼児のために，安心できる暖かさや栄養など，失ったはずの子宮内生活におけるある種の条件を模倣する。

　時間と成長とはその結果としてよりよい認識をもたらし，乳幼児はより進化したコミュニケーション方法を使用し始める。緊張をただいたずらに解放するのみであったものが，意味を運ぶ上でより発展した方法に統合されたもの，すなわち身ぶりや音へと徐々に取って代わられる。フェレンツィは，この発達ラインの到達点は言語の獲得であり，同時にそれは否応なしに分離した世界認識を伴うと考えた。思考における発達は，したがって，身体から言語へという乳幼児の表現生活における道具的な移行として記述されうるということになる。

　クラインが自身の論文中でフェレンツィの論文に言及しているのはただ一カ所だけなのだが，それでもエリックの万能感の軽減が「彼の現実感覚の発達と密に関連していた」と結論づける中で，フェレンツィの考えを幅広く援用している。彼女はここにおいて，知的発達の基礎としての性的好奇心というフロイトの概括的発想と，知的発達の究極的目的はいたずらに事実を蓄積することにあるわけではなく，万能感から現実へという重要な心的移行にあるのだという

フェレンツィの考えとを橋渡ししているわけである。

エリックの質問パターンがこれを明瞭に示している。赤ん坊はコウノトリが魔法のように運んでくるのではなくて，母親の中でゆっくり育つものだと理解したら，彼は自然と「みんなどうやって大きくなるの？」と問い，「人はどうやって作られるの？」と不思議がり始めた。存在の根源が，直に彼自身のそして権威的存在の万能性の問題へと導いたわけである。神の存在が最終的には証明できないものであると理解したあと，彼は万能性そのものを疑いはじめ，その疑念は彼が両親に対して感じてきた万能性に対しても向けられた。彼は続けて両親の権力と権威について問うた。たとえば彼は，母親が確かな理由もなしに，彼の楽しみ，たとえば一人で歌うのを禁止しているのではないかと疑うのである。

クラインは彼女の親としての万能性に対する彼の挑戦を歓迎した。なぜなら，それが子どもの質問がたどるべき望ましい結果，すなわち彼が知的自立性を健康的に獲得すること，と完全に軌を一にしていると彼女には見えたからであった。子どもがこれに関して失敗するなら，両親への服従的態度が現れることになり，さらには「権威主義への永続的な服従」と，生涯続くことになる知的依存性をもたらすことになる。子どもの心の中では，両親の権威と神学的な権威との間に親和性があるとクラインには感じられていた。両親は自分たちの権力を増強するにあたって安易に神を引き合いに出すことができるが，「子どもの知的準備性が整っておらず，権威に対して無力である間に，この考えを権威的にすり込むことで，この件に関する子どもの態度は非常に大きな影響を受けてしまうことになり，二度とそれから自由になることはできないか，できたとしても非常に大きな苦闘をしなくてはならず，多大なエネルギーを犠牲にしなくてはならなくなる」とクラインは感じた[19]。

このようにして，子どもの好奇心に関するフロイトの概括的発想はクラインの思想においては特異的なものとなり，それが現実認識の向上へとつながっているのが見られる。さらに，同期して万能感の減少へと導かれ，さらに究極的には，今やその万能性をはぎ取られた権威的人物像を正当に評価する能力へと導かれることとなる。フロイトとフェレンツィの考えをこうして橋渡しするなかで，クラインが行ったのは，一つの理論をもう一つにただ表面的に結びつける以上のことであり，それには両者の統合を成し遂げる必要があったのだということは意義深い。これは，彼女が両者の理論を尊重していたということだけでなく，それらに欠けていたものの重要性を感じ取っていたという事実からも

たらされたのである。好奇心の発達に関するフロイトの洞察は十分に細部にわたってはいなかったし、フェレンツィのそれも完全ではなかった。

ことフェレンツィのいうところでは、子どもの世界認識力は自然に発達するものであった——すなわち環境が為すことは、徐々に花開く発達を待っていることなのだと考えたのである。フェレンツィは発達を促すものが何かということを特定することはなかったが、しかしクラインはある種の心的なきっかけなく子どもが至福の万能感、つまり自己満足の楽園を手放しはしないだろうと考えた。さらに彼女は、大人にできる最良のことが認識能力の自然経過をただ受け身的に待つことだけなのだという考えには満足しなかった。この後者の考え、つまりフェレンツィの論文に記された考えがさらに促進的に変換されたものは、時を経てウィニコットの著作へと濾過浸透してゆくことになるわけだが、しかしクラインは、人間の本性を駆動させ、本能的に動機づける力 instinctual motivational forces、すなわちフロイトがいみじくも動因 drive と名付けたものへの視点を失うことはなかった。フェレンツィの論文にはさらなる知識への動因や衝動 drive or urge towards greater knowledge という着想はなかった。他方、フロイトはそのような衝動の起源かもしれないものを提供したのであり、それはまさに知的関心が乳幼児の性的好奇心から生まれるという考えの中にある。それはそのままで、大人の性愛の世界において、無知な部外者としてあるという乳幼児の位置がもたらす機能なのである。執拗に性生活と性への好奇心を前へと突き動かすのは、乳幼児のリビドー本能なのであった。

したがってクラインは、フロイトのリビドー理論からはじまり、発達を愛の対象からの情緒的分離の観点から見るというフェレンツィの萌芽的対象関係論的視座へといたる道を辿ったのである。そうする中で、自分の息子を治療するという個人的状況が、その2つの理論をつなぐ情緒に満ちた試験場となったのである。さらにその上、その過程で現れた洞察がクライン思想の根源を形成し、それは彼女のすべての鍵概念に反響することで、彼女の生涯を通じて発達し続けることになった。彼女が後に概念化することになる幼児期の心的ポジション、それらが引き起こす一連の複雑な防衛、あるいはその他の主要な概念として、個人の発達を破壊し餌食とする原初的羨望など、これらはすべて、幼児が万能感から現実感覚へと向かう重要な動きのさまざまな形なのである。後の章で示されるとおり、この現実感覚というものをクラインは、ほとんど文字通りにそのものとしての世界を認識することであり、母親を本当に母親がそのようにある良くも悪くも普通の人間的なるものとして認識することであるとして描き出

している。クラインの究極的概念における本質的な要素は，したがってフェレンツィが1913年の論文において述べた現実の感覚というものと直接的な連続性を持っており，それは幼児の衝動によって魔術的に操作されることなく分離している存在として母親を認識することであり，その結果として，その母親という存在には言語を通じてのみ完全に到達することができるものと見なされている。

　最後に，このクライン論文における非常に重要な部分は，理論的に複雑な彼女の仮説を生きた状況に適用する途中でそれが頓挫してしまうこととして現れてくる。エリックの抵抗はただ実際的な躓きとしてばかりでなく，理論的欠陥を示すことにもなった。なぜなら，性的に開かれるということが即座の解放にはつながらず，エリックがその後も万能的解決と万能的な存在への信仰にこだわり続けたということを，今や彼女は説明する必要が生じてきたからである。さらに彼女は，エリックの万能感が軽減し始めたときに，彼の元気さも同時に減ってしまったのがいったいなぜなのかを考えねばならなかった。「子どもの心的発達」の第1部は書き上げられると，ハンガリー精神分析協会で発表された。だがそのときエリックはすでに大きくなっていたが，期待されたほど屈託のない状態にはなっていなかった。反対に，彼の生き生きとした質問攻めの時期が過ぎると，彼が無気力で呆然として過ごすようになってしまったことにクラインは気づき，困惑したのである。

　それはクラインが期待したものとは違っていた。現実主義は，予期したものとは違って，ある種の惨めさをもたらしたようであった。クラインがエリックとのさらなる仕事を進めたのは，このような結果に対する失望のためであり，今回は彼の部屋で毎日決められた時間に精神分析的に治療するというものとなった。彼女の試みのこの第2相も同様に記録され，エリックの性的啓蒙の記述がなされた1919年の原版に加えられて，最終的には一本の論文として出版されることとなった。

エリックの分析

　この仕事の第2相は，第1相，すなわちエリックへの性の啓蒙の相，において脱落していたものについて反省する機会を提供することとなった。すなわち，それはクラインが省略した生殖に関する父親の役割であった。クラインはこの訂正の試みが，息子にさらなる抵抗を引き起こしたことにもはや驚くことはな

かった。彼女はそれまでにも行ってきたとおり，彼の抵抗を扱い続けたが，しかし今回は彼女の後の思想において重要になるあるアイデアを試行する機会となった。彼女は，子どもには現実に耐える能力を決定する先天的要素が存在するのだという仮説を立てた。同時に，このように悲観的に聞こえる結論にもかかわらず，エリックとの仕事は明らかによい方へと傾き，これは彼らのコミュニケーションのなかで遊びが使用されることが多くなるのと軌を一にしていた。遊びはエリックの抑制の解放を助け，そこでようやく彼はもっとも心をかき乱す考えを母親にコミュニケートすることができたのだった。彼のエディプス的空想が遊びの中に噴出した。エリックの込み入ったゲームに関して，クラインは後に彼女の子どもの分析技法を特徴づけることとなるやり方で解釈している自分に気づくこととなり，それは最も重要な発見につながる試みへと彼女を導くこととなった。

　象徴的コミュニケーションの様式としてのエリックの遊びを彼女はじっくりと追いかけてゆき，彼の込み入ったゲームや空想を細部にわたって深く探求することでその無意識的意義を取り上げ，さらにはもっとも原始的なエディプス空想へと至る道筋を発見した。エリックの遊びの中に見えるそのような空想の象徴化は，クラインに母親の重要性を垣間見る機会を与えた。彼女は母親の身体こそ乳幼児の心がもっとも強力に活動しはじめる最初の現場になるのだと考え始めるに至った。エリックの遊びに現れてきた象徴化された母親の身体は，無意識的な心の活性の豊かな中心を占めることとなり，それは乳幼児の最も早い段階での人間的環境への理解を反映していた。これらの原初的な知覚のなかで，母親の身体は存在全体として体験されるある種の統一性 totality を構成していた。息子との仕事の途中で現れてきた素材をクラインは存分に観察し記録した。その観察記録には直観と母性による正確さが深く浸透していたが，それによってクラインは曖昧模糊とした乳幼児の空想領域に関心を持つに至ったのである。さらにそれは，別の重要な意味合いにおいて，彼女の仕事の中で遠く先まで届く含蓄を持ってもいた。なぜなら，ゆくゆく彼女は道徳教育から子どもの精神分析を分離する決心をし，さらにはすべての教育的圧力から分けることとなるからである。この重要な分離の萌芽，すなわちこれはクライン派のもう一つの顕著な特徴となるのだが，それは「子どもの心的発達」に端を発する。それは好奇心をそそり物議を醸す細部に潜在しているものである。すなわち論文の最終版において，エリックの素性を粉飾するというクラインが下した決定にそれは潜んでいるのだ。

エリックと「フリッツ」

　子どもの精神分析が，今となっては子どもにとって特に不適切であると見なされるようなやり方でもって始められたということ，つまり，分析治療が彼の母親によって為されたというのはいかにも皮肉なことのように見えるかもしれない。さらにその上，最初の部分を書き上げてから2年後にクラインは，エリックを「フリッツ」に置き換えることでこの事実を隠蔽した。これに関する詳細がかなり後になって暴露されたとき，クラインは精神分析サークルの中で物議を醸すこととなったのだが，これは特にクライン自身が，それは専門家として不適切な行動であったと見なしているかのようであり，息子の素性を隠す決心をしたのが彼女の罪悪感を裏付けているように見えたからであった[20]。

　だが，すでに示したとおり，クラインが行っていたことは当時の専門家環境においては広く受け入れられていたことであり，ほかの分析家も実施していたし，こと子どもの治療に関しては正しい手法であるとさえ思われていた。クラインが出発点とした基礎モデルは，親が自分の子を治療するという考えを許容していたので，彼女にはこの事実を隠し立てする必要などそもそもなかったわけである。実際のところ，この論文を最初に発表してから1年後の1920年に出版した別の論文の中でそれに言及しているのだが，そこではエリックの素性をそのまま明かしていた。1921年になって初めて，すなわちそのころにはクラインはすでに精神分析協会の会員として受け入れられていたのだが，エリックは「フリッツ」になり，近所の子どもとして記述された。

　したがって，エリックの素性を隠したのは，罪悪感に苛まれて不手際のエピソードを隠そうとした試みだったというのはありそうもないことである。これは，クラインが自分の論文をどのように見ていたのかを解明するにあたって助けとなるので一考に値する。時を経るにつれ彼女は，この論文の内容が単なる研究あるいは精神分析的な知識を持った親の育児の記録というのではなく，彼女の精神分析的遊技技法の正確な意味における幕開けであったのだと見なすようになったのである。

　この意義を解く鍵は，フェレンツィのもう一つの基本的信念が彼女の思想にもたらした影響，すなわち子どもの精神分析は分析以外の関わりから，特にさまざまな直接の道徳的，教育的指導からは分離されうる，あるいは分離されねばならないという信念に関わっているというのは当然だが，さらにはまさしく彼女の「フリッツ」研究に関して交わされたフェレンツィとのやりとりの範囲

に存在しているのである。これは大人の精神分析に関するフェレンツィの見解と，それがいかなる種類のものであれ治療セッティングの内部には患者への「指導」の入る余地などはないという彼の信念にも合致している。

この見解への追従を決めたことで，クラインの「フリッツ」論文は「ハンス坊や」のモデルからの根元的離反を唱道することとなった。両親が治療を主導する場合，必ずや何らかの教育的，道徳的圧力が精神分析技法のなかに漏れ出てくることになるが，これは後にアナ・フロイトの手法の根拠となったようである。これに対してメラニー・クラインは，大人と同様に子どもの患者にも，道徳的判断や教育的圧力を棚上げできる思考空間が必要なのだと信じるようになった。

1941年になされた「リチャード」の母親との文通からも明らかなとおり，息子の治療から20年の歳月を経て，これらはすべてクラインにとって自明のこととなった。リチャードはロンドン大空襲の間，クラインが疎開先ピトロクリー（スコットランド中部の町：訳者）で治療した10歳の男の子であった。クラインがロンドンに戻らねばならなくなったことでこの分析は時期尚早に終結を向かえたのだが，リチャードの母親はいまだ助けを必要としていたため，クラインは文通することで援助しようとした。手紙からうかがい知れることは，このような困難な状況にあって，しかも母親が不安がりアドバイスを求めているにもかかわらず，母親を通じてリチャードを治療するということはすべきでないし，母親が息子に対して分析的に接するべきでもないとの態度をクラインがはっきりと示していたことである。「私は遠方にいて治療をすることはできませんし，アドバイスを通じて私があなたをお手伝いできることはすごく限られています[21]」。母親が手紙で，リチャードが独裁者のように振る舞うので心配していると訴えると，それに対するクラインの答えには，母親からの精神分析的な介入を試みるよう促すのではなく，むしろ常識的な慰めがあった。「子どもがそんなふうに振る舞うことは何ら珍しいことではありません。特に独裁者への恐怖が激しく広がっている今のような時期に，子ども自身が独裁者の役をやろうとするのは全く珍しいことではないのです[22]」。

この挿話が示すとおり，クラインが子どもの臨床的プライバシーを巡る境界を堅固に設定し，精神分析的な覚醒における重要な第一歩を始動させることができるようになったというこの決定的なシフトは，1919年から1941年の間に起こった。そこには親の権力の及ぶ範囲に関する本質的含意がある。クラインの見解では，子どもに対する責任は，家庭と社会との間で交わされる民主的対話

の題材なのだと見なされており，さらにそこには，子どもの精神衛生についての幾ばくかは社会と施設が担うのが公平だとの含意がある。振り返って考えてみると明らかなのは，そのような思想が，当時は珍しいものではなかったにせよ，それでも家庭に社会的責任を負わせること，そして精神衛生の保護装置を家庭外におくことといった20世紀における大きな変革を予期させるものだったということである。

　この重要なシフトは，1921年の彼女の論文における第2部に始まっており，それはフリッツに関する2つ目の論文であった。そこで彼女は子どもの分析を親的養育法そして教育的方法から分離し始めている。実のところ，彼女は論文の第2部において，子どもの精神分析が幼稚園教育と並列されるべき独自の役割を持ちうるものであり，したがって家庭環境の外で子どもに提供されるものだという言葉によって締め括っている。

> 女性分析家が，その下に自分の訓練した2，3の保育士を従えて子どもたちの集団の全体を見渡して観察することができれば，そこで分析的介入への適合性を判断し，すぐにそれを実行することができるだろうことに疑う余地はない。もちろん，なかでも特にこのような形で，子どもが非常に早い年齢において，その母親からある程度引き離されてしまうことには異論が生じるかもしれない。しかしながら，子どもがそこから受ける恩恵は非常に大きいので，母親がそれによってともすれば失うかもしれないものは，究極的には別の方向から十分代償されることになるだろうと私は思う[23]。

クラインの同時代の人々のなかでは，通常の学校教育に組み合わせて児童の精神分析を導入するという考えに異論はなかっただろう。だが，分析的介入の領域を，母親を排除したところへと区分する彼女のやり方に関してはより警戒していたかもしれない。彼らの立場からすると，この方法は直観に反したもので，危険であると映ったのだった。だがクラインはこの心配を共有しなかった。分析的に訓練を受けた大人が，母親がいなくても子どもの衝動を受け止められないはずはなく，さらにそれは教育的な説教によってなされるのではなくて，むしろその意味を解明することを通じてなされるのだと彼女は考えていた。母親は最初子どもからの愛着を失うのではないかと心配するかもしれないが，しかし，子どもがうまく発達することに安心を感じることになるので，結局は得をするのだ。

　したがって，エリックを「フリッツ」として発表するという1921年における

彼女の決断は，「ハンス坊や」という養育‐分析モデルからの離別が開始された始点を形成し，養育と分析の役割は分離されるべきだという彼女の確信の夜明けとなった。この中で，クラインはフロイトの「ハンス坊や」ばかりでなく，子どもへの精神分析的介入に関する別の重要な先駆者の実践も念頭に置いている。これが当時，年長者で周囲からの尊敬を博していたベルリンの精神分析家，ハーマイン・フーク‐ヘルムートであり，彼女は子どもの精神分析がその本質として教育的であるべきだという当時の通念の信奉者だった。だが彼女の仕事は万人受けしたわけではなかった。クラインのイギリス人の同僚，アリックス・ストレイチーはそれを「むちゃくちゃのセンチメンタリズム」と揶揄し，クラインの手法の方を強く支持した。「ありがたいことにね，メラニーはこの件に関してはすごくしっかりした自信を持っているの。つまり，親的教育的影響は精神分析からはっきり引き離しておくべきだって主張しているのよ[24]」。

「子どもの心的発達」に始まるこの究極的区分の根源は，母親が息子エリックを扱うというバージョンを，精神分析家が血縁のない子どもの患者フリッツを扱うというもう一つのバージョンが覆っていることで適切に表現されている。このように二者択一のバージョンを重ねる中で，クラインは二重の見地を提示している。子どもの養育領域に対して児童分析の新しいやり方を加味する母親としての自分自身，そして，他人の子どもに個別に関わることで治療する精神分析のエキスパートとしての自分自身というそれぞれの見地である。後者すなわち専門家バージョンの方は，自分の子を専門家に手渡すことができる母親という考えを含んでおり，したがって，それは子どもの心的発達の未来が親権の範囲に完全に収まるものではないかもしれないということを受け入れる母親を意味する。

この２つの役割のあり方をめぐる葛藤を解決しようというクラインの内的試みが，彼女が自分の中の分析家自己に責任を譲渡する母親になるという帰結をもたらした。さらにそれは，文字通りの形で現れてもいる。すなわち，彼女がこの２つの役割の分離について記述していたとき，彼女はすでにエリックとよりフォーマルな精神分析的方法を採用していたのであり，この役割分離がもう一つのさらなる顕著な動きとなって現れていた。エリックはこのときすでに彼女の精神分析的探求の唯一の対象ではなくなっており，実際の患者であったフェリックスという年長の子どももクラインとの分析を始めていたのである。フェリックスの分析は彼女が息子の中に発見した多くの事柄を反映しており，実のところ，その内容は著しく似通っていたのである。こうしてクラインは，精

神分析の焦点を移行させ，母親として関わるということから他人の子どもを扱うことへと移り始めたのであった。

注

1. Bollas, Christopher (1997) 'Christopher Bollas' in A. Molino (ed.) *Freely Associated: Encounters in Psychoanalysis.* London/New York: Free Association Books, p. 23.
2. Klein, M. (1932) Preface, 1st edn, *The Psychoanalysis of Children.* London: The Hogarth Press.（衣笠隆幸訳：緒言：第一版．メラニー・クライン著作集2．誠信書房，1996．）
3. Ferenczi, S. and Rank, O. (1986) in *The Development of Psychoanalysis.* Classics in Psychoanalysis, Madison, CT: International Universities Press, Inc. (First published 1922.) 4, p. 38.
4. Klein, M. (1932) Preface to *The Psychoanalysis of Children.* London: The Hogarth Press.
5. Greenberg, J. R. and Mitchell, S. A. (1983) *Object Relations in Psychoanalytic Theory.* Cambridge, MA: Harvard University Press.（横井公一監訳：精神分析理論の展開──〈欲動〉から〈関係〉へ．ミネルヴァ書房，2001．）
6. Freud, S. (1909) 'Analysis of a phobia in a five-year-old boy', *Standard Edition*, 10, pp. 5-149. London: The Hogarth Press and the Institute of Psycho-Analysis.（ある5歳男児の恐怖症の分析〔ハンス〕．フロイト全集10．岩波書店，2008．）
7. Petot, J. M. (1990) *Melanie Klein Vol. 1, First Discoveries and First System 1919-1932.* Madison, CT: International Universities Press, p. 18.
8. Grosskurth, P. (1985) *Melanie Klein.* London: Maresfield Library, p. 77.
9. Klein, M. (1921) 'The development of a child', in *Love, Guilt and Reparation.* London: The Hogarth Press. p. 2.（前田重治訳：子どもの心的発達．メラニー・クライン著作集1．誠信書房，1983．）
10. 同上，p. 3.
11. メラニー・クラインの未発表自伝から．Grosskurth, P. (1985) *Melanie Klein.* London: Maresfield Library.
12. Klein, M. (1921) 'The development of a child', in *Love, Guilt and Reparation.* London: The Hogarth Press. p. 19.
13. Ferenczi, S. (1908), in Petot, J. M. (1990) *Melanie Klein Vol. 1, First Discoveries and First System 1919-1932.* Madison, CT: International Universities Press, p. 21.
14. 同上，p. 22.
15. Klein, M. (1921) 'The development of a child', in *Love, Guilt and Reparation.* London: The Hogarth Press. p. 4.
16. 同上，p. 8.
17. 同上，p. 11.
18. Ferenczi, S. (1913) 'Stages in the development of a sense of reality', in *Sandor Ferenczi: First Contributions to Psycho-Analysis.* London: Maresfield Reprints. (First published in 1913.) p. 219.（森茂起ほか訳：不快感の肯定の問題──現実感覚の認識における進歩．精神分析への最後の貢献．岩崎学術出版社，2007．）
19. Klein, M. (1921) 'The development of a child', in *Love, Guilt and Reparation.* London: The

Hogarth Press. p. 25.
20. Grosskurth, P. (1985) *Melanie Klein*. London: Maresfield Library.
21. Letter dated October 1941. By courtesy of the Melanie Klein Trust Archive and the Wellcome Trustees.
22. ibid.
23. Klein, (1921) 'The development of a child', in *Love, Guilt and Reparation*. London: The Hogarth Press. p. 53.
24. Strachey, A. Letter dated 11 February 1925. In P. Meisel and W. Kendrick (eds) *The Letters of James and Alix Strachey 1924-1925*. Bloomsbury/Freud, London: Chatto & Windus, p. 201.

第4章 「ただの奔放さにあらず」──初めて
　　　　やってきた子どもの患者たち

　クラインの子どもとの臨床の仕事は1921年ベルリン移住後すぐに拡張し始めた。彼女の職業的進展がいかなるものだったのかは概ね，1923年までの２年間でベルリン精神分析協会正会員になったことに現れている。このときまでに彼女は，数人の子どもたちの分析をやり遂げたばかりでなく，13歳のフェリックスとの370セッションに及んだ内実ある分析期間を終えていた[1]。彼女はそれに続いてまもなく６歳のエルナと575セッションにわたって，さらに印象的な分析期間を過ごすことになる[2]。ベルリン協会の会員になる以前，その申請期間，そしてその取得後において，クラインが子どもとの分析を重ねてゆくペースはかなり早いものであり，彼女はその間少なくとも22人の子どもと思春期児童を分析した[3]。自らの経験から生じるものに照らし合わせて考えることで，子どもたちの家を訪問するのをやめ，自分のコンサルティング・ルームでの設定を採用し，セッションの一部として遊び道具を提供するという手法を採用することを彼女が決めたのもこの期間であった。ここで，独立した子どもの分析空間と遊技技法が生まれたのである。

　クライン初期の子どもの患者たちについてさらに知りたいと望む読者なら，フロイトの「ハンス坊や」，「ドラ」，そしていわゆる「鼠男」や「狼男」が提供するような，主人公を浮き彫りにする傑出した物語を余すところなく記述したケース研究を探し求めることだろう。だがそれらに比して，クラインの出版物はそのような明晰さを提供することはない。そもそも，彼女のベルリン時代に扱った患者については，時系列や内訳など，漠然としたことがわかるのみである。そして，通常の読み方からすると，ベルリン時代の子どもの患者たちの個人的特徴をつかむことは困難であり，この傾向は，クラインが，その後まもなくの1926年にロンドンへと移住してしまい，そこですぐさま多くの子どもを診るよう頼まれることになるので，さらに複雑になってしまう[4]。

　クラインの初期の子どもの患者に関する記録がまとまりに欠ける理由は，部

分的には，彼女がその頃初心者であり，その後展開するライフワークに未だ完全に自覚的ではなかったということにある。彼女は，身の回りの同僚に対して，そして時には国際学会という，より広い精神分析コミュニティにおいて，臨床的知見を発表してはいたが，それは断片的なものであった。初期の発表に基づいた出版物は，『イマーゴ』や『国際精神分析誌』などのさまざまな雑誌に掲載されている。その少し後になされた英国精神分析協会での講演になると，より系統立ったものになりはするが，それでも，このロンドン講演で自分のアイデアを解説するために選んで翻訳してもらったケース記録抜粋の多くは，すでに早期に雑誌で発表されたものからであった。さらに混乱を招くことには，1925年のロンドン講演の記録がやっとのことで『児童の精神分析』として出版されたのは，それがなされてから7年もたった1932年のことであり，そのときまでにすでにクラインの理論はかなり先まで進化してしまっていた。

　したがって，クラインの初期の子どもの患者たちがその姿を現しているのは1920年代早期のさまざまな雑誌の中であり，その後の『児童の精神分析』のなかなのである。またこれに加えて，彼女の後の著作活動における事例描写の中に現れてもくる。読者はまず包括的な理論上の目的に供するよう圧縮された事例描写を通じて子どもたちを紹介されることになる。つまり，その目的というのは児童分析の基本原則を提示することである。したがって，事例は技法的理論的要素が強調された形で提示される。だから当然それらは，フロイトが好んだような類の伝記的物語を紡ぎ上げるというよりも，むしろ議論を裏打ちするためにあるということになる。精神分析の文献における大人の患者は通常フロイトの例にならって記述されるが，一方クラインの著作中の子どもの患者は整った物語の中心となるべき主人公のポジションを占めるというようなことは滅多にない。典型的なケースでは，子どもの家族歴や発達記録あるいは学校での様子などの外的詳細はただざっと述べられるだけであり，しばしばすぐさまセッション内における子どもの象徴的遊びに関して，その無意識的空想における意義が述べられることになる。

　初期に何らかの形で治療記録が出版されている17人の子どものうち，詳細な物語的ケース研究の対象となっているのはただ2人だけである。「チックの病因論への寄与[5]」としてその治療が書き上げられた13歳のフェリックスと，「6歳女児の強迫神経症[6]」という初期においてもっとも詳しい事例研究素材となった非常に重い患者，6歳のエルナであった。だが，エルナにしてもフェリックスにしても，フロイトの重要な患者たちのように簡単に心に残ることはなく，

彼らをよりよく知ろうとするとしばしば2度目の読みが必要となる。これはクラインが後の多くの論文中で，この2人の子どもの素材を散在させ続けたことに由来するのかもしれない。さらには，一貫して彼女の強調点が子どもの内的生活にあり，その内的生活の証拠を提供するさまざまな患者からの挿話がほとんど交換可能であるかに見えるのだ。その結果彼女の文章は，生き生きと子どもたちがそこにいるという騒がしさと同時に，十分に個別性が残されることなく，むしろ代わりにそれが児童期の心に対する単一の共通印象へと溶け込んでしまうといったある種の逆説的感覚をもたらすことになる。

　これによって，挿話が本物らしさを欠くとか，あるいは子どもたちがリアルさを損なっているということを示そうというのではない。むしろそれは逆であり，彼らが文章の中で生き生きとした存在感を示していることは自ずと明らかである。われわれは3歳のピーターにそこで出会う。彼には友達もなく，極端な臆病さと冷たい攻撃性との間を揺れ動くのを目の当たりにする。救いようがないほど吃る9歳のグレーテ，2歳のリタは気分屋の引っ付き虫で夜驚に苛まれている。13歳のフェリックスは，チック持ちでスポーツにとりつかれ勉強ができない。3歳半のトゥルードはおねしょをし，夜に両親のベッドに走り込むがどうしたいのか説明できない。われわれがそこで出会うほかの患者たちも同様に症状と困難をもっていて，それらは児童期の典型的な不安と混乱に満ちているのだ。

　メラニー・クラインとともに部屋にいて，子どもたちは途方に暮れているし，攻撃性と恐怖を彼女に向けて吐き出すことで，反対にクラインを途方に暮れさせる。彼らは家具を手荒に扱い，ソファーを押し動かし，絨毯を引っ張り，クッションを床に投げつける。そして，ソファカバーの下に大便をする真似をし，家具の後ろに隠れ，クッションをかぶり，指を吸い，あげくにはお漏らしをする。彼らは分析家をもっと直接的にも攻撃しようとする。彼女を縛り上げようとし，おなかを殴りつけ，鼻を咬み，花瓶から花を投げ出すよう命令し，ごっこ遊びの中で繰り返し屈辱的な役割を押しつけようとする。

　教育的圧力から解放されるようにと，メラニー・クラインが子どもたちに個別で内密な空間を与え始めたとき，たがが外れたようにその自由を使用する彼らのやり方のうちの幾ばくかは，彼女の想像を超えていたかもしれない。そもそもそれに先立つ彼女の唯一の経験は，自分の息子とのものであり，その分析的な試みは，普通の母親としてのたしなめと同時に行ったものだったのだ。エリックは比較的穏やかな方であったし，この最初のエリックとの経験がそれま

でに存在はしたものの非常に寡少だった子どもに関する臨床文献を彼女が読む際に影響したかもしれない。実際に，困った子どもが自由な表現を許されたときに発散する本能の反乱を最初に目撃し，詳細に記述した最初の人物はクラインだったのである。

　しかしながら，子どもの患者たちがクラインのところへ憔悴しきった親たちに連れてこられたとはいえ，彼らがただの厄介者だったとするのもまた誤りである。彼らの厄介な振る舞いやおかしな遊びは手当たり次第の破壊性以上の何かであることは明らかであった。なぜなら，それらは象徴的コミュニケーションの文脈に調和しており，彼らがそこに分析家を引き込もうと躍起になっていたからである。6歳のエルンストはセラピールームのソファからクッションを持ってきてそれらを堆く積み上げるとそのてっぺんに座り込んだ。この高い位置に登って彼は演壇に立つ牧師を演じ，不思議なジェスチャーと手をこすりあわせる仕草でもって，興味をそそる訓戒を述べるのだった。クラインはすぐに理解されなくてはならないという彼のニーズに応える責任を課せられた。彼女は聴き手になることばかりでなく，説教の隠された意味を理解しようと懸命に努力せねばならなかった。リタは，人形をしっかりとベッドの中にくるみ込み，象を使ってその人形が起き出さないようにさせるというゲームをした。ゲームは明らかに不安を喚起した。もし人形に起き上がることを許したら，人形は「両親のベッドルームに忍び込んで」悪さをし，何かを盗み出すに違いないと彼女は心配しているというのだ。リタの高まるパニックを通じて，クラインは激しい不安感に晒されたばかりでなく，その問題に困惑させられもした[7]。これはトゥルードの遊びの中でも起こったことだった。遊びの中で，時は夜，トゥルードは眠っているメラニー・クラインの横に忍び込み，「喉をかっ切るわよ，庭に放り出すわよ，焼け焦がしてやろうか，警察に突き出すよ」などと言ってクラインを脅すのだった[8]。分析家をそんなふうに攻撃すると，部屋の隅に行って自分をクッションで覆い隠し，「激しい恐怖心をあらわにして」しゃがみ込んだ。そして親指を吸い，お漏らしをした。だが，またしてもクラインはこの行動の意味を理解するよう迫られていると感じ，それが子どもの不安の無意識的，主観的決定要因への鍵を含んだコミュニケーションの重要な要素であると理解した。

　このような子ども時代の悲惨な状況は，不可解で分かりづらいものではあるが，初期でのもっとも詳細なケース研究，すなわち6歳のエルナというケースにおいて詳述されている。このケースを提示するにあたって彼女がその目的と

してあげているのは，潜伏期の子どもに関する技法的問題を取り上げることであったが，しかしこのケース記録がさらに注目に値するのは，ほかの子どもとの仕事においてもすでに発見されていた原始的精神生活に関して，より極端で露骨な形で赤裸々に語られているところである。エルナの遊びには，狂気と強迫的性質があり，そこには興奮を伴った子どもっぽい感情が絶え間なく露出しているがゆえに，それは児童期の苦悩の本質を伝えるには特によい手段を提供する。クライン初期のすべての児童患者のうちで，おそらく彼女の呈した症状がもっとも悲惨なものである。エルナは強迫的に頭を打ち付け，体を揺らし，自慰をするために全く眠れなかった。これらの行為は，昼間，家族の前であっても客人の前であっても，かまわず持続的に行われた。当然のようにエルナは友達を作ることができず，学業の進歩もなかった。したがって，どんどん何もできなくなり，孤立して行くことになって，その結果当然両親と教師たちを困らせることになった。

　セラピールームの中に入ると彼女はすぐさま容赦ないサディズムを遊びの中で示し始めた。おもちゃは，お互いをいたぶりあう人物たちを示すのに使われた。咬み合い，殺し合い，焼き焦がし，そして食べ合うというふうに。メラニー・クラインは遊びの中で，罰を与えられて辱めを受け続ける子どもを演じさせられ，よい食べ物を奪われて，汚いからといって叩かれるのだった。同時にエルナの方は，残酷で処罰を与える母親の役を演じ，優越し高貴な人物として自らを高い地位に位置づけ権威を誇示した。多くの遊びはぞっとするような肛門的な没頭を示していた。エルナはトイレに座るふりをし，出てくるものを食べようとした。そして，分析家にも同じことをさせようとした。ほとんどの遊び道具は，同様にサディスティックな扱いを受けた。クラインが与えた画用紙は切り刻まれ，夥しく血が滴るミンチ肉だと言われたり，そうでなければそれは「目のサラダ」であり，メラニー・クラインの鼻をかたどった「縁取り（切り抜き）」であった。エルナは身震いして，それらはすべて吐き気を催すと訴えた。

　このような子どもの個人的幻想生活が，初めて余すところなく白日の下に晒され，それが詳細に語られたというこの文脈のなかで，クラインの提示した驚くべき解釈はまったく慰めになるような代物ではなかった。その反対に，彼女は読者を直感とは反対の方向へと連れて行くかに見える。大人の合理性によってエルナのなまのサディズムを和らげるというようなことははせず，むしろ反対にメラニー・クラインはその重要性を強調したようである。これが害のない

子どもじみたナンセンスを示すものなどではなくて，親対象に向けられたエルナの憎しみを運ぶものなのだとクラインが明らかにすることで，このサディスティックなゲームはさらに厄介なものとなる。エルナの想像の中では，この親対象が彼女をすべての満足いく関係からわざとサディスティックに排除しようとしているのだと映っているわけである。すなわち，不穏な遊びの空想の重要性を緩和する代わりに，メラニー・クラインは，内的あるいは心的であるとはいえ，それらにリアリティという歴とした地位を与えるのである。このアプローチはエルナとの治療に限ったことではなく，すべての子どもの患者に対してクラインが選んだ解釈を特徴づけるものであった。

トゥルードが小さな荷馬車から玩具の男を放り出して暴言を浴びせかけ，絵本の中に描かれた山高帽をかぶった男の方に好意を示したとき，クラインが即座に与えた解釈は，トゥルードが「お父さんのおちんちんを捨てたがっている」というものであった。ルースは，何も落っこちないようにと姉のバッグを閉めたちょうどその後に，小さな玉がいっぱい入っていてしっかりとふたの閉まったコップの絵を描いた。そこでクラインは彼女に，コップの中の玉と，姉の財布の中のコインはお母さんの中の赤ん坊たちなのだといった。弟や妹が生まれてこないようにとルースがそれらを閉め切ったのだと，さらにクラインは説明した。後のセッションで，赤ちゃん人形を大人の大きなスポンジで洗うことにルースが反対するという遊びの一場面が最高潮に達したとき，クラインが導き出した解釈は驚くべきものである。「私は彼女が母親をどのように恨み憎んでいるのか，その詳細をすべて示した。それは母親が父親のペニスを性交の間に体内に入れてしまっているからであった。さらに，私はルースがいかに父親のペニスと子どもたちを母親の内部から盗み出し，母親を殺したいと望んでいるのかを示した[9]」。

ことエルナの不穏な遊びに際しても，クラインの解釈は同様に戸惑わせるものである。エルナのゲームにおいて，汚物を好む子どもにそれをやめさせようという強迫的な試みがなされた。特に人騒がせな遊びの一コマでは，魔術師が先から黄色い液体が流れ出る魔法の杖で子どもの肛門と頭をコツコツ叩く。そして，子どもは赤と白の粉を飲み込むようにと与えられる。クラインは解釈する。

> 魔術師はペニスを示しており，コツコツ叩くというのは性交を意味する。液体と粉とは，尿，糞便，精液そして血液であり，エルナの空想によると，それらはすべて

性交の際に母親が口と肛門と性器から自分の体内に取り込んだものである[10]。

このように奇怪に響く解釈は，それらを最初に聞いた精神分析家たちを戸惑わせ不快にさせたように，今日の読者をも当惑させるだろう。フロイトの幼児性愛の理論の文脈ですら，そのような解釈の衝撃に耐えるものではなかった。この衝撃は，ことによると，クラインがリビドー的諸要素を誇張したのだということだけで片付けられるだろうか。グリンバーグとミッチェルはそう考えている。フロイトには「バランスのとれた，二元的な定式化を行える傾向」があり，彼が精神性愛性を「その他の動因と併置するもの」として提示したのに対して，クラインの初期の解釈は一元的に性的焦点化をしているために，一見すると，それはフロイト精神分析のカリカチュアのように見えてしまうと指摘している。彼らは初期のクラインに関して次のように指摘する。

> クラインは，子どもの世界の至る所に性器的エディプス性愛を見た。文字も数字も性的意義を持っている（図の中の一画と円は，ペニスと膣を示している）。算数（割り算は暴力的な性交を示している，など），歴史（早期の性的活動や性的戦争の空想），音楽は両親の性交の音を示す，など[11]

現代的見地からすれば，この種の誇張はたしかに素人くさい印象を与えるし，これが今も児童分析実践に使われているなどと誤解されるべきではない[12]。しかしながら，ことクライン直近の同僚たちにとっては，実のところ，彼女の過度な性的焦点化が心配の種だと見なされることはなかった。精神分析コミュニティがフロイトの性愛に関する革新的な思想のインパクトのもとに作動しているのだということを考えに入れれば，それがいかに奇異であったとしても，それはそれで臨床的に理解可能だとして受け入れられるものであった。心の無意識領域を仕事の対象とするなら，人間の本質のなかの理にかなわない，奇妙な，そして何よりも不快なものを扱うことになるのは避けられないという了解があった。したがってクラインの初期の発表に対する反発は，非常に特異な理論的問題に関する疑問からというよりは，むしろ人間の性愛に関するより原始的側面への漠然とした嫌悪感から起こったものだったのだ。

だがそれでもなお彼女の同僚たちは，自分たちが聞く内容に対して感情的に反応することも避けがたく，彼らが今日の読者にも現れてくるような種類の危惧をもったことに疑いはない。クラインの仕事が同僚に強い反応を引き起こすに至るその主な側面は，彼女の解釈の内容とそれを伝える様式とに集約される。

第 4 章　初めてやってきた子どもの患者たち　67

クラインはかつてない率直さでもって、はっきりとした準備や性教育をすることもなく、子どもに対して思いついたことを話して聞かせた。実のところ、これらの文章からは、クラインが子どもの患者たちにあたかも彼らがすべての性愛の事実についてすでに知っているかのように話しているのがわかる。ピーターが二つの列車を持ち、それらを互いにぶつけ合ったとき、クラインはそれが彼の母親と父親とがお互いに「おちんちん」をぶつけ合って赤ちゃんを作っているのを示しているのだと示唆した。彼の遊びの中で、おもちゃの男と鹿とが繰り返し落下するのに対して、「彼自身のペニスと父親の勃起したものに対するその劣等性」が語られた[13]。初期の論文には同様の解釈が至るところで繰り返されている。

　精神分析における技法は、それを産む理論と密接に関連しているのは明白であり、メラニー・クラインも例外ではない。彼女の直截な技法は、彼女が深い解釈 deep interpretation と呼ぶものを基礎としており、それは子どもの無意識の心に直に語りかけることから成り立っている。すなわち、子どもの遊びの隠された象徴的意味についてすぐに話すわけである。これは、最初に子どもの意識的な心の枠組みに対して話しかけるということなしに、そしてその子自身の考えている遊びの意味について取り扱うことなしになされる。この技法は今でも唐突なものに映る。なぜなら、クラインも最初には述べていたように、それは探求のプロセスに子どもが意識的に参加する過程を迂回しているように見え、したがって子どもの無意識の心に、招かれないまま侵入するように見えるからである。

　このようなことからも、早期の論文においてみられるものがクラインの目論む技法なのだと考えてしまう者が出てくる。さらには、この技法が今日のクライン派の児童分析にも適用されているなどという誤解を生むことになる。だがこのどちらについても妥当ではない。クラインは彼女の子どもの患者の心に乱暴に押し入ろうとしたわけではなく、注意深く判断され十分に文脈化された観察をもとに、接近しがたい亀裂へと到達することを目指したのである。このことは、この時期の彼女の出版物の中からは明らかにならない。しかしながら、後にクラインはこの状況を改善する機会を得ることになり、そこでは自分の意図をより明確に述べ、その技法を擁護している。

　　私は、子どもの遊びに関してそのような「乱暴な wild」象徴解釈を試みたことなど一切ない。その反対に、最近の論文「早期分析」において、私は以下のことを特に

力説した。子どもがさまざまな繰り返しによって同じ心的素材の表現を行ったとする——しばしばそれは，たとえばおもちゃによって，水遊びによって，切り抜きやお絵かきなどさまざまな媒体によってなされる。さらにその上，これらの特徴的な活動が罪悪感をともなっているのを，すなわちその罪悪感が不安として，あるいは反動形成としての過剰な償いを意味するような表象の中で表れているのを私がこのとき観察できたとしよう。さて，こうして私はある種の連想につながる洞察へと至ることになる。そこで初めて私はその現象を解釈するわけである[14]。

彼女の技法への細部にわたる明らかな反論が，彼女の仕事への直接的な批判として出版されたとき，結果としてクラインに自らを防衛するための好機が訪れることになった。この出来事は別段彼女を驚かせはしなかった。クラインが革新的な仕事を打ち立てるのに忙しかったベルリン時代においても，早期のロンドン時代においても，彼女はすでに児童分析の新分野における競争相手のないただひとりの独占者ではなかった。彼女から少し離れたウィーンでは，アナ・フロイトが児童分析を独自の形で展開させつつあり，その途上においてクラインの知見に反対しはじめていた。アナ・フロイトの総括的な批判は，1927年の重要文献「児童分析技法入門 Introduction to the Technique of Child Analysis」においてはじめて明確に示された。ヤング‐ブリュエールが記述しているように，この論文は「自身のアプローチとメラニー・クラインとの歴然たる相違を紛うことなく示すもの[15]」となった。

　しかしながら，クラインへの攻撃は一方で良い結果をもたらすものともなった。アナ・フロイトからの異議申し立てが刊行されたという事実によって，クラインは公の場において，その批判に応答する機会を与えられたことになり，自らの立場を公式に述べることとなった。同じ年にその機会は訪れた。それはアーネスト・ジョーンズがロンドンにおいて，その頃はっきりと現れてきていた思想の分化に狙いを定めて「児童分析シンポジウム」を主催することを決めたからであった。オショネシーは，このシンポジウムにおけるクラインの発表では，彼女は率直に「彼女の視座からの主張」をしていて，実にあけすけに話していると述べている[16]。この論争のより詳細なニュアンスを理解するには，特に彼らの生涯続くことになる論争の文脈から見て，アナ・フロイトのクラインと比較できる理論的立場を簡単に吟味することから始めるのが有用であろう。

アナ・フロイトとの論争

　アナ・フロイトとメラニー・クラインが専門家として協調することができず，ほとんど妥協できなかったことは，精神分析の歴史における奇妙な捻れのうちの一つである。彼らが専門家としても個人的にも，つながりをもち得る余地は十分にあった。そもそも彼らは，同時期に働いていた児童分析におけるたった二人の主要な開拓者としてその運命を共にしていたのである。個人的な次元では，アナ・フロイトもメラニー・クラインもともに二重に少数派に属することから現れる問題に取り組まねばならなかった。すなわち，民族的問題と専門家問題である。

　精神分析が最初に出会った困難に関しては，その女性メンバーたちが直面することになった障壁とも併せて詳細な記述がある。だが，おそらくあまり知られていないのは民族問題であろう。アナ・フロイトの人生もメラニー・クラインの人生も，特殊な歴史的文脈において形成されたユダヤ人女性の同一性に特徴的なものであって，そこで共有されるパターンに沿ったものであった。逆説的なことには，彼らはともに自分たちのユダヤ的背景の重要性にたいしてそれほど意識的であったわけではなかった。とはいえ，彼らはアイザック・ドイチャーがいうところの「非ユダヤ的ユダヤ人 non-Jewish Jew」だったのであり，世界的な問題に関わり社会全体へ向けて発信したユダヤ系思想家，というなじみ深い群に属していたことになる。そのような思想家の間では，19世紀後半からのユダヤ人社会の外の世界が主に関わってきた問題に取り組む革新的女性たちも一翼を担っていた。シェファードは，認知されるには二倍の困難を抱えるこのような女性たちが，苦痛で挑戦的な戦いを強いられた結果抑うつに陥りやすかった様子を描いている[17]。

　アナ・フロイトもメラニー・クラインもともに自分たちを反逆者だとは見なしていなかったが，自分たちのユダヤ性に対してもほとんど無自覚だったのと同様，双方ともに，精神分析的知識を通じて乳幼児期と児童期を理解するといった，疑いなく普遍的で革新的な問題に自らの精力を注ぎ込んだ。これは孤立する痛みをもたらし，支持を得るための生涯をかけた苦闘を強いることになった。その苦闘をアナ・フロイトとメラニー・クラインとはお互いに激化させ合った。お互いに協力し合う代わりに，お互いに対してのもっとも辛辣な批判者になることでその苦闘をさらに悪化させたのであった。この生涯をかけた彼らの敵対関係の決定要因の中には，彼らの子どもの精神分析へのアプローチ全体

を形作る個人的で重要な因子があった。これまでにも述べたように彼らには多くの共通点があったが，アナ・フロイトとメラニー・クラインとの間には，重要な点で，非常に異なった側面があったのである。

アナ・フロイト

メラニー・クラインとは違ってアナ・フロイトは，フロイト精神分析に直にさらされる特権とともに育てられた。青年期にいたって彼女はフロイトの水曜夜会における討論の聴講を許され，父の周りに集まってくるすべての著名な精神分析的思想家たちといつでも手近に接触することができた。このように直接的でしかもゆっくりとした方法で精神分析の本質を吸収することに加えて，彼女には精神分析の文献を翻訳する仕事など手伝いを許される機会が増えていった。したがって，当然彼女の職業的成長はクラインよりも遙かに確実で早いものだった。クラインが1925年に知見を出版しようとしていたとき，13歳も年下だったアナ・フロイトは，すでに分析家資格を得て，大人の患者とも子どもの患者とも経験を重ねていた。

精神分析運動の中枢において育つ中で，父の思想へのアナ・フロイトの忠誠はその後の生活状況も手伝って強められた。彼女は生涯結婚しないことを選び，その代わりに精神分析のため一途に献身した。後に，フロイトは口内の癌に冒されて助けを必要とするが，そのとき彼女は虚弱になった父の世話を一手に引き受けることになる。ここにおいてフロイトは，娘に身体的に依存するばかりでなく，彼女を精神分析の「後継者」だとも見なし始めるに至る。娘へのフロイトからの影響に決定的な弾みをつけることになったにちがいない顕著な要因にはもう一つあった。若い頃，彼女は個人分析を受けることを決心したが，彼女が望んだのは父との分析であり，実に彼はその申し出に同意したのであった。

当初アナ・フロイトが力を傾けようとした主要な眼目が，可能な限り忠実に父の精神分析の方法を適用することから成っていたのは驚くに値しない。それはアナ・フロイトの気質からしても当然そうなるべくしてなっていた。彼女はもともと保守的であったため，いずれにしても父の足跡をそのまま辿る傾向があった。しかしながら，これらの要素はすべて，この上なく保守的な人格形成を補強するだろうと想像されるかもしれないが，一方でアナ・フロイトには実はその反対である何かが備わっていた。彼女は非常に意志が固く，知的に自立しているところがあった。その混成的性質をウォーレンシュタインの表現が適

切に捕らえている。すなわち，「急進的開拓者であるとともに頑強な保守主義者でもある[18]」という表現である。

したがって，父の思想に整合性を探究するアナ・フロイトの姿勢は，無批判的な献身からはほど遠かったのである。現存モデルの研究を自分の仕事であると見なし，これらを適用するにあたっては論理的に進行させて，その価値を実証するためにデータを体系的に集めるという意味において，彼女は実のところより科学的に仕事をすることを好んでいた。彼女のパーソナリティと気質はこのアプローチに適していた。彼女は生まれつき論理的で几帳面であり，彼女のなす事はすべてその精密さが特徴となっていた。それはたとえば，彼女の書類の保存の仕方がよい例である。「アナ・フロイトの書庫は考古学の発掘現場のようであった。文書にはそれぞれ，彼女の生活の中における，日ごとの，そして年ごとの印が正確につけられていた。第二次世界大戦終戦時から1982年までの間，住居であったメアズフィールド・ガーデンズ20番地に来た書類をすべて集めてファイルし，自分の家から出すタイプ書き文書は，すべてカーボンコピーを取って残したうえで発送していた……[19]」。

理路整然としたやり方は，彼女の好んだ訓練法と研究様式へと広げられたばかりでなく，アナ・フロイトの明快な文体にも現れていた。彼女がロンドン時代に創設したハムステッド・クリニックの内部でも，彼女は包括的な索引システムを考案し，すべてのスタッフにそれを教えて傑出した保管文書コレクションのためにそれを使用した。彼女は子どもの診断にあたって，一貫性のある詳細なアプローチを可能にする評価システムを考案した。

これを背景とするなら，アナ・フロイトが専門家として保守的な接近法を取り，子どもとの治療経験を重ねる前に，論理的に考えてトレーニングの最初の段階を教師としてはじめたということは，もしかしたら驚きには値しないのかもしれない。1922年までには，彼女はすでにウィーン精神分析協会のメンバーとなっていたが，彼女の専門家としての関心の領域はまだまだ広範囲にわたったままだった。1920年代の間，彼女は臨床業務を続けたばかりでなく，ウィーン精神分析協会に関心を持つ若い医学生たちで構成された非公式の勉強会にも参加した。これらの学生たちがウィーンの貧困層に無料で医療を提供する「外来診療所 Ambulatorium」で働いていたということが何かを物語っている。というのは，アナ・フロイトが公共事業にメンタル・ヘルス部門を配備することへの関心を強めていったことと，この学生たちの仕事とが共鳴するからである。

ウィーンに精神分析訓練施設が創設されることになり，そこで児童の精神分

析セミナーを提供するように頼まれたことで，アナ・フロイトの中でこの関心はより強まった。彼女はそこで成功を収めたが，さらには，その経験は協会における他の児童の専門家と合同授業を催す機会を彼女に与えることにもなった。彼女が交わったのは，アイヒホルン，ベルンフェルド，ホッファーであり，彼らはそれぞれ違った児童養護施設での豊かな経験を持っており，彼らはみな協力して精神分析的教育学のコースを担当した。だが，ここでもアナ・フロイトは，公共事業指向のグループに親しんだのだが，今回は子どもへと焦点化された仕事であり，特に剥奪され非行に走った子どもたちが対象であった。アナ・フロイトがクラインの新しい思想への疑念を共有したのもこのグループの同僚たちとであった。この同僚たちは，クラインが甚だしい間違いを犯しているという意見を共有していた。彼らのいう間違いとは，クラインが子どもの非社会的行動や非行を子どもに施された世話の性質などの環境要因ではなく，むしろ神経症などの子ども自身のパーソナリティ要因のせいにしているということであった。

　このような初動によってアナ・フロイトの仕事は，内密なコンサルティング・ルームの中だけに完全にこもってしまうことがなかったという永続的な特徴を残すこととなった。実際，彼女のロンドン時代でさえ，地域基盤の仕事 community-based work を耕すことで特徴づけられるのであり，剥奪された子ども，トラウマを持つ子ども，孤児，障害を持つ子どもなど，彼女は何らかのかたちで社会全体との関わりを持つ領域を専門分野として広げていった。分析する際，子どものいる脈絡に沿って眺めるべきなのだというアナ・フロイトの確信と，外的状況の重要性に対する感受性の高さとは部分的にはこのような歴史に根ざしていた。なぜなら外的な災厄とトラウマに露骨に晒され，それゆえ，その物騒な行動が明らかに彼らの不幸なライフ・イベントにつながっているというような子どもたちの病理を，彼女はよく知っていたからである。これは彼女が常にバランスをとることを目指し，「……対象関係に関する側面であれ，……社会適応であれ，……あるいは知的達成においてであれ，子どもを一つの側面のみから見ること[20]」を戒めていたということなのである。

　戦時中のロンドンにおいて，アナ・フロイトはアメリカ戦争孤児里親計画機構からの助成金を獲得することができ，ハムステッド戦時保育園を開設した。それは後に訓練施設に併設されることになる。ハムステッド舎営管理局から，ロンドンの貧困地区の病院から，あるいはイーストエンド療養所の精神科ソーシャルワーカーなどから彼女のところに子どもたちが送られてきた。ハムステ

ッド戦時保育園は，被弾した家の子ども，地下鉄の駅構内で夜を明かし騒音のために睡眠障害に陥る人々，すなわちいわゆる「地下鉄宿泊者 tube sleeper」，疎開先で馴染めずに送り返される子どもたち，父親が出征したことで母が仕事に出なくてはならなくなった家の子どもたちなど多くのケースに宿泊所を提供した。アナ・フロイトはこれらの子どもたちに対して専門的ケアを組織化したばかりでなく，現れてくる重要な心理的問題の詳細を観察し記録できるようスタッフを訓練した。このプロジェクトが，アナ・フロイトにとっての理想的な子どものメンタルヘルス対策を典型的に示している。すなわち，それは人道的公共サービスが厳格な科学的研究プログラムと結びついているということである。

このような背景からすると，アナ・フロイトがメラニー・クラインのパーソナリティと生活様式とを目障りなものだと感じたとしても驚くことではないだろう。彼女が理路整然とした存在であったことに比べると，クラインの人生，すなわち度重なる移住，いざこざ，離婚などは波乱に満ちたもので，非保守的だと映ったのだろう。アナ・フロイトと違って，クラインは世俗の細々したことに対してはほとんど全く忍耐を持ち合わせていなかったし，非常に独創的な精神を持ってはいたものの，それでもなお無秩序なところがあると考えられ，アーネスト・ジョーンズの言葉をかりるなら「科学的でも几帳面でもなかった」のである。実のところ，クラインの仕事を特徴づけるアプローチは科学的というよりは芸術的なものであり，直観と情動を通じてなされた。そこで原始的空想生活の深みを探求し，主要な説明法として彼女はより喚起的な描写を好んだ。この線からすると，メラニー・クラインは系統だった索引作成も記述方法も発展させることはなく，ただ自分の基本概念を解説する少数の論文を残しただけであった。これらはすべてアナ・フロイトにとっては，どうでもいいものに映っていたのかもしれない。

しかしながら，アナ・フロイトの持つ背景には，精神分析の開拓に関しては不利な点もあった。彼女の最初の子どもの観察は，当然彼女の型にはまった伝統的アプローチによって制限されたものとなり，教師として，そしてフロイトの娘として考えざるを得なかった。それと比較すると，メラニー・クラインが行った最初の子どもたちへの観察における個人的関わりは，彼らの内的生活に対してより自由によりよく接近できる視野を維持できるものだった。彼女の観察はより家庭的で，親密であり，その起源に迫っていたのだ。彼女の経験は，精神分析的発見は思わぬ方向から生じるものであり，それらの発見をもたらす

プロセスは往々にして，科学的分類からというよりはむしろ特殊な性質の観察態度 stance から生じるのだと示すことになった。この態度は分析家の外的偏見によって妨害されるべきではないし，コンサルティング・ルームに現れてきたものへの分析家の内的な抵抗によっても妨害されるべきではないのだということが重要であった。

　自分のコンサルティング・ルームというプライヴァシーのもとで，煩雑な事務手続きをしなくてもよい状況下において，クラインは子どもたちに自然にそして直観的に応答することができたのであり，本質的に重要となる遊技技法をそこで発展させた。両親から離れて，彼女のコンサルティング・ルームという内密の条件下におくことで，自分の状態に関しての子ども自身がする主観的解釈と，どのような無意識空想生活がその子の経験を作り出しているのかということに関して，彼女はよりよく理解することができた。彼女はまた，子どものもつ奇妙な現実が実生活よりも大きくなり圧倒するようになるそのあり方に対してもひるむことはなく，その子の遊びから現れてくる意味に対して，急いで大人の合理性を押しつけることをしなかった。子どもの心の本質的な性質を形作るにあたって，この主観的プロセスが非常に大きな力を持っていると彼女は感じ，だからこそ，これが分析作業のターゲットとなるべきなのだと考えた。先に述べたように，これが深い解釈を通じて子どもの無意識の心に直に話しかけることへと彼女を導いたわけである。子どものまわりの実際の状況や環境を変えることはできないし，子どもの両親を変えることもできないが，それでもなお，子どもの無意識的応答性を標的とし，付随する不安を解放することで，子どもの内的脆弱性に取り組むことは可能だと彼女は主張した。そうすることが子どもの内的苦悩を軽減し，内的な強さを与えて，その子の環境の不十分さに対処できる能力を与えるのだと彼女は確信した。「子どもたちは分析によってよりよく自分たちを適応させることができるようになり，したがって，不利な環境の試練にもよりよく持ちこたえることができ，分析を受ける前よりも苦しみが軽減することを私は発見した[21]」。

　子どもの患者の病的状態に対する強調点が，内的なものにおかれるのかそれとも外的なものかということが，メラニー・クラインとアナ・フロイトの間のアプローチの違いを特徴付けるもののうちの一つではあるのだが，しかし，これらが早期の心的発達に関する折り合いのつかないより深い不合意の一兆候に過ぎないということは分かっておくことが重要である。これまでにも述べたように，その不合意は1927年のロンドン・シンポジウムにおいて明るみ

に出始めた。だが，これは最初の公開討論の機会に過ぎず，のちに「大論争 Controversial Discussion」と呼ばれることになるより猛烈な専門家対決によって引き継がれたのである。1938年になって，初めてメラニー・クラインとアナ・フロイトとは，同じ土地に住み，同じ小さな精神分析コミュニティで働くことになった。ヨーロッパにおける戦争がフロイト家にウィーンからの避難を強い，彼らはロンドンへと移住，そこで居を構えることを選んだのだった。ここにおいて，フロイト-クラインの相違点が再び表面化することになった。しかも今回それは，はるかに爆発的なかたちで起こったのだ。より早期にあたる1927年の論争に焦点を合わせ，それと子どもの患者たちに関するクラインの臨床経験との重要なつながりを吟味する前に，この一大対決を簡単に見渡すために1941年に時を早めてみるのも一興だろう。

フロイト-クライン論争

　1938年，アナ・フロイトとメラニー・クラインは，はじめて同じ精神分析協会内で接近戦を交えることとなった。というのは，2人の間に地理的な距離が存在したかぎりにおいては，専門家同士の伝統に則った議論をそれなりに維持することは可能だったからである。ところが，ロンドンでとなるとそのような専門家的な平静を維持することが次第に困難になっていった。アナ・フロイトは日増しに痛烈な攻撃を仕掛けるようになった。彼女はそこでクラインの仕事にはそもそも精神分析としての正当性があるとはいえないといいはじめ，3年もたたぬ間に「大論争」において公に相見えることとなってしまった[22]。論争は一連のクライン派の発表という形をとって，1943年から1945年までの間，英国精神分析協会において戦わされ，その間決着を見ることなく続くことになったのだ。

　ここに現れてきた問題を解決するのに障害となったことの一端には，メラニー・クラインとアナ・フロイトが論を戦わせた1940年代早期までには，双方とも子どもの分析家として働くことは滅多になくなっており，むしろ英国精神分析エスタブリッシュメントにおいて対立する二大潮流のそれぞれの代表者となっていたということがある。彼女らはそれぞれ経験豊かで一家言をもった実践家であり，それぞれ小さいながら忠実で献身的な追従者たちの一団を率いていた。彼女らの洞察は互いにはっきりと異なるものではあったが，それらが後の人生に最も形成的影響力をもつ最早期体験への鍵を保持したデータから直に取

り出されている限りにおいて，精神分析自体に直接的な重要性をもっていた。したがって，この論争が支持者たちの小さな集団に収まらず協会全体を巻き込んだものとなったことは驚くに値しない。

　議論の内容は，思想の歴史に対して豊かに寄与するものであり続けているのだが，鍵となったそれぞれのテーマに関しては，この2人の女性分析家の間でも，協会内全体でも合意に至ることはなかった。クラインの思想は，この段階に至るまでにずいぶん進化していた。彼女の思想の本質は，人間の乳幼児は社会的相互作用への準備性を持って生まれてくるのであり，したがって，それがいかに萌芽的で不完全なものではあったとしても，即座に対象関係を形成することが可能なのだという信念にあった。乳幼児はただ「対象世界における一部分や局所のみ」を受け取っているのだとメラニー・クラインは示唆した[23]。だが，乳幼児は母親の滋養に応答し，そして即座に重要となる母親の部分——すなわち栄養を与えてくれる母親の乳房——に愛着するのである。この愛着は身体的 physical で本能的（リビドー的 libidinal）であるが，同時に情緒的 emotional で心的 psychical である。乳房はただ食物を表すばかりではない。心地よさと快感を提供することで，それは「良さ」という意味を帯びることとなる。しかしながら，母親の乳房は当然のことながら剥奪するものにもなる。それが得られないものとなるとき，乳幼児は欲求不満から攻撃心を喚起される。それが乳房に「悪さ」という意味を与えることになる。したがって，乳幼児は，その誕生のときから，さまざまな人生体験において質的核心をとらえるための装備を持って生まれてくるのであり，そうして良さと悪さの原初的な区別，あるいは何を受け入れ何を拒むべきかという区別を行うのである。

　アナ・フロイトにとっては，乳幼児がそのように高度な識別能力を持っているなど信じがたいことであった。しかも，それらは最初期における胎児様の一次性ナルシシズムを想定する彼女の父親の発達モデルを脅かすことにもなるのだった。ジグムント・フロイトは，小さな乳幼児を外界への認識のほとんど無いものとして思い描き，その存在は快感原則によって支配され，その原始的な心は夢幻様の幻覚状態へと押し流されていて，世界からもたらされる欲求不満を十分認識することもままならないと考えていた。そのような欲求不満はただゆっくりと乳幼児の心に影響を与え始めるだけであり，そうすることで現実原則を導入することができはじめ，そうなってはじめて対象関係というものが意味を持つことになるというのであった。

　クラインはこの考えをくつがえしたばかりでなく，自分の信ずるところに基

礎を与えるため，出生直後から萌芽的な精神活動が存在するのだという仮説へと歩を進め，それを「幻想 phantasy」と名付けた。この概念が「大論争」において最初に発表され議論される題材となった。そして，この目的のために，クラインに最も近く明晰な支持者スーザン・アイザックスがそれを論文として書き上げた[24]。クラインの考えでは，幻想は生命の最初期から作動し始める。その最初の機能は，乳幼児の本能生活に形を与えることであり，乳幼児のより明晰な認識能力が現れてくることを次第に可能にしながら，現実世界の出来事を内的に練り上げ表象することである。大人では，幻想は心の深く無意識的な層において活動し続けている。それは日常的な思考に随行しており，意識的経験の流れに沿って，それに対する原始的で無意識的な実況放送を形成するのである。乳幼児の最早期においては，認知と発語が可能となる遙か以前から，幻想が主たる心的活動なのであり，そういう意味ではそれが精神生活の最初の形である。

「大論争」の時代とそれに続く年月において，クラインは早期の幻想にますます複雑な内容を見るようになり，幻想は乳幼児によって防衛的目的でも使用されうると示唆するに至った。それゆえ，新生児は現実世界からの侵害に圧倒されると感じると，不安によって反応する。その結果，幻想生活は過剰に攪乱する苦痛な情動を払いのける目的で原始的な防衛機制を発動させ始める。クラインは，この原始的なレベルの経験がある種の成人の病理の固着点であり，したがって統合失調症，躁うつ病そして強迫症などの精神科疾患において作動しているメカニズムを説明するのに役立つものだと感じた。この見解における革新的含意は，大人の精神病の重要な構成要素がすべて，早期の精神生活において発生的 genetically に存在しており，実のところすべての人間の心が使う原始的防衛にほかならないということだった。ここで示唆される健康な発達とは，そのような防衛が，もはや優勢ではないという地点にまで徐々に緩和され，正常に機能するために必要な現実感覚が充分心に入り込むのを許容できるようになるプロセスなのだということになる。

このクライニアン・モデルは，分析的解釈へのアプローチにおいてアナ・フロイトの好んだものとは根本的相違を示していた。アナ・フロイトは，複雑なプロセスや病理に関しては発達におけるずっと後期に置き続けていたのだった。1940年代前半の論争が決着をみなかったことから，結局クラインの考え方も精神分析的だと見なすという妥協をもって事態は沈静化することとなった。すなわちこれは，彼女が英国精神分析協会の会員資格を失わずにすんだことを意味

していた。さらにこのことは，独自性のあるひとつの精神分析学派として，彼女が自分の仕事を発展させる道が開けたということでもあった。メラニー・クラインは専門家として生き残ったのであった。「大論争」は彼女の地位に対しての非常に深刻な脅威だった。実のところ結果が違ったものになっていたとすれば，彼女は英国精神分析協会における地位と資格を失っていたかもしれない。

　より早期に起こっていた1927年のシンポジウムでのアナ・フロイトとメラニー・クラインの対決に遡って考える場合，生涯続くことになった彼女らの意見の相違が，この時点でもすでにはっきりと現れていた様子を明らかにすると特に興味深い。後付けの考えにはなるが，このシンポジウムとそこで立ち上がった議論を1940年代の「大論争」のより早期の抑制された前兆だったと見なすこともできる。後に図らずも再現することになるが，1927年に刊行した「児童分析技法入門 Introduction to the Technique of Child Analysis」を携えて宣戦布告したのはアナ・フロイトの方だったのである。

1927年のシンポジウム――クライン初期のさまざまな発見

　そもそもアナ・フロイトは，クラインがコンサルティング・ルームの中で小さな患者たちに許していた放埒にも，子どもたちに両親への敵意を意識化させるというクラインの大胆な決意に対しても，心安くは思っていなかった。クラインにとってはなはだ心外なことには，アナ・フロイトは，大人が子どもたちに関して決めつけがちなことをそのまま声に出したのであった。すなわち，ひとたび自由を許されると，子どもたちはもともと弱かった衝動制御をすべて失い，すぐさま不良化してしまうというものであった。原始的で非社会的な子どもじみた衝動を寄せ付けないためにはただ一つの方法しかない。その場を任された大人が子どもを抑止し，そうすることでまだまだ脆弱な社会的道徳の機能を援助しなくてはならないというのである。この機能を担う心的機関，すなわち超自我は，新しい心的構造論の中でつい先頃フロイトによって定式化されたばかりだったのだ。

　フロイトの構造論モデルは心的発達への新鮮なアプローチを示していた。今や彼は，子どものエディプス・コンプレックスの克服は，もともと考えていたよりも，発達的に複雑なのだということに気づいていた。子どもたちが訳の分からぬまま欲望を放棄するだけでは不十分であるとフロイトは気づいたのだった。なぜなら，そうすることは単に敗北感，すなわち去勢されたという感情を

残すだけだからである。エディプス・コンプレックスの真の解決には根本的な心的変化が必要であり，それが子どもの心理的地平を広げることになる。それが，自分自身の状況に対する視野をよりよく変容し，発達的に拡大することを可能にするのである。フロイトはこの心的変化を構造論的に視覚化した。子どもが親の権威的側面を吸収することで，心の構造が変容し拡張されるのである。これらは内在化されて超自我という内的構造を創造し，子どもに対して内側からの道徳的圧力を与えることになる。このプロセスは徐々に子どもがその両親の生殖的な性的能力を受け入れることを可能にし，さらには家族内における自分自身の位置を受け入れることを可能にする。こうして子どもたちは社会化するのである。

　しかしながら，これはある程度成熟してはじめて起こりえる達成であるともフロイトは感じていた。すなわちこれは子どもが5歳に近づき，言語的過程においても認知的過程においても，よりよい制御能力を獲得してからのことなのだと考えた。この線に沿ってアナ・フロイトは，小さな子どもや幼児はいまだ本来的な超自我を発達させはじめておらず，したがって，衝動制御のための内的手法をもっていないのだと主張した。より年長の子どもにおいてさえ，超自我は出来たばかりなので，それがより強くなるよう発達させる必要があると主張した。したがって彼女の見解では，大人の実際的な指導がいかなる状況においても，それがコンサルティング・ルームの外であれ内であれ，最も重要なのである。シンポジウムにおけるレスポンスの中で，クラインはアナ・フロイトの主張を明確に理解し取り上げている。「……子どもの本能傾向が意識化されるとき，超自我自体が本能の方向性に対して責任を持てるなど期待されるべきではない。なぜなら，この点に関して子どもが放任されると，『たった一つしかない短絡的で便利な道——すなわち直接的満足——』を発見することしかできないのだ，とアナ・フロイトは信じているのだから[25]」。

　アナ・フロイトの見解は，父親の確信と直接的な連続性をもっていた。それは，子どもたちの衝動は手懐けられねばならず，厳しい両親や子守がいなければ子どもの振るまいと心の状態は危険なほど崩壊してしまうというものであった。クラインはアナ・フロイトの言い分を単なる弱腰と見なしてイライラした調子で次のように述べている。

　　アナ・フロイトは，子どもと両親との間に介入すべきではないと感じていた。もし両親に対する子どもの反抗心が意識化されるなら，家でのしつけは危険にさらされ，

子どもの中にさらなる葛藤が生じるだろうというのである。……彼女自身，もし自分自身を子どもの両親に対して敵の位置（彼女はこのような言い方をしている）に置くなら，雇い主としての両親に対して気まずく感じるなどというのだ[26]。

しかしながら，アナ・フロイトからのさらなる批判があった。それは，それほど単純なことではなく，それがアナ・フロイトを悩ませたとはいえ，単に子どもの悪戯を解放してしまうということに関するものでもなかった。アナ・フロイトの反論は，彼女の疑念を特にかき立てた問題へと集中した。これは，子どもの患者は分析家に対して本物の転移を形成することができ，大人の患者と全く同じように分析セッション領域に関係性の典型的パターンを持ち込む transfer ことができるというクラインの信念に向けられていた。これは，子どもの心が，アナ・フロイトが考えるよりもずっと組織化されているという受け入れがたい見解にたいして，それをさらに上塗りするものだった。小さな子どもが超自我をもつまでには十分発達しておらず，自身の衝動を制御できないのと同じように，小さな子どもは分離した人物としての両親に対する内的感覚をもつに至るほど両親から十分には自立していないのだ。「子どもは確かに分析家と非常に生き生きとした関係を持つ」とアナ・フロイトは認めてはいるが，これは額面通りのものとして捉えられるべきことを強調し，子どもが「転移神経症」を発展させるなどあり得ないとしている。彼女はさらに次のように述べている。「子どもは大人とは違い，愛情関係の新版を創出する準備ができているわけではない。なぜなら，言うなれば，旧版がいまだ枯渇していないのだから[27]」と。アナ・フロイトは，このことは次のような事実によると省察する。

> 子どもの原初的対象，すなわち両親は，大人の神経症者の場合には幻想の中にあるが，子どもの場合にはそれだけではなく，いまだにリアルで現存する愛情対象なのである。両親と子どもとの間には日常生活の関係があり，子どもの満足と失望とは実際すべて両親に依存している。この状況に分析家は新しい人物として現れる。……だが，子どもにとって両親をこの人物によって置き換える必要などないのである。なぜなら，大人においては幻想 - 対象を眼前の実在の人物によって置き換えることができるという利得が，それに比べると子どもの場合には全くないのである[28]。

メラニー・クラインはこの議論によって揺さぶられることはなかった。実のところ，シンポジウムにおける彼女の発表はすべて明確にこれに反論するために

なされたのである。アナ・フロイトは間違っていると彼女は信じていた。そして，はっきりした形ではないとはいえ，愛情関係の「旧版」はすでに子どもの心の中に存在するのだと信じていた。「(1940年代の) 大論争」の時までには，この信念は確信に変わっていた。後の段階にいたって彼女のより進化した理論によって，彼女はこの「旧版」が乳幼児期最早期の原初的，萌芽的体験から構成されるものであり，その体験が乳幼児の心の中に吸引され，それが内的枠組み internal form となるのだと考えた。クラインは後に，この旧版が子どもの現実認識へとすでに内在化され統合されており，それが両親を含む子どもの生活における大人たちとの関係を色づけるのだと示唆することになる。これは，親の普通の振る舞いが小さな子どもの知覚では，それぞれ異なった側面が誇張されて，原始的色彩を帯びるのはなぜなのかを説明する助けになる。親の愛情は小さな子どもにとっては現実よりは理想化されるようであり，親からの禁止は実際よりも迫害的で脅威的なものとして聞き取られる。空想のプロセスは，乳児が母親との最初の関係における良い側面と悪い側面の原始的心的表象を創造することを可能にする。これらの表象，すなわち内的対象はすでに小さな子どもの自我の中に統合されており，それらが分析関係において再生する。そこで，児童分析家は悪意ある性質や理想的な性質を付与されることになる。それはあたかも，分析家が子どもの患者の最早期環境における原始的特徴を刻印されるかのごとくである。

　1940年におけるこの見識が洗練されており，詳細に吟味されたものとなっている一方で，その後に多くの知見が重ねられることになる1927年という早い時期において，すでにクラインが子どもの患者も転移を形成するのだと堅く信じていたことを発見するのは興味深いことである。アナ・フロイトはすぐさま実利主義をもとにこれに反論する。彼女はいう。大人は他の活動をやめて分析のカウチに横になり，自発的に自由連想に没頭する。しかしながら子どもはコンサルティング・ルームにおいて，自分の通常の活動や動きと意味ある遊びとをそう簡単に分離することはできないのだ。どのようにして，どの活動が象徴的表現であると確定できるのか。その上，子どもの遊びにおいては，

> 車同士の衝突は通りで起こったことを再現しているに過ぎないかもしれない。また，子どもが女性の来訪者に走り寄ってハンドバッグを開けるとき，必ずしもクライン夫人が言うように，その子の母親の子宮が他の小さな弟妹を隠しているかどうかという好奇心を象徴的に示しているとはかぎらず，同じような入れ物でその子が前日

にプレゼントをもらったときのある種の経験を連想しているだけなのかもしれない[29]。

　すなわち，アナ・フロイトは子どもの変わりゆく外的環境との持続的結びつきの方を強調したのである。しばしば小さな子どもたちは，外で起こった出来事をまとまったかたちでは話さずに，彼らが見たことの要素を繰り返すという遊びを通じてそのインパクトを表現することを好むかもしれない。クラインが認識しようとしているような形式の深い意味や性的意味というものを，目撃した出来事を遊びで繰り返すという子どもの通常の必要性の中に読み取るべきではない。

　この考え自体，論理的ではあったものの，メラニー・クラインは動かされなかった。なぜなら，彼女自身の考えを導き出したのが論理よりもむしろ直観的観察であったからである。遍く広がるフロイト的信念に反して，彼女は子どもたちをカウチにねかせなくても，自由連想を引き出さなくても，彼らについて多くのことを発見することができるのだと主張した。遊びがその解決をもたらした。なぜなら，それが大人における自由連想に相当するものであり，子どもの深い無意識を分析家の手の届くところに差し出すことができるからである。遊びによって明らかとなる空想的要素は，大人の夢素材と同じ原始的素材から生じている。したがって，これは同じように「無意識への王道」となるわけだ。それゆえ，アナ・フロイトは子どもの遊びに自ずと浸透している原始的無意識的要素を無視している点で間違っている。遊びというものはそれ自体，無構造で移ろいやすいという性質を持っているために，手綱を外して無意識プロセスをそぞろ歩きするにはもってこいの乗り物なのである。

　とはいえ，これらの説明にあたっても，クラインは子どもの患者が転移を形成できるということに関して，納得いく説明をする必要があった。彼女の初期の論文は，この仮説が直接的経験からの産物であり，彼女の患者が面接室の中で展開したものの鋭い観察から現れたものなのだということを余すところなく解き明かしている。クラインの臨床的観察はめざましい結果をもたらした。なぜなら彼女の子どもの患者たちは抑制されていなかったからだ。子どもたちが面接の中でそうすることを許されていたという事実自体，そもそもクラインの幅広い早期発達史観として結実した彼女の経験が結集したものでもあったのだ。

　理論の臨床応用に際して，クラインはフェレンツィの本質的思想のうちのいくつかを保持し続けた。子どもの発達に関する限りでは，高圧的に不安を負荷

するよりも，むしろ不安から解放することの方が重要なのだというフェレンツィの信念に対する情熱をクラインは失っていなかった。このリベラルな原理は，クラインの新しい技法の中に現れることで，復活させられることとなった。彼女は，コンサルティング・ルームのなかで子どもの患者に自由の感覚を与えようとした。そうすることで抑制を解除でき，遊びを通して原始的衝動をより直接的に表出することができる。これに平行して彼女は，子どもとの分析セッションにおいて解放される本能的な争乱は規制されるべきではなく，むしろその反対に，理解され分析されるべきだと感じた。彼女はエルナについて述べている。彼女の分析では「計り知れないほどの量の情動が解放され」「激しいカタルシス abreaction」へと導かれた。そこには「たとえばクッションなど私の部屋の物品へと向けられた憤怒，おもちゃを汚し壊すこと——など[30]」の行動が含まれていた。

にもかかわらず，クラインは子どもが本能的な高まりを発散することで起こる道徳的な力の弱体化を心配することはなかった。なぜなら，この発散は単に堕落した行動の問題なのではないからである。「私はこれが単に『奔放な』満足などというものではないことを発見した。……エルナは決して『上機嫌 happy』ではなかった」。むしろ，彼女の「抑制の欠如」の背景にあるのは不安だったとクラインは述べている[31]。子どもをこのような視野から見るのはまことに革新的であった。ここではじめて，困りもので通常の教育では御し難い子どもたちの中に，ろくでもない悪さ naughtiness とは違った要素が指摘されたわけである。もし，根源にあるのが非道徳的な満足ではなくて深い不安なのだとすれば，厳格な統制が子どもを落ち着かせることはない。

そして，これこそクラインが小さな患者たちとの間で経験したことなのである。クラインとの間で自分自身を表現する自由を与えられた子どもたちは，理論的には，おそらくさまざまな感情を表現することになるはずだったが，しかし，実際にその部屋で解放された情動は，主に不安と攻撃性だった。クラインは，いかにしてそのような感情が解放されるのかを観察したが，そこで彼女は子どもの転移を実感することになった。すなわち，子どもたちの衝動の直接の標的となるのは，他ならぬ彼女自身であることに気づかぬわけにはいかなかった。彼女は憎まれ同時に恐れられたが，子どもたちが抱くそのような陰性感情が，クラインという人物像や彼女が彼らに対して取る行動に基づいたものだとは思えない，と敏感な彼女は感じていた。たとえば，彼女の小さな患者ルースに関していえば，彼女はクラインに実際に会う前から先入観をもって分析に入

ってきた。彼女は初回セッションにやってくるなり恐怖状態になった。そして部屋でクラインと2人きりになることを拒んだ。クラインはやむなく彼女を連れて来た姉に同席してもらって始めなくてはならなかった。しかし彼女がどれだけ友好的に振る舞おうと，遊びを使ってルースと関わろうと試みても，ルースを恐怖に陥れるだけだった。姉が同席できなかったあるとき，「私は彼女を慰め，元気づけ，私と遊ばせるよう試みたが無理だった。私と2人きりになると彼女は，……青ざめて叫び，きわめて強い不安発作の兆候を示した[32]」。

　ルースの反応が，出会ってからの短期間に彼女の分析家について実際に気づいたことや知り得たこととはほとんど関係がないということにクラインは明敏に気づいていた。その上，最初に出会うもっと前からすでに分析家に対するルースの気持ちは定まっていた。そして，クラインは，子どもが人見知りするなど普通のことだという理由付けでは満足せず，そのような子どもの警戒心にも根源的基盤を探求すべきだと思っていたのかもしれない。

　フェレンツィによると，彼のみた子どもでは，歪曲した現実認識から完全なる現実認識へと徐々に移動したのだという。これによって，子どもたちがなぜある種の不合理な信念に執拗にしがみつくのか，そしてなぜ，世界のどのような合理性にふれてもこの歪んだ感覚が変わらないなどということが時として起こるのかを説明することができる。フェレンツィ思想におけるこの線に沿う一方で，クラインは今や子どもとの新しい直接的経験が照らし出すものを付け加えることができた。コンサルティング・ルームで起こっていることは，不完全な現実認識の露呈というもの以上の何かだと彼女は感じていた。ルースはクラインがあたかも危険な存在であるかのように振る舞った。クラインは，ルースが彼女の分析家が誰なのかということに関してはっきりとした主観的バージョンを持っているのだと感じていた。これはもしかしたら，要するに子どもの無意識の内部から来た情緒的関係性の「旧版」なのだろうか。もしそうだとすれば，この旧版とはいったい何なのか。

　この段階では，クラインはいまだ内的対象を着想しておらず，フロイトの鍵概念を保持したままだった。こうして彼女は最初の革命的結論に導かれる——すなわち，不安に満ちた患者がクラインを悪者 bad creature へと変えてしまったわけだが，その悪者こそ他ならぬ過酷な超自我であり，それは完全に子どもの心的構造の内部に位置するのだという結論である。患者は完全に了解済みの両親像だけを分析家に転移することができる，としたアナ・フロイトの主張に反してクラインは，そうすることができるのは大人の患者にかぎっての話だ

とした。子どもの患者の場合，分析家という人物のうえに「転移される」のは，彼ら自身の心的側面，つまり過酷で乳幼児的な超自我なのであり，それが転移を構成することになるのだ。

クラインはここでフロイト思想から最初の思い切った離脱をしはじめていた。フェレンツィは，小さな子どもは現実感覚を徐々に獲得するのみであり，どのような場合であれ，親からの禁止に関する最早期の体験 perception を歪曲するものだと確信をもって論じた。しかしながら，この考えには加えるべき何かがあった。親からの処罰を表現しているように見える遊びのなかで，そこに子ども自身の攻撃的空想における残酷さがいかに密接に映し出されているか，その様子をクラインは子どもの遊びの中で繰り返し目撃した。その2つ（親からの処罰空想と子ども自身の残酷さ：訳者）はつながっているようだった。さらに，子どもが攻撃性を放出するその激しさこそ，子どもが想像する親からの反応の質を決定するように見えた。もともと子どもが両親に向けていたはずの攻撃性は，子どもに向けて両親から照らし返されるのだと感じられ，両親の存在にその攻撃性が浸み込んでいると見なされる。それは，子どもが両親に帰属するものだと見なし始めた自分自身の攻撃性のせいなのであり，そうして通常の禁止やしつけへの試みを大きく誇張し，恐れることになる。したがって，子どもの心の中で最初に形成される超自我の性質を決定するのは子ども自身の攻撃性なのだということになった。さらには，子どもの不安を強めその発達を抑制するのもこの攻撃性なのであった。

アナ・フロイトとの論争の中で，クラインは今や正反対の臨床的結論を述べることになった。「われわれに必要なのは子どもの超自我を強めることではなく，それを和らげることなのだという結論に至った[33]」。

このような考えが，実際の両親よりもむしろ子どもの内的世界を強調する方向へとクラインを導いたが，これまでにも見てきたように，アナ・フロイトはこれを不適切に偏ったものであると見なした。だが，超自我をそのように早期に想定するなどということは，それまでに確立されていた精神分析の伝統との間でも深刻な衝突を引き起こすこととなった。フロイトのモデルでは，超自我はより遅く，子どもがほぼ5歳になる頃に形成されると考えられており，それはエディプス・コンプレックスの解決の結果であるということになっていた。この後者こそ両親の価値観や権威を内在化する方法を子どもに提供するのだと彼は信じていた。なぜなら，エディプス・コンプレックスだけが，母親への近親姦的欲望，父親への殺人的憎しみといった子どもの非社会的，性的，さらに

は攻撃的傾向の制圧を可能にするからであった。では，子どもがいかなる種類のエディプス的な気づきをも達成していないと思われる時期にすでに超自我が存在するなどということをクラインはどのように説明したのだろうか。

クラインはフロイトが正しいと認めねばならなかった。エディプス・コンプレックスなしには，そもそもなぜ超自我などといった精神内の抑制的機関が存在する必要があるのかを理解するのは困難だった。これを気にとめつつクラインは患者を観察した。もしかしたら子どもの攻撃性とそれに付随する両親からサディスティックに報復されるという空想が，ちょうどフロイトが結論づけたごとく，エディプス状況にその起源を持つとしたらどうだろうかとクラインは考え始めた。これが示唆するところは，エディプス状況と超自我形成との関係に関してフロイトが誤っていたということではなく，このプロセスは彼が考えていたよりも早くに始まるのだということを意味する。

子どもが5歳に近づいたところではじめてそれが現れると考えるよりも，もしかしたら，2，3歳の子どもにもある種の萌芽的なエディプス的布置は見いだせるかもしれない。クラインはほどなくこれが正しいことにさらなる自信を持つようになった。そして，エディプス・コンプレックスはフロイトが考えていたよりもずっと早期に始まるのだという仮説を大胆に表明し，これが精神分析的思考における事実なのだと認めるに至った。「このような事実から私は，小さな子どもの不安と罪悪感はエディプス葛藤と結びついた攻撃的傾向にその起源を持っているのだと結論づける[34]」。

この仮説は，早期超自我が存在することを説明するのにも役立つことになる。だが，これが強い反発を招くことは必至であった。なぜなら，発達に関するそれまでの精神分析的見解とは全く相容れなかったからだ。とはいえ，これはクラインを新たな領域へと誘うことになった。超自我を前に持ってくることによって，しっかりと早期の心的発達を見つめる関心が高まった。それは，初期的原始的思考プロセスの存在という考えを導入することになるからである。その思考プロセスが早期のエディプス・コンプレックスの形を作り，世界に関する子どもなりの理解を創出することになるからであった。いいかえるならば，子どもの転移というクラインの考えはいまや，早期エディプスあるいは前エディプス的内的空想によってゆがめられている主観的な原始的体験世界へと確実に動き始めたのである。

注

1. Petot, J. M. (1990) *Melanie Klein Vol. 1: First Discoveries and First System 1919-1932*. Madison, GT: International Universities Press.
2. Frank, C. and Weib, H. (1996) 'The origins of disquieting discoveries by Melanie Klein: the possible significance of the case of "Erna"', *International Journal of Psycho-Analysis* 77, 6, p. 1102.
3. Frank, C. (1999) 'The discovery of the child as an object sui generis of cure and research by Melanie Klein as reflected in the notes of her first child analyses in Berlin 1921-26', in *Psychoanalysis and History*, 1, 2, p. 161.
4. クラインがロンドンを訪れたのには，もともとアーネスト・ジョーンズの子どもたちを分析するという特殊な理由があった．(P. Grosskurth (1985) *Melanie Klein*. London: Maresfield Library, p. 159 を参照のこと．)
5. Klein, M. (1927) 'A contribution to the psychogenesis of tics', in *Love, Guilt and Reparation*. London: The Hogarth Press. (安岡誉訳：躁うつ状態の心因論に関する寄与．メラニー・クライン著作集3．誠信書房，1983.)
6. Klein, M. (1932) 'An obsessional neurosis in a six-year-old girl', in *The Psychoanalysis of Children*. London: The Hogarth Press. (衣笠隆幸訳：6歳の少女における強迫神経症．メラニー・クライン著作集2．誠信書房，1997.)
7. Klein, M. (1926) 'Psychological principles of early analysis', in *Love, Guilt and Reparation*. London: The Hogarth Press. p. 132. (長尾博訳：早期分析の心理学的原則．メラニー・クライン著作集1．誠信書房，1983.)
8. 同上，p 131.
9. 同上，p. 28.
10. Klein, M. (1927) 'An obsessional neurosis in a six-year-old girl', in *The Psychoanalysis of Children*. London: The Hogarth Press (1932) p. 38.
11. Greenberg, J. R. and Mitchell, S. A. (1983) *Object Relations in Psychoanalytic Theory*. Cambridge, MA: Harvard University Press, p. 122. (横井公一監訳：精神分析理論の展開――〈欲動〉から〈関係〉へ．ミネルヴァ書房，2001.)
12. 現代の児童分析技法に関しては以下の著作など参照のこと．M. Rustin and M. Rhode (eds) (1999) *Psychotic States in Children*. Tavistock Series, London: Duckworth; D. Daws (1993) Through the Night: Helping Parents with Sleepless Infants. New York: Basic Books; A. Alvarez (1992) Live Company. London: Tavistock/Routledge. (千原雅代・中川純子・平井正三訳：こころの再生を求めて．岩崎学術出版社，2002.)
13. Klein, M. (1932) 'The technique of early analysis', in *The Psychoanalysis of Children*. London: The Hogarth Press and the Institute of Psycho-Analysis. pp. 19-20. (衣笠隆幸訳：早期分析の技法．メラニー・クライン著作集2．誠信書房，1997.)
14. Klein, M. (1927) 'Symposium on child-analysis', in *Love, Guilt and Reparation*. London: The Hogarth Press and the Institute of Psycho-Analysis. p. 147. (遠矢尋樹訳：児童分析に関するシンポジウム．メラニー・クライン著作集1．誠信書房，1983.)
15. Young-Bruehl, E. (1988) *Anna Freud*. London: Macmillan. p. 165.
16. *Love, Guilt and Reparation* (1975), London: The Hogarth Press の E. O'Shaughnessy, H. Segal, B. Joseph, R. E. Money-Kyle による解説参照のこと．
17. Shepherd, N. (1993) *A Price Below Rubies: Jewish Women as Rebels and Radicals*. London: Weidenfeld & Nicolson.

18. Wallerstein, R. (1984) 'Anna Freud: radical innovator and staunch conservative', in *The Psychoanalytic Study of the Child*, 39, pp. 65-80.
19. Young-Bruehl, E. (1988) *Anna Freud*. London: Macmillan, p. 16.
20. Freud, A. (1962) 'Assessment of pathology in childhood, Part I' (1970), in *Writings 5*. London: The Hogarth Press and the Institute of Psycho-Analysis. pp. 26-37.
21. Klein, M. (1927) 'Symposium on child-analysis', in *Love, Guilt and Reparation*. London: The Hogarth Press. p. 165.
22. King, P. and Steiner, R. (1991) *The Freud-Klein Controversies 1941-1945*. London: Tavistock/Routledge.
23. Klein, M. (1935) 'A contribution to the psychogenesis of manic-depressive states', in *Love, Guilt and Reparation*. London: The Hogarth Press. p. 285.
24. Isaacs, S. (1941) 'The nature and the function of phantasy', in P. King and R. Steiner (eds) *The Freud-Klein Controversies 1941-1945*. London: Tavistock/Routledge.（松木邦裕監訳：空想の性質と機能．対象関係論の基礎．新曜社，2003．）
25. Klein, M. (1927) 'Symposium on child-analysis', in *Love, Guilt and Reparation*. London: The Hogarth Press and the Institute of Psycho-Analysis. p. 159.
26. 同上 p. 163.
27. Freud, A. (1946) *The Psychoanalytical Treatment of Children*. London: Inigo.
28. 同上 p. 34.
29. 同上 p. 29.
30. Klein, M. (1927) 'Symposium on child-analysis', in *Love, Guilt and Reparation*. London: The Hogarth Press and the Institute of Psycho-Analysis. p. 160.
31. 同上 p. 160.
32. Klein, M. (1932) 'The technique of early analysis', in *The Psychoanalysis of Children*. London: The Hogarth Press. p. 27.
33. Klein, M. (1927) 'Symposium on child-analysis', in *Love, Guilt and Reparation*. London: The Hogarth Press. p. 164.
34. 同上 p. 5.

第5章 「完全に現実離れしたイマーゴ」
——フロイトからの離脱

　1927年から1935年の8年間に，クラインはエディプス・コンプレックスと超自我の発生をより早期におくという物議を醸しがちな主張に関して，より詳細に吟味することを通じ，新しい理論的概念をさらに拡充させることができた。この時期の著作は多くの場合，非常に難解なものとなった。それまで彼女の精神分析的な枠組みは強固にフロイト的であったのだが，ここに至ってクラインの気づきがより深い層へとシフトしていったことで，この枠組みが揺らぐことになったからである。エディプス・コンプレックスと超自我を早期に想定するということの含意がきわめて重大なものであることが徐々に発見されていった。即座の反応としては，あまり重要ではないが物議を醸しやすい問題のほうに読者の注意は引かれた。この時期の著作が残したもっとも強い印象は，論争喚起的で人を惑わせるというものであった。クラインは幼児期のサディズムにおける比類なき残忍性を描き出しているが，これは通常の想定を遙かに逸脱したものであった。クラインの描く情景があまりにも荒涼としていたために，そのとき以来，彼女の理論は不本意な悪名を得ることになった。彼女が幼児の心的生活を，はっきりと歪曲しないまでも奇妙な形に誇張しているのだと見なされてしまったのである。

　実際にこの時期の彼女の文章を吟味してみると，読者はまずそれが意外にも，悪名にそぐわないものであることに多少とも驚くかもしれない。ロンドンにおける最初の長期滞在がクラインにもたらした影響は，逆にとても活気に満ちたものであったということは明白である。この滞在は，彼女に文化，歴史，そして進化 evolution への関心を呼び覚まし，創造性について考えることへと導いた。確かに彼女は人間の乳幼児が特別にサディスティックな衝動を持っていることを示唆する一方で，乳幼児の心が本質的に創造的なものであるとも見なしはじめていたのである。彼女は投影という心的機制を探求した。投影は，自分の心の内側領域を外に置き換えることへと子どもを導き，したがって世界をさ

まざまな性質の情緒で色づける。これと結びつけて彼女は，取り入れのプロセスを想定し，そこでは外的世界の諸要素が自己の内部に取り入れられ心によって内部に組み入れられるとした。この時期の彼女の観点は，主観的状態から世界を色づけるという傾向ばかりでなく，出会ったものを取り入れ，擬人化し，そしてドラマ化することで独特の内的世界を構築してゆくという人間の傾向に焦点づけられていたのである。

　この2つの道筋（投影と取り入れ：訳者），すなわち世界と心との創造的対話に関するクラインの探求はこの時期における重要な達成のうちの一つである。しかしながら，同時にこの達成は，それが陰鬱な見解の陰に苛まれていたかもしれない，いやむしろ実際に苛まれていたことほどには，鮮明に伝わってこない。この時代においてクラインは，冷酷な理論的シナリオに繰り返し回帰しているが，それはあたかもその理論の厳粛な含意をワークスルーする機会を必要としていたかのようだ。このシナリオは，原罪という概念に類比されてきたものであり，それは乳幼児期すなわち文明化・社会化の影響の到来する以前に目撃された，切迫した，他を寄せつけないサディズムの状態なのであった。

　強力な悲観的調子がこの時期の文章を貫いていることは疑いのないことではあるが，それにすべての関心を奪われてしまうと，思想家としてのクラインが総体的にどう発達していたのかということの本質を見失い，彼女のサディズムの理論が遙かに広い枠組みの中に組み込まれているという事実を見落とすことになる。そもそも，クラインの著作中において，1927年から1935年の間の極端な信念は，単に一つの移行期を示しているだけなのだ。議論の的となった人間のサディズムに関する彼女の見解は，顕著に変化してゆくこととなった。さらにその上，この時期にはその見解に挑戦する他の考えが次第に発展し始めていたのである。そして，原罪という見解から始まったものは，徐々にその逆へと変容してゆく。すなわち，人間の個人が生まれ持つ道徳の潜在性という概念である。

　それでもクラインの強調点として，あるいは探求対象として，サディズムが破棄されることはなかった。それは彼女の晩年の著作中に新たな装いで再び姿を現し続けた。それはあたかも同じ苦痛な質問を蒸し返すかのようである。「なぜ人間には残虐 sadism が可能なのか，そして，人間の心は自分の残酷さを克服するためのメカニズムをいかにして発見するのか」という問いである。クライン理論の重要点は，この疑問とそれに接近する彼女独自の様式のもとに構築されている。したがって，この1927年から1935年の間のクラインの信念を

はめ込むことができる文脈に関してある程度の理解をもっておくことが必要である。

　当然予期されることながら，クラインは精神分析における師匠たちからの影響を受け続けた。だが，彼女は今やあえてずっとその先を目指し，結論はより挑戦的なものとなった。これは彼女がフェレンツィの思想を先へと推進し続けるそのやり方に影響を与えた。それは，特に現実感覚の発達に関する彼の思想だった。彼女は，幼児の認識愛（愛知）本能 epistemophlic instinct あるいは知的探求本能という概念との関連を通じて，この現実感覚の革新的含意を探求した。ここで彼女はこの概念を，フロイトが仮定したリビドー本能と自己保存本能という一連の本能に加えられるべきものとして提示した。彼女の創作力に刺激を与え始めていたもう1つの影響力は，彼女の2人目の分析家，ベルリンのカール・アブラハムからもたらされたものであった。アブラハムは，1925年のクリスマスの死の少し前までのあいだ彼女を分析治療した。彼の思想からクラインが受けた衝撃は，一連の並外れた考えの連鎖となって現れた。この両方の分析家からの影響は自然に現れてきたのに対して，第3の影響力があった。何よりもその影響力は政治的に関与してくるものであり，クラインはより意識的にこの影響力を組み込む努力が必要だと感じていた。それは他ならぬフロイトの影響力であった。

　自分の発見を精神分析の理論体系に安全な形で組み込むには，臨床的発見を提示するにあたって，それがどれほど独自のものであろうとも，それを自分自身の用語だけで組み立てるのでは不十分だと気づいた。彼女には，新たに現れる自身の観点を，フロイト思想の主要体系に結びつけるための確実な方法が必要だったのである。当初，彼女は自分のそれぞれの知見に対して関連のあるフロイトの概念を当てはめてゆくことは，比較的簡単なことだろうと思っていたに違いない。どちらにしても，彼女は臨床データを観察でき意味づけることができるレンズをフロイトの理論が提供してくれだろうと思っていた。しかしながら，これはより明確化する必要があり，できれば彼女の主要な臨床的洞察をフロイト概念へと遡りそれをはっきりと跡づける必要があった。

　1927年から1935年という期間は，クラインがまさにこればかり繰り返し行おうとしたことで特徴づけられる。同時に，彼女が最も多く関わっていた患者の年齢層は，フロイトがあまり知らない群なのだということも明確になっていった。程なくして，彼女は幼児性愛に関するフロイト思想の隙間を埋めたい，そしてフロイト理論を拡張したいという衝動に抵抗できない自分を発見し始めて

いた。このように彼女の考えにはフロイト理論以外にもう一つ別の重要な要素があったので，クラインの進化的概念の骨組みは，古典的なフロイト的因習を超えて，独自の明瞭な性質を持つことになった。いかにしてこれが起こったのか，その道筋をこれから追跡することになる。そこではクラインが図らずも，新しい理論を創造することになる予想外の展開を見るだろう。

フロイト概念の適用

　フロイト理論には，クラインが自分の発見に対して特に熱心に適用したがったある要素があった。これまでにも見てきたように，子どもの患者も転移を形成するのだという彼女の信念と彼女が直に体験したそのような転移状況とによって，彼女は，子どもの心には分析家に転移することができる情緒的関係の「旧版」が存在するという考えに導かれた。彼女がこの知見を意識的にフロイト的な線に沿って解釈しようと試みたことで，彼女はこの旧版が早期超自我に他ならないという仮説へと導かれ，したがってその裏を返せば，早期のエディプス・コンプレックスを想定することが必要になったということになる。後者（早期エディプス）が，子どもの切迫したサディズムと母親への空想的攻撃の源泉を説明すると彼女は感じた。

　しかしながら，早期エディプス・コンプレックスを説明する過程で，クラインはすぐに理論的困難へと入り込んでしまう。これは特に，理論自体に意味を与える枠組みそのものを，彼女の新しい理論がみだりに変更しまうように見えたからであり，それはフロイトの幼児性愛理論とその前性器期に関するものであった。フロイトは，エディプス・コンプレックスが早期乳幼児期に関連するものだとは見なしていなかった。彼は，エディプス的な主体はおおよそ4, 5歳だと考えていた。したがって，それよりも早い時期である口唇期，肛門期という精神性的発達段階はすでに通り抜けているはずであり，ちょうどもっとも発達した時期，すなわち性器期に差し掛かっているはずだったのである。したがってこの時期に子どもは，未だ幼若で無知であるとはいえ，両親間の関係について自分が観察したことを理解することができ，性的再生産と妊娠に関する理論を形成できるとされていた。ここには，両親をそれぞれそのものとして認識でき，そのような現実主義的な文脈の中で，子どもたちがエディプス的欲望や憎しみの感情をそれぞれの親に対して持つようになっているのだという含みがある。フロイトにとっては，エディプス的子どもの心的原始性は，大人のそ

れとは本質的に異質な思考様式によってというよりも，むしろ非社会的な近親姦願望と幼児的性理論によって主に特徴づけられていた。

　クラインの見解はそうではなかった。小さな患者たちの遊びからすでにクラインは，子どもの思考様式というものが単なる無知ではないし，あるいは部分的に空想優位であるのでもなく，むしろそれは大人とは根本的に違っているのだという事実に気づいていたのである。彼女はいまや，それが無意識的な心の論理にずっと近いものであり，一次過程思考のもつ夢のような性質を特徴とするのだということを的確に認識し始めていた。この気づきはのちになって，無意識的空想というクラインの決定的な概念の中において，完全に具現化されることになる。しかしながら，この概念が1943年になってはじめてはっきりと形をなしたとはいえ，1927年の諸論文においてもその萌芽的存在が暗示されていたことは重要であり，そのことによって，フロイトが描写したエディプス・コンプレックスは，彼が考えていたよりもずっと早期に始まるこの現象の最もはっきりと認められる発展した形態にすぎないのだという彼女の主張が意味を持つことになる。

　クラインは，臨床描写を援用しつつ，エディプス状況というものが子ども時代の発達的に進んだ時期において，突然脈絡なくその姿を現してくるというものではないと主張した。そのかわり彼女は，それが最早期に根をもつ現象であって，4歳になると突如現れ出るというよりも，暫時的に発展してくるものなのだと示唆した。子どもの患者やその親の説明から，彼女はエディプス的パターンの行動が2歳という早期から現れ得るという事実を見いだした。たとえば彼女は，小さな患者リタが幼児期から常に一時には一方の親のみを好んでおり，15ヵ月という月齢においてすでに彼女が「父親と部屋の中で二人きりになって彼のひざの上に座り，絵本を一緒に見ることを繰り返し望んだ[1]」ことを知った。

　クラインはすべての子どもの患者たちのセッション中において，エディプス的素材を示す遊びを数多く観察することができた。たとえば，夜に起こる暴力的出来事に関するゲームなどありふれたもので，典型的には，夜驚があって，夜になると両親に泣きついて行くものの，そう簡単には宥められない子どもたちによって，それらのゲームは演じられるのだった。その上，クラインの小さな患者たちのゲームでは，大人を示す人形でさまざまな二人組が作られ，それらが結局は第三者に攻撃されてしまうというテーマが再三再四繰り返された。このような象徴的遊びの示すところでは，2歳よりも早い時期にエディプス的

状態があり得ることさえ否定できなかった。

　しかしながら，このままの表現であればクラインの主張は精神分析的な説得力を持たなかっただろう。性器性愛の論理から定義づける形で幼児思考について考えるなどナンセンスであり，幼児が近親姦願望をもつことができるなどと見なすことは無意味だと，彼女の同僚たちは反論したに違いない。前エディプス期には，精神・性的発達は口唇的肛門的な快感を仲立ちとしたリビドー生活として体験され満足されるのだとしたフロイトの主張に彼らは同意しただろう。これらの衝動を向けられる対象は，摂食と排泄という乳児の身体過程に密接に関わる母親なのであり，さらに最初の精神・性的衝動は早期乳児期の身体的関心事に直接関連しているのである。自分の性器的感覚に気づき，原光景における両親の性的関係の意味をつかむことができるようになるまで十分に子どもの精神が拡張されるには，この前性器期を通り抜けることが必要なのである。もしクラインが，エディプス・コンプレックスを前倒しすることでこの順序を侵害してしまうとすれば，彼女はいったいどこに前エディプス期，すなわち口唇期と肛門期における精神性愛性の発達を位置づけるのだろうか。

　しかしながら，クラインが前性器期という概念，つまり口唇期と肛門期という概念を捨て去ることは決してなかった。実は全くその反対なのであった。エディプス・コンプレックスをより早期の年齢におくということの含意は非常に深いものだということを，ここでまさにクラインは示唆しているのであり，それはエディプス・コンプレックスがもはや性器的発達の諸相と平行するものではないのだということを意味するからだった。その代わりにクラインは，エディプス・コンプレックスが早期の前性器的精神生活と同期するものであり，したがって早期発達を支配する口唇的肛門的過程に色づけられていると説明する。「子どもにとって，性交とは，食べること，料理すること，そして糞便をやりとりすること，あるいはあらゆるサディスティックな所作が本質的な重要性をもつパフォーマンスを意味するのである[2]」。

　エディプス的体験がずっと早期に始まるのだという事実は別の形においても事態を複雑にする。エディプス期が最早期に始まるとするならば，エディプス状況にいる子どもが片方の親に性器的欲望を向け，もう一方の親を排除したいと願うとしたフロイトの主張を変更することになるだろうとクラインは感じていた。より小さな子どもの欲望は，性器的で近親姦的な何か，といったものではなさそうだからである。その子が欲求不満になって泣くのは，フロイトが想定したような性器的欲望が満たされないためではなく，むしろ口唇的肛門的快

感が得られないためなのである。そしてそれは両親に対する渇望であって，特に授乳する母親に向けられる。両親が授乳と世話による満足を子どもに与えずに差し控え，その代わりにお互いにそれらを与え合っていると想像されたときに，早期のエディプス的攻撃性はその二人の両親に向けられる。したがって，クラインの描き出す小さな乳幼児は，あからさまに性器的近親姦を求めるよりも，満足の要素と栄養をもらうことを渇望しているという感じをあたえる。しかしながら，この渇望は本能的でリビドー的な形式をとることにもなる。すなわち，早期乳幼児のシナリオでは，両親の性交は貴重な身体的，口唇的，肛門的物質の相互交換として捉えられるのである。

　エディプス的な嫉妬 jealousy が，そのような前性器期的な文脈で体験されるため，それによってかき立てられる攻撃性もまたそれに準じる。サディスティックで，口唇的，肛門的な方法によって，すなわち，空想において噛みつかれ，汚され，飲み込まれるという方法で両親は攻撃されることになるのだとクラインは結論づけた。たとえば彼女の小さな患者ジェラルドは，すでに4歳になっていたとはいえ，彼の行ったゲームの中で，両親の寝室に押し入り父親を去勢するという空想を展開したのだった。さらに彼は，ゲームの中で父親のペニスを「噛みちぎり，料理して食べてしまった」。その後，父親の体全体も同様に料理して食べてしまい，勝ち誇ったジェラルドはこの饗宴に母親を招き入れたのだった[3]。このような生々しい前性器的空想を，ジェラルドと同じ年齢だったフロイトのハンスが示したより平穏なエディプス的素材と比較してみることは意義深い。クラインがジェラルドの空想生活を細部にわたるまで目撃することができたのに対して，フロイトが利用できた素材は，ハンス坊やが母親に「甘えたい」という願望とそれに対する父親からの報復の恐怖を馬へと置き換えたという報告のみであった。

　クラインがより詳細な素材に直接触れることができたことで，最初のエディプス的攻撃性が特に切迫したものであって，非常にサディスティックなものだという確信は強固になった。前性器的衝動は，そもそもその定義から，原始的で抑制されないものである。それらは同時に起こるエディプス的感情の発現によってさらにかき立てられ強められるのであり，そのために極端な高さへと上り詰め，多型的 polymorphous な口唇性，肛門性という形態をとるにいたる。

　ここまでの展開であれば，クラインの考えが同僚たちにとって比較的受け入れやすいまま止まった可能性がある。生後2年目という早期にエディプス的経験が始まり，それが始まるところにおいて幼児が獰猛な前性器的攻撃性を高め

ることになるということは考え得るとする者はいたかもしれない。しかしながらクラインの前には苦難が控えていた。なぜならば，この考えは彼女の探求が登り詰めた最高点では決してなく，そこから始まる単なる開始点だったからである。この時期の彼女の論文は同僚たちを動揺させたが，しかし彼女はエディプス・コンプレックスに関する考えをさらに先へ先へと進めていったのだった。それが原始的根源から発達するものだから，より前へと遡ることができること，すなわち最早期の乳児期における最初の経験としての原始的なエディプス・シナリオへと至ることすらできるのだと彼女は大胆にも示唆したのであった。

早期エディプス状況と母親の身体

　クラインは今日，母親の乳房が乳児に対してもつ重要性に基礎づけられた理論と関連づけられるのがふつうである。とはいえ，この考えがすっかり明確に表現されてしまうまでには，1936年の論文「離乳について」まで待たねばならなかった。ここに至るまでの期間では，クライン概念の本質は，乳児の心的生活が母親のからだとの原始的関係をめぐって生じてくるという考えによって構成されていた。さらに，最初のエディプス状況を形成するのはこの関係なのであった。クラインの記述には，母親の実際のからだについて乳児が早期からすでに気づいているという含意がある。だが本質的に彼女は，栄養 sustenance と命の源としての母のからだを幻想的に体験することに関心があった。乳児のもつ原初的で強烈な欲望は，認知可能な人間の身体に向けられるというよりは，命の泉であると感じられている巨大な容れ物 container に対して向けられたものなのである。このように欲望された命の源泉のうち，あるものは授乳してくれる乳房との直接的な経験を通じて接近することができるだろう。だが，乳児は実は別のものがあるのだという幻想的直観を持ってもいる。すなわち接近不能の母性的源泉である。錠のかかった母なる身体の秘密として接近できないものは，母の内容物としての赤ん坊たちであり，糞便であり，取り込まれたペニスとして示されるものである。

　このシナリオを特にエディプス的なものへと変えてしまうものは，母の身体との快適な二者関係的体験ではさらさらなく，乳児が自分の衝動に立ちふさがる第3の要因に気がついているという事実なのである。命を生み出す空間としての母の体は，強力な敵によって占拠されているのだ。すなわちそれは，その場をライバル的赤ん坊によって埋め尽くすことができる生産的なペニスである。

したがって、母親の身体に対する乳児の最初の反応が、激しい所有欲を伴うことは驚くに値しない。彼はライバルと強奪者が母親の内部において現れうるという直観を生来的に持っているため、これが生命供給の源泉に対する彼の所有欲と支配欲を活性化させることになる。母親の身体に対する乳児の本能的所有欲求は彼の認識愛（愛知）本能 epistemophilic instinct によって強められ、それは彼の母親の身体の隠された領域を発見し征服するという衝動を呼び覚ますのである。

この図式のなかの乳児は、縄張り意識に満ちた存在であって、恐ろしいライバルたちを犠牲にして、まずは可能な限り自分の安全を確保しようという衝拍を持っている。この中に立ち上がる原初的な心の状態は、パラノイアなのであり、これは後に実際にクライン自身によっても示唆されることになるものだ。これは当惑させるようなものでありながら、しかし非常に説得力のある図式なのであって、自己意識から、そして言語的機能からすると疑わしいものとして映るかもしれないが、原始的象徴形成における一つの人類学となる。だがクラインの原理をより徹底して理解するには、この概念に影響を与えた2つの要素について吟味する必要がある。一つ目は、進化論に対するフロイトの忠誠であり、今一つはカール・アブラハムの理論である。

進化論思想

クラインがいかにフロイト思想の進化論的側面に多くを依拠していたのかについて十分評価されることは少ない。心的生活を形作る系統発生的要因に関するフロイトの信念に、彼女は大幅に依存していたのだ。フロイト同様、彼女は乳幼児の心的活性が長きにわたる進化の過程によって性格づけられた生来の種の特性に負っており、したがってこれらは進化論によって最もうまく説明されると考えていた。クラインは自説の進化論的説明をあまり口にしなかったものの、しかしフロイトの系統発生仮説には明らかに依拠していた。進化の摂理は、人間が急速に文化へと順応することに味方しており、学習された行為パターンは当然、系統発生的に伝達される傾向として刻印されることになるのだとフロイトは感じていた。クラインに関する限りでは、この進化論思想は、次のような考えの根拠となった。すなわち、個体として生き残る必要性から、乳児が母なる命の泉とそれを占拠しているものの存在やライバルの存在を直観的に察知するとともに、乳児には攻撃的衝動が刻印されてもいるのだという思想である。

クライン思想のこの第2の相においては，赤ん坊は通常，活力ある生命の源への接近権を奪い合うために他者と戦う準備を整えたうえで生まれてくるのだと考えられていた。そこでの赤ん坊は，自分の利益を守るために攻撃的に防御することができ，その泣き声は怒りに満ちた鬨の声であり，無力な寄る辺ないすすり泣きだけではない。生命備給を安定化させるために赤ん坊が取る方法は，最初の攻撃を母親のからだ全体へと向けることである。なぜなら，母の身体が栄養と快楽の源であると体験されており，そこでの縄張り支配をまずは確実なものとしなくてはならないからである。母親への自由な接触を阻むいかなる干渉も，たとえば，赤ん坊の日常的な世話が少し遅くなるなどのありがちなことであっても，赤ん坊にとっては潜在的に侵入者がいることを感じさせるものとなり，したがって非常に萌芽的なエディプス的攻撃性をかき立てることとなる。

系統発生に関するフロイトのアイデアに依拠したばかりでなく，彼女は自身の臨床経験に頼り続けもした。小さな子どもには実はかなり複雑な心的機制があるのだということを彼女はすでに発見していた。それは通常の学びを通じて得られるはずのないものであった。彼女の仮説におけるさらに別の根拠は，ある原始民族社会の大人の行動の中に前性器的で原始的なエディプス的パターンが明らかに認められるという人類学的資料からもたらされた。人間の子どもには，「（大人においてはすでに）抑圧されているもの repressed と無意識 unconscious とを発見することができる。それは原始民族においてはいまだに観察される段階なのであり，すなわちそれは食人と殺人の傾向である。」とクラインは示唆している[4]。

乳幼児に関する限りでは，その攻撃性がいくらすさまじく激しいものであっても，倫理的な立場から非難されることはない。それが実際的な悪であると見なされないのだ。なぜなら，概念的言語的論理が成立する以前にそれが起こるからであり，したがって必然的にそれが恥や罪意識そして文明化された自己認識に先立つからである。「空想において，排泄物は危険な武器へと変容している。排尿は切り刻むこと，刺し殺すこと，焼き払うこと，溺れさせることなのだと見なされる。同時に糞塊は武器やミサイルと見なされている。後の段階においては，……排泄物は毒物と見なされ[5]」，そして，「……子どものサディスティックな攻撃の対象は父親と母親の両方なのであり，空想の中で彼らは咬みつかれ，引き裂かれ，切り刻まれ，粉々に砕かれることになるのだ[6]」。

クラインがこのような素材の顕現を，道徳的判断からではなく，むしろ科学的観点から見つめようと目論んだことには疑う余地はない。とはいえ，科学的

見地からすれば罪悪とは見なされないこの幼児的攻撃性についても，その前性器的破壊性は幼児期を生き残り，道徳に縛られた大人の世界にまで浸透しているのだということを認識しないままで，それを思い描くことはできなかった。このような含みは圧倒的なものとなりえた。

　子どもはその攻撃性のために「使えるかぎりのあらゆる方法」でもって，襲撃するように導かれる。すなわち，その方法とは体と身体産物を用いた攻撃である。子どもは咬み，引っ掻き，蹴り，汚すことを覚える。なぜなら，子どもの最早期の怒りは，生き残りをかけた日々の身体的事件（授乳，排泄，清潔操作などを意味する：訳者）の領域をめぐって現れてくるからである。だが，前性器的攻撃性は大人の攻撃的行為の中にもまた反映される。クラインの描く攻撃的乳幼児は，大人の暴力行使において使用される武力配備を強く想起させる。したがって，これはいまや最初の身体的プロセスに象徴的起源を持つように見える。すなわち嚙むという口唇的攻撃は刺殺という大人の暴力行為の下地となり，他方肛門的攻撃は適地を吹っ飛ばしムチャクチャにする爆弾使用の基礎となる。クラインは，これらと大人の暴力との関連について明確に述べているわけではないものの，確かに食人などの種族的因習の残った「原始」社会においては，象徴化された前性器的攻撃性の事実があることを指摘している。彼女はまた，より文明化した社会において原始的行為は，犯罪者の中に認められ，特に精神病的犯罪者が犠牲者のからだを倒錯的サディズムやカニバリズムの対象とするという，その行為の中に認められると考えた。

　クラインはその人生の中で，前性器的でサディスティックな攻撃性が原始民族や犯罪者に限って現れるわけではないのだということを知ることとなり，甚大でより暴力的な規模で彼女自身が所属する一見文明化したように見える社会においても現れうることを知ることになるのである。この気づきは決してはっきりと述べられることはなかったものの，集中的な児童精神分析についての彼女の解説書の中に，微妙だが見まがうことのない形で表現されている。それは，彼女が戦争中に行った分析を後に刊行した，あの有名な「児童分析の記録」である[7]。

　記録は，1941年にクラインが治療していた10歳の「リチャード」についてのもので，当時彼女はロンドンの空襲を避けてピトロクリー（スコットランドの地名：訳者）に一時的な疎開をしていた。リチャードに治療が必要だったのは，他の子どもへの恐れから来る恐怖症的登校拒否のためであった。このような広汎な臆病さに加えて，彼は執拗にそして専制的に母親にしがみついていて，父

に対しても兄に対しても親密さを感じていないようだった。

　クラインは地域のガール・スカウト用の小屋を間に合わせでコンサルティンググルームとして使っていたのだが，そこでリチャードの深い不安が戦争へと焦点づけられることになり，彼はそのセッションの中でヒトラーの二方向への恐怖の進軍を図の中に跡づけていった。ガール・スカウト小屋の壁に貼ってある世界地図の上に戦争で起こった実際の事件を書き込んでいった。これと同時に，遊びの中で空想としてその状況を表現することもあった。彼はおもちゃの軍艦をセッションに持ち込んで，それを使って作戦を実行した。さらに彼は空想上の帝国の絵を描くことに多くの時間を費やし，「帝国の変遷は戦争の経過における変化を示しているようだった」[8]。

　クラインはこの素材を，彼が周囲の人々とも分かち合えるくらいの正当な恐怖だということで取り上げたのかもしれない。そもそも，彼女自身だってヒトラーによる空襲から逃れてきたわけである。リチャードと同じように，彼女も恐ろしい疑問とともに日々を暮らさねばならなかったのだ。その疑問とは「児童分析の記録」では正面から問われることのなかったもの，すなわちヒトラーがいったい，どれほどの災いを実際に引き起こすことになるのかという問いであった。

　だが，この外的現実に関する切迫した問題は，内的な戦争とその帰結に関してより多くを発見するというクラインの探索を強化したにすぎなかった。リチャードのヒトラーへの恐怖は他ならぬそのもっともらしさゆえに，彼が紹介されてきたその理由をなす病理，すなわち慢性的で全般的な他者恐怖が完璧に偽装されて現れたものなのだということにも彼女は気づいていた。ヒトラーはリチャードの早期不安状況の一時的な受け皿として便利だったのであり，それ自体本質的にエディプス的であったし，したがって，個人の原始的状態を照らし出す恐ろしい社会的な鏡でもあったのだ。したがってクラインは，リチャードの帝国の描画によって図解されたヒトラーの行動を，リチャードの幼児的無意識的不安，すなわちエディプス的攻撃性まで遡ることのできた不安，この不安との関連においてのみ取り上げたのだった。

　リチャードが母親にしがみつき世間から引きこもるのは，彼が空想において，母親を，あたかも彼自身と兄，そして父親との間で縄張り争いをなすべき領地であると見なし，占領したいと彼が望んでいるためなのだとクラインはほのめかした。この早期の純然たる攻撃性は外部へと投影され，リチャードが避けていた同級生へと位置づけられた。さらにそれは，恐ろしい形でヒトラーに具現

化されることになっていて，切り刻み，ずたずたにし，燃やし，毒を与え，爆破するという前性器的な，なりふり構わぬサディズムの本質をヒトラーが体現していた。また，それらの攻撃に加えて，縄張り争いでの攻撃性もまたヒトラーには備わっていたのである。

　クラインの「児童分析の記録」は，個人的サディズムと人間の集団行動というより広汎な歴史的キャンバスへのその投影とのあいだの分かちがたい結びつきを示している。リチャードが自分の帝国描画においてヒトラーの侵攻をまね，クラインがこれについて，彼の帝国／母親への原始的な攻撃を現しているのだと解釈するとき，交戦国の野望と乳幼児の最初の帝国との結びつきが示唆されているわけである。双方を特徴づける残酷さは，前性器的サディズムの刻印を押された生き残りパターンの作用のひとつである。この空想を実行できない乳児では，これは受け入れられるものとなるのだが，おとなの集団では，修正を受けていない前性器的攻撃性は破滅的結果をもたらすことになる。

　クラインのこの思想すべてにとって，進化論思想は助けになるものだった。それらは彼女に，子どもの患者のプレイから受け取られるものに意味を与えるための枠組みを提供した。進化論は，心というものには遺伝的素因があらかじめ含まれており，学びが可能になる以前にも原始的心的内容としてそれらは現れているという見地を可能にした。だが，幼児期概念を明確に組織化しようとしたとき，クラインは進化論だけに頼ることは避けようと決めた。別の要素から彼女は深く影響を受け，これによって彼女の説明が純粋に進化論的になってしまうことなく，精神分析的な説明を行うことが可能となったのだった。ここにおいて，クラインは，彼女の二人目の個人分析家で，フロイトの精神性的モデルにおけるサディズムの意味を入念に練り上げた分析家，カール・アブラハムから，概念形成上の決定的影響を受けたのである。

　クラインは，発達というものを現実感覚の獲得へと向かう動きなのだと見なす思想をフェレンツィから学んだ。そしてこれは，子どもの思考様式が大人のそれはとは本質的に違ったものだと見なすことを助けた。このような「異質さotherness」とはいったい何からできあがっているのかについて探求することへの彼女の思慮が，遊びの象徴的意味を探求することへと導き，フロイトの夢に関する考えを統合して，原始的思考過程の本質的異質性 essential otherness の源は幼児過程のあり方に求められるべきだとの考えに導いた。これらの考えが，母親の身体との原初的関係性を定式化することへと彼女を導いたのであり，それは前性器的で原初的な思考過程の働きによって形作られ，進化論的で系統

発生的な性質に裏打ちされたものであるとされた。だが，これらの考えはアブラハムの貢献を抜きにしては理解できないもので，彼の思考としてすでにあったものと，それによって豊かになったクライン自身の考えとの混合物と見なすことができる。

カール・アブラハム

　表面上では，アブラハムはフェレンツィに比べると，独創的にもあるいは風変わりにも見えないかもしれない。ジョーンズの描写によると，彼はフロイトの周りにいた男たちの中で「もっとも普通の人」であったし，そうあることを好んでいた[9]。つまり，伝統的な学問に比類すべきアプローチを行う保守的な人物と目されていたわけだ。臨床的事実の収集に関しても，結論の導き方に関しても彼の方法は秩序立っていた。彼の論文における議論は，一つ一つ段階を経た分析を通して説得力を増し，確証あるものへと導かれた。これと調和することだが，彼はフロイトの精神分析をくつがえすようなものとして，それらの論文を発表することはなかった。フロイトの理論を容赦なく修正しようと企てた彼の周りの思想家たちとは一線を画して，アブラハムはフロイト理論に自説をただ追加してゆくことだけを望んでいた。

　だが，このような保守的に見える枠組みのなかでも，アブラハムは創造的で革新的であることができたのだった。彼の論文は，彼にはしっかりとしたオリジナリティがあることを読む者に対して証明していたし，他人から非常に厚い信頼を得る能力があることも示していた。彼が論文中で引用する事例は，初期の精神分析文献中では，もっとも包み隠すことの少ない率直なものであった。彼の患者たち，もちろんそこにはクライン自身も含まれるのだが，彼らはもっとも深く不穏で接近しがたい素材に直面したときでさえ，アブラハムには情緒的に開かれた状態を維持する力があることを感じたようである。

　アブラハムの方向性を決定づけた一つの要素があった。医学研修の後，彼はスイスの進歩的な精神科病院ブルクヘルツリの精神科チームの一員として働いた。そのスタッフには当時カール・ユングとオイゲン・ブロイラーがいた。アブラハムはこのスイスチームと生涯の長きにわたる仕事をともにした。大きな精神科施設を仕事場とすることで，自ずと関心は統合失調症や躁うつ病などの重篤な精神病状態へと焦点づけられた。ブルクヘルツリチームでフロイト理論への関心が高まると，当然彼らは精神分析が最も重い病理に対して何を提供で

きるのかを発見したがった。ブロイラーは分裂的防衛を説明する際に精神分析的思考を使い，ユングが1907に執筆した本は，早発性痴呆 dementia praecox（当時の統合失調症の呼称）の心理学に関するものだった。さらには，ヤコビーによると，ユングは「統合失調症治療への心理療法的アプローチに関する熱心な擁護者のうちの一人」となった。アブラハムの関心はこれとは違ったところへと向いていた。すなわち同様に重篤な疾患，つまりうつ病性の障害である。1911年にアブラハムはすでにベルリン精神分析協会に入会していたが，その頃からうつ病や躁うつ病の探求に精神分析的思考を適用し始めた[10]。この探求が決定的な形でメラニー・クラインに影響しつづけることとなったのである。1924年の創造的な論文の中で，アブラハムはうつ病性疾患の説明に調和するようフロイトのリビドー論を拡張した[11]。ほどなくアブラハムはうつ病患者が無力で愛されない幼児を思い起こさせるような性質の脆弱性を持っていることに気がついた。その多くの人たちが，信頼をおくべき養育者に対して失望した早期記憶を持っており，それ以来生活の中で最も必要とした最愛の人に対して敵意をもつ傾向を乗り越えることができていなかった。これが最早期に固定化されたナルシシズム的不平として現れる並外れた自己中心性と結びついているのであり，その出所はアブラハムのいう「愛情領域で繰り返される失望がもたらす乳幼児的ナルシシズムの深刻な傷つき[12]」なのであった。アブラハムはこれらの臨床的観察をフロイト理論に結びつけ，うつ病に最早期乳幼児期の口唇期にいたる深い退行を見いだした。うつ病者では無意識レベルにおいて早期口唇期における体内化傾向 early oral tendency of incorporation への固着があるのだと考えた。これは，持続的な激しさでもって他者を食人的に体内化するという無意識の口唇的態度へと結びつき，その結果としてうつ病者は持続的に死別を味わうことになり，空虚で抑うつ的なままなのである。この考えを礎としてアブラハムは，抑うつ状態の根底にある病因的要素に関して複雑な理論を組み立てていった。これは広く受け入れられ評価されたと同時に，1935年から1940年の間の抑うつポジション概念の定式化にあたっても，うつ病と早期口唇期的経験とを結びつけるという彼の考えに多くの点でクラインが頼っていたことは，彼女の文章からみても明らかなのである。だが，クラインにとってそれと同様の価値を持つことは，アブラハムを結論に導いた探求のプロセスであった。このプロセスには多くの洞察がちりばめられており，その洞察の集積が，単に進化論的に原始的空想生活を説明するばかりでなく，純粋に精神分析的な説明へとクラインの目を開いたのだった。

うつ病を探求することでアブラハムは，まずある特別な難問に注意を引かれた。口唇期固着という多くの個人において共通して認められるものが，必ずしも常にうつ病へと導くわけではなく，これは通常愛の対象への破壊的感情の存在に関わっているように見えるという事実をアブラハムの仮説では説明することができなかった。より無邪気な状況においては，口唇期固着は，たとえば甘い物好きだとか，あるいはその他のそれなりに受容可能な貪欲さという害のない習慣へと導くくらいなのである。

この謎によってアブラハムは，フロイトの精神性的発達段階概念を再吟味しなければならなくなり，結果これに対する精緻な細分化の必要性を示唆した。口唇衝動は無害な形で現れる場合と破壊的な現れ方をする場合とがあるため，前性器的発達相をそれに合わせて再度分別するのが適切であると彼は推論した。アブラハムは，フロイトの精神性的発達理論において提案されていたそれぞれの発達段階そのものに関しては受け入れていた。道徳的にみて責任ある態度で対象を扱うことを唯一可能にする成熟した形の愛は，前性器的発達の道筋をすべて通り抜け，性器的性愛性の相に首尾良く導入されて初めて始動できるのだということがここでは前提となっていた。性器期に入ると，リビドー衝動は，原始的口唇的あるいは肛門的ではない方法で潜在的な愛の対象に対して向けられる。そして，そのリビドーを持つ主体は，対象への親愛の情，気づかい，そして敬意などを含む愛情のこもった生産的振る舞いを誘発されることになるのである。それと比べて，フロイト思想における前性器期は，対象のことを考慮することのない原始的欲求満足を盲目的に追求することへと突き動かされた無‐道徳的 amoral なものとされているように見える。

アブラハムの研究は，前性器的性愛性の中に良性の要素と破壊的要素の両方が存在するのだと説明できるように，この構図に変更を加えることとなった。したがって，彼はそれぞれの前性器期を前期と後期に細分化できることを仮定し，これはそれぞれ口唇期と肛門期という精神性的段階の中に，良性と破壊性という2つの期間があるということの根拠となった。アブラハムは，口唇期では良性の時期が最初にくるのであり，それは最早期に優勢な活動，すなわち吸啜（吸うこと）によって特徴づけられるのだとした。乳児の精神生活は哺乳してくれる対象を全体として飲み込み，それを自分の中に保存するという衝動によって支えられている。乳児は未だ前アンビバレント的 pre-ambivalent であり，哺乳対象に対して破壊的な衝動を持ってはいない。これは，それを良いものだとわかっているので欲しいという所有欲 appreciative possessiveness の原始的

形式なのであり，それがその良さを取り入れ保持したいという欲望を支えている。だが，口唇リビドー生活の第2期に破壊的な相が始まる。歯牙の出現とともに，口唇サディズムが誘発され，それとともにアンビヴァレンスが起こり始める。今や乳児は咬みたがり，彼が欲望する哺乳対象を食人的に食べ，破壊したくなるのである。

　肛門期もまた同様に細分化されるが，破壊相が先に来る。肛門期の最早期は，通常の乳幼児の自制のない垂れ流し状態によって特徴づけられるのだが，これは自分の糞便対象を攻撃的で壊滅させるやり方で排出することになり，自らの身体内容物に対して不注意で破壊的であることを意味する。肛門第2期になると，より良性のアプローチが始まる。乳児は自分の身体内容物に対する気づきを持ちそれらに所有欲を向ける。この原始的所有欲は，清潔訓練を邪魔するものにはなるものの，それでも自分の内部に大事な対象を保持する試みを示してもいるのである。アブラハムの思想のなかでは，全体を保ち持つという傾向は，それが口唇的飲み込みとして示されるのであれ，肛門的所有欲傾向として現れるのであれ，人間の良性の振る舞いの基礎をなすものであると見なされ，世界を受け入れ成長する欲求であるとされる。一方，断片化と排出の傾向の方は，傷つけ壊滅させることを目指した破壊機制と関係づけられるのである。

　この新しい思想の真価は，フロイト理論に分類学的進歩を提供したことではなく，原始的精神生活にそれまではと違った性質を付与したことにある。アブラハムはフロイトの口唇期と肛門期を，保持と排出という早期の関係メカニズムによって推進されているものとして改めて記述した。それは単に盲目的な快感希求衝動によって突き動かされているとするフロイトの考えに対して重要な付加価値を与えたのである。

アブラハムからの影響

　クラインはさまざまな形でこの精錬されたモデルを利用した。最も表面的な水準では，幼児のサディズムに関する概念に対してさらなるサポートを得るために彼女はアブラハムの新しい分類法を用いた。アブラハムの示唆したところからすると，口唇期と肛門期のそれぞれのサディズムは，下位分類上では発達経路において隣接するものとなる。彼は，人間の乳幼児が良性の保存的傾向によって始まり，それによって終わるという循環的発達動向を示すのだと結論づけた。第1が口唇吸啜 oral sucking であり，最後が肛門による保持である。中

間期には，近接連続する2つのサディスティックな下位相を見る。すなわち，口唇食人相と排出と破壊の肛門相である。クラインが1927年から1935年の間に繰り返し言及する幼児の「サディズムが最高潮に達するとき」というのはまさにこの中間期のことなのである。前性器的性愛に関するフロイトの理論をアブラハムが洗練したことで，彼女の「攻撃する乳児」という概念は，単なる進化論的思想のみならず，純粋に精神分析的な基本原理の支えを得たわけである。

ところが，アブラハムの思考を使ったこの一例は，クラインにたいして間違いなくネガティブな影響をもたらすこととなった。1927年から1935年という時期における彼女の推論の弱さ，すなわちその頃の彼女の思想を特徴づけていた絶対主義的もしくは原罪主義的な見方に支持を与えたために，その弱さを正当化することになってしまったのである。その結果，前性器的精神生活は無‐道徳性と無制限のサディズムを意味する一方，成熟と性器性愛こそが文明化された道徳を意味するなどという観念を固定化することになった。このような見解はまた，古来から人間には「悪さ」を分裂排除し，切り離す傾向があることの表れでもあり，悪さを幼児的で自然なものの中に押し込め，また同時に成熟したものには特権を与える。ここでいう成熟というのは，社会的に感化された，典型的な大人の存在状態を暗に意味することになる。

しかしながら，アブラハムから思想的影響を受けたクラインは，早期発達におけるポジティブな記述も加えるという形でこの構図にバランスを取るようにもなった。こうして彼女は，人間の本質におけるポジティブとネガティブとのバランスを取るような方法で自分の思想を見直したのだ。1935年以後彼女は，良性の傾向と破壊的な傾向とは別個の発達期間に都合よく分離して存在しているわけではないし，乳幼児がただ単にサディズムからよいものへと進展するのだとの見解はあまりにも単純すぎると見なすこととなった。そして最終的にクラインは，破壊衝動と愛の衝動とは生命の始まりから共存しており，終生この葛藤を生き続けるのであり，このせめぎ合いを通じて人の精神生活は形作られているのだと結論するに至った。

アブラハムからの影響が「サディズムが最高潮に達する相」というクラインの極端な信念を助長してしまったことで，バランスの取れた思考への進展が遅れてしまったように見える。だが他方，アブラハムからの影響は彼女の進歩に単なる手段を提供しただけではなかった。なぜなら，彼女がアブラハムの考えに準拠した分野は，単一のアイデアの適用を遙かに超えて多岐にわたっていたからである。実のところ，アブラハムがクラインにもたらした最も深い影響は，

幼児のサディズムに関する彼の概念から来るのではなく，前性器的精神生活が本質的に関係の特質をもつことを示すものとして，それを大幅に見直したことから来るものなのである。

　だがこのことによって，アブラハムが乳幼児の精神生活についてこれらの言葉を使って語ったのだと主張しようというわけではない。むしろその反対に，これまでにも述べられてきたように，アブラハムは前性器期における各相と特定の病理との関連を明らかにするという仕事に集中してきた。アブラハムは前者と後者との間の臨床的に有用なつながりを浮き彫りにしようと目論んでいたに過ぎない。彼の思想における対象関係的要素については，より広い努力目標に向かうにあたっての副産物だったのであり，さらには，彼がはっきりとは気づいていなかったもののうちの一つでもあるのだ。それは，彼の文章中の意図的論証過程に現れているのではなく，むしろ彼の患者によって語られる多くの切実な情緒状態を通じてはっきりと現れている。彼特有の聴き方と患者の語りを記述するやり方とが，原始的対象関係がせめぎ合う動きを初めて感知させることを可能にしているのである。したがって，彼の文章を読んでいると，本能の満足を示す言語が，しばしば情緒的関係性を深く感じさせる言語へと道を譲っているさまに出会う。それはたとえば，「うつ病者が激しく渇望する自分が未だ母の乳房に抱かれていた頃の幸福状態[13]」という表現に認められるものなのである。

　アブラハムの理論は，早期の口唇的肛門的な行動における対象指向性の発見へと決定的な道を開いた。これによって体内化と放出という活動を対象の保持と排出のモードとして理解することが可能となり，したがって，これは受け入れる衝動と拒否する衝動を示すことになる。アブラハムが自らの拡張リビドーモデルを導入しはじめた頃，フロイトはすでに取り入れと投影という心的機制を着想しいていた。また彼は前者を口唇的体内化傾向と結びつけていた。だが，フロイトはこれらの機制に関する自分の考えをより広い見解へと統合することはなかったし，それらを乳幼児の心理発達に結びつけることもなかった。だが一方，アブラハムはこれらの可能性についてずっと自覚的であり，しかも早期の心的生活のあり方に対しておぼろげながら気づいてもいたのだが，そこにあるすべての思考を使って完全な対象関係理論へと統合することはクラインの仕事として残されたのだった。

投影と取り入れ

　クラインは，人間という有機体の身体過程から派生する体内化と放出という原始的な精神の所作こそが，心を形作るための鍵となる役割を果たしていると見なし始めた。彼女は今や，乳幼児の心的生活が自己と世界との不断の関係として営まれており，その世界で経験される対象は取り入れ introjection を通じて受け入れられ，投影 projection を通じて拒絶されるということにさらなる確信をもっていた。このような活性の価値は，区別，選別，取り込み，あるいは放出という一生続く必要性のために，人の心に装備を提供するということなのだ。さらに根本的な次元では，取り入れと投影のプロセスは，心を世界との持続的交流の中で繋ぎ，その交流が成長を可能にするということである。

　ここまででクラインは，早期エディプス的布置の理解への道を開いていた。その布置は，はっきりそれと認識された両親が関わるものとして理解された原光景から成立しているわけではない。その代わり，空想レベルで原始的空想活動に満ちあふれた両親の身体と関係するものとしての子どもを彼女は提示した。クラインはここで，この新たな発見を彼女自身のより大きな理論体系と関係づけて考え始めていた。投影と取り入れという心的機制が，彼女がさらなる確信を持っていま議論している早期エディプス体験にいっそうの影響を与えざるを得ないことに気づいた。早期に起源を持つゆえ，エディプス的体験は子どもの前性器的生活に彩られているということを彼女はすでに述べていた。したがって，エディプス的カップルに対する子どもの見方は，子どもが両親に前性器的攻撃性を伝染させ，そうして両親が結託して悪意を持って自分に敵対するのだと見なすかぎり，歪曲されることになる。しかしながら，クラインが臨床的事実をもとに，これらのアイデアを強く信じていた一方で，精神分析的に見るといまだそれらは曖昧なままだった。彼女は精神内過程としてそれらを説明することはできなかったし，自分の知覚をそこまでゆがめる形で両親に攻撃性を乳幼児が伝染させるようにできるのはどの心理機制なのかを説明することもできないでいた。

　これは今や投影と取り入れというアイデアが使用可能となったことで修正された。子どもは衝動を両親へと投影し移動するのではないかとクラインは示唆した。子どもはさらにその両親像を再取り入れするが，今やその両親像は子ども自身の前性器的攻撃性に満ちあふれていると感じられ，ゆえに変容している。両親表象を単純に認識的に吸収するのではなく，子どもは「前性器的本能衝動

の特徴を付与された」イマーゴを体内化するのである。これらこそ早期の残忍な超自我を形成してゆくものである。しかしながら、子どもが取り込むものは、自分自身の想像によって作られた完全な絵空事にまで歪曲されてしまったものではない。最も重要なのは、そのイマーゴが「実際のエディプス対象に基づいて構築される[14]」ということなのだ。

　エディプス的子どもをこの新しい方法で見ることで得られる理論的帰結によって、クラインの方向性は決定づけられた。第一に、それらは心的生活に関して、より生き生きとした豊穣な感触をもたらす理解へと導いた。世界内で繰り広げられる出来事を同化吸収することを通して構築された内在化イマーゴ introjected imago は、自己の発達という重大な含意を伴って、いまや無意識的空想の内的ドラマにおける主役たちなのだと見なされる。これは、クラインが子どもの患者たちの遊びの中で常々目撃してきた絶え間ない人格化活動 personification や象徴形成にすぐさま意味を与えた。

　クラインの見解では、早期エディプス体験はある種特別な神話体系である。口唇と肛門をめぐるやりとりが、基本的身体生活としてのそれから、イマーゴたちと彼らの関係をめぐる幼児的な物語へと、空想のなかで転換されることによってその神話体系は創られる。たとえば、母親がセックスの際に「血液、尿、精液」を肛門、口、性器から自分の内部へと取り込んでいるというエルナの持っていた確信は、高度に分化されたエディプス的カップルに関するものでは決してない。それを無意識の言語、あるいは原始的思考プロセスによって変形された原始的エディプスの布置なのだとみる方がずっと理にかなっている。このプロセスにおいて、大人は神話の登場人物だと感じられているのである。すなわち、不思議な超自然的な生き物であったり、体を使ってお互いに魔法の物質を交換し合ったり、新しい命を生み出すパワフルで恐ろしい神々であったりするのだ。

　クラインは初めて心的生活を本質的に創造的なるものとして描き始めた。彼女の記述からは、人間の創造活動の鍵となる特徴のすべてが立ち上がる。人生の経験を描き出すために新しいイメージを練り上げること、内的物語にそれらを使用すること、心的活動の中心としての象徴の創造、そして主観的で個人的な神話を心の中で作り上げることがそれらには含まれる。さらに、そこには「空想的な phantasic」存在が住み着き、それらの織りなす冒険や関係性に支配された内的世界となる。より初期のクラインの説明が、武器の制作と前性器的攻撃性との結びつきを示唆していたのとちょうど同じように、今や彼女の説は

発達する自我と芸術作品との結びつきを思い起こさせるものとなった。

　芸術家ルース・クジャールの物語を探求した1929年の論文にいたって，クラインはそのようなアナロジーをより明瞭に提示した。この論文でクラインは，画業に目覚める以前のクジャールが，抑うつに苛まれ自分の中に「空虚な空間」があると感じていた様を描写している。ルース・クジャールの人生における転機は，成功した画家であった義理の兄が彼女に貸していた絵のうちの一枚を引き上げてしまったとき，彼女がその壁にできてしまった空虚なスペースを見つめている自分を発見するところにあったのだとクラインは述べている。クジャールはまず絶望する。つまり，この実際の隙間は彼女自身の内的空虚が世界に映し出されたものなのだと体験するのである。だが，彼女は突如として，絵がなくなった壁のスペースに女性の全身像を描いて満たそうと思いつく。それと同時に彼女の抑うつは改善した。そして彼女がさらなる作品を創造できる真の芸術的才能を持っていることが発見されたのだった。クラインの理解によると，クジャールの絵は，若い頃の母親，すなわちまだ「強さと美を十全にたたえていた」頃の母を象徴的に示している。クジャールは絵を描くことで，自らの幼児的攻撃によって破壊された内的母親像の状態を修復しようとした。クジャールの物語に関するクラインの理解は，ある種の感覚を呼び覚ます。すなわちそれは，人間の精神が，真っ白な心のキャンバスを，空想によって練り上げられる芸術活動を通してできたイマーゴによって満たし意味を創造するのだという感覚である。さらなる創造プロセスとしてクラインが考えたのは修復reparationであり，それは空想上自分の中で破壊してしまったそのあとに，良い母親像を再建するクジャールの能力の中に表されている。このプロセスは，クライン理論において次第に重要性を増していくことになるが，これは心の中で空想上の攻撃をされた対象を修復でき，生き返らせることのできる心的能力にかかわり，したがって内的な良さを再創造し続けることを意味する。

　これらの考えはすべて，クラインの概念に新しく複雑な次元を導入することになった。心にそのような創造的で修復的なパワーがあるのだとすることで，彼女は心的発達に関して一面的で寒々としたものだったそれまでの見解に対し，より大きなバランスを導入し始めたのである。しかしながら，1927年から1935年の著作の間のこの変化には，もしかしたら読者はそう簡単には気づかないかもしれない。なぜなら，ポジティブな要素が導入され始めたことで，クラインの人生早期に対する見解に疑う余地のない変化が認められる一方で，彼女が引き続き人間の凄惨なサディズムに対する冷静な見解を捨てることがなかったか

らである。彼女の見地における暗い傾向はサディズムを持続的に強調することとして現れ，さらにそれでは不十分だといわんばかりに，彼女はサディズムが子どもにもたらす帰結について，すなわち急性の不安に対してより焦点化してゆくことで考えを深めていったのだった。クラインは当初から，投影されたサディズムが幼児に照らし返されることから不安が発生するのだと確信していたが，しかしここに至ってはその不安への強調点がさらに増強したわけである。

　彼女はさらに不安というものを，象徴思考をもたらす唯一の刺激であるというところにまで昇格させた。この意外な論理の線上においてクラインが示唆しているのは，乳児の最初の敵対的投影がその両親像への認識知覚に影響するばかりでなく，その他の無生物も含む世界内対象への知覚にも関与するということである。すなわち，「そう考えると，子どもの最早期の現実は総じて幻想的 phantastic なのだということが分かる。彼は不安の対象に取り囲まれている。そういう意味においては，排泄物も身体器官も，あるいは人や物は，それが生きているものであれ生きていないものであれ，それぞれ互いに交換可能なものとして始まるわけである[15]」。

　クラインは，不安が子どもに作用して恐ろしい対象を捨てさせ，彼の周りの世界のなかに安堵を与える新しい対象を探すよう促すこととして象徴形成を説明している。しかし，それぞれの新しい対象は，捨てられているものすなわち恐怖のために失われているものを表象すること，あるいはそれを象徴化することが必要となる。このようにして，幼児はあたかもルース・クジャールが空虚なスペースを美しい母親の全体像によって満たさねばならなかったのと同じように，自分の激しい攻撃によって失われたものを再び世界の中に発見できるようにと望むのである。この考えの中に描写されたプロセスは，彼女が不安に対してありそうもない役割を付与してしまうことを思いつくまでは，輝かしい着想であった。クラインは，人間が失われた体験を復刻しようとする試みのなかに象徴形成の基礎を見るという啓示的なアイデアを提供していたのである。だが同時に彼女は，不安こそがそのプロセスに対する唯一の促進因子だなどという気まぐれな考えを増長させてしまった。したがって彼女はここで，心の象徴機能発達にはその他にも情緒的動機があるのだという可能性，つまりたとえば，失われたものへの恋い焦がれや愛情という要素などを軽視してしまうことになった。クラインがこのように不安の強調を強めたことは，サディズムを過度に強調するというこの時期における彼女の誤りから生じたさらなる理論的誇張にすぎないのだろうか。

不安と超自我

　クラインは，投影と取り入れについての自分の考えをもとに不安の概念を発展させた。これら２つのプロセス（投影と取り入れ：訳者）の活発な動きが含意するところは，攻撃性は必ずや取り入れを通じて幼児に戻ってくるということであり，したがって必然的に不安を惹起するということである。クラインが不安に興味を抱いたのは，臨床観察がそもそもの始まりであった。神経症的な子どもの患者たちがちょっとした不安にすら耐えられないのだと彼女は気づいた。そわそわして落ち着きがなく，衝動的で要求がましい子どもが，ただ単に従順でないだけだというのではなくて，その子はこのような形で不安をあらわにしているのだという新たな理解が生まれたわけである。不安耐性の閾値が低ければ，子どもは日常の些細なフラストレーションによって容易に刺激されていまい，過剰な攻撃性を投影しやすくなるのだとクラインは感じた。これによって逆にその子は，悪意に満ちた不安喚起的世界にとり囲まれることになるのである。

　クラインは，幾ばくかの不安には耐えることのできる能力が心理発達上必要な条件だと結論づけ，したがってもっとも病理的な子どもというのは不安耐性の欠如した子どもなのだとした。この悲劇的な状況が子どもに影響を与えると，意識的な気づきの中に不安惹起体験を持ち込むことが許されなくなるために，その子のすべての心的活動が静止してしまう。さらに，すべての人間的知覚が多少は不安をかき立てる危険性を持ちあわせているものなので，心的に脆弱な子どもは世界からの事実を取り入れる自分の能力を激しく制限してしまい，それがために心的機能全体に対する破滅的な結果があらわれる[16]。

　しかしながら，この不安の概念はクラインが発展させつつあった理論的枠組みに対してこのように重要な結論をもたらしたばかりでなく，それ以上の働きをすることにもなるのだった。特に彼女は，人間の胸の内においてサディズムが全く妨げられずに猛威をふるうなどとはもはや信じられなくなっていた。取り入れというプロセスの意味からすると，心的活動というもが一過性の単純な事象なのではなく，それがひとたび投影によって表現されてしまうと，その心的活動の力はもはや自己から世界の中へと消え去ってしまうものではない。乳幼児のサディスティックな攻撃それぞれの実体はどこかに位置づけられるのだ。それが両親の上に投影され転置されることで，すぐさま自分の攻撃性が埋め込まれたものと外部において直面することになる。イマーゴ（内的イメージ像）

を形作るべくこれらを取り入れると，心の中に掟の執行に携わる機関を立ち上げることにもなる。自分が攻撃した両親を恐れることで，社会的道徳心の発達に関する準備的状態が子どもの中に用意されることになる。したがって不安が人間のサディズムに拮抗する力を供給するわけである。

　クラインはここで，子どもの発達において超自我が非常に早期に形成されるとする早くからの自分の主張とこの洞察とを結びつけた。投影で彩られたエディプス的両親は内的イマーゴへと変換されるばかりではなく，子どもの心の中で超自我という心的機関 the mental agency の形で機能し続けているのだと彼女は示唆した。したがって，フロイトが想定していたよりも早い時期に，超自我は原始的心的生活の中で過酷な両親イマーゴの取り入れの即座の帰結として現れるわけである。したがって，最早期の超自我活動は激烈にサディスティックなのであり，投影された乳幼児的サディズムの程度がそのまま反映された恐怖を作り出すのだ。

　乳幼児的不安と早期の過酷な超自我という概念を通して，クラインが発達に対する陰鬱な見解を暗に示し続けていたにもかかわらず，後から振り返って吟味してみると，よりバランスの取れた心の理論がここではじめて顔を覗かせ始めていたことが分かるのであり，さらにはそれが実はそれまでの原罪という色づけを完全に払拭してしまうものであったことがわかる。（投影したものを）取り入れること introjection によって創造されるイマーゴというものが，人間は己の攻撃性を恐れるようにできているのだという発想を持ち込むわけである。これはつまるところ，人間がその性格において生来的に道徳的特質を備えているということをほのめかしており，原罪の見地に直接対抗することになる。これは，道徳心の発達を社会的強制に端を発するものとしてではなく，その起源は内的状況にあるのだとみているわけであり，自らの攻撃性をその表現や投影が起こると同時に摑むことのできる精神というものに道徳心の起源を遡ることになる。

　どちらかというと，この結論は人間の本性に関してずっと寛容な見方を提示している。とはいえ，人間の本性に関する最悪の暗い憂鬱に苛まれ続けていた1927年から1935年の著作において，これは決して明らかに見て取れるものではなかった。しかしながら，それでもここに現れているより良性の要素や，クラインの概念にゆっくりと繊細な層を重ねてゆくことになる多様な見地から目を逸らすべきではない。

　これまで述べてきたとおり彼女は，子どもがいかにして投影と取り入れの複

雑なプロセスに助けられて，自分の目下の身体と心の状態から引き出した象徴的意味を世界に与えてゆくのかについて詳述し始めた。これに引き続くのが，内的イマーゴを創造する取り入れ introjection と人格化 personification のプロセスなのである。確かにクラインは概ねこれらを過酷で懲罰的なものとして語っているのだが，その一方で彼女はそれ以外の可能性についても気づき始めていた。乳幼児がイマーゴを内在化する際，その「悪いと空想された性質 phantastically bad characteristics」とともに内在化するばかりではなく，「良いと空想された性質 phantastically good characteristics」とともに内在化もするのだと彼女は認めていたのである[17]。4歳半の患者ジョージの遊びの素材の中に，夜中に彼のところに「小さな男の子と分けあえる美味しい食べ物[18]」をもってやってくる「妖精ママ」が現れることにクラインは注意を向けた。また別の分析素材の中でクラインは，「厳しい両親が彼に負わせた傷を妖精ママが魔法の杖を使ってすべて治してしまう」という記述もしている。したがって，惜しみない保護的な母親の身体が，助けになる人物像の取り入れを促進する源となるのである。

　1927年から1935年の期間の終盤には，クラインの中で助けになるイマーゴ helpful imago への関心が高まりつつあったことが見て取れ，ここでクラインは乳幼児が二種類の極端なイマーゴを取り入れるのだと示唆するに至った。つまり，それは良いイマーゴと悪いイマーゴである。このように二極化したイマーゴの形成は，小さな子どもの発達における中間的段階なのだと彼女は感じており，その発達とは「完全に現実離れしたイマーゴ」という体験から「現実により近似した同一化」へと至るものであった。したがってこのプロセスは，実際の助けになる両親をよりよく認識できることへと導き，内的に歪められた過酷な両親イマーゴを緩和する。子どもがもつ知識への欲望，そして現実感覚への動きというフェレンツィに触発されたクラインのアイデアは，この時期を通じて拡張され鍛錬されていったのであった。子どもが個人生活から世界の意味を引き出せるのも投影と取り入れを通してなのだが，しかし同時に子どもの理解を最初に歪めてしまっていたのもこれらのプロセスだったということになる。したがって，思考プロセスというものは，それが人格化し，劇化し，そして象徴を形成するという意味において本質的に創造的なのである。最も重要なのは，この（思考）活動が心の生活の外部に存在するリアリティの脈絡の中において生起するということである。リアリティは万能空想に一致するものではない。それゆえ，欲求不満，怒り，そしていくらかの不安に耐える必要性が生じ

る。それが心的装置の成長をもたらす重要な挑戦を提示するのである。健康な量の不安は心を刺激し，報いてくれる新たな対象 new rewarding object をもとめての焦燥的だが生産的でもある探索へと導くのである。したがって乳幼児は領土の侵略者であるばかりではなく，貪欲な探検家であり発見者なのである。

　結局ここでクラインは，世界において体験している自己 the experiencing self を投企するプロセスは，生からの幻惑的侵入体験の集積を読み取り，組織化する様式へと至るだけではないと考え始めていた。それはある存在から質的な体験を引き出す様式なのであり，その存在はさもなければ無意味な事象の連鎖からなっているということになってしまう。したがって，それは人間的意味を構築する情緒的様式なのである。すなわち，快と不快，愛と憎しみ，良さと悪さの早期の物語を語る情緒の様式なのである。

注

1. Klein, M. (1932) 'The psychological foundations of child analysis', in *Psychoanalysis of Children.* London: The Hogarth Press. p. 3.（衣笠隆幸訳：児童分析の心理学的基礎．メラニー・クライン著作集 2．誠信書房，1997．）
2. Klein, M. (1927) 'Criminal tendencies in normal children', in *Love, Guilt and Reparation.* London: The Hogarth Press. p. 175.（野島一彦訳：正常な子どもにおける犯罪傾向．メラニー・クライン著作集 1．誠信書房，1983．）
3. 同上，p. 172.
4. 同上，p. 170.
5. 同上，p. 220.
6. Klein, M. (1930) 'The importance of symbol formation in the development of the ego', in *Love, Guilt and Reparation.* London: The Hogarth Press. p. 219.（村田豊久・藤岡宏訳：自我の発達における象徴形成の重要性．メラニー・クライン著作集 1．誠信書房，1983．）
7. Klein, M. (1961) *Narrative of a Child Analysis.* London: The Hogarth Press. 死後出版．
8. Grosskurth, P. (1985) *Melanie Klein.* London: Maresfield Library, p. 264.
9. 同上，p. 93.
10. Abraham, K. (1911) 'Notes on the psycho-analytical investigation and treatment of manic-depressive insanity and allied conditions', in *Selected Papers of Karl Abraham.* London: The Hogarth Press.（下坂幸三他訳：躁うつ病およびその他の類似状態の精神分析的研究と治療のための端緒．アーブラハム論文集．岩崎学術出版社，1993．）
11. Abraham, K. (1924) 'A short study of the development of the libido, viewed in the light of mental disorders', in *Selected Papers of Karl Abraham.* London: The Hogarth Press.（心的障害の精神分析に基づくリビドー発達史試論．アーブラハム論文集．岩崎学術出版社，1993．）
12. 同上，p. 458.

13. 同上，p. 467.
14. Klein, M. (1929) 'Personification in the play of children', in *Love, Guilt and Reparation*. London: The Hogarth Press. p. 204.（安部恒久訳：子どもの遊びにおける人格化．メラニークライン著作集 1．誠信書房，1983．）
15. Klein, M. (1930) 'The importance of symbol formation in ego development', in *Love, Guilt and Reparation*. London: The Hogarth Press. p. 221.
16. 文献 15 における彼女の患者 Dick に関する Klein の記述参照．
17. Klein, M. (1929) 'Personification in the play of children', in *Love, Guilt and Reparation*. London: The Hogarth Press. p. 203.
18. 同上，p. 203.

第6章　「誰がそれを疑えようか？」――早期対象愛，心的防衛と解離のプロセス

　早期の心的生活に関するクラインの新しいアイデアは，同時期の分析家たちに歓迎されたとは言い難い。だが，それでも彼女は自分の症例を粘り強く熱心に論じ続けた。また，次第に明らかになっていったのは，彼女がフロイト理論に 2, 3 の小さな変更を加えたなどというのでは決してなく，むしろ根本的な見直しの結果，根底からそれを変更することになったのだということであった。どちらにせよ，新しいアイデアはそれぞれ，それ自体で理論の見直しの必要性を含意していた。たとえば，乳幼児が激しい不安を体験するのだとすれば，それをそのままにしておくことなど，クラインにはとうてい考えられないことだった。壊れやすい乳幼児の心が強力な不安に満たされると考えるならば，乳幼児がその不安を取り扱うにあたって装備しているものに関してさらなる疑問が生じるのは当然のことである。クラインが，そもそも子どもにはある種の不安に耐える能力がもとから必要なのだと見なしていたことは確かである。なぜならば，当然のことながら，不安に刺激されるがゆえ子どもは世界へと向かい，慰安を与えてくれる新しい対象を探すことになるからである。つまり，不安が発達を始動させることになるからだ。しかしながら，耐えることのできる不安がごくわずかであると見なしてしまうならば，乳児がサディズムを投影する結果体験するに違いないとクラインの考えた激しい不安という問題に取り組むことはできなくなってしまう。

　この考えを推進することで，クラインは必然的に早期心的防衛の可能性という発想に導かれた。さらに厄介なことには，これのために，何らかの自我機能が出生直後から存在するという物騒な可能性を導入することにまでなってしまったのだ。クラインはこれに関してますます確信を強めてゆき，同僚たちにとっては心配の種となっていった。クラインが当初「自我」という用語を「自己」という用語と交換可能なものとして使いがちであったことはこれまでにもいわれてきたことではあるが，しかし，ミッチェルも指摘するように「そもそ

もの最初にクラインが関心を向けたのは自我の方なのであった[1]」。実際のところ，初期から「クライン・フロイト論争」に至るまでは，彼女は自我という用語を伝統的な意味において使っていた。クラインが同僚たちの前で披瀝し始めた理論からすると，赤ん坊の中にフロイト的自我のような組織化をもたらす心的機関の存在を仮定しなくてはならなかったわけである。クラインの理論において示唆されている自我とは，世界からの混沌とした衝撃をある種のまとまった形へと組織化することができるだけでなく，危険を同定し，不安を体験し，そして心的苦痛を避けるための防衛策を講ずることもできるものでなければならなかった。クラインの同僚たちにとっては，不安を体験したり，防衛を講じたりするなどという後の発達において獲得されてゆくべきものだと常々見なされてきた複雑な機制を，クラインが思い描くようなより原始的なものへと翻訳するなどまことに困難なことであった。その原始機制は後にクラインの弟子スーザン・アイザックスが「反射性」心的行為と叙述したものである。それを受け入れるとすれば彼らは，認知能力の発達が始まり，よりはっきりと現実を受け入れるようになって初めて，人間の心は意味を形成することができるのだという考えを捨てねばならかったのだ。

　だがクラインは，心がそもそも最初に発達するためにあらかじめ人の乳児に備わっているはずの生得的な心の性質に関心があった。そして，彼女は確かに不安というものがサディズムの投影の結果生じると結論づけはしたが，その一方で，何らかの不安は心の中にもともと根源的に存在しているのだとも感じていた。人間という組織体は，危険を感知するための萌芽的能力を伴って世界にやってくるに違いないと。したがってクラインは，人生最初の不安体験はあとから獲得される能力あるいは学んで得られる能力と結びつけるのではなく，ある種の現象を反射的に内部に登録する方法 reflexive internal registering と結びつけたのである。これこそフロイトが1920年に推論した死の本能であり，今や彼女はこれが人間という組織体そして人の精神の最早期の経験の中に刻み込まれているのだと見なし始めていた。「生き残り survival」の意味するところは，赤ん坊が死というものを知っている状態で生まれてくることであり，内的破壊本能を感知した状態で生まれてくるのだということである。この最初の知識は破滅への根源的恐怖という形を取る。つまり不安は，いかにそれが未熟であったとしても，生きている状態の基盤に存在するわけである。

　この概念形成は，クライン思想が同僚たちに受け入れられるための役には立たなかった。彼らはフロイトの死の本能という概念をすでに知っていたし，し

かも，それは彼のアイデアの中で最も不人気なものだったのだ。だが，クラインはこの件に関する詳細な哲学的議論には進もうとしなかった。そうする代わりに，彼女は臨床状況の検証に向かうことを選び，臨床状況が提供する事実をもとにケースを記述していった。これまで見てきたように，早期の強い不安を仮定するならば，乳児がそれにどのように対処するのかについて何らかの説明を必要とするのだということに彼女はすでに気づき始めていた。さもなければ，彼女の理論からは，全く守られることなく圧倒される乳児，不安から浮上するすべもなく，したがってなんの心的生活も創造することができない乳児，そのような構図ができてしまう。

クラインは，そもそも精神分析に携わり始めたころからすでに心的防衛に関する考察を始めていた。この題材への生涯をかけた彼女の取り組みは，後になって絶大なインパクトを精神分析に対して与えることになるのだった。防衛に対する彼女の見解は，確かに時を経て進化していったが，それでもその核となる要素は彼女のキャリア全体を通じて変わらなかった。それは，防衛的活動を支える基本原則は，原始的な逃走・逃避反応 fight-flight response を基礎としているという信念である。フロイトはすでに，人間は外的危険から逃避することは実際にできる一方で，圧倒的な本能衝動のほとばしりなどに見られるような内的危機に関してはその限りではないと指摘していた。逃避する代わりに，人の心は内部由来の危機を回避し除去するための方法を見つける必要が生じるが，実際心は，その危機を心理的に感受するときに，さまざまなやり方で不当にそれを書き換えてしまうことでそれを行おうとする。

フロイトが抑圧のメカニズムを探求することへと導かれたのに対して，クラインの臨床的観察は，フロイトと矛盾するものではないものの，彼女を別のルートへと導いた。たとえば，「顕著に現実を排除することで不安を隔絶していた」彼女の患者ジョージは，遊びの中で彼が必ず勝者になる絶え間ない戦いを演じたことを彼女は記載している[2]。これらは日常の状況にたいする彼の不満から逃避する術となっていた。日常生活でおこる普通のフラストレーションを処理できなかったジョージは，そのため過剰に怒ることになり，すべては他人の失敗のせいで，他人は彼に対してわざとそのように仕向けてくるのだと確信する始末だった。英雄的征服という彼の白昼夢が，怒りや妄想的不安によって生じる感情から彼を遠ざけるように働いていることにクラインは気づいた。この目的のために，「願望充足が明らかに現実への気づきに勝っていた」のである。だが，万能的英雄空想への逃避はジョージが何とかやってゆくのを助ける

どころか，世界への彼の適応を遅らせたに過ぎなかった。彼の怒りがあまりにも強すぎたために，逆にそれは過剰な不安と未成熟で硬直した防衛性を惹起することになった。彼の心が使っていた防衛メカニズムは，世界が実際にどのようであるかという気づきを不正に改ざんし，その代わりに世界がいかにあるべきかという空想を彼の中に作り上げてしまうというものであった。したがって，現実の諸側面は回避され，適切だったはずの知的鋭敏さは，過剰の空想活動に取って代わられてしまったのだ。

　現実否認に関する同様の性質は，ディックという非常に深刻な状態にあった極端な例を見ればよりはっきりとするだろう。彼はすべての発達を遅延させていたさまざまな自閉症的防衛のためにクラインのところに連れてこられた。ディックは4歳だったが，15カ月の幼児に相当する能力しかなかった。彼は話すかわりに「音を無意味に連ね」，「まったく感情に欠け」ており，普通に遊ぶことができなかった。彼は母親にも看護師にも全く反応することがなく，さらには部屋の中にいるクラインの存在を全く無視した。あたかも彼女が単なる物体であるかのように，その前を通り過ぎるのだった。創造生活と感情生活をそのような停止状態へと至らしめる深い抑制の根源を発見しようと，クラインは懸命だった。ディックがコンサルティング・ルームで見せる限られた活動と彼女自身が行う彼とのやりとりから，彼の過剰なサディズムとそれによってかき立てられる不安に彼が全く耐えられないのだということが次第に明らかになっていった。

　情動のあり方が極端であるがゆえ，ディックは極端な防衛活動に訴えねばならなかった。彼の精神は最小限のサディズムでさえ抑制してしまわねばならず，これが抑制されるために彼の空想生活はもとより，すべての衝動やアイデア，さらには身体的体験までもが脅威になり得るとして，事実上の停止状態になってしまっていたのだ。したがってディックは食べ物を咬むことすらできず，はさみも使えず，このように攻撃性になり得るものの鈍磨化は，他の体験能力へと拡張することになってしまった。その結果，差し押さえられてしまった彼の本能エネルギーは外に向けられなくなり，自己体験の諸側面を外界に注ぎ込むことができなくなり，したがって象徴を形成することもできなかった。そして，彼の象徴形成が蝕まれることで言語発達にも同様の結果をもたらした。

　クラインはこの状況の極端さを説明することは難しいと感じていた。なぜならば，ディックの背景に特に異常なものが見いだせなかったからである。また，彼女がディックを治療した時代には，未だ自閉症というものが理解されていな

かった。それでもクラインは自分が目の前にしているものは普通でないと結論づけた。ディックの防衛には「暴力的な性質」があり、それは「抑圧とは違ったもの」だと思われた。衝動の抑制や現実の否認以上の何かが起こっているのだと彼女は結論づけた。ディックの心は持続的暴力的に自らの攻撃性を放出するので、彼の対象を破壊してしまうことになり、それがために他人に対する奇怪なまでの無関心をもたらしていた。このため彼女は、ディックの防衛が統合失調症的であるのかもしれないと考えるにいたった。

　ディックに関してクラインは、極端で病理的な防衛プロセスの事例を提供したわけだが、他方それらは彼女が考慮中だったもっと正常な防衛とも何らかの共通点をもっていた。彼女の思想においてすべての心的防衛は、それは軽度であろうが重症であろうが同様の機能を持つのだとされている。すなわちその目的は、過剰な不安、動揺あるいは苦悩を生じるような気づきの一部を心の中から排除するということである。したがって今やクラインは、自分がコンサルティング・ルームの中で繰り返し観察し続けてきたものを理解できる決定的な洞察へと導かれていた。自分自身の敵意をもった部分を自分のものでないと縁を切ろうとしたり、あるいは投影によって作り出された不安惹起的対象から距離を取ったりする際に、子どもは解離的心的過程 a dissociative psychic process に基づく防衛メカニズムを動員しているのだと彼女は結論づけた。

　息子エリックとの分析作業の時点ですでにクラインは、彼が母親への陰性感情を遠ざけておこうとした様子について記載していた。エリックは「母親像を分割 division of the mother imago」し、その一部から魔女像をつくった。そのような分割 division は、「彼の愛する母親がそのままでいてくれるように、母親から魔女像が切り離されることで split-off[3]」可能となった。対象の分割という概念は、意識から押し出されて孤立した衝動、願望あるいは記憶に関して適用されるわけではないため、抑圧概念とは違っていた。フロイトの抑圧理論に対してフェレンツィは、抑圧された衝動が「これらのコンプレックスに関連したその他多くの考えや傾向を抑圧のなかに引き込んで、思考の自由なやりとりから隔絶してしまうのではないか」という考えを追加していた[4]。

　子どもの心が衝動の回避や抑圧以上のことを行っているのだと認識したとき、クラインはこのフェレンツィの考えを前提としていた。投影された敵対的要素は口唇サディズム、肛門サディズム的攻撃から成立しており、それらは集積して悪い対象を形成することになるが、それらの敵対心という要素の集積から子どもは身を守ろうとする。そして、これが集積されて複雑な心的創造物を形成

するにいたるため，それをまるごと意識から取り除く必要がある。だが，抑圧されたものの回帰とフロイトが述べるごとく，分離された像は魔女の姿を借りて意識に帰ってくる。こうして子どもは2つの違った像という受け入れやすい状況を前にすることになる。つまり，そのうちの1つの像にのみ投影した自らの攻撃性が封じ込められているという状況である。これはもう1つの像，すなわち母親を愛すべきもの愛してくれるものとして，したがって安全なものとして保持することを可能にする。

　クラインにとって，これらの分割プロセス dissociation process は，それらが対象に分裂を生じさせるために用いられるばかりでなく，相応する自己に分裂を生じさせもするのだと理解したときにより一層明確になった。4歳のジェラルドの分析では，この子がゲームをする中で，父親に対して食人的でエディプス的な攻撃を行い，彼自身の攻撃性がもたらした凄惨な結果に立ち尽くす様をクラインは観察したのだった。ジェラルドが前性器期的攻撃衝動を抑圧していただけではなく，これらに付随して攻撃的意図に同一化した自己の側面をも抑圧し，彼自身が犯罪者であると感じていることにクラインは気づいた。これに対して彼のより文明化した自己（原始的自己に対応して：訳者）が反対を表明していたのである。ジェラルドの悩ましい感情を取り除くために配備された分割プロセスは，いまや彼のパーソナリティの中で対立する2つの自己の共存へと導くプロセスだと見なされることになった。しかしながら，クラインはこの子の正常さが，犯罪的で食人的な活動を忌み嫌う彼の側面に示されていると強調している。「この子のように優しい子どもが，文明化した彼のパーソナリティ部分が強く非難することになるそのような空想に苛まれる様子を描き出すことは難しい。この男の子は，愛情と親切さを十分に父親に対して示すことはできなかった……[5]」。

　クラインは，不安惹起的な悪いイマーゴであれ，サディスティックな自己の側面であれ，苦悩の源となるものを隔離しておくという目的でなされる内的分割の維持という防衛原理をますます強調することになる。だが彼女は，そのような内的分割が苦悩の源への気づきをまるごと取り除くことができるのだとは考えなかった。つまり，苦悩への気づきは分割によって完全に取り除かれるのではなくて，たとえ迫害的であっても，観念のレベルで捕らえられる単一体（迫害する内的対象：訳者）のなかに納められるのだ。さらにクラインは，そのような分割にかかわる諸防衛が自然な発達パターンとの明らかなつながりをもっていることを強調した。出生直後にはすべての経験様式は本質的に断片的

なものであり，心的な未熟性というものは要するに，幼若な心が瞬間の経験的断片以上のものを宿せないのだということに他ならない。

> 生後2，3カ月の子どもの対象世界を描写するとすれば，それは敵対的で迫害的なもので構成されているとともに，別のところでは満足を与える対象世界のかけらや部分からも成っているのだといえる。しばらくすると，徐々に子どもは母親を全体的人物として認識するようになり，このより現実的な認識は母親を超えた世界へと拡張する[6]。

したがって，今クラインが探求している分割防衛 dissociation defences は，もともとは乳児が世界を認識しようとする自然な様式だった断片化を繰り返すという模倣プロセスの性質を帯びているようにも見えるのだ。しかし，乳児最早期の未発達な体験能力が，現実の断片に対して受動的に応答すると見なされる一方で，分割という防衛的プロセスでは体験の一部分を心から分離しておくという能動的努力を意味していた。そして，それらの警報発令的活性にもかかわらず，そのような諸防衛はまた乳幼児期には正常なことでもあった。それらの防衛は，子どもたちが愛の対象の良さを安全に保ち，この同じ対象の悪い憎むべき側面から良さを分離しておこうと奮闘する際に観察できるものであったが，同時にこれは，助けになるイマーゴや敵対的イマーゴの体験にも反映されていた。クラインはここで，「自我は良いものを悪いものから引き離して保持しておく」のだと主張し，その結果として「極端に悪い対象と極端に完璧な対象という概念をもたらす……[7]」のだとしている。

早期の防衛に関するクラインの見地は，発達に関する彼女の見解全体に対して重要な意味をもっている。この考えがいまだ開花していなかった1935年以前から，すでに子どもの発達を理解する新しい方法が示されていたのである。早期の心は断片化と分割のプロセスに傾きやすい。それは，幼い心がばらばらな様式で世界を取り入れるからであるとともに，分割的防衛が極端な像を造り出すからでもある。だからここで，成熟への課題とは，子どもがバラバラな部分的体験とバラバラな自己の側面を寄せ集めてくることを援助するというゆっくりとした統合過程から成っているのだと新たに理解されることになる。ここでクラインは，発達とは本質的に断片化から統合へと向かう動きなのだという結論へと導かれたわけで，それは体験のそれぞれの部分を意味という全体像へと同化し，そうして考え始める能力から成るわけである。さらに，これが心的防衛の働きに関する本質的パラドックスへと導くことになるのだと彼女は気づい

た。防衛的活性は，圧倒的な不安から生体を保護することで統合プロセスを手助けする。しかしながら防衛的活性は，そのもともとの性質からして，発達を阻害しうるのであり，それが過剰使用されると広範囲にわたって気づきを消滅させることになり，適切な現実感覚の発達を妨害することにもなる。

すでに彼女が言及しているように，早期衝動の力動性は，両親を基礎としてつくられはじめた空想像やイメージを発展させてゆくばかりでなく，実際に出会ったものを受け入れるのか，それとも回避するのかについて自らを方向づける早期の意志性 intentionality をも表現している。クラインは，この衝動 impulse と意志性の動きの中でこそ，早期の萌芽的自我が機能するのであり，そのなかでアイデンティティ感覚が構成され structured 始めるのだということを理解しはじめた。だが，この見解のなかで暗示されているアイデンティティとは，その出だしにおいてはそれを組み立てている衝動そのものと同様に移ろいやすいものなのである。そしてそれは結果として，断片化され多重化された原始的自己感覚の体験をもたらす。

このような思考の流れが，クラインを徐々に彼女の鍵概念となるポジション論へと導くことになる。すなわち，たとえばパラノイド自己，抑うつ的自己，強迫的自己など，それぞれ違った時点におけるある特殊な種類の自己という発想が押し進められてポジション概念へと至ったのである。彼女によると，発達早期状態は種々のポジションを中心に組織化されるのであり，それぞれのポジションは潮の満ち引きのように絶え間なく盛衰する。それぞれのポジションは，そのときごとに相応した自己部分に焦点を当てる。この観点からクラインは，統合へ向かう心の動きが成長のためには不可欠なのだと理解し始めた。なぜなら，その統合への動きが，時を経るごとに集積されてくる自己の諸側面からできあがった複合体を，より包括的で安定したアイデンティティへと作り上げてゆくからである。発達的統合という原理こそクラインの後の考え方のすべてを特徴づけるものである。だが，すぐにそれは彼女にとって最も厄介で複雑な理論的課題を突きつけてくる。すなわち，統合のプロセスが決して単純なものではないことに彼女は気づく。乳児が現実を認識することができ，理解力が広がれば広がるほど，その子は喪失と痛みを内包する苦悩の世界に直面することを強いられるのだ。乳児の心の水平線が拡大してくると，体験のための新たな文脈 context が生じる。良い体験は，それが快感の瞬間を支配するとはいえ，もはや完全無欠の良い対象からやってくるのだと信じられることはなくなる。さらに，それらの良い体験が，実はもっと複雑雑多な現実の単なる一側面なのだ

ということがますますはっきりと分かるようになってくる。クラインはここにおいて，彼女の最重要概念である抑うつポジションのとば口にいる自分を発見した。そして，彼女の思想が人間愛 human love の発達へと方向を変えたのはここにおいてである。

早期の対象愛

　矢継ぎ早に誕生した斬新でいかにも物議を醸しがちな考えをたくさん抱えて，クラインがまもなく1940年代の「大論争」という騒動へと追い込まれ，そこで自らの理論の正当性の主張以上のこと，つまりはそれ自体の生き残りまでをかけた戦いを強いられるという極端な圧力に晒されていたとしても驚くべきことではない。この崖っぷちの闘争のただ中にあって，クラインは早期乳児期における愛の本性に関して，大胆かつ調和的な主張を行うことで，少しのあいだ幕間を取ることを選んだ。ここでの彼女の思想は，1944年に発表された乳幼児発達に関するより広い説明の一部になるが，このときにはより簡潔なものとして表現されていた。とはいえ彼女のとった結論は次のようなものであった。「何らかの形での母親への愛は，生命の始まりから存在すると見なすことができる[8]」。

　この結論は，彼女の思想のなかでそれまでの10年間をかけて起こってきた顕著な変移を示すものであり，早期の陰鬱な見解に拮抗する実質的で肯定的な勢力を促進するものであった。クラインの示唆した早期幼児期における愛の存在が，それまでの正統派精神分析において，なぜそれほどまでに革新的であり疑惑を喚起するものであったのかを理解するには，彼女の思想をフロイトの見解の文脈に置いてみる必要がある。愛に関するクラインの見解がいかにフロイト的モデルを変更してしまうのかを理解しないと，彼女の抑うつポジションという概念の真の意味を理解することもできない。

　フロイトはその思想の中で人間のリビドー生活における2つの流れを想定していた。官能的‐エロス的な the sensual-erotic リビドー生活と情緒的な the emotional それである。「正常な性生活は，性的対象と性的目的に向かう情動的な流れと官能的な流れとが確実に合流することで実現される[9]」。というのだ。しかしながら，フロイトは情緒的な流れを根源的でそれ以上還元できない力 force だとは見なしていなかった。彼の思想においてそれは，早期の性感的性愛 erotogenic sexuality から変異する二次的な現象なのであった。

乳幼児期の対象選択の結果もたらされるものは，その後に持ち越されることになるが……，それは抑圧をうけた形で存在することになり……すなわちそれらの性的目標は（抑圧のために：訳者）緩和されて，性生活における「情緒的流れ affectionate current」とでも描写されうるものを示すことになる。唯一，精神分析的探求のみによって，この情愛深さや賞賛あるいは尊敬の背後に，乳児的本能要素としての性的希求 sexual longing の存在を見ることができるのだ[10]。

　この見解は，見ての通り，前性器的組織化から性器的組織化へと，さらに究極的には大人の性器態勢へと徐々に至るという幼児性愛の定義に基づいたものである。ここでこのモデルの主たる特徴を簡単に思い出してみることは有用だ。なぜならば，いくら見慣れたものであるとはいえ，これらは現在の議論に対して特別な意味を持つからである。フロイトは，性愛は生の始まりにおいて萌芽的形態をとって即座に存在するが，最初は不完全で組織化されておらず，個々の本能要素からなっていて，それぞれの本能要素はバラバラに「満足の達成を求めて我が道を行くもの」だと信じていた。そのように断片的な快感希求的本能は，小さな子どもを多形倒錯的 polymorphously perverse にする。フロイトが喚起したのは，その存在のすべての側面に染みわたる性愛諸要素を世界に持ち込む幼児像であった。感覚，視覚，匂い，味，そして音が何らかの性的負荷を帯びた興奮をもたらす可能性を持っている。内部膜の敏感な口と肛門という体孔感覚が特に強いものであり，したがってそこが前性器的組織形成の中心となる。この見解では，性器的組織化すなわち性愛方向への成熟こそ，情緒的なものも含めた種々の異なる流れを統括して単一の対象へと至らしめるものと見なされる。クラインが個人分析を受けた2人目の分析家アブラハムは，この見解に忠実であり次のように述べている。「（人は）徐々に全体的な対象愛のリビドー備給を達成する，……これが達成されると対象への性的目的が抑制されたリビドー的関係の表現，すなわち好きだという感情や献身性などが現れてくる……そして，これらとともにその対象へと直接むけられる性欲 erotic desires が共存することになる[11]」。

　愛とリビドーに関するこのような考えはクラインの初期の仕事へと引き継がれていた。彼女もまた次のように信じていたのである。「個体発生的発達においては，その主体が性器的レベルへと達した際，サディズムが克服されることになる。この相（性器性愛レベル：訳者）の作動が力強いものであればあるほど，その子どもは対象愛の能力をより高めるのである……[12]。」子どもが性器

期に達して初めて対象愛が可能となると考えられていたため，より早期における愛の概念は想定されなかった。このことは，初期クライン理論の領域が対抗勢力なきサディズムの支配下に取り残されることの一因となった。クラインは，サディズムの対抗力としての不安概念を徐々に発展させはしたが，サディズムと不安という組み合わせは，早期発達の陰鬱な見解を是正するよりはむしろ悪化させるように見えるものであった。このようなリビドー理解が，クラインの初期論文に否定的印象を与える一因となった。それまでに広く行き渡っていたフロイトのモデルでは，大人の愛ですら二次的な派生的現象だと見なされていることにクラインは気がついていた。フロイトによると，「情愛的な流れ affectionate current」は「性対象と性目的」に対して向けられている。ここに暗示されているのは，性器性愛が対象愛成立の前提条件なのだということである。いくぶん違った見方を可能にするためには，このフロイトの見解に対する大幅な変更が必要であったが，そこで助けになったのはアブラハムとフェレンツィからの影響であった。

　早期乳幼児的情愛が，二次的な派生現象としてではなく，もとからそのものとして存在しているのだという確信を強めたクラインは，当初それをどのように説明したらよいだろうかと迷っていた。これまで見てきたように，彼女はエディプス・コンプレックスをすでに早期へと位置づけていたし，早期始動のエディプス・コンプレックスは，前性器的な相と整合していると結論づけていた。もしかすると，この線でさらに考えて，人の精神性的段階がきっちりと段階ごとに完全なかたちで移行してゆくのではないと結論づけた方がより論理的だったのかもしれない。もっと自然な仮説を立てるならば，それはさらに混沌としたものになっただろう。すなわち，早期乳児期ではすべての精神性的階層がある程度重なり合っているもので，いずれかのリビドー領域が優性になると，初めてそこで組織化され明瞭な段階となるのだというものである。この仮説であれば，早期から性器的要素や感覚が表れることの説明になり，したがって最早期に愛が始まることを説明できる。だが，そのような人生最早期における性器的体験という考え方が，既存の精神分析的信念とは相容れないものであることにクラインは気がついてもいたのである。すなわち，「アブラハムの仮説に従うならば，部分的食人（カニバリズム）の相に始まる愛の進化というものが存在する。……すなわち，フロイトとアブラハムによるとこの段階は性器的リビドーがまだ働いていない段階である[13]」。これは即座にクラインを重要な問いへと導いた。それは，「性器的リビドーの表れに先立って乳児のなかに愛は存

在するのだろうか」という問いであった。

　この可能性について考える一つの方法は，「性器的傾向は乳幼児の性的情緒的発達の一部をなす」と想定することであり，「出生直後から，いかにおぼろげながらであるにせよ，（性器的傾向が：訳者）すでに対象との関係に影響を与えている[14]」のだと見なすことである。しかしながらクラインはいまや，その探求においてさらに先へと進んだ。彼女は，「愛という要素が顕現するのは早期の性器的傾向のためなのかどうか」は未だ理論的問題として残っているが，しかし，早期の対象愛を別の方法で説明できるアイデアが自分のまわりにはあると示唆している。すなわち，性器的傾向を想定する必要性に頼ることなくそれは可能だというのである。クラインがここで参照する理論には，マイケルそしてアリス・バリントのものがあった。彼らは，一次性ナルシシズムの理論を退け，最初の段階は「受動的目的——愛されたい欲望」によって特徴づけられるとしている。愛について提示したとき，クラインはバリント理論の背景について説明を加える必要はなかった。なぜなら，彼女の同僚たちは誰しも，それがマイケル・バリントの分析家でもあったフェレンツィによって啓発されたものだと気づいていたからである。アブラハムやフロイトと違い，1933年にフェレンツィは，部分的には性的なものである成熟した愛としての「情愛 passion」から，早期の愛である「優愛 tender」を分離する必要性を確信するようになっていた。したがって彼は，愛がそれ特有の発達相を持っていて，それ自体一つの力としてとして存在するために，性器的リビドーに依存することなく，出生直後から発達し始めることができるという見解へと開かれるアイデアを提示した。

> 私はこれを受動的対象愛 passive object love の段階もしくは優愛 tenderness の段階と呼びたい。対象愛の痕跡は，空想における遊技的な形ではあるにせよ，ここですでに認められる。したがって，……異性の親と結婚するために同性の親の役割を取るような遊びを発見したりするものだが，これはあくまでただの空想なのだということは強調されるべきである。つまり，現実においてはその子どもはそのようなことは望まないだろうし，実際に彼らは優愛 tenderness なしにはやっていけないのである[15]。

　1933年サンドール・フェレンツィ記念号[16]の論文において，アリス・バリントは早期幼児期の愛を探求し始めた。それは1939年にその最終形へと展開することになるが，この始まりの日は意義深い。というのは，早期対象愛の探求が，

フェレンツィの精神分析への貢献を記念する場と結びつけられたことばかりではなく，特に彼の受け身的対象愛の概念や対象関係が人生の始まりから存在するという結論に結びついたためである[17]。したがって，クラインがそのすぐ後の1935年に初めて愛というものは人生の始まりからそれ自体として存在する現象なのだと記述したときには，すでに早期愛概念はフェレンツィの影響によって形を得ていたわけである。「愛と感謝の感情は，母親の愛と世話とに応答して赤ん坊の中に同時に直接現れる[18]」。

このありふれた物言いは，クライン思想における重要な転換を示すものであった。なぜならば，これは早期リビドーに愛が含まれるのだといった拡張的見解を刻印するものであり，乳幼児のリビドー状態は身体的快感ばかりでなく情緒状態をも含み込むのだという気づきが彼女の中で次第に明確になってゆくことを示しているからである。先に示したとおり，愛に関するこの見解にいたる以前のクラインは，愛というものが性器性愛に従属する二次的な後発現象なのだというフロイトとアブラハムの見解に同意していた。だが，クラインが見つめていた愛というものは，フェレンツィの仕事の中で示唆されている何ものよりもずっと先にまで行くものであった。彼女同様フェレンツィは乳房を最初の愛の対象だと見なしていた。しかし，彼はそれを受動的な赤ん坊に強いられたもので，赤ん坊の方も乳房に対して受動的な愛情を返すのだと考えていた。「新生児の活動は主として母親の乳房を吸啜することに限られる。事実，この最初の愛の対象は，はじめは母親によって子どもに対して強いられるわけであり，そこから子どもの中に生じる原始的な『受け身的対象愛』というものを語ることができるのかもしれない[19]」。

能動的に乳房を探し求める乳児，そしてリビドー満足をもたらす強烈な衝撃として乳房を体験する乳児，フェレンツィの見解にはそういった視点の入る余地はなかった。それに対してクライン思想ではつねに，子どもには活発な本能活動があるのだと見なされていた。これまで見てきたように，彼女の見解では，探求的なものにせよ防衛的なものにせよ，それらの強い投影的活動をになう主役は，子どもの攻撃性と結びついた認識愛（愛知）本能 epistemophilic instinct なのだと仄めかされていた。さらに，能動的取り入れ active introjection が象徴形成と内的世界の構築を主導するのだとも示唆していた。この種のモデルからすると，受け身的な乳児の口に乳房がそっと挿入されるという考えは，そもそも馴染みにくいものであった。この点においてクラインは，さらなるインスピレーションを得る必要があると感じていた。実のと

ころ，幼児の体験に対するフェレンツィの見解では明確でなかった乳児の強力な能動性であるが，部分対象への関係性の記述と同様，アブラハムの見解になると，それははっきりと現れていた。しかしながら，アブラハムにとっても早期愛は性感帯起源の感覚現象にとどまっていた。両方の分析家の見解を精妙に統合する試みのなかでクラインは，早期から激しく動いているのは感情 feeling でもあるのだとし，そうするなかで，性器的体験かサディズムか，そのどちらかのための場とされてきた心的生活に原始的陽性情動の激しい働きを与えた。その結果愛を中心におく発達の構図ができたわけである。「最初のすべての関心と愛情は乳首と乳房とに集中する。だが，すぐさまその関心は乳幼児のニーズを気にかけそれを満たす母の顔へ，手へと広がることになる。したがって，徐々に乳児は母親をひとりの全体的人間として知覚し愛するようになるのだ[20]」。

「何らかの形での母親への愛は生後すぐから存在する」とクラインは再度強調する。さらに，進化論への言及へと回帰し，人類の特性としての系統発生的決定因に関するフロイト思想を参照することで自らの論立てを完結する。

> 乳児の母親への関係は系統発生的遺伝に基礎があり，個体発生的にはそれが人類のすべてのパターンの最も基礎的なものなのだという見解を私は何度か表明してきた。種の進化の中でそのような基礎が獲得されてきたのだとすれば（誰がそれを疑えようか？），子どもに生を与え，その子の最初のニーズを満たす母親への関係こそ，その基礎のうちの一つに違いない[21]。

サディズムと不安についてこれだけ多くを書き続けてきた女性が，いまや早期愛を「すべての人間的パターンにおける最も基礎的なるもの」のうちの一つに位置づけるのを見ることは衝撃的である。さらに，早期愛に関するクラインの思想はこのあと顕著に発展し続けることになる。

原初的な良い対象 the primary good object

最初期の良い対象のなりたちについて述べた1946年までに，クラインは自分の理論の中に，サディズムへの実質的な対抗力という新しいリビドー理解をもっていた。それに従うなら，最初の良い対象は「対象にリビドーを付着するプロセス」の根底にある「愛する感情の投影」によって創造されることになる。そこでは，リビドー的活動の基礎に愛があるのだと感じられているばかり

でなく，フロイトがエロスは生の本能の代表者 representative なのだと見なし始めたのと同様に，リビドーそのものが「生の保存に向かう力の表れ[22]」なのだと見なされていた。したがって，最早期のリビドーは，乳児の口唇的感覚満足というところから，栄養と命をもとめる探索の精髄というところに移動したのだ。こういう意味において早期愛はリビドーと不可分であると見なされうる。このリビドー概念の拡張は，よりはっきりとしたやり方で，さらに詳述される。1957年までにクラインは，リビドー的に備給された乳房が，生の本能の力を照らし返す満足の本源 principle of fulfillment であり，心的滋養 mental sustenance の無尽蔵で理想的な源なのだと感じるようになっていた。「乳児にとって乳房が単なる身体的対象だとは私は思わない。乳児の本能的欲望と無意識的空想のすべてが，乳房が提供できる実際の栄養というものをはるかに超えた性質を，そこに注ぎ込んでいるのである[23]」。

　さらに，ここではリビドー的に備給された乳房が取り入れられて，「自我の核[24]」を形成するのだと考えられた。クラインはここで自身の理論に早期愛を加えたばかりでなく，早期愛に乳幼児の心的生活の中心という場を与え，同一性形成のモデルとなる対象は，乳児の対象愛から創造される良い対象に他ならないと主張したわけである。彼女の新しい，そしてまさに究極のリビドー論が愛と生の本能 love and the life instinct をその中心におくことになったため，リビドー的熱情 libidinal passion を体現している本源的な良い対象が，原始的な形で理想として体験されるに違いないと考えることは彼女にとっては合理的だった。それ以上に適切に「（乳児の）本能的欲望のすべて」を表現する手立てや，乳児の自我の核となり得るものは他にはないのである。乳児のもつ生を切望する激しさ the life-craving intensity はすべてリビドーの一部なのであり，それは根源的な良い対象を形作ることに寄与する。そして，これは1939年のアリス・バリントの次のような発言とは実に対比的である。「原始的な形の愛が存在する。その本質的決定要素は，愛の対象に対する現実感覚の欠如にある。……より高次の愛の発達は現実への適応の結果として生じる[25]」。

　これまでに示してきたとおり，クラインが最早期の愛というものを語るとき，彼女は「（乳幼児の）本能的欲望と無意識的空想のすべて」に等しい原始的状態について述べている。乳児は，快感の能力のみならず，愛する能力をすべてに至るまでその対象に投影する。これを乳児はその対象の実際の良さとともに取り入れる。それがその子の核となる。これによって最晩年にあったクラインの結論，すなわち良い対象こそ正気であることに不可欠なのだということが明

らかとなる。最後期の著作の一つでクラインは,「良い対象が少しは自我の一部になっていない限り命は続かない[26]」とまで言い切るに至った。このような考えによって,別の側面ではずいぶん違った理論であったにもかかわらず,早期愛に関する彼女の理論は,マイケル・バリントのそれに近いものとなった。バリントは一次的愛 primary love という概念を展開した。それは彼が乳児の中の「激しい関係化 intense relatedness」の状態として描写したものを指している。

良きものと理想的なるもの the good and the ideal

クラインのもつ愛の概念は,彼女の著作の中で容易に顕在化するはずなのだが,しかし,発達に対するサディズムや不安のインパクトを強調し続けた彼女の著作中にちりばめられていることもあって,それらは概して捕まえがたい。また,クラインの文章には愛に対する考えを不明瞭にしてしまう別の要素もあった。この章の最終部では,彼女が伝えたいと意図し,実際はっきりと述べている早期愛というものの明確な印象を,なぜか減衰させてしまう彼女の思考における理論的曖昧さに注目してみよう。ここまで輪郭を辿ってきた対象愛の形は,クラインの著作を通じて流れているもののうちでは単に一つの潮流に過ぎない。もう一つの潮流では,全く反対のものへと彼女は注意を向ける。すなわち,幼児が肯定的なものとして体験するものの多くは,実は理想化によるのであり,これは「すべての人間的パターンにおける最も基礎的なるもの」でも,世話をしてくれる対象への感謝に満ちた応答でもなく,実はもう一つの心理的防衛なのだとクラインは考えるのである。理想化は,対象の良さを防衛的に誇張する結果に他ならないと彼女は示唆している。すなわち「理想化は対象の分割に結びついている。なぜなら,乳房の良い側面は迫害的乳房への恐怖に対する保護手段として誇張されるからである[27]」。

もし体験を,良い（健康な）体験から理想的（防衛的）な体験への防衛的なスライドが可能な連続体だと見なせるならば,この２つのヴァージョンに矛盾はないように見えるかもしれない。このスライドは段階的な現実の歪曲を伴うだろう。だが,そのような状況においては,良い体験は理想的な体験にくらべ,必然的にほどよく平凡なものとなるだろうことが暗示される。そして確かに,後の理論家たちのなかには,節度ある良い体験が現実的で健康な愛へと結びつき,他方,激しい体験の方は病理的で防衛的理想化を示すのだと説明するもの

もあった。理想的な愛というものはより原始的であり、したがってより早期のものであるから、クラインに従うなら、乳児は最初には愛すことはないのであり——単に理想化するだけなのだ、となる。だがそれでも、早期乳児期のこのようなかたちの肯定的体験を受け入れるならば、深刻な含意を持つことにもつながるわけである。すなわち、乳児の心的生活を支配する力としての揺るぎないサディズムの力を蘇らせてしまうことにもなるのだ。

事実、クラインは理想化という概念を乳児の愛の唯一の形として選ぶことはなかったが、かといって自ら想定したはずのこの愛と感謝の激しさに対して、自分の文章の中ではっきり説明するスペースを用意することもなかった。前者（理想化：訳者）と後者（愛と感謝：訳者）とが、クラインの良い対象という概念に曖昧さの感覚を生じさせることになり、その2つの間には解決しがたい緊張関係がある。その理由は、クラインが良い対象は実際に理想的なものとして体験されるのだとも書いているためである。「患者の分析からわれわれが知るのは、乳房がその良い側面においては、母親的な良さ、無尽蔵の忍耐力と寛容の原型なのであり、創造性の原型であるということだ。この空想と本能のニーズが、原初的対象を豊かなものとするため、これが良さへの希望と信頼と信念の基礎であり続ける[28]」。

原初的な良い対象が自我の核となり、「（乳幼児の）本能的欲望と無意識的空想のすべて」を具現化し、「良さへの希望、信頼そして信念の基礎」を形作ることは、それが理想的なものとして体験されずしてはあり得ないと結論づける必要がある。だが、この種の理想は、防衛的誇張や迫害感の否認などというものによって生じることはない。なぜならば、それはなくてはならぬ自己の核を示すからである。クラインが示すように、それは生命の原理を体現しており、したがって乳児の心的な支えの源泉となるからである。その理想的な本質に頼ることなくして、乳児がいったいどのようにしてこのような自分の心の自己養育的側面から支えを引き出すことができるのかということは想像しがたいことなのだ。

それ（非防衛的理想：訳者）に適切な用語を与えなかったことで、一見クラインがもう半分の体験、すなわち、憎しみ、サディズム、そして羨望の方に、より際だった理論的堅実性を与えているように見えてしまうのだ。後の支持者たちが記載し発展させたような、万能的空想に結びついた病理的理想化にはもちろんクラインも気づいていたことには疑いがない。しかしながら、そのような理想化はそれ自体探求に値するものではあるが、それを完全な満足状態の根

底にある早期の対象愛に帰することはできない。より高度な統合に関してはじめて，防衛的歪曲が働き始めるのだと仮定する方が理にかなっているのだ。このような状況になると，現実を回避するために，早期の原始的理想にしがみつき，すべてを与えてくれる原始的形態に支配され，固定されてしまうのである。だが，クラインが示したように，健康な理想もまた，最も重要な生の源として心に保持されており，大人の患者においてもそれは希望の源となる。したがって，それは現実を歪曲する病理的理想と同じものではあり得ないわけである。

　クラインの著作において，この問題は表だっては解決されていないが，しかし，その解決は暗に示されてはいる。彼女の「原初的な良い対象 primary good object」と「愛の対象 loved object」ということばが，内的なものと外的なものとの間，あるいはリビドーと世界との間の複雑なやりとりを含んだ専門用語的重要性を帯びている一方で，「理想化 idealization」の方は過剰な価値づけという日常言語的な意味合いを残す傾向がある。したがって彼女の「良い対象 good object」ということばは，最早期の状態に言及する場合，実際上理想的体験を暗示するような専門用語の性質を持っているわけである。

　これは最早期の状態に関するバリントの記述にいくぶん近いものとなる。両者ともその考えに関してはフェレンツィを超えている。しかしながら，クラインは自らの理論からその存在の兆しが現れてくる健康な理想的体験というものを表立って是認することはなかった。彼女の描く乳幼児は，原初的な良さを体験し，その変わらぬ本質から恩恵を受け，しかもその対象に対して過剰な感情を持たない存在であるとされていた。あるいはむしろ，彼女は自分の文章において，この過剰な体験を是認してはいたのだが，しかし，自分の用語においてそれは平凡なものだとして終わらせてしまった。

　本章で述べてきた発達は，さまざまな動きに満ちあふれていたが，それはいまだ完成されてはいなかった。ここでクラインは，これから新しいモデルに決定的な形を与えることになる最も重要な理論構成期へと到達していたわけである。これが，クライン派の鍵概念として抑うつポジション，妄想分裂ポジション，そして原初的羨望概念などが現れてくるのを見ることになる1935年から1957年という期間である。この段階に至るまでにクラインは，心的生活において，サディズムの力に拮抗するのは愛なのだと感じていた。すなわち，愛の衝動によって創造される良い対象が安全な内的環境のために不可欠であるとともに，そればかりではなく，原始的心的生活がサディズム，不安そして断片化プロセスに満ちているとも感じていた。さらに彼女は，成長には断片化から統合

への動きが伴う必要があるのだとも感じた。だが、さらにもう一つ彼女の思想に特徴的だったのは、発達というものが途切れることのない連続的前進だとはそもそも考えていなかったということである。躓くことのない真っ直ぐな進展という観念は成長に対する楽観的な見解をもたらすのだろうが、クラインの見解には、通常の成長というものがどの段階にあっても、それをくじく破壊的な障害物に出会うのだという洞察が含まれていた。したがって彼女のモデルでは、成熟のそれぞれの新段階を自我が単に歓迎するとは見なされていなかった。気づきが広がることで、乳幼児に現実感覚 realism が発達するが、それにともなって新たな不安と葛藤が発生する。母親が全体性を持ったものであるとの気づきとその母親への愛が、必然的に乳児期の最初の深刻な危機をもたらすのだ。すなわち、抑うつポジションという痛ましい危機である。

注

1. Mitchell, J. (1986) *The Selected Melanie Klein*. London: Penguin Books, p. 31.
2. Klein, M. (1929) 'Personification in the play of children', in *Love, Guilt and Reparation*. London: The Hogarth Press. p. 201.（安部恒久訳：子どもの遊びにおける人格化．メラニークライン著作集1．誠信書房，1983．）
3. Klein, M. (1921) 'The development of a child', in *Love, Guilt and Reparation*. London: The Hogarth Press. p. 52.（前田重治訳：子どもの心的発達．メラニー・クライン著作集1．誠信書房，1983．）
4. Ferenczi, S. (1913) 'Stages in the development of a sense of reality', in *First Contributions to Psycho-Analysis*. London: Maresfield Reprints. p. 19.（森茂起ほか訳：不快感の肯定の問題——現実感覚の認識における進歩．精神分析への最後の貢献．岩崎学術出版社，2007．）
5. Klein, M. (1927) 'Criminal tendencies in normal children', in *Love, Guilt and Reparation*. London: The Hogarth Press. p. 172.（野島一彦訳：正常な子どもにおける犯罪傾向．メラニー・クライン著作集1．誠信書房，1983．）
6. Klein, M. (1935) 'A contribution to the psychogenesis of manic-depressive states', in *Love, Guilt and Reparation*. London: The Hogarth Press.（安岡誉訳：躁うつ状態の心因論に関する寄与．メラニー・クライン著作集3．誠信書房，1983．）
7. 同上，p. 286.
8. Klein, M. (1944) 'The emotional life and ego-development of the infant with special reference to the depressive position', in P. King and R. Steiner (eds) *The Freud-Klein Controversies 1941-1945*. London: Tavistock/Routledge. p. 757.
9. Freud, S. (1905) 'Three essays on the theory of sexuality', *Standard Edition*, 7. London: The Hogarth Press, p. 207.（渡邊俊之訳：性理論のための3篇．フロイト全集6．岩波書店，2009．）
10. 同上，p. 200.

11. Abraham, K. (1925) 'Character-formation on the genital level of libido-development', in *Selected Papers of Karl Abraham*. London: The Hogarth Press. p. 407.（下坂幸三他訳：「性器的」発達段階における性格形成．アーブラハム論文集．岩崎学術出版社，1993.）
12. Klein, M. (1929) 'Personification in the play of children', in *Love, Guilt and Reparation*. London: The Hogarth Press. p. 214.
13. Klein, M. (1944) 'Early object love', in P. King and R. Steiner (eds) *The Freud-Klein Controversies 1941-1945*. London: Tavistock/Routledge. (First presented in 1944.) p. 756.
14. 同上，p. 756.
15. Ferenczi, S. (1933) 'Confusion of tongues between adults and the child', in *Final Contributions to Problems and Methods of Psycho-Analysis*. London: The Hogarth Press. p. 165.（森茂起他訳：大人と子どもの間の言葉の混乱．精神分析への最後の貢献――フェレンツィ後期著作集．岩崎学術出版社，2007.）
16. Parts of the Alice Balint paper were first published under the title: 'Reality sense and the development of the ability to love' in the Sandor Ferenczi Memorial volume *Lélekelemzési Tanulmányok*, in Budapest, 1933. A later version appeared under the title 'Love for the mother and mother love' in Balint, M. (1952) *Primary Love and Psychoanalytic Technique*. London: The Hogarth Press, pp. 109-27.
17. Balint, M. (1952) *Primary Love and Psycho-Analytic Technique*. London: The Hogarth Press, p. 127. London.（森茂起他訳：一次愛と精神分析技法．みすず書房，1999.）
18. Klein, M. (1937) 'Love, guilt and reparation', in *Love, Guilt and Reparation*. London: The Hogarth Press. p. 311.（奥村幸夫訳：愛，罪そして償い．メラニー・クライン著作集3．誠信書房，1983.）
19. Ferenczi, S. (1989) *Thalassa: A Theory of Genitality*. London: Karnak Books. (First published in 1938.) p. 21.
20. Klein, M. (1944) 'Early object love', in P. King and R. Steiner (eds) *The Freud-Klein Controversies 1941-1945*. London: Tavistock/Routledge. p. 757.
21. 同上，757.
22. Klein, M. (1937) 'Love, guilt and reparation' in *Love, Guilt and Reparation*. London: The Hogarth Press. p. 311.
23. Klein, M. (1957) 'Envy and gratitude', in *Envy and Gratitude*. London: The Hogarth Press. p. 180.（松本善男訳：羨望と感謝．みすず書房，1975；メラニー・クライン著作集5．誠信書房，1996.）
24. 同上，p. 180.
25. Balint, A. (1949) 'Love for the mother and mother love', in *Primary Love and Psycho-Analytic Technique*. London: The Hogarth Press. p. 125.
26. Klein, M. (1960) 'A note on depression in a schizophrenic' in *Envy and Gratitude*. London: The Hogarth Press, p. 265.（皆川邦直訳：分裂病者における抑うつに関する覚書．メラニー・クライン著作集5．誠信書房，1996.）
27. Klein, M. (1946) 'Notes on some schizoid mechanisms', in *Envy and Gratitude*. London: The Hogarth Press. (First published in 1946.) p. 7.（狩野力八郎他訳：分裂的機制についての覚書．メラニー・クライン著作集4．誠信書房，1985.）
28. Klein, M. (1957) 'Envy and gratitude', in *Envy and Gratitude*. London: The Hogarth Press. p. 180.

第 7 章　「愛の対象の喪失」
——アンビヴァレンスと抑うつ状態

　愛は乳児期に始まり，その始まりは対象との最早期の断片化された関係の文脈の中にあるのだと断定することは，クラインにとって避けがたい理論的帰結をもたらした。乳児の愛が自我の核を創り，心的発達はその自我の核に依存することになる。だが同時に，乳児がその自我の核の創造という課題に直面するのはもっとも不安定な早期段階においてなのである。乳児が体験を，そして良い対象を心理的に把握する力は部分的であり変動しやすく，このことは必然的に愛の対象が失われうることを暗に示すこととなる。そこから，次のような結論が導かれる。すなわち，愛の対象の喪失という乳児的体験が存在するのであり，そのために抑うつ状態というものを考慮する必要性が生じる。それが最終的にクラインを抑うつポジションの概念形成へと導いたのだ。

　まず手始めにクラインは，離乳という特異的で明らかな喪失に注目した。そこで彼女は世の母たちが直観的に知っていることを強調する。すなわち，離乳が人生における最初の最も重大な喪失を示しており，したがってそれは喪に服すのと類似した状態を乳児に引き起こすのだ。それまではほとんど注目されてこなかった乳児期における中心的イベントに，このとき新しい光が当てられることになった。だが，クラインが強調したのは，離乳が重大であるのは，単に母乳栄養を失うということのインパクトのせいだけではないということだった。離乳という事態は，外的には母親が不在になるという普通に起こることを通じて，内的には空想の中で繰り返し母親をサディスティックに攻撃することを通じて，最早期から体験されてきた数多くの小さな喪失が最高潮に達するときなのである。

　乳児が社会的相互作用への準備性とともに生まれてくるものであり，したがって，それが最初のうちは萌芽的で不完全なものだとはいえ，乳児は直ちに人間環境と関係を持つことができる，としばらくのあいだクラインは信じていた。彼女は，母親の身体が乳児の空想生活に焦点を提供するのだと考え，さらに乳

児の方も母親の乳房に特別に愛着することで母の養育に答えるものだと示唆していた。後者（乳房）こそ最初の重要な愛の対象である。すなわち，それは食べ物を表象するだけでなく，心地よさと快感を与えることで「良さ」という意味合いをもった部分対象なのである。

またクラインは，最早期の乳児の体験の良さと悪さとを感知する能力とそのあり方について描写したが，その頃の乳児にはそれらの体験を全体に結びつけて理解する概念化能力はまだないとしていた。栄養を与えてくれる母親の乳房という目の前の存在を通して，母親の良い滋養的側面をさまざまに感知することで，乳児の世界において一つの独立した実在 separate entity が形成される。すなわち，それはただ満たす fulfilling という目的においてのみ存在する理想的部分対象である。同様に，腹を減らせた乳児に姿を見せない撤収してしまった不在の乳房は，その乳児にとっては，飢餓と剥奪によって苦しめる悪い実在として感じられ，したがってサディスティックな空想的攻撃を引き出すものと感じられる。母親の在と不在という体験の繰り返し，そこで栄養供給と剥奪という体験を繰り返すことで，原始的な良い存在と悪い存在とが住み着く乳児の内的世界が構築されてゆくのだとクラインは示唆した。

今やクラインは，これらの部分対象が漸次的に統合されてゆく gradual synthesis という考えへと傾き始めた。彼女はここではじめて，栄養供給と剥奪の双方がともに繰り広げられる唯一の現場 site が母親なのだと考えられることに気がついた。この方がずっと現実に近い。だが同時にこれは必然的に人生の不完全さと限界という痛みの感覚をもたらすことにもなる。乳幼児は，どこかに無限の快楽と満足をもたらす理想的対象があるのだという貴重な感覚を失う。これが「愛の対象の喪失 loss of the loved object」という経験を引き起こす。母親が全体として認識されると，まずその完全性が汚されたことになり，それが悲しみと憤怒を喚起する。したがって，全体としての母親を認識することは，部分的にのみ認識されていた母親から離乳すること，すなわち最早期乳児期における良い乳房からの心理的な離乳に等しい。そして，これこそ抑うつポジションへと至る認識なのだ。

クラインはここで，乳幼児の喪失感覚の深さと広がりとに気づき始めたばかりであった。彼女が次第にその重要性を認識できるようになるのは，彼女の理論の骨格となる特殊な要素への理解を深めてゆく途上のことだった。その要素とは内的対象という彼女の概念である。クラインが内的対象というものの力と重要性を認識するに従って，抑うつポジションがさらに重要度を増してゆくよ

うに見えた。したがって，内的対象という概念が，迷宮的複雑さをもった2つの抑うつポジション論文，すなわち1935年に発表された「躁うつ状態の病因論への寄与」，そして1940年に発表された「喪とその躁うつ状態との関係」への決定的な導入路を提供するのだ。

大人の患者の抑うつ状態

シーガルは「躁うつ状態の病因論への寄与」こそ，クライン派概念 Kleinian vision の始まりを示す分水界だったのだと強調しているが，その指摘は正しい[1]。だが驚くべきことに，この論文における最もオリジナルなクライン派誕生の瞬間は，成人患者の治療に関連して精神分析コミュニティの中ではすでに当然のこととなっていたような平凡な概念をあえて強調する構成の中に隠されてしまっていた。抑うつ状態に関するクラインの理解，すなわちこれらを早期口唇期体験，離乳，乳幼児の喪失感覚に結びつけ，さらにアンビヴァレンスや取り入れの問題をこの構図に含めるということ，これらはすべて彼女の論文の中では，重要な意味合いにおいて，あまりオリジナルな特徴とはいえないものだった。

1930年代に高まった抑うつというコンディションへの関心は，着実に多くの精神分析文献を生み出すという結果をもたらした。それらの文献のすべてに同じ一群の概念要素が含まれていた。これらの中で最も目立っていたのは，抑うつを患者が苛まれている喪失へと辿ることであり，抑うつが服喪と重要な共通要素を持っているという結論であった。しかしながら，喪に服すことは正常な過程であると見なされる一方，抑うつがそうではないことは明らかだ。そもそも，抑うつは実際の喪失に対する理にかなった反応ではない。抑うつの病理は，実際の喪失にではなくて，比喩としての喪失 metaphorical loss に根ざしているように感じられ，それは強い憤りの対象への患者の空想上の攻撃がもたらすものだと思われる。だが，この状況は単に怒りや憎しみをもたらすだけなのかもしれないわけで，特に抑うつへと導くためにはより決定的で複雑な要素が存在するのである。

抑うつ患者の中心的関係性は激しく敵意に満ちているが，しかし同時に憤りの対象はその人にとって情緒的にかけがえのない存在でもある。精神分析家たちは，対象を内在化する（取り入れる）introject ことで，患者はこの状況を克服しようと試みるのだと推論した。ドイチュの表現を借りるなら，これはその

状況を「現実から心的過程へと置き換える[2]」ことに等しい。だが、そのような置き換えは事態をより悪化させる。なぜなら、患者はその憤りの対象に同一化した自分自身の自我へと憤りを向け変え内向させることになるからである。フェニケルが述べたように、「抑うつ患者は、『彼が私に嘘をついたから私は彼に怒っている』と言いたいときに『私は嘘つきだから悪い』と言うのである[3]」。したがって、取り入れの結果、憎しみの対象への同一化すなわち彼自身の自己への攻撃が感じられることになり、その結果自己評価を低下させ、抑うつ的悪化をまねく。

　この考えの基本的骨格形成において決定的だったのは、うつ病に関するアブラハムの重要な仕事からの影響であり、さらにはアブラハムに触発されて書かれたフロイトの1914年論文「喪とメランコリー」からの影響であった。当時の精神分析コミュニティは、これらの論文を特に啓発的なものとして受け入れた。というのは、それらが抑うつ患者の持ち込む素材のなかで明白に認められていたものをはっきりと裏付けたからだ。そもそも、そのような患者たちは、自分たちの生活の中心となっているにもかかわらず失望と苦悩をかき立てる困難な人間関係についてきまって述べ立てるものだ。精神分析家の間では、このような患者の失望の原因について、いくぶんはっきりしないところがあった。抑うつ患者が実際に重要な他者からないがしろに扱われていることに気づいている者もあったが、しかし、多くの分析家たちはそのような患者たちの中にある過剰な感受性にも気がついていたのだ。彼らは抑うつ状態がナルシシズムの病理に根ざしていると結論づけた。そして分析家たちは、うつ状態に陥る患者が通常、脆弱な自己評価を持ち、つまらぬことで立腹しやすく不平を持ちやすいと評価していた。アブラハムの考えでは、母親対象にたいして繰り返し失望を味わった乳幼児は自己愛的に傷つきやすく、うつ病に導くような性質の愛憎の動揺へと傾きやすい。どちらにしても、抑うつ患者は対象から蔑まれていると感じていると考えられ、失望とその結果としての怒りがうつ状態のきっかけとなっているのだと考えられた。

　たとえば、丸井（Marui, K）は1935年、激しく嫌っていた祖母の死をきっかけとしてうつ病を発症した25歳の医学生について記述している[4]。医学生の祖母は母親とともに彼の養育に関わったが、両者とも支配的高圧的で、時にはサディスティックでもあった。患者は従順でおとなしい子となり、児童期思春期を通じて自らの攻撃性を押さえつけていた。進学のために家を離れると、彼は性的に奔放になることや女性のパートナーを邪険に扱うことを通して、母、祖

母双方に対する無意識的攻撃性を表現しはじめた。彼は祖母から送られてきた学資を売春婦のために使った。祖母が死ぬと医学生は罪悪感に苛まれたが，しかし同時に自分の長きにわたる敵意を解決することもできなかった。祖母の喪失を悼むことはできず，その代わりに彼は，せめぎ合う愛憎と罪悪感に身動きできなくなり，うつ病を発症することになった。

　ラドは1927年にすでに，うつ病では憤りの対象に対する「反抗状態 rebellious state」が先行するのが典型的であると記述しており[5]，1930年ドイチュは患者が憤怒を感じているばかりではなく，それが抑制されていて表出できないという観察からラドのこの考えを拡張している。ドイチュは，ある女性の抑うつ状態において，自分が極貧でホームレスになり文字通り「路頭に迷う」という妄想的空想を伴っていた例を報告している。

　この患者は早い時期に両親を失ったため，妹の養育を任せられることになった。彼女は妹にだけはもっとましな生活を楽しむことができるようにと小間使いとして働き自らの人生を捧げた。そうする中で彼女は妹に強く同一化し，妹の幸運な前途を想像することで代理的な楽しみを得ていた。ところが，やがて妹の生活は順調に進み，良い結婚相手を見つけることができたそのとき，姉妹の関係は悪化した。妹は古い生活を捨て，自己犠牲を強いてきた姉も後に残すという決心のもと夫の元へと去った。ドイチュは，この事態が患者の中にいかに激しく怒りの嵐を巻き起こしたのかに注目している。ラドの「反抗状態」と同様，それが患者の抑うつ的危機の先触れとなった。患者は裏切られ見捨てられたと感じたが，しかし，妹を完全に拒否すること，あるいは何らかの妥協を見いだして彼女を許すこと，そのどちらによって解決することもできなかったのだ。その結果，腹立ちの対象としての妹を内部に取り入れ introject，妹に対して想像上の攻撃を加えた。すなわち患者の想像の内で，妹は新しい家から追い出され，路頭に迷わされることになったのである。だが，取り入れは同時に同一化を意味してもいた。したがって，患者は彼女自身こそ，実際に路頭に迷う危険にさらされているという妄想に苦しめられたのだ。

　このような典型的臨床状況において，患者の怒りは非常に激しいものであり，実際のところ，それはサディズムや殺意にまで高まるものだということに精神分析家たちは注目し始めた。しかしながら，分析家たちはまた，抑うつ患者が，それに直面し対象を許すということも，拒否し放棄することもできないで囚われたままなのだ，ということにも気づいた。患者は，繰り返し裏切るであろうその当の対象から，愛と承認を求め続けることになる。その対象が必要とされ

求められる限りでは，その対象は未だ愛されている。だが，対象への強い憤りの意味するところは，それが同じように憎まれてもいるということなのである。オイゲン・ブロイラーによって「アンビヴァレンス」と名付けられたこの苦悶状態が，ここで抑うつ的病苦において重要な特徴なのだと見なされた。これはそもそも最初にアブラハムが示唆していたこととも一致する。アンビヴァレンスがなければ抑うつは起こりえないということが明らかとなったわけである。なぜなら，もし患者の心に愛か憎しみのどちらか一方のみが蔓延しているのであれば，対象を拒否するなり受け入れるなりのどちらかによって事態を解決することができるからである。

　アンビヴァレンスの重要性に気づくと，なぜ対象を取り入れることが患者にとって必要になるのかを理解できる。すなわち，取り入れによってその状況を患者の空想的支配の及ぶ領域の内部に位置づけることで，それを支配する機会が与えられることになるからである。だが，これは「喪とメランコリー」におけるフロイトの考えを超えた複雑さへと向かうことを暗示する。もし取り入れ introjection の目的がアンビヴァレンスの解決なのだとすれば，患者の目指すところは対象の悪さ，すなわち失望させる側面を，良いものに変容することでなければならない。したがってラドは，患者が失望しているとしても対象の良い側面にも気づいており，状況をコントロールしようとする努力の中で，対象の良い面と悪い面とを分離し，それぞれ別々に取り入れるのだと考えた。すなわち良い面は超自我へ，悪い面は自我へと取り入れられると。つまり，患者は超自我的良い対象に悪い対象を破壊して欲しいと願って，対象における2つの側面間の戦いを内在化することになるわけである。

　対象の良い面と悪い面とを分離しておくこの奮闘は，ドイチュやフェニケルを含めた他の分析家からも注目されていた。彼らはまた，この理解をフロイトの理論モデルと関連づけるとともに，患者の早期発達における精神性的固着点とも関係づけようとした。ここで彼らは再びアブラハムの仕事に依拠することとなる。なぜならば，アブラハムが抑うつ状態を原始的口唇体験という固着点と結びつけた最初の人物だったからだ。彼によると，人は最早期乳児期において，愛する対象に向けて殺人的憤怒を経験する。またラドによれば，母親の不在に出会うと，乳児は「どうすることもできない憤怒を爆発させる flies into an impotent rage」。したがって，「メランコリー（うつ病）者の素因におけるもっと深い固着点は『乳児における愛の喪失状況』……より正確には，飢餓状況に求めることができる[6]」とラドは述べている。フェニケルは，このことに

よって，うつ病患者における取り入れの失敗がいかに説明できるのかを示した。攻撃的な取り入れが，乳児期の口唇的サディズムを再燃させて，憤怒の対象を食人的に飲み込むことになり，そうすることで自我に悪性の内的対象という重荷を背負わせる。これがフロイトの「対象の影が自我の上に差す」という重要な洞察を確かなものとする[7]。

この見地はまた，抑うつ患者が早期の口唇的攻撃性への固着のために，早期児童期からすでにアンビヴァレンスの素因を持っていたことも確証することになった。このような考えによると，対象からの応答を引き出すことのできない空腹の乳児が「どうすることもできない憤怒を爆発させる」のだということになる。対象が再び手近に使えるようになると，その乳児はほっとすると同時に復讐心を持つ。乳児はその対象を奪還して占有すると同時に，なお対象に罰を与えたいという衝動を持つ。この2つの相反する衝動は，復讐に満ちた貪り vengeful devouring という単一空想の中で結合される。これまでにも示してきたように，アブラハムは，強すぎる失望に晒された乳児たちがむしろ「貪るような devouring」思慮のない関係化パターンに固着することになりがちであることをすでに指摘していた。彼はまた，このパターンの起源を抑うつ depression の人生最初の発症へとたどった。なぜなら，それは人に，破壊された対象という感覚を残すからである。

抑うつを探求した精神分析家グループの提示したこれらのアイデアがすべて，クラインの抑うつポジション概念の鍵となる特徴として再現してきていることは意義深いことである。彼女が焦点を当てるのは，早期の口唇的体験であり，空腹の乳児のどうすることもできない憤怒と母親対象へのサディズムであり，対象の良さと悪さという側面を分離しておくことであり，アンビヴァレンスについてであり，さらにはラドが「愛の喪失状況」と呼んだものである。クラインの抑うつポジションのその他の特徴もまた，彼女の周りの分析的思想家たちの仕事の中から予感されるものであった。たとえば，乳児は抑うつプロセスの一部として罪悪感と後悔を経験するのだということ，そしてこれが道徳発達 moral development の始点として機能すること，これら2つの彼女の結論は双方ともラドの次のような言明に予兆を見ることができる。「吸啜期 the period of suckling を経過するとき子どもは，のちの人生において人間関係を形作るために繰り返し苦心して取り組むことになる一連の経験，すなわち『罪－贖罪－赦し』を身につけており，それはその子の心に消えることのない刻印となる[8]」。乳幼児的ポジションという考え（ポジション概念のこと：訳者）

に関してでさえ，ドイチュの次のような示唆の中に萌芽的に現れているのを認めることができる。「多くの人々が体験する短期間の気分変化は，おそらく躁うつ病の周期性が何らかのかたちに変形したものに相当するだろう[9]」。

では，クラインはこれらの分析家たちの考えに何を追加したのだろうか。いかなる点で彼女の抑うつポジション概念が真に独創的だと考えられるのだろうか。この時期の他の精神分析思想家の考えの文脈に照らし合わせつつ，抑うつポジションに関するクラインの2つの鍵論文を読むことで，彼女が提示した見解のなかにある本質的跳躍 substantial leap を明らかにできることは間違いない。クラインは確かに抑うつ状態に関する既存の洞察を利用してはいたが，それらの意味を独自の様式で結びつけていた。つまり，彼女は原始的心的機能の根底にある現実に光を当て，それをそれまでにない深さをもって概念化したのである。抑うつ状態に関する精神分析的概念を彼女自身のオリジナルな見解と結びつけることによって，彼女は，人間のライフサイクルにおける抑うつ状態の重要性とそれの占める位置に独自の光を当てることができたのだった。

まず，彼女が示したのは，抑うつというものが大人の精神生活における偶発的逸脱ではなく，人間の条件 human condition において不可避なものなのだということだった。さらに，それは乳児期においてすべての人が体験するなにかであり，特に離乳という普遍的なプロセスにおいて顕著に認められるものである。したがって，大人の抑うつ状態において典型的な要素であるアンビヴァレンス，対象の良さと悪さを分離しておくこと，取り入れ，あるいはその他の関連機制は，そもそも乳幼児的プロセスなのだと理解される。抑うつは喪失に対する人間の原型的反応なので，喪失体験そのものの概念的枠づけが大人の用いる意味ではなされないとしても，それには最早期の喪失状況に起源があるはずだという根拠のもと，クラインは抑うつがかくも早期に起こりうるとの見解が理にかなっていると考えた。

さらにクラインは，喪失というものが早期の人生においてときおり偶然に出会う事態以上のものであることも強調した。というのはたとえ最適な条件の下であったとしても，乳児が人生における痛ましい欠損に繰り返し出会うことは避けられないからである。特にその欠損は母親の世話というものが通常限界のあるものだという事実を通じてもたらされる。こういった認識に簡単に順応することができないため，人の乳児は対象に対して怒りで反応することになり，これが愛と憎しみのアンビヴァレントな葛藤の繰り広げられる舞台を設定する。これが典型的な抑うつ状態の特徴なのだ。

大人の抑うつ状態を乳児的起源に結びつけるなどということは，その頃一般的だったフロイトの心的発達に関する見解とそう簡単には折り合いがつかなかった。フロイトは，新生児が母親対象をはっきり認識できるなどということを受け入れなかったのだ。それに対してフロイトは，乳児の最初の在り方 infant's initial existence は一次性ナルシシズム primary narcissism の状態の中に遮蔽されており，母親の良さを吸収しはするものの，それを自己中心的な身体的体験の全体性から区別して認識することはないという考えを持ち続けた。世界からの侵入はそれでも次第に乳児の中に銘記され始め，世界を徐々に認識してゆくことが可能になるのだとフロイトは考えた。しかしながら，母親を認識することができるのは心的成熟が為されてからのことであって，それが起こるときには母親は（部分的ではなく：訳者）完全で全体的なるものとして認識されているのだという考えを彼は保ち続けていた。子どもは典型的な場合，少なくともエディプス・コンプレックスが始まるまでのあいだ，母親を愛し，欲望し，良いものとして感知し続ける。エディプス・コンプレックスが始動して初めて両親という認識が生じる。フロイトが繰り返し強調しているように，エディプス的三角の内部で，一方の親は愛され良いものと見なされ，別の親は憎まれ悪者として扱われる。

　この考えに反してクラインは，良さと悪さという観念 notion は最初から全体として認識された二人の親たちに位置づけられるのではなく，部分的に認識された母親の中に位置づけられるのだと結論づけた。ここではまた，良い体験と悪い体験に関する最早期の認識というものが，もともとは概念的なものではないのだと暗示されているわけで，したがって何が体験されているのかを心理的にしっかりとつかむ能力の獲得にたいして，その認識の方が先行しているという含意がある。フロイトのいうエディプス的な子どもは，ほぼ4歳頃にあたり，したがって良さ goodness が母親か父親という実際の人間のなかにしっかりと安定して存在するという観念を形成できている。これに対して，萌芽的な識別能力しか持たない小さな幼児は，良さというものを強烈ではあるものの，つかの間の過ぎゆくものとしてしか体験できない。その子にとって良さはお乳を与える乳房とともに実体化 materialize し，そして消滅する。それはある種の印象を残すが，それは程なく新しい体験のインパクトのもとに霧散する。対象の良さに対する内的感覚を保持すること，あるいは内的供給源として確立された良さを真に持つに至ること，これらの獲得へと向けてすべての人間は苦闘しなくてはならない。この苦闘はほかならぬ幼児的抑うつポジションにおける

痛みの体験として表現される。この時期のクラインの文章から引き出される最も重大な心的イベントは，乳児の未だこわれやすく断片的なままの自我に核をつくるべく良い乳房をうまく取り入れることである。これが発達のための基礎を敷くことになるが，その前に喪失やそれにともなう悲嘆という危機が解決されなくてはならない。

クラインは，空腹状態の乳児は激しい怒りとサディズムを伴って母親を攻撃するという考えを持ち，さらにそのような攻撃は子どもが心の中で良い部分対象と悪い部分対象とを分けておくことを促すと考えた。だがこの怒りに対する一時的な解決法は続かない。なぜなら，乳幼児は発達することで気づきの成長を強いられることになり，同じ母親のなかに良さも悪さも共存しているのだという認識を持たざる得なくなるからである。だが，そのような認識的な気づきの能力の増加は，感知したものを受け入れる情緒的能力とは合致しない。乳児はいまだ，母親の不在や不完全性に自分を適応させることができない。したがって実のところ，ラドが描写したうつ病成人の「反逆状態」は古い体験なのであり，それは不完全な母親を通じてもたらされる不完全な存在への最早期の人間的反逆心なのである。

成人のうつ病患者と同じように乳幼児は対象に失望するのだが，しかしその対象を必要とし続け，愛し続ける。乳幼児は実際，アンビヴァレンスの苦しみの中で，愛と憎しみが等しく威力をもつ状況と戦っている。サディズムが優勢になっている瞬間においては，空想の中で乳幼児は対象をサディスティックに攻撃し絶滅させる。そして愛が優勢になると，自分自身が行った直近の攻撃を思い出し，「愛の対象の喪失 loss of the loved object」という感覚に苛まれ，したがって，抑うつ的になるのである。

さらにクラインは，アンビヴァレンスにおけるこのような動揺が発達の中で必要な出来事であり，理想的な状況にいるなら，乳児はこれを克服するのだと示唆した。知的発達とともに現実把握力が増大することで，乳幼児は自分の空想の中で繰り返し攻撃をうけた母親が，それでも現実には傷つかずに戻ってくるという様子を観察することができるようになる。繰り返し安心させられること reassurance で，乳幼児は次第に敵意が克服できるようになる。つまりこれは，乳幼児の心の中において良い内的対象が悪いそれに打ち勝ったことを意味し，良さという概念 notion of goodness がいまや乳幼児の中に樹立されたわけで，これからはそれが情緒的安全性 emotional security の永遠の源として使えることになる。

第7章 アンビヴァレンスと抑うつ状態　147

　クラインは，抑うつポジションでの苦境を切り抜けるには，二つの精神内的プロセスが乳幼児の助けになると感じていた。第一のプロセスは償い reparation であり，ひとしきり続く不信の嵐とサディスティックな攻撃のあとでも，償いのプロセスによって乳幼児は心の中で健全で愛すべき状態の母親を再建できる。第二のプロセスは，服喪 mourning とつながっており，それは母親のもつ実際の不完全さから引き起こされる喪失感覚を乳幼児が自分の心の中で立て直す work over ことを可能にする。これらの両方が合わさって，今から示すように，クラインにとって決定的だった抑うつポジションの克服についての概観を成すことになる。

　この複雑な構図でもってクラインは，すべての個人がもつ体験の一部である抑うつ depression と服喪 mourning という最早期の状態を解きほぐした。だが彼女の見解は，大人の精神病，特にうつ病と躁うつ病の病理理解に関しても，非常に重大な意味合いを含んでいた。大人の抑うつを引き起こす引き金は，直近に体験した失望や自己愛的脆弱性だけではないし，また早期口唇サディズムへの固着というアブラハムの提示は確かに重大だが，それらだけで特異的な要因となるには不十分であることをクラインは示した。彼女自身の概念的枠組によって，幼い頃に抑うつポジションの対処に失敗した者として大人のうつ病患者を見るという見地が提供された。その患者は，対象へのアンビヴァレンスを処理 process するにはあまりにも怒りが大きすぎるか，あるいはあまりにも脆弱すぎるのかもしれず，したがって硬直した躁的防衛に訴えるか，自分の内的状況や心的現実を否定することになるのだ。そのような大人は，心的な償いに取りかかることもそう容易にはできず，他者の不完全性，あるいは人生のありふれた不完全性を哀悼すること（他者の不完全性や人生が思い通りいかないことを受け入れ許すこと：訳者）もできないわけで，したがって絶えず失望することになり，抑うつの発作を引き起こすのである。

　大人の病理を乳幼児状態へと結びつけることでクラインは，自ら行った主要な理論的革新の第一段階を完成する。それは，さまざまな形態をとる人間的悲哀 human sadness の本質を辿れば，その原型は人生の早期にまで遡るのだというものであり，したがって人間ひとりひとりが人生の限界を認識し，その痛みを迎えるときのアンビバレントな反抗心 ambivalent rebellion を強調するものである。クラインが抑うつポジションを定義づけるにあたって，成し遂げた別の重要な達成がある。むしろそちらの方が彼女の思想のより顕著な特徴を表すものだった。それは彼女の内的対象という概念をさらに掘り下げたことであ

った。この内的対象という概念は，対象イマーゴに関する考えという形で彼女の早期の著作にもすでに現れてはいたが，それでも抑うつポジションという文脈の中で初めてそれは十分な理論的な奥行きを得たのだった。

内的対象

　クラインと同時代の他の分析家たちは，抑うつ状態について記載する際，実際にいる人物との関係に対する患者の応答を考えており，彼らが取り入れについて記載する場合には，患者が同一化を通じて外的対象を自我や超自我という既存の心的機関 psychic agency に組み込むという意味において，精神内への取り込みを想定していた。このように理解するなら，大人の個人が何らかの外的なるものを取り込むのは，すでに確立された心的機関の存在と活性を通じてのみ可能となる。しかしながらクラインはこれをすべて変えてしまった。

　彼女は，抑うつというコンディションは，実際の対象に基礎づけられた内的対象とのやりとりに根ざしており，さらにはこのような対象は超自我や自我という心的機関 mental agency の仲立ちなしに体験されると示唆したのである。患者の無意識において内的対象は，内部領域に住まう inhabit 強力な擬人的存在様式をとり，心と体の双方に浸透する。この対象はまた，無意識的幻想（空想）unconscious phantasy のなかでは，まず第一に，飲み込まれたものだと感じられている。というのは，クラインのいうところの取り入れ introjection とは，心の中における対象の観念表象の取り込み taking in というよりは，ずっと原始的で食人的な取り込みの形なのである。したがって，彼女の考えは，主体と世界との間のより有機的な交流 transaction を示唆していて，そこでは体験の一部分が心の中に記録されるというよりは，（食物のように：訳者）摂取される ingested ことになる。このように内的対象という概念を定義することは，精神科医にとってよりも人類学者にとって意味あることとなった。すなわち，それは西洋科学から見た心的記憶や外的事象の表象との共通点よりもむしろ，霊に憑依されることに関する部族信仰とより多くの共通点を持っている。

　ヒンシェルウッドは，1934年から1943年の間のクライン思想にとって内的対象という概念がいかに中心的となっていたかを示し，その概念がほとんど彼女の理論を決定づける特徴となっていて，クラインを取り巻く追従者たちのグループが急速にまとまってゆくにあたって，いかに決定的な役割を果たしたのかを提示している[10]。だが，この概念はまた，クライン派ではない分析家たち

にとっては受け入れがたく，相当な厄介を引き起こすものであり，「アナ・フロイト‐クライン論争」以前にも，またその最中においても英国精神分析協会内において激しい論争の焦点となっていた。この論争からも明らかなように，内的対象は混乱と疑念を喚起したのであり，クライン自身この問題に無関心ではあり得なかった。「小さな子どもの精神分析を行うことで，……未だ承認されていない用語，多くの同僚たちにとっては十分明確になっていないような用語を私は使うことになった。それが，『内的対象』という用語である[11]」。

　この概念が引き起こす混乱の主な理由のうちの一つは，フロイト‐クライン論争の中で表面化することとなった。それは，次第に明るみに出てくることになった理論的特異さに関連していた。すなわち，それは主体の内的体験を描写すると同時に，現象の精神分析的な専門名称を示すのに同じひとつの用語を使用するというクラインの傾向であった。クラインの同僚たちは，彼女がフロイトの理論的手順をないがしろにしていると感じた。フロイトは，ある体験をしている患者を客観的スタンスから観察することで心のモデルを構築したのであり，そして，そこからわれわれの「心的装置」の振る舞いを規定し，主観的状態を下支えする普遍的規則を引き出そうとしたのであった。したがって彼のモデルは，全く違ったアプローチを認めたものであり，患者の主観的体験と精神分析家による患者の心的状態の理論的枠付けとの間に明白な区別をつけるものであった。

　フロイトは，人間の主観的体験の描写を超えて，その根底にある原理を理論化する方法の発見を自分の課題だと見なしていた。それゆえ，心的装置を支配する力を概念化するにあたって助けとなるそれぞれ異なった心のモデルを練り上げた。たとえば「超自我」など，そのようなモデルにおいて使用された用語は，現象の呼称として重要であり，患者が臨床状況において示す主観的体験を理解する試みに際しての概念的道具として使われることになった。

　したがって，「超自我」のような用語は，特別な心的機能を表す理論的構築物なのである。ここでいう機能とは，自己批判能力として描写されるものであり，最適な状況にあっては，道徳性と社会的良心を支えるものとなる。だがフロイトの考えの中では，機能に関するこの理論的見地は，個人が自分の中でその機能を体験する様式とは区別される必要があるものだった。このうちの後者は，思考や信念という形を取り，それらは一緒になってある種の内的な声，もしくは内的な批判的存在という感覚をもたらしうるものである。

　フロイトの思想は理論的定義と主観的描写とを区別したのに対して，クライ

ンの内的対象という概念はそのような区別を提示していないようだった。そこでは主観的空想が強調されており，とりわけ取り入れられた対象を自己の内部に実際にいる存在として主観的に体験するということが強調された。このような難解さに加えて，内的対象というものは，たとえば，この項目に特化した論文などが出版されたこともなく，十分に定義されたこともなかった。彼女が意味するところを正確に表現するよう迫られたときに，クラインはついにその簡単な定義について執筆したのだが，しかしこれとて出版されはしなかった。

> 私が，「自我の中に据え付けられた対象 an object installed in the ego」という古典的な定義による用語よりもむしろ，こちらの方，つまり内的対象 inner object を好むわけは，こちらの方が子どもの無意識やそれに相当する大人の深層が，それに関して感じているものを正確に表現するからである。心のこの層において内的対象は，心の一部であるとは感じられていないのだ。すなわち，それは超自我が心の内なる両親の声なのだとわれわれが理解している次元とは異なったものであり，超自我の方は，より高次の層における無意識で感じる概念なのだ。しかしながら，より深い層では，内的対象は単一の物理的（身体的）実在 physical being あるいはむしろ複数の存在であると感じられており，友好的であったり敵対的であったりというあらゆる活性をともなって個人の身体，特に腹腔内に宿っているのだと感じられている。この身体とは過去から現在にわたるすべての種類の生理学的プロセスがその形成に寄与した概念となる[12]。

この返答からは，圧力に晒されたクラインが自説をさらに過剰に誇張するという反応を示している様子が見て取れ，彼女は内的対象という用語への概念的接近法を見つけるかわりに，主観的空想内容についてさかんに述べ立てることでその用語に実質を与えようとしている。内的対象は「特に腹腔内にいる」と空想されるなどという示唆によって，この概念はより主観的不合理性の領域へと動かされ，用語の理論的地位 theoretical status や専門的意義はほとんど明確になっていない。

　しかしながら，クラインが試みたこの定義は，一方で非常に意義深いものでもある。取り入れのもたらす帰結が，心の中における対象の単なる表象以上のものとなるのはなぜなのか，そして，外的事象 external events を心に銘記するための原始的な心的身体的形式に関して，表象という概念で十分説明できるような事象にまで，別のプロセス（内的対象：訳者）を想定しようとするのはなぜなのか，これらを説明するのに彼女が苦労するのにはそれなりのわけがあ

った。

　上述のように，クラインの周りにいたフロイト派の精神分析家たちは，心的機関 psychical agency を通じてのみ対象を内的に知ることができるのだと信じていた。フロイトの考えに従って，彼らは患者の主観的体験とその根底にある構造や心的機能の理論的名称とを別物として考えていたのだ。この見地からすると，取り入れられた対象というものは，自我や超自我の機能様式に影響を与える同一化の一形態に相当するものだと感じられる。ラド，ドイチュ，そしてフェニケルは，したがってうつ病を引き起こす心的変化というものを自我と超自我の機能様式の変容という観点から見ており，彼らの見解からすると，取り入れられた対象はこの変化を誘発するという点においてのみ重要となるのである。

　クラインの苦労は，一部には内的対象と呼ぶある特別な心的現象に出くわしたときに彼女が感じた複雑さに起因している。その現象は理論化をすり抜けてしまうように思われた。なぜならば，擬人法の助けという手段に訴えることなしに概念的枠づけを行うことが至難の業だったからだ。もしそのような試みがなされるなら，内的対象を動きのある心的実在 a dynamic psychic entity として記載することが可能となり，その心的実在は個人の人生体験の様式に特有の影響を与え，他人との関係に決定的な作用を及ぼすものとなる。内的対象とは内部に組み入れられた lodged 世界の一部分であり，それは同一性 identity になると同時に，だが反面その個人がそれを自分自身であると感じるものとは違った何かである。しかしながら，それは表象とはちがって視覚化されるような静的なものではなく，常に個人の気分 mood，知覚 perception あるいは心身感覚 psychosomatic sensations に作用し続ける動的プロセス dynamic process なのだ。

　理論上では，内的対象とはある特徴的な情緒状態を生成する固有の心的プロセスなのだと説明できるだろう。だが，それは単にそれだけのものではない。なぜならば，そしてこれこそクラインが困難を感じていた部分でもあるのだが，その特徴的な様式が関係的形態 relational format を呈するからである。いいかえれば，内的対象に対応する心的プロセスは，主体を絶えずそれ固有のやり方で扱うのである。悪意ある内的対象を例に取ってみると，これはまず身体に痛みを，そして心に恐怖をまき散らす内部にいる破壊的存在として，患者に主観的に体験されているものだと考えられる。これを理論的にみるなら，ある固有の不安をかき立てる空想パターンに相当するものだといえるだろう。このパタ

ーンはそれ自体主体を不安によって迫害するし，そのような迫害はそのパターンが現れる様式に固有のものでもある。

クラインの対象関係アプローチにおけるもっとも際立った本質はまさに，心の内部のメカニズムが人間関係を模倣するのだという発想にある。彼女は，人間の心的装置について考える際，心的装置は高まる刺激の圧力への応答として発達するというフロイトの考えのラインに沿うだけでは不十分であると示唆した。このようなフロイトの構図に欠けていたのは，心が圧力に反応する際にその適応的応答として，それを関係の次元で枠づけるということ，すなわち，それぞれ異なる心的存在を絶え間ない関係的対話の中へと持ち込むことで応答するということであった。人間の心が存在し始めるのは母子関係の基質 the mother-infant matrix の内部においてであり，そして引き続いて，そのプロセスは関係パターンとしての形を持つことになる。そこではさまざまな良い存在と悪い存在とが交流し，そうして意味というものが際立ってくる define meaning のである。

したがって，内的対象は，ややこしいことに，もともとは取り入れられた乳房に端を発する内的存在に関する主観的体験であり，またそれと同時に，個人をさまざまな形でもてなしたり虐げたりするという関係パターン，そして同様に個人が内的にそれらを扱う方法がかたどられた関係パターンとして表れされるようなプロセスの理論的名称でもあるのだ。さらにそのようなパターンが心的プロセスそのもののフォーマットに組み込まれるそのあり方ために，クラインの内的対象は心というものに計り知れない影響力を持つパワフルな実在なのである。したがってその個人にとって，内的対象は実際に自分の内的領域に住んでおりその場を占めているものだと体験されており，内的対象が自己に及ぼすこの力こそ抑うつポジションを理解するための必要条件として認識される必要があるのだと彼女が感じていたことは驚くに値しない。内的対象のこの力ゆえ，その喪失は，抑うつポジションにおいて体験されるように，破滅や悲劇に値する内的事態なのである。これは次章にて議論することになるものである。

注

1. Segal, H. (1973) *Introduction to the Work of Melanie Klein.* London: The Hogarth Press. （岩崎徹也訳：メラニー・クライン入門．岩崎学術出版社，1977.）
2. Deutsch, H. (1965) 'Melancholic and depressive states', in *Neurosis and Character Types.* London: The Hogarth Press. (1930 初版) p. 152.

3. Fenichel, O. (1945) 'Depression and mania', in *The Psycho-Analytic Theory of Neurosis*. New York: Norton.
4. Marui, K. (1935) 'The process of introjection in melancholia', *International Journal of Psychoanalysis*, 16, I, pp. 49-58.
5. Rado, S. (1927) 'The problem of melancholia', in *International Journal of Psychoanalysis*, 9, pp. 420-37.
6. Fenichel, O. (1945) 'Depression and mania', in *The Psycho-Analytic Theory of Neurosis*. New York: Norton, p. 425.
7. Freud, S. (1917) *Mourning and Melancholia, Standard Edition* 14. London: The Hogarth Press, p. 249.（伊藤正博訳：喪とメランコリー．フロイト全集14．岩波書店，2010．）
8. Rado, S. (1927) 'The problem of melancholia', in *International Journal of Psychoanalysis*, 9, p. 425.
9. Deutsch, H. (1965) 'Melancholic and depressive states', in *Neurosis and Character Types*. London: The Hogarth Press. (1930 初版) p. 152.
10. Hinshelwood, R. D. (1997) The elusive concept of "internal objects" (1934-1943): its role in the formation of the Klein group', *International Journal of Psychoanalysis*, 78, 5, pp. 877-99.
11. 同上，D16, Melanie Klein Trust papers, Wellcome Library. London.
12. 同上，D16, Melanie Klein Trust papers, Wellcome Library. London.

第8章 「愛の対象の喪失」——抑うつポジションにおける悲劇性と道徳性

　クラインは1935年の論文「躁うつ状態の心因論に関する寄与」の出版を起点とする5年間において，1940年の「喪とその躁うつ状態との関係」へといたる間に2つの段階を経て，抑うつポジションの概念化プロセスを完成した。概念の推敲に時間をかけることによって，理想的にいえば，それはより明確にされるはずであった。しかしながら，そのかわりに読者は，ある種の知的な障害物競走か何かのような，複雑な心的ダイナミクスの説明に幻惑されてしまうことになるのだ。クラインの驚くべきアイデアの数々は，情動のレベルにおいては心を根底から揺さぶり，妙に取っつきやすいところがある反面，知的プロセスや明確な概念形成からすると，まことに厄介で挑発的であった。後になって，より単純化しようとの試みのなか二次的な説明が重ねられて，やっとその概念は首尾一貫してくるのだが，そうすることが常に安全なことであるとはかぎらなかった。二次的な解説では，当初問題だった厄介な部分を軽く扱うことになるかもしれず，さらにはクライン自身の定式化においては決定的に重要である精妙さと深みを削いでしまうことを避けられない。

　そもそもクラインの混沌としたつかみどころのない文章は，それが長所では決してなかったものの，それでも彼女が言葉にしがたい無意識生活の要素を表現しようと奮闘している様子を反映している。理解がこの段階にいたるまでは，彼女は心的機能というものを，概念的言語的秩序を伴う二次過程思考ではなかなか捉えることができない複雑な同時発生的活性であると考えていた。無意識という原始的混沌の中で，最早期の心的現象は重なり合い，一貫した時系列へとおさまることを拒否し，そもそも発達段階などという概念を寄せ付けない。クライン派のポジション論というものは後になって，特定の対象関係のまわりに集合する交流的諸感情と防衛，そしてプロセスの「布置 constellation」であるとしばしば述べられてきた[1]。抑うつポジションの場合には，そのようなプロセスは，アンビヴァレンスと愛の対象の喪失という2つの体験を含むのが常

である。だが，おそらくクラインが抑うつポジションの契機であると見なしていた事柄，すなわち早期の心的成長の主たる決定因だと考えた，統合というものから始めるのが最も良いだろう。

　クラインは，乳幼児が現実を体験する様式と母親と関係する様式とが当初断片的であったものの，生後最初の年の中盤に向かうに従って，重要な心的統合の結果，母親を全体的存在として認識できるようになるのだと信じた。クラインの論法の特異性は，彼女の内的対象に関する考えにおいてすでに明らかだったが，統合というものに関する彼女の考えの場合にはさらにその傾向が強まった。彼女はまたもや主観的体験について扱いつつ，同時に心的現象の客観的名称を提示しようとした。実際のところ，彼女の2つの抑うつポジション論文は，体験している個人にますます焦点化されていっており，主観的状態を力強く描写することが彼女の努力の核心であった。だが，また同時にそれを説明のための道具として使いもしたのだ。この線に従うとすれば，彼女のいう統合とは，主観的体験，つまり自身の中に良い部分と悪い部分とを持ちそれらを統合する母親にたいする気づきと，乳幼児の心的構造における変化を示す客観的用語の両方を示すことになる。後者の意味においては，統合とは自我の成熟であり，断片的な自我部分を集めてより調和した心的統一体へと至ることである。自我のそのような統合的機能が可能になるならば，それに調和して乳児が環境からの印象を統合し世界の意味を発見する能力も成長する。こうして乳幼児は部分が全体へと関係する複合的な現実として世界を体験することができるようになり，同じように良いと同時に悪い全体としての母親を認識することができる。

　クラインが抑うつポジションを統合と同一のものと見なしたわけではないということは，時として十分に理解されていない。実際のところ，彼女は統合へと導く成長因子について説明しようとすらしなかった。フェレンツィと同様に，彼女は乳幼児の現実感覚と成長とはあらかじめ決まった様式で発達するのだと信じていた。また彼女は，発達が知識への自然な衝動（認識愛（愛知）本能 the epistemophilic instinct）によって促進され，心的防衛によって妨害されることを示唆はしても，そのような心的操作に依存するなどとは考えていなかった。心的統合はハイハイすること，座ること，そして歩くことができるようになるなど，身体においてそれに相当する発達がそうであるのと同様に，進化過程で与えられるものなのである。生後最初の年の中盤になると乳幼児は，母親というものが自分のニーズに何の失敗もなく完全に応えるものではないが，それでも情緒的に重大な意義を持っていることを受け入れ始め，同じく現実とい

うものがその中に欲求不満とギャップとを含んだものなのだと気づけるために必要となる現実感覚を自然に発達させるものなのである。

　しかしながら，クラインが何より関心を持ったのが，乳幼児の統合と，完全ではない現実に気づく能力の発達というものだったわけではない。彼女の抑うつポジション概念における最も決定的な要素とは，統合が乳幼児の中に引き起こす切迫した反応なのである。不完全な世界と対象を認識するということが，必然的にショックを与え，乳幼児に喪失と抑うつの状態をもたらすのみならず，攻撃性とアンビヴァレンスとをかき立てることになるのである。クラインはこのような抑うつ現象についてそれまでにもいくらか述べていた。ここで彼女はその描写をより詳細に行おうとするのである。せめぎ合うアンビヴァレントな状態ゆえ，乳幼児は怒りと悲しみを体験するが，そればかりでなく自分自身のもつ破壊的攻撃性のために愛の対象を喪失したのだとの悔恨に根ざした原始的罪悪感を体験するのだとクラインは付け加えたのであった。最早期には存在した完全な乳房は，もはやすべてを与えてくれるという原型のままでは存在せず，自分自身の口唇的攻撃のせいで失われてしまったのだと乳幼児は信じるのである。その代わりに，そこにはいまやその良さや滋養的性質が，不満をかき立てるような限界によってきず物になってしまった全体像としての母親がいるのだ。全体として認識される母親は，現実においてどれほど愛情深かったとしても，最早期の授乳関係を適切に代理する存在として体験されることは当初はない。失われた最早期の至福という場所のかわりに，乳幼児は痛みとアンビヴァレントな葛藤に満ちた現実を持ち込むことになるのだ。

　とはいえ，罪悪感を加えたからといって，そこで抑うつポジションの定義が完成したわけではない。傷ものの母親という感覚 the sense of a flawed mother によって喚起された乳幼児の攻撃性が用いられるのは，一部分では空想の中で母親を攻撃するためであり，さらにそればかりでなく，抑うつ状態そのものを攻撃するためなのだとクラインは感じていた。したがって，攻撃性は心的防衛，特に躁的な防衛の立ち上げに寄与することになる。すなわち，躁的防衛は，抑うつ状態をそれがもたらす気づきもろとも攻撃し，否定し，究極的には破壊しようとするのである。失われた愛の対象に，損なわれた failed とか見捨てられた abandoned と感じる代わりに，乳幼児は防衛的に躁的否認的となり，大事なものを失ったという自分の喪失状況を，愛の対象を支配するという万能的空想へと逆転する。対象の自律性（対象に自分の万能的支配が及ばないことを意味する：訳者）は，ともすれば脅威として現れるはずだが，心的否

認とそれに伴う対象への専制的万能支配を通じて，その認識を寄せ付けない。そのような躁的防衛は，乳幼児の苦悩や憤怒が極端な場合にはそれらを和らげるもので，したがって一時的に痛みからの退避を提供するという発達的機能を持ってもいる。しかしながら，それらは長期的な成長戦略として適用することはできない。過剰使用されるなら，現実感覚の自然な進展を邪魔することになり，心的成長を妨害してしまう。

したがって乳幼児の心は，抑うつと防衛の混沌の中からうまく浮上することが最終的には可能になるような発達経路を取るべく折り合いをつけねばならず，これには長く期間がかかるが，それでもこれは自然なプロセスなのだ，とクラインは結論づけた。悲嘆と罪悪感の漸次的な緩和が可能になるまでは，抑うつ状態と防衛的／躁的状態との間を揺れ動くことになるのだ。これらのプロセスとともに乳児は，対象の欠陥ある全体性とも折り合いをつけるようになり，そうなると今やより複雑で成熟し寛容になった新しいやり方でもって愛されることになる対象を，よりよく地に足の着いたかたちで安全に体験するのである。これは，内的対象を救い出し保護する修復のプロセスによって支えられ，そのプロセスが，内的対象をほぼ良いものとして，そして心に保持できる耐久的な存在として心の中にしっかりと定着させる。

クラインにとっての統合とは，抑うつという状況とは別個のものではあるのだが，それでもなお抑うつ的位置（depressive position：あえて抑うつポジションとは訳さなかった：訳者）の揺らぎの中でも持続し，究極的にはその解決の助けとなるプロセスなのである。統合は第一に良さと悪さとの接触であり，世界の不完全さから受けるトラウマをもたらすことになる一方，そのような接触は，その反復性と持続性そのものを通じて，愛が憎しみを吸収しその力を減衰させることを可能にし，愛されている良い対象を内的世界において優位なものにする。愛と憎しみとのバランスが均衡を保つようなところ，すなわち両価的（アンビヴァレント）な緊張関係が未解決なところでは，このような帰結はありえない。したがってクラインは，アンビヴァレンス（両価性）によって特徴づけられる抑うつポジションというものは，服喪などの特殊な状況で大人の生活においても再活性化されることをのぞけば，乳児期に克服されるものだと考えるようになった。

だが，クラインよりも後の時代になると，抑うつポジションを克服されるべきものと見なす彼女の考えは次第に重要視されなくなっていった。このような動きは，抑うつポジションをそもそも徐々に進展してゆくものだとみなす強調

点の変化とともに進んでいった。抑うつポジションは，それゆえ相互的な主体性（intersubjective awareness：相互主観的気づき）への気づきの始まりを刻印するものであると感じられ，したがって乳幼児が全体としての母親を認識でき，その母親を斟酌し思いやりを示す能力の存在を意味する。このように理解するならば，統合には，欠陥と悪さもあわせもった母親を受け入れる乳幼児の能力を必要とするわけで，だとすれば抑うつポジションは必然的に内的なモラル構造の基礎を築くことになるのだ。したがって，抑うつポジションは，世界における他者を不完全なものとして受け入れる能力へと導き，さらに含意としては，ニーズと権利とをあわせもっためいっぱい人間的な存在としての他者を受け入れる能力へと導く。他者はもはや，ただひとえに自己の利益に供するためだけに存在するわけでもなくなり，あるいは自己中心的な願望充足のために完璧性を保つ必要もなくなっている。

　このような思考の中では，乳幼児における自我中心 self-centred から対象中心 object-centred の状態へのシフトが強調され，それが抑うつポジションの核心とされる。また，このような見解を強化したさらなる要因がある。歴史的にいえば，抑うつポジション概念はクラインのキャリアにおいて概ね中間の地点で組み立てられたものであり，それは彼女が発達理論を完成させる前のことだった。より完成した形での乳幼児発達理論を参照するには，彼女が最早期の心的生活を完全に理論化できた1946年を待たねばならなかった。これをもってはじめて彼女は，抑うつポジションが子ども時代の重要な経験の中では二番目に位置するものであり，同じように複雑なさらに早期のポジションがそれに先行するのだという結論を得たのだった。クラインは，それ以前からすでに統合と抑うつポジションに先行する断片化された早期の機能状態というアイデアを持ち合わせてはいた。だが，彼女は1946年にこの早期状況を再評価し，このもっとも原始的な機能状態を，スプリッティング・メカニズムと原始的迫害不安によって特徴づけられる妄想分裂ポジションとして新たに捉えなおすことになった。

　しかしながら，10年以上もクラインはこの新たな知識の追加なしに仕事をしていたわけで，抑うつポジションが乳児期および早期幼児期における唯一の決定的出来事だという考えのもとで働いていたのである。また，発達に関する彼女の見解が完成の段階に達するのは1946年のことなので，1935年と1940年の抑うつポジション論文における多くの詳細に関しては無視されがちで，クラインの2つのポジションを一緒に概観するような二次的解説でよしとされることが

第8章 抑うつポジションにおける悲劇性と道徳性

多い。そのような解説は典型的な場合，クラインが実際に書いた歴史的順序とは逆の順序で提示される。つまり，彼女の発見の順序とはちがって，最早期の妄想分裂ポジションから始まる完成版の発達理論を提供するのだ。

これにはもちろん明白な利点がある。乳幼児の妄想分裂ポジションにおける断片化した世界体験から，抑うつ的な世界体験への変遷を追うことで，この解説はクラインの見解を完成された形で理解することを助けはするだろう。だが，このような説明には，ある特別なリスクも伴う。合わせて捉えられることで，クラインのポジション論はそれらが直線的に進む発達だという印象を植え付けることとなり，その発達が，劣等でサディスティックで「精神病的」な妄想分裂ポジションから，進歩的で発達的に望ましい「正気」の抑うつポジションへと向かう動きだという考えに導いてしまうのだ。

しかしながら，これから論じることになるように，クライン自身は心的成長というものを，悪性 negative の妄想分裂ポジションから純粋に良性 positive の現象である抑うつポジションへと向かう動きであるなどとは見なしていなかった。さらには，この概念をこのようにみなすことによって重要な次元を見落とすことにもなるのだ。もともとの概念記述 original formulation において抑うつ現象は，発達的にみて発展的で良性であると同時に，アンビヴァレンスや破局的喪失感覚，そしてさらには精神病的不安とその諸防衛が作動する危機的ポイントでもある。これらすべてがここで克服される必要があるのだ。

とはいえ抑うつポジションの発展的視点が強調されることは現在にいたっても続いており，現代クライン派理論ではさらなる変化の兆しさえ現れている。クラインが抑うつポジションを生後6カ月以内の乳児期に位置づけることのできるイベントとして焦点化したのに対して，後の精神分析家たちはそれを大人の精神生活のより恒常的な特質として再評価するようになっている。抑うつポジションは，概ね相互主体的関係化 intersubjective relating の発展した様式として再概念化されたため，心的生活におけるその存在は克服されてしまう必要のあるものではなくなった。1963年ビオンはクラインのこの2つのポジションは大人の生活にも持ち越されるものであり，生涯続く心的機能の特徴だとした。したがって，抑うつ的で相互主体的な機能様式と，より原始的で自己中心的な妄想分裂的機能様式との間を絶えず振動することになる。彼はそのような振動を PS ↔ D（妄想分裂↔抑うつ）と表記したが，これは大人の心的生活を持続的に支配する原則であるとして広く受け入れられている。すなわち，2つのポジション間の進展 - 退却という動き slide はミクロのレベルで見るなら，日常

の心的体験においてすら持続的に作動していると理解される。1981年ジョゼフはクライン派の臨床技法にとってのそのような振動の重要性を次のように分析している。

> ポジション概念は，患者に耳を傾ける際，われわれ自身を方向付けるに当たって，一つの枠組みを提供してくれる。われわれは，患者の心がその時点でどのポジションで機能しているのかという感覚を得る必要がある……たとえば，そのとき患者は，自ら対処せねばならない責任の感覚や痛み，そして罪悪感をともなった抑うつ的スタンスから自分の世界を眺めているのか，それとも衝動を分割 splitting-off したり投影したりする妄想的スタンスからみているのかということである[2]。

抑うつ感情の典型的領域にこの責任感というものを追加することは広く受け入れられたことであり，そうすることでこの概念（抑うつポジション：訳者）を不安 anxiety と苦難 suffering という視点からの定義づけから，道徳的達成に力点を置いた定義づけの方へと傾ける効果をもたらした。そうなると，「抑うつ」という用語は，ウィニコットが当初実際に疑念を呈したように悩ましい選択となる。彼は，純粋に発達の進展を示すポジションなのであれば，「気づかいの段階 a stage of concern」などもっと適切な呼称があるのではないかと提案したのだ[3]。そして実際のところ肯定的な面を強調するならば，抑うつ現象とは対象関係が生き生きしているということの兆しを意味するわけで，愛の対象がたとえ欲求不満を与えたとしても，それに対して過剰な攻撃を加えることなく受け入れ，愛の対象の安寧と連続性を気づかう concern ことができる力を表すのである。クラインの弟子たちには，道徳的達成としての抑うつポジションへの焦点化が広く行き渡ることになり，それは乳幼児であれ，大人であれ同様の状態として描かれることにも現れている[4]。たとえばそれはシーガルの見解にも現れている。「妄想分裂ポジションから抑うつポジションへの移行は，精神病的に機能することから正気で機能することへの根本的な変化なのである。……自分の衝動 impulse と内的対象の状態に対して責任を認識し，引き受けることを伴って心的現実の感覚は発達する[5]」。このような心証は，メルツァーのアプローチにも反響している。「……妄想分裂ポジションでの価値観は，抑うつポジションにおけるそれへと徐々に置き換えられてゆく。自己中心性を放棄し，愛の対象の安寧を気づかう方へと向かうわけである[6]」。この種の思考は臨床観察と臨床実践にも反映されている。シュタイナーの見解においてもそれは明らかである。すなわち彼は，進展が現れる際，精神分析的接触が本質的

に抑うつ的な性質を帯びると述べている。「……もし患者が意味ある進歩をなすなら，抑うつポジションでの機能へと徐々に移行することが観察され，他方患者が悪化する場合にはたとえば陰性治療反応において起こるような妄想分裂ポジションへと逆戻りする様子を見ることになる[7]」。

このような考えは，抑うつポジションを克服するというクラインのもとの概念とはしっくりいかない。後のクライン派の分析家たちは，そもそもクラインが本当に抑うつ感情は克服されるべきものだと信じていたのかどうか疑わしいとまで述べている。たとえばシーガルは，克服されるのは抑うつ状態そのものではなく，抑うつポジションにおいていまだ活性を保っていたより早期の妄想分裂的不安の痕跡なのではないかと述べている。

> 臨床的そして発達的な観点からすると，抑うつポジションにおいて迫害不安が存続することは確かである。しかしながら，迫害の恐怖はやはり妄想分裂ポジションに属するものとして，抑うつポジションのなかで作動するのだと考えることは有用だ。すなわち，抑うつポジションのワークスルーとは，正確にいうならば，妄想分裂的要素を抑うつ的要素によって克服することなのだと考えられる（傍点強調著者）[8]。

メルツァーは別の形で同様の指摘をしている。すなわち，抑うつポジションの克服とは抑うつ不安を受け入れることに集約されるのだという。「抑うつポジションの『克服』によってクラインが意味するところは，良い対象を破壊したことで生じる抑うつ的不安に耐える tolerate のを学ぶことだと私は考える[9]」。

克服に対するそのような理解は，今やクライン派の理論の中に統合されているビオン以降の着想にはよく適合する。だが，クラインはこの後知恵なしに働いていたわけで，したがって彼女の文章には抑うつポジションはただ単に堪え忍ぶだけのものではなく，克服することこそ不可欠なのだという信念が現れている。「以前の論文中においても示したことだが，私はここで，乳幼児期の抑うつポジションを成功裏に克服することができないという個人のより深い理由について示した。その失敗はうつ病性疾患を招くかもしれない[10]」。さらにこの文章からは，克服する必要があるとしてクラインが挙げたのは，苦悩，抑うつ，そして喪失感，といった部類の情動なのであり，（妄想分裂的不安というよりはむしろ）抑うつ的不安に特定されていたということが分かる。「幸せな体験を通じて恐怖が和らいでくることは，赤ん坊がその**抑うつ depression** や**喪失感 feelings of loss** を徐々に克服することを助けることになる[11]」，そして「通常の発達では，これらの**苦悩や恐怖の感情 feelings of grief and fears** は克

服されるのである[12]（強調著者）」。

　クラインがこのように主張することの背景にある文脈が，彼女の強調点をさらに強めることになる。抑うつ不安の克服を彼女が強調するのは彼女の思考の初期の特徴であるにすぎず，1946年以前の理論的枠組みの機能によるものだと想像する者はだれしも，クラインの文章を見たとき実はそうではないのだと発見することになる。1946年以降の完成された概念的枠組みにいたってからでさえ，クラインが常々抑うつ不安の諸状態とより早期の妄想分裂レベルに属する諸不安との間の区別をあまりしていなかったことは重要である。「私の初期の著作で示した結論を繰り返そう。すなわち，迫害的そして抑うつ的な諸不安は，それが過剰になるなら，深刻な精神的病気 mental illness と児童期の精神的欠陥 mental deficiency をもたらすだろう。この2種類の形の不安はまた，大人のパラノイア，統合失調症そして躁うつ病の固着点を提供するのである[13]」。クラインの臨床的結論では，それが早期のものであっても後期のものであっても，この点が強調されている。たとえば，彼女の患者リタの問題について論じる際にも，彼女はこれらが抑うつ的不安そして迫害的不安，この両方によるのだと強調しているのだ。「リタの母親との関係は2つの大きな起源を持つ諸不安に支配されていた。すなわち，迫害的恐怖と抑うつ的不安である。……したがって，彼女は母親を失う恐れに圧倒されていたのだ[14]」。クラインはこれを，いかにして典型的な抑うつ不安がリタの安全感 security を深く蝕んでいたかという観察に関連づけた。「彼女の罪悪感と不幸の感情とは，『私いい子？』『私のこと好き？』などと常に彼女が母親に聞くという形で現れていた[15]」。

　ということは，興味深いことに，見捨てられることへの病的な恐怖は根源的には抑うつ的なものだ as depressive in origin とクラインが見なしていたことになる。したがって，このような考えは，彼女の理論において早期の過渡的段階だったのではなくて，終生彼女の著作に明示され続けたものなのだ。クラインはその著作において最後まで抑うつ的不安と迫害的不安とを同じグループに入れ続けた。たとえば彼女の最後の著作の中で次のように患者を描写している。「その患者は，かなりのレベルの統合に達してはいたものの，その統合は迫害的不安そして抑うつ的不安によってかき乱されることがあった[16]」。

　抑うつポジションを克服するという概念がビオン以降のより現代的な見解に現れることがないという事実からすれば，「克服 overcoming」というクラインの考えには今日的意義がなく，臨床的には時代遅れだと考える者もいるかもしれない。だが，文章自体を読めば，クラインの主張にはそれ以上のことが含ま

れていることが分かる。ヒンシェルウッドは指摘する。すなわち，乳児が対象に奴隷のように依存し，後にびくびくした弱い人物になることを避けるためには，抑うつポジションの中心的特質である原始的罪悪感 primitive guilt を克服しなくてはならない，とクラインが感じていたというのである。さらに加えて，悲しみ sorrow, 悲嘆 grief, 抑うつ depression, そして喪失の恐怖 fear of loss など彼女が特に列挙するその他の抑うつ的感情は，その内容がもともとは精神病的だったとクラインは示唆していたのだ[17]。それらがそのまま一緒になって，うつ病性疾患の萌芽，あるいは「メランコリーの起源 melancholia in statu nascendi」[18] となるということである。

クラインの思考におけるこの側面はなじみ深いものではあるが，しかし，成長の過程において諸不安がひとまとめで克服されるべきだなどというアイデアは，ビオン以降の洞察 awareness からすると意味をなさないだろう。ある種の抑うつや罪悪感，あるいは喪失感に伴う心的な痛みは，正常な大人の対象関係にとって本質的に必須のものと見なされるし，それは特にビオンの PS ↔ D に集約される正常な振動のもとでの体験の場合には特にそうである。たとえばオグデンは，そのような振動を欠くと心的生活は停滞するだろうと述べている[19]。だがそれでも，クラインはその思想において，このような後の理解への基盤を築いてもいたのである。乳幼児状態が発達過程においてどのように変化するのかに関する彼女の記述では，そこから進展する成熟した心の状態の本質について多くが暗示されている。この中心に克服という概念がある。しかしながら，クラインの克服という概念は単純なものではない。それは彼女の抑うつポジション概念における問題をはらんだ領域にふれており，それは彼女がその現象を明確化しようと試みたことで，むしろ逆に，その矛盾を明らかにしてしまっている。文章中で現れる克服というものは，成長のプロセスの中に潜行するあるレベルの抑うつ的体験に対する克服を示してはいるが，それでもなお，その抑うつ的体験は強力な心的現実を示し続けてもいる。このようにして抑うつ的体験は，それにとって代わるより進展した様式の心的機能にも影響を与えるわけである。

悲劇と道徳

抑うつポジションという概念のもとに，クラインがグループ分けした心の諸状態間には矛盾をはらんだ緊張関係がある。この理論的問題は概念を複雑化し

てしまうが，他方でその成り立ちの歴史について再検討する理由となるという意味で，その概念を豊かなものにもする。より具体化するなら，クラインの抑うつポジションの記述のなかに，矛盾する2つのテーマが現れてくるということである。これらにより焦点化しやすくするには，2つのテーマをそれぞれ悲劇的なるものと道徳的なるものとして考えるのがよい。悲劇という主題には，取り返しのつかない喪失あるいは傷つきの経験がその中心にある。これは，主体自身の攻撃性を通じて引き起こされたものだと感じられている。道徳という主題は，不完全で不満を与える対象を自分が攻撃してしまったことに対しての罪悪感を体験できる幼児の能力，すなわち自分の攻撃性への責任を受け入れる能力に焦点化される。これはまた，攻撃してしまったあとで修復にかかわってゆくことを可能にする。そうなることで内的対象を救出し，それを愛すべき気づかうべき状態へと復旧することができる。このような道徳的プロセスは，対象への気づかいの態度や，対象の通常の限界を許し受容する能力と呼応しており，したがって，そのプロセスにおいて，純粋に自己中心的だった見地から浮上することが可能となる。

　クライン派の文献に関連して，クラインの構想に現れてくる心的体験の基本的普遍的布置を明確化するには，「悲劇的 tragic」と「道徳的 moral」という用語が有用である。これらの用語によって，たとえばフロイトがエディプス神話の原作を意図的に用いたのと同じやり方で，クラインも文化的歴史的題材を実用しているのだと主張するつもりはない。クラインの文章における悲劇——すなわち抑うつ現象の中心にある取り返しのつかない喪失——とは，愛の対象の喪失を表現する representing 心の状態なのである。この喪失の破局的悲劇性には，出生時に遡る根源的子宮内生活の完璧性を失うことという意味合いが，生涯にわたって反響している。しかしながら，愛の対象の喪失という体験は，子宮内生活への退行的希求を持つことで生じるというよりも，むしろその体験の本質は，生命そのものから受ける最初の衝撃によって生じたものであり，その衝撃は最初の良い対象を通して乳児にもたらされたものである。このように，早期乳児期における良い養育的な対象 the good, nurturing object，すなわち乳房は，この上なく原始的で圧倒的なかたちで愛されるのだ。乳児の「本能的欲望と無意識的空想」のすべてが，それ（良い対象としての乳房：訳者）に注ぎ込まれ，そのようにして乳房それ自体が「生命保持に向かう諸力の現れ」となる[20]。心的栄養と生命とをもとめる乳児の探索の精髄は，養育してくれる対象との接触の瞬間において投射 projected される。後者（養育する乳房・

対象：訳者）には，生命を与える基盤という重要性が備わるとともに，それは取り入れられて introjected 自我の核を形成する。それは発達して，「良さへの希望 hope，信頼 trust，信念 belief の基礎」を提供するとともに，「母性的な良さ，無尽蔵の根気と寛容の原型[21]」ともなる。

良い内的対象は，取り入れられた母親の良さを基礎として構成されるとともに，そのような良さの空想上の対象化 the phantasy objectification を表現してもいる。それゆえ，良い内的対象は心の中心の相，つまり核 core が，原始的空想において体験されうる身元 identity を与えられていることを表している。そのような対象を失うならば，心の中の生命を方向づける自己養育的側面，すなわち自己の核を失うという深刻な喪失になるのである。したがって，愛の対象の喪失とは，分離 separation, 欲求不満 frustration, そして離乳 weaning によって外的対象自体とその性質を喪失したのだという感覚に結びつくばかりでなく，内的対象の関与する内的事態 internal event でもあるのだ。

こうしてクラインが，愛する内的対象は乳幼児が機能するためには必要不可欠なものなのだと理解したことで，その喪失が内的破局 internal catastrophe を意味するとの考えが導かれる。シーガルのいうところでは，「乳幼児の内的世界は粉々になったと感じられる[22]」。その結果もたらされるのは，リヴィエールの描写する「荒廃の悪夢 a nightmare of desolation[23]」であり，崩壊 breakdown への脅威である。さらに，クラインは晩年に「良い対象が，少なくともある程度は自我の部分になっていなければ，そもそも生命は存続できないだろう[24]」と結論づけ，人の心に対する良い対象の恐るべきインパクトを強調している。

悲劇的で取り返しのつかない喪失の世界では，破壊と罪悪感とに圧倒されてしまうことが示唆される一方で，道徳的な枠組み moral framework が確立した世界とは，文字通り悲劇的な結果を防ぐことのできる秩序設定のなされた場所である。クラインの文章から示唆されるところでは，その核心は罪悪感に耐える能力，内的対象の状態を体験する能力であり，それらがあってこそ内的対象に対して与えられたどのようなダメージをも修復することができ，したがって内的対象を保持できるわけである。そのようなシステムの範囲内であれば，ダメージは絶対的な度合いにまで達する余地はない。なぜなら，持続的な内的気づきは，持続的な修復活性の存在を暗示するからである。

理論的には，愛の対象の喪失という乳幼児的悲劇を，そこから生じる対象関係の道徳性 object-related morality へと関連づけることにそれほど困難はない

ように見えるかもしれない。だが，経験論的観点からすれば，クラインの描き出す抑うつポジションは，互いに相反する2つの心的状態から成立することになる。つまり道徳的側面はその悲劇的側面の帰結を反転させるのだ。それは，対象がもはや不可逆的損傷をうけたり喪失されてしまったりしたものとしてではなく，むしろその逆に，修復され保護されているものとして体験されているという意味においてである。死にかけている対象，あるいは死んだ対象を内に宿しているというクラインが描写した早期の抑うつ的空想は，しっかりと保存されている生きた対象という新たな対極の体験に置き換えられる。もしかしたら，悲劇的不安は一過性のものにすぎず，まもなく成熟した気づきによって置き換わるのだから，この矛盾は取るに足りないものだという反論があるかもしれない。だが，そのようなことは，個人があとになって遡及的に体験できるだけなのである。乳幼児側に立脚すると，抑うつ的体験の諸部分は，それぞれが一つの世界観としての完結していることで特徴づけられるのであり，つまりそれぞれが「全体状況 a total situation [25]」を構成しているのだ。そして実際にクラインは以後，最も原始的な内的対象体験について，認識された実体 recognized entity からよりは，むしろ全体状況から言及することが次第に増えていく。このことが暗に示しているのは，愛の対象の喪失という悲劇がはじめて体験される時点では，その先にあることが想定されるはずのものを通じての修正や，現在の軌道から生じるはずの先の過程から遡って修正するなど不可能だということである。すなわち，先にあるものとは未来にもたらされるはずの，安定した対象関係の道徳 object-related morality の発達である。原始的心理状態においては，実際の喪失に対して十分な意味を与える主体的内的状態 subjective internal state がまだ存在しておらず，喪失の可能性の体験，あるいは対象を失うことへの単なる恐れの体験などあり得ない。対象に関する単なる恐れという境界内にとどまるというのは，いずれにしても理論的な虚構なのである。これにはクラインも気づいており次のように述べている。「空腹の乳児は，自分の攻撃性がどこまで正当化されるのかという限界を確かめることなどできず，限界を超えたらそれが殺人的で破壊的になることなど知るよしもない，……さらに加えて，早期の心においては欲望 desires と空想 phantasies は万能だと感じられている[26]」。

確かにクラインは，世話をする母親 caring mother が現実において乳児を，悲劇的不安によって打ちのめされることから常に保護しているのだと強調している。母親は，いわば周期的に乳児にとって失われたものとなる——外的に

は分離を通じて，内的には乳児の攻撃性を通じて——にもかかわらず，母親はまた必ず取り戻される。だが，その期間がいくら限られたもので一時的であったとしても悲劇は最初，体験を支配する全体状況としてのみ知られ得るのであり，それは主観的だが強烈な心的現実なのである。修復 reparation，希望 hope，存続性 continuity という力をもち，さまざまな出来事を制御する方策をもつ「道徳の物語」の根底にあるのは，実は完全に桁の異なる隠された層であることをこれは意味する。つまりそれは，破壊と喪失という結末に終わる悲劇なのであり，絶望と狂気へと導くものなのである。悲劇と道徳という心的現実は，クラインの文章において2つの次元で同時に働く物語である。社会化された個人においては，悲劇という水準が持続的に潜在していることで，二次的でより高い水準の道徳の意味が保証されることを彼女の見解は暗示している。なぜなら，道徳というものはいかなる時にも，取り返しのつかない喪失の可能性を前提とするはずだからである。

アンビヴァレンス

　クラインによる抑うつポジションの定義は上述のごとく，愛の対象の喪失をあらわすような，一連の主観的内的シナリオの描写を通じて，記述的に構成されているところがある。しかしながら，彼女は概念的にもアプローチしているのであり，これに関しては「アンビヴァレンス」という用語を当てるのが最も適切である。原始的なアンビヴァレンスのプロセスに対するクラインの接近法は，彼女の思考における抑うつポジションの両水準の本質をさらに明確に照らし出す。先に述べたように，アンビヴァレンスに関するクラインの理解は，大人の抑うつ状態について研究していた分析家たちのものと一致していた。つまり，アンビヴァレンスは，失望させるがそれでもなお切実に必要とされ愛される対象に対して向けられた解決できない敵意だと見なされていた。クラインはこの和解しがたい葛藤が早期に起源を持っていることを示し，抑うつポジションの概念形成において，それを乳児がどのように体験するのかという説明を加えた。

　後のクライン派の思索では，成長的現象としての抑うつポジションがより強調されていったため，乳児的アンビヴァレンスの再吟味もまた必要となった。抑うつポジションは克服されるべきだという意味合いがもはやなくなり，それにともなってアンビヴァレンスが発達にとって望ましいものだとして描写され

ることが必要になったのである。たとえば，1960年代にローゼンフェルドは，アンビヴァレンスを御しがたい最早期葛藤としてではなく，愛情が攻撃性と共存しうる乳児期の状態として検討している。「乳児は自分の愛と憎しみは一つの同じ対象に向けられていることに程なく気づき始める。このことによって乳児は，罪悪感と抑うつを，さらには良い対象を失う恐怖をめぐる不安を体験できるようになる[27]」。

1960年代のローゼンフェルドの論述は明らかにクライン派のものであるが，彼がここで描き出しているものは，クラインの見解の特徴である原始的アンビヴァレンスのあり方からするとずいぶん進化している。ローゼンフェルドにとっての乳児は，対象への愛と憎しみとが共存していることに気づいているのであり，このことがある限度内で抑うつ的状態を体験することを可能にする。これに比べてクラインの描写では，乳児は最初アンビヴァレンスに気づくことができないし，ある一つの心的枠組みの中に抑うつ状態を納めることもできない。むしろ乳児は最初のうち，憎しみと愛，サディスティックな攻撃と原初的懸念からの急性不安状態との間を激しく揺れ動くことに耐えることで，アンビヴァレンスを生きぬくことになる。「この段階で起こってくる乳児の葛藤において，サディスティックな衝動が最も有力な要素なのだという事実を見失うべきではない[28]」。そのようなサディズムに圧倒的な貪欲が加えられる。「貪欲は，制御不能で破壊的であり，愛する外的対象と内的対象を危険にさらすと感じられている[29]」。

制御不能で破壊的な貪欲は取り返しのつかないダメージや喪失と呼応する。したがってクラインにとっての乳児的アンビヴァレンスは，圧倒的なサディズムと貪欲とが定期的に押し寄せて愛を危機に晒すことで，乳児に急性の精神病的不安を引き起こすという不安定状態として特徴づけられる。クラインは，乳児の最も原始的な枠組み primitive framework の内部において，両価的（アンビヴァレントな）関係の諸部分は，それぞれが入れ替わり立ち替わり乳児を圧倒してくる全体状況なのだという確信をますます強めた。このパターンは，乳児の心がいまだそこから浮上しようとしている，より早期の断片化した妄想分裂的枠組み paranoid-schizoid framework に対してもある程度はあてはまるのであり，したがって「妄想分裂ポジションの特徴であるスプリッティング・プロセスが，強度や様式は変わったとしても，抑うつポジションの中にも引き続き持ち越されることになる[30]」。

乳児はいまや，愛され必要とされる母親としても識別されている全体対象を

認識している。だがこの認識は最初，母親の不足や欠陥のために，むしろ乳児をよりイライラさせる。乳児的な攻撃性が減衰しはじめる一方で，この変化が非常にゆっくりとしているため，抑うつポジションの早期段階ではサディズムがいまだ原始的な残忍性とともに際立つことになるのだ。「私の見解では，口唇的，尿道的，肛門的サディズムから生じたあらゆる方法で対象を破壊するというパラノイア的メカニズムは，その度合いが減少するとはいえ，あるいは主体の対象への関係が変化することである種の修正が加わっているとはいえ，それ以後も残存するのである[31]」。つまり，アンビヴァレンスは早期の断片化とスプリッティングから徐々に現れてくるのであり，原始的状態と有機的に連続したものなのである。したがって，クラインは，たとえばラドなどの分析家が主張したのとまさに同じく，アンビヴァレンスが「イマーゴの分割 splitting においても遂行され[32]」続けているのだと暗示しており，これはまたクラインのつぎのような主張にもつながっている。「私の見解からすると，抑うつ状態は妄想状態を基礎にしているのであり，発生的にはまさにそこから生じるのだということをはっきりと述べなくてはならない[33]」。

そのような見解は，全体対象の認識に導くような心的統合過程が長期的で漸次的なのだということを含意している。その過程の始まりについては，断片化され分割された早期体験の諸部分の質的変化として考えることが最も理にかなっている。妄想分裂的状態では，対象に関する断片的で束の間の体験の一つ一つがそれぞれ乳児の心を飽和してしまうので，直前の印象痕跡をすべて消し去る。それが全体状況なのであり，「小さな乳児は完全な満足状態と強烈な苦痛状態との間を迅速に交代する[34]」という結論へとクラインを導くこととなった。心的発達にともなって，それぞれの新しい体験はもはや，さほど全体に行き渡ったもの global ではなくなり，またもはやそれほど他の体験から隔絶されて severed はいない。クラインの言葉を使うならば，新しい体験が先行する直前の諸印象にたいして「透過的 porous」になってきて，そのために愛と憎しみとは「互いにずいぶん近接してくる[35]」ことができるのだ。

発達するに従って，攻撃性そのものが収まった後にも，攻撃的瞬間のインパクトがより長続きするようになり始める。そのような瞬間 moments の存在は当然，より透過的になった新たな対象愛の瞬間へと浸透してゆき，その瞬間の質に影響を与える。ここで暗示されているのは，アンビヴァレンスが現実認識による理性的作用 a reasoning act of realizing というよりも，むしろ一つの情緒体験なのだということである。したがって，悲劇の核心は原始的アンビヴァ

レンスの諸過程から生じたことになる。攻撃性から愛へと動くその時々に，乳児は直近のサディズムの心的影響と格闘することになる。すなわち，後者がいまだ圧倒的な性質を保っているかぎり，それのもたらした帰結が取り返しのつかないダメージや喪失の体験へと結びつき続けることになるのだ。

恐怖と克服

制御不能の攻撃性と，その結果である「荒廃の悪夢」との間での不安定な振動状態は成長につれて小さくなるが，しかし，この振れ幅は乳児が自分の内的世界に良い対象をいかにしっかりと据え付けるのかにかかっているのだとクラインは信じていた。したがって，「克服 overcoming」というものは，クラインの見解の中で2つの側面を持つことになる。それはまず，愛による憎しみの征服 mastering を意味しており，これは安全感を下支えする強力な核として，自我の内部に良い対象をしっかりと確立することに呼応した一つのプロセスである。これに対応する主観的な内的シナリオは，悲劇的状況の克服であり，そうすることで原始的なアンビヴァレンスは緩和され，悲劇が喚起していた急性破局恐怖も収束する。「……（乳児の）自分自身に対する信頼は，他の人たちの良さへの信頼とともに強められ，アンビヴァレンスと内的破壊に対する急性の恐怖が減少するのと同時に，『良い』対象と自我が救われ保護されるという希望が増大するのである[36]」。さらに，主観的体験という角度から見ると，克服というものがあてはまるのは，悲劇的不安から最初に浮上するときばかりではない。成長における最初のステップとして，対象の決定的なダメージや喪失というどうすることもできない体験から，そのような可能性を予期する能力へのシフトが起こる。乳児の世界に新たな経験が入り込むのだ。すなわち，対象の安全への危惧（恐れ）fear for the object's safety である。恐れとは，破壊的攻撃性が生じて心を圧倒するさい，その力になすすべなく屈してしまうことを示すというよりも，むしろその重大性に対する危惧を保持して，それを予期する能力が高まっていることの現れである。これによって，対象に差し迫る内的な脅威への気づきがより高まり，これらに際して心 psyche が対象を保護するすべを持っていないかもしれないと認めることになる。「ここには，私がさきほど，『愛の対象の喪失』のための基礎を形作るものとして描写した状況のうちの一つがある。すなわち，自我は良い内在化された対象に完全に同一化し，同時にそれらの対象を保護し保存することに関する自らの非力に気づくようにな

るという状況である[37]」。

　したがって，恐れというものは前進する発達ステップに関連しており，道徳的配慮の始まりではあるが，はじめは原始的で圧倒的な現象でもあるのだ。攻撃性がいまだ修正されていないなら，その恐怖に満ちた予感は，急性の精神病的性質を持つことになる。良い対象，必要とされる対象は，常に切迫した危険にさらされているのだと感じられており，したがって付随する不安は，対象に成り代わって感じられているとはいえ，質的に迫害的なものとなる。「最初のうちは自我のために感じられていた迫害の恐怖が，今や良い対象に関係づけられても感じられるのだ[38]」。

　クラインは，良い対象をめぐって感じられる絶え間ない恐怖から解放されることのない早期の抑うつ的心理状態を生き生きと描いている。両価的に体験されている対象に対する失望と怒りは，対象に絶え間なく与えられるサディスティックな攻撃の存在を意味し，心全体が有毒なものと感じられる結果をもたらす。対象を吐き出したり飲み込んだりする空想はどちらも解決にはならない。なぜなら，対象は内側からも外側からも脅かされているため，対象を安全な状態にする確たるすべがあるようには思えないからである。「……自我の内部において，対象を待ち構える危険に関しての深い不安がある。自我内部は危険で有毒なところであると感じられているために，対象はそこで安全に保持されることができないのである[39]」。

　クラインの見解によると，切迫した破局に対するそのような原始的恐怖心もまた発達の中で克服されることになる。悲劇的状態に関していえば，発達が満足のいくものとなり，精神病性不安が修正されるためには，乳児は悲劇に近い恐怖心に支配される心的状態から浮上せねばならない。この構図からすると，最も重要な発達的苦闘は，良さの原理 the principle of goodness の心的獲得にかかっている。肯定的な体験というものは，そこから自動的に最大限の価値，快楽，満足を引き出すことができるような受け身的個人に単純に訪れるものではない。実際には，良さの原型を取り入れ，自我の機能全体を満たすような形でそれに同一化するということなくして，良い体験をする能力が持続することはない。頻繁に起こる両価的な怒りが，このプロセスの基礎を破壊することになるため，それに失敗する可能性を乳児が恐れるのは当然なのである。

道徳的枠組みにおける悲劇的要素

　乳児的な悲劇の状態とそれに付随する不安とを克服するという考えは，やはり概念的に複雑である。なぜならば，クライン論文において抑うつポジションの悲劇的水準が，より進展した道徳的モードと簡単に識別できるとは限らないからである。これまでに示唆されたように，「克服」とは悲劇的な内的シナリオが体験を支配しなくなることを意味するものの，その意義が完全に後退してしまうわけではない。発達プロセスの中で，悲劇への不安には次第に覆いが掛けられてはゆくものの，心の原始的な層でのその不安の存在感が，警告を発する象徴的物語としての脅威を与え続ける。この物語はその本質として，道徳性を通じて達成された安全と進歩を否定することになるとはいえ，良い内的対象を保護するという道徳的枠組みに対してもきわめて重要なのである。

　ここにおいては，抑うつポジションと妄想分裂ポジションを生涯にわたって行き来するというビオン的見解が暗示されているようでもある。つまり成熟した心では，原始的悲劇の不安を消滅させてしまうことも，それに完全に屈服してしまうこともなく，弁証法的緊張が維持されることが必要なのである。そのような緊張関係はそれ自体，抑うつポジションの道徳水準において，分離することのできない側面である。この緊張関係とクラインのテキストに現れている悲劇のシナリオとの間，あるいは道徳的抑うつポジションと悲劇的なそれとの間には相違がある。抑うつポジションの「道徳性」モードに焦点化するならば，この悲劇的感情は，原初的破滅的なものとしてではなく，二次的で耐えられるように変形されたものとして描写されるのだ。したがって，それは同時にそこに存在する対象愛によって緩和されコンテインされる類の悲劇的感情なのであり，それは分析家によって安全に起動 mobilize できるものとなる。たとえばローゼンフェルドは，「分析家は，愛と抑うつと罪悪感とを体験する患者の能力を起動するよう努めねばならず，そうすることで，抑うつが転移状況に現れることになり，行動化に関する問題全体が減弱してくることになる[40]」と述べている。

　ローゼンフェルドの記述からすると，抑うつが耐えられるものであるとともに，それが対象への愛と併存する場を得ているがゆえに，患者は抑うつを安全に経験することができる。しかしながら，このような記述は，クラインの描き出したような極度に原始的で破滅的な抑うつ状態の徹底的で退行的な性質を表現することはない。これまでに見てきたようにクラインは，取り返しのつかな

いダメージや喪失に対する恐れを伴った不安，すなわち潜在する悲劇の脅威についてもまた議論した。このような脅威が，心的枠組みのなかで愛と修復の力によって中和されるものとして記述されれば，それだけ前述の状況がより安全なものとなるとともに，この安全は道徳性を支持することになる。だが他方で，心に思い描かれるものが悲劇なのであれば，それだけ悲劇以外に共存する要素は減るとともに，取り返しのつかなさを緩和する要素も弱くなり，したがって内的体験を「荒廃の悪夢」すなわち抑うつ的疾病へと向け変えてしまうことになるのである。

　抑うつポジションの退行的で悲劇的な意味合いが，後のクライン派思想においてあまり関心を持たれなくなってしまったのは，もしかすると彼女自身の文章の中に明らかに現れていた２つの水準について，彼女自身が区別を明示しなかったことに起因しているのかもしれない。クラインは，愛の対象を失うことへの恐れやそれを修復したいという衝迫について述べるなど，抑うつポジションを道徳と同等のものだとみなすこともあれば，次に示すうつ状態の描写の引用にも現れているように，容赦なく悲劇の感覚を引き合いに出すこともあった。「自我が対象を全体として取り入れてはじめて，サディズムを通じてもたらされた惨状について，その全体を認識することができるのだと私は思う。……その時はじめて自我は，愛の対象が今や壊滅状態になっているという心的現実に直面する自分を見つけることになるのだ[41]」。そしてクラインは，「患者の経験する不安と罪悪感は，心の中で愛する人を傷つけ破壊し，世界を壊滅させてしまった自らの憎しみに関係している[42]」と述べ，さらには「抑うつに苛まれた大人においても子どもにおいても，私は死につつある対象あるいは死んでしまった対象を内に宿していることへの恐れ dread を見いだした[43]」と述べている。

抑うつポジションの克服——外的現実と修復 reparation

　しかしながら，悲劇と道徳というそれぞれの意義が指摘されているのは，この種の直接的言及においてのみではない。抑うつポジションの克服に関するクラインの詳細な説明からは，抑うつポジションには２つの水準が存在するのだという彼女の見解の繊細さが浮かび上がってくる。この説明のなかでは，外的現実とその認識が最重要のものとして想定されていて，クライン理論が外的事象に全く価値を認めていないのだと思っている人たちを驚かせるだろう。クラ

インは，この克服を単一の出来事として捉えるのではなく，早期児童期全体に及ぶプロセスだと考えている。「子どもが，迫害的なそして抑うつ的な不安を**克服する**には何年もかかる。それらの不安は繰り返し活性化され，幼児期神経症の経過の中で**克服される**[44)]（強調著者）」。

この文章における「克服 overcoming」という言葉の二重の使用法からは，繰り返される小規模な克服体験が，包括的で大規模な克服へと次第に築き上げられてゆくことが示されている。これまで示してきたように後者の大規模な克服は，「現実対象と内在化された対象への愛，そしてそれらへの信頼がしっかりと確立[45)]」された時に達成されるのだとクラインは感じていた。つまり，原始的両価性が収束することで，「乳児は，自分の母親はまた戻ってくるだろうと感じることができる。なぜなら，愛の対象を取り戻す体験がこれを乳児に示すからである……乳児は……抑うつポジションを克服し始めるのだ[46)]」。

これが示しているように，「克服 overcoming」という用語の意味するところは，早期の心的状態を消滅させることではなく，心的機能の原始的モードから脱する体験の一側面を指しているのである。ところが，この原始的モードは妄想-分裂的な世界認識ばかりではなく，悲劇-抑うつ的な世界認識としてもまた現れてくるのだ。クラインのいうことに関する限り，普通の子どもは，対象認識における迫害性と悲劇性の双方に直面する能力を発達させるということになる。実際の母親による慰めによって可能となるような，より小規模で周期的な克服というものが，原始的主観性（primitive subjectivity, i.e. 切迫した迫害感の体験など：訳者）を実際には心配するほどではないのだと安心させてくれる現実的証拠に照らし合わせることで，繰り返しその体験を解釈しなおす乳幼児の能力の成長を引き起こす。「正常な状況では，外的世界を知覚し理解する乳幼児の能力が成長することで自らへの信頼も増強してくる。そして，外的現実の経験こそ，空想的な恐怖や抑うつ感情を克服するための最も重要な方法となる[47)]」。

結局，「外的世界を知覚し理解する」この能力は，現実感覚の発達に関するフェレンツィの考えの中でも強調されているように，正常さ normality のためには不可欠である。「内的現実からくる不安や悲しみに対して外的現実が反証することができるその度合いが……正常さを図る基準なのだと考えられる[48)]」。さらにクラインは，このプロセスでは外的母親が中心的役割を果たすものだと確信していた。「われわれもよく知るとおり，子どもの恐怖を和らげる方法として，母親の存在とその愛に勝るものはないのであり……そのように有益な

体験の蓄積が，幼児神経症を克服するための主要因子のうちの一つなのである[49]。さらに加えて，クラインはそのようなプロセスを，乳幼児とその母親との日常的やりとりのすみずみにおいて持続的に作動しているものだと見なしていた。「5, 6カ月においてすでに多くの乳児は『いないいないばあ』に喜んで応答する。（中略）乳児Bの母親は，寝る時にこのゲームをするのを習慣としていたため，乳児はすやすやと幸せな気分で眠りに就くことができた。このような体験の繰り返しが，悲嘆 grief と喪失 loss の感情を克服するよう乳幼児を援助するにあたって重要な因子となるようだ[50]」。

クラインは，このような外的な再保証 reassurance の結果として，愛の対象への償還 restitution という内的プロセスが生じることを理解した。後者（償還）は，自我の内部に愛の対象を置くにあたっての中心をなす。しかしながら，クラインはそれらの内的諸過程でさえも，特に外的現実と結びついた持続的現実検討プロセスに依存するのだと感じていた。「幸せな体験を通じて恐怖が減弱することで，（乳児が）外部の現実をもとに自分の内的現実を検証することが可能となる[51]」。

そのような考えには，服喪 mourning において，喪失は持続的な現実検討を通じてのみ克服されるのだとするフロイトの確信の跡が認められる。だが，フロイトが，このプロセスは弔われている人物の不在に最終的に折り合いをつけるための機能だと考えたのに対して，クラインはその逆を考えた。つまり，乳幼児の場合では，安全な外的世界が，空想によって生じる恐怖に反証を与えることで再保証するということである（フロイトの悲哀──対象が不在であるという外的現実を見つける。クラインの良い対象の内在化──空想的内的悲劇に伴う恐怖や悲嘆を，外的に母親が生き残って安堵させることで乳幼児が再保証を得る：訳者）。クラインが環境の影響に際だった重要性を賦与したことは未だ広く認められてはいないのだが，早期の不安を乳幼児が克服するにあたっては，そのような影響こそが助けになる要因なのだと彼女は見なしていたのである。愛情に満ち，損傷を受けていない実際の母親との再保証的接触が繰り返されることで，乳幼児の心における内的歪曲が徐々に訂正される。乳幼児の内的対象は実際の母親とのさらなる連帯を通じて修正され，現実感覚は増し，原始的不安は減弱する。クライン思想において，現実が重要なのは，原始的主観性に拮抗するようなモデルを心的価値機能として提示するためである。したがって，抑うつポジションを克服するために，外的現実に関して問題となるのは，単にその現実性 actuality ばかりではなく，それを通じて乳幼児が別の法則によっ

て決定されるバージョンを発見するという事実である。法則というのは，時間的持続性によるものであり（時間がたてば母親は無傷のまま戻ってくるというもの：訳者），原始的万能性の支配を超えた世界の存在が可能となる。それまで場当たり的な万能的気まぐれでできた，束の間の寄せ集めの断片の連続として始まっていた内的生活が，時間的持続性の法則が取り入れられたそのときから，徐々に万能的瞬間を持ちこたえて生き残る内的世界へと道を譲ることになる。外的世界の連続性が独立したものなのだということが受け入れられて，初めて乳児は自らの心の内部に，自分が向けた一時の憤怒を生き残ることができる良い対象を定着 establish させることができるのだ。

　この見解からすると，現実そのものが，良い対象や生命の良さが時間と空間において持続性を持っているのだと明示することで，癒し healing を提供することになる。これによってさらに暗示されているのは，そのような良さが，それが雲散霧消してしまう時間的過程を被ることがあり得るため，自分のサディズムや貪欲が招くこの悲劇を体験した乳児が，物質的なもの精神的なもの双方における支えの源泉と供給源とを保持しようという動機を持つに至ることである。「償い reparation」というクラインの概念はここから生じてくる。ここで描かれている乳児は，攻撃してしまった対象に対して，その対象が回復できる望みがあるならば，修復しよう償おうという素振りを見せる。クラインの見解によると，時間認識が，個人が生涯続く修復活動を通じて，自分のサディズムの招いた破壊的結果に取り組むことを可能にする。またこれは人間が，自らの生命の依って立つ心の供給源あるいは外的世界の供給源を保護することの重要性を認識することへの本質的なニードに応えている。

抑うつポジションの克服とエディプス・コンプレックス

　抑うつポジションの克服の必要性に関するクラインの信念は，5年後になるとさらに強調される。それはエディプス・コンプレックスというフロイトの基礎的前提と彼女の抑うつポジション理論とを結びつけることに捧げられた1945年の論文においてであった。彼女はその論文「早期不安から見たエディプス・コンプレックス」において，抑うつ的不安を克服する能力と正常なエディプス・コンプレックスへと導く健康なリビドー発達との間の捉えがたくもあるが決定的なつながりを提示した。この論文を検証することで，クラインにとって抑うつポジションの克服がいかに重要であったのかに関する豊富な確証が得ら

れるばかりでなく、いかにして彼女がフロイト精神分析の本体に自らの概念を組み入れようとしたのかも明らかとなる。

クラインは、この新たなつながりを説明するために、臨床例を提示することに決めた。そして、すでに発表済みだった2つのケースをこのために使用した。「児童分析の記録」に収録される10歳のリチャード、そして分析を始めた頃には3歳足らずで、もともと「児童の精神分析」において記述された厄介な患者リタであった。これらのケースは、抑うつ状態の克服に失敗した結果、健康なエディプス的競争関係での種々の挑戦に直面する準備ができなかった子どもたちがいることを例証することになった。

この2ケースを再検討したクラインは、自分が何年も前に記載したそれらの症状が、どれほど未処理の抑うつ状態に起源を持っていたかに気がついたのだった。学校恐怖があり、心気症的で情緒的に脆弱だったリチャードは、この再検討によっていまや、「頻繁に抑うつ的気分に陥っていた[52]」という観点から新たに深く理解された。さまざまな外的内的要因から、リチャードは自分の内的世界において、愛される良い対象をいまだ安定したかたちで確立できてはおらず、それゆえ抑うつポジションが十分に克服できてはいなかった。したがって、リチャードは母性的対象への陽性感情を持つ時期と、強い不安を持つ時期とを揺れ動いた。つまり、「病気やその他の原因」による普通の生活ストレスが彼にとっては、「信頼感情を揺るがす」ものとなり、その結果「抑うつと心気症的不安が増強した」のだった。そのようなときリチャードは、自らの不平や空想上の攻撃から愛する内的対象を守ることができないことを恐れ、したがって「破壊と死の危険」を恐れることとなった。そのような死は「当然彼自身の命の終焉を意味した」。そしてクラインは、これこそ「抑うつ的個人が持つ根本的な不安」であり、それは幼児的な抑うつポジションから生じるのだと主張したのだ。

リタの症状を再検討する際にも、未処理の抑うつ状態に関する同様の関心が払われている。リタがクラインのところに連れて来られたのは、強迫症状と深い不安に悩まされ、普通の欲求不満に耐えられないからだった。彼女の症状は、今回「頻繁に起こる悲哀 unhappiness の状態」という観点からもはっきりと描写されており、しばしば泣いて悲しいのだと訴えて愛されていることを常に保証される必要があった事実が描かれている。確かにクラインは、次のように示唆している。「リタの抑うつ感情は彼女の神経症の顕著な特徴だった。悲しみの状態、理由もなく泣くこと、母親が彼女を愛しているかどうか常に質問

すること，これらがすべて彼女の抑うつ不安の存在を示すものであった[53]」と。クラインは，リタが自分の急激な不安をおさめることができず，「抑うつポジションを克服することができなかった[54]」とさらに直接的な表現でもって述べている。

両方の子どもに関してクラインが示唆していることは，これらの抑うつ的困難がパーソナリティを，安全の回復にあたって良い対象があまりあてにならないという感覚ばかりでなく，不安と攻撃性の渦中に巻き込んでしまうということである。このことが，通常のエディプス・コンプレックスがもたらす競争関係の葛藤に対処する力を妨げる。しかしながら，クラインの意図するところを探求するまえに，一つの曖昧さについて触れておかねばならない。読者は，クラインがフロイトのエディプス・コンプレックスを持ち出して，原始的な乳幼児のシナリオの中に位置づけたことことにはすでに気づいているだろう。だが読者は，いまクラインがそれを抑うつポジションの苦闘のあとに現れてくる事態として議論しようとするのはなぜなのか，さらにはなぜ抑うつポジションがそれに基盤を準備することになるなどと示唆するのかを訝るかもしれない。そして，たしかにこの不合理はある種の混乱を引き起こすのだが，この混乱は程なくクラインによって解消されるのである。

エディプス・コンプレックスに関するクラインの1945年の論文の中で次第に明らかになってくることは，原始的エディプス状況が発達早期に起源を持つという考えを彼女があきらめてはいないということである。彼女はいまだ，「エディプス・コンプレックスは人生における最初の年に始まる」と信じていた。「最早期の段階でのそのあり様は，乳幼児の自我が未熟で無意識的空想からの強い影響下にあるために，当然ながらより不明瞭となる」とは認めつつも，乳幼児の本能生活は「その最も多形的な段階」にあり，「早期段階は，さまざまな本能の対象や目的が錯綜し，それに伴って防衛の様相も錯綜していることで特徴づけられる[55]」としたフロイトの説と自分の見解とは全く矛盾がないのだと彼女は見なしていたのである。このフロイト的シナリオは，早期エディプス状況が母親の身体とその内容物との原始的関係からなるという彼女の考えと完全に適合性を持っている。さらにはクラインがここで探求しようとしているものは，原始的エディプス状況とも矛盾しない。彼女がこと1945年の論文において取り組んでいるのは最早期のエディプス的布置ではなく，それとは違った水準におけるエディプス的発達なのである。つまり，4，5歳あたりに位置するより年長の子どもにおける完璧にフロイト的なエディプス状況についてなの

であった。

　1945年の論文における発想は、クラインがリビドー発達というフロイト理論の本質的特徴を棄却していなかったことを十分確証している。彼女は、確かにエディプス的感情は早期に始まるもので、前性器期に位置するばかりでなく、その形態も原始的なのだと考えたが、それでも彼女のモデルには、子どもを前性器期から性器期へと導く精神性的発達というフロイトの仮説が必要だった。これによって明らかになるのは、乳幼児の乳房との関係、投影と取り入れの早期プロセス、原始的空想生活、そして抑うつポジションといったクライン理論が、リビドー発達に関するフロイトの考えに取って代わることを目論んだわけではないし、時に誤解されるように、フロイトの性理論を否定しようとしたわけでもないのだということである。むしろそれらは、リビドー生活や性生活に即して動く対象関係を特徴づけるものとして考えられたのだ。したがってクラインは、幼児が口唇期、肛門期という前性器期から性器期へと至る発達を経る必要があり、この性器優位の段階にいたると、それまでの原始的エディプス状況は、完全でより進展した表現型を持つに至るという考えを抱き続けていたのである。つまり、こうして近親姦願望とともに全体像としての両親認識にいたるというフロイト的エディプス・コンプレックスとなるということである。

　さらにクラインは、この古典的なフロイト的エディプス・コンプレックスを早期発達における重要な目的地として想定し続ける。子どもが一方の両親と競争的関係に入ることができるのは健康な動きなのであり、それによって最終的には自己主張が可能となるとともに、さらに重要なのは、性同一性形成が可能となることである。しかしながら、クラインがここで気づくのは、男の子にとっても、女の子にとっても、そもそもエディプス・コンプレックスを経験できるのかどうかは、その子どもが早期不安をいかに解決したかにかかっており、特に破滅的で悲劇的な抑うつ状態から浮上していることがこの上なく重要だということであった。クラインはリチャードに関して次のように説明する。すなわち、前性器的な「口唇的、尿道的、そして肛門的不安が過剰であり」さらに、「これらの水準への固着が非常に強かった」。その結果、「彼の性器的組織化は脆弱となり」、前性器的モードの機能から性器的モードへの移行が不完全で、不十分であった。リチャードの早期の前性器的サディズムへの固着が、母親対象への攻撃性の過剰な投影を招いたため、悪い対象を再取り入れするという結果をもたらした。この欲求不満をもたらす対象を持続的に攻撃したために、理想化された空想上の乳房に逃げ込むことが必要となった。このことが、全体対

象を受け入れ，実際の母親の通常の限界を受け入れることができるような，良さと悪さとの統合能力を妨げた。したがって，良い内的対象はあてにならない不安定な状態で留め置かれることとなり，リチャードはエディプス的競争の挑戦に関わることなどできないと感じたのだった。こうした理由でリチャードは，臆病で恐がりのままになり，母親に対して幼児的な様子で過剰に依存し，学校で他の子どもと向き合うことができなかったのである。最早期乳幼児期において，はじめて原始的エディプス状況に直面した時，リチャードは悪い乳房あるいは悪い対象の感覚を，父親のペニスに関する彼の最初の原始感覚に対しても転移していたため，それが世にも恐ろしいものとなったのだとクラインは示唆している。このようにリチャードの中で未だ解決されていなかった原始的な層の感情が，ここで彼の全体的な父親認識へとしみ込んできたのだった。彼の無意識において，恐ろしいペニスと同等視された父親は，危険で恐るべき敵となって脅かすこととなり，不相応なほど恐れられたのである。

　リチャードがセラピーの中で進歩するのは，自分の内的対象の修復に乗り出すことができたことで安心して，「自分の攻撃性によりうまく対処できる」ことがわかった時なのだということにクラインは気づいた。そのような安心感を得ることで，彼は「性器的願望をより強く体験する能力」を回復した。したがって，「彼の不安は減少し」，「攻撃性を外へと向けることができるようになり，空想において母親の所有権を巡って兄や父親と戦うことができたのだ[56]」，とクラインは記載している。だがリチャードは，原始的不安に再びとらわれるようなとき，このような対決から撤退してしまう。悪い乳房に対する恐怖によって彼は幼児的退行へと陥り，良くも悪くもある混合した現実を受け入れる能力を徐々に成長させるかわりに，理想化された乳房への乳児的依存という反発達的避難所 anti-developmental shelter に慰めを見いだした。リチャードは自分が悪い内的対象に支配されていると感じれば感じるほど，より強く発達からあるいは世界から引きこもり，文字通り家を出ることもせず，学校に行くことも避けるのだった。

　リタの病理も，女性の立場から同様のダイナミクスを示している。彼女の並外れて強い口唇サディズム衝動が早期の欲求不満を増強し，これが母親との関係に影響を及ぼした。リタの良い内的対象は安全に確立されることなくむしろ不安定で，エディプス的欲望が「前景にやってきた時」，その欲望が前相での憎しみや欲求不満によって幾重にも多重決定 over-determined されすぎているために，彼女はただ「このような多種多様な葛藤に対処することができ

ず」,あるいは「彼女の性器的欲望を維持することもできなかった[57]」のである。リチャードと同様に,リタの母親対象との貧弱な関係が,苦悩や憎しみの感情を父親のペニスへと移動させることへと導き,そのために父親に対して攻撃心を抱き去勢したいと感じたのである。

　この2人の子どもについてクラインは,初期段階で自我の核に良い対象を確立できなかったという観点から発達的困難を考えた。そうすると子どもは,乳房に対して感じているはずの敵意と欲求不満を父親のペニスに移動し,そうすることで父親のペニスは,今や早期の口唇サディズム的性質によって満たされることとなる。その結果,子どもは自分が安全な世界にいるとは感じられなくなる。その子の知覚は原始的な空想によって歪められ,ライバルとなる親に安心して向き合うことが難しくなる。このような困難を通じてできた危険でサディスティックなペニスによって子どもは危機感をつのらせる。それは,子どもを危険にさらすと感じられるばかりでなく,サディスティックで飲み込むような性交を通じて母親をも危険にさらすのだと感じられる。

　クラインの1945年の論文は,この未解決でより原始的な性交概念から,より進んだエディプス状況において典型的に認められるような経験へと至る道筋をたどっている。後者においては,子どもは母親に対して十分な愛をもっており,自身の諸側面が十分統合されているので,陽性の感情を母親の乳房から父親のペニスへと向け替えることが可能である。したがって,ここに至ると,自分には母親を守り癒す力があるのだと感じられるため,自分を力強く感じるばかりでなく,修復力があるとも感じられる。早期における陽性の発達が,健康なエディプス・コンプレックスへの道を開くことになる。つまりエディプス・コンプレックスは,自分の持つ良いものを母親に対して披露し,ライバルよりも優る創造性と修復の能力を持っていることを証明するための競争となる。男の子にとってこれは,最も強い勢力と修復力と保護力を提供するための男性的戦いを意味している。それゆえ,この男性発達が貧弱だと,その結果として,女性に与えるよりも与えられたい怒りっぽく幼児的な男になり,寛容で多産な父親になるよりもむしろ,要求がましい口唇的幼児という存在にとどまろうとするのである。同様に,陽性の女性の発達では,陽性の感情をペニスに対して向ける能力がもたらされ,ペニスによって子どもを授かりたいという願望を持つ能力が得られる。女性の発達が失敗した場合,それは憎しみと不満を乳房からペニスへと向け換えることの中に現れ,その結果としてペニスを拒否することになる。ここで未発達の女性は,新たな命を創造して育むという責任から退避し,

未発達の男性と同じように，人生を通じて資源を他人から求め続け，与えるよりももらい続けるような幼児的ポジションを維持しようとするのである。

　エディプス・コンプレックスは，内部に良い対象を確立する能力にかかっており，したがって抑うつポジションの克服にかかっているのだとする見解は，クラインにとって，男の子と女の子の発達における決定的な性差を際立たせることとなった。ペニスと男根期に焦点化したフロイトの片側性モデルと違って，彼女のモデルはペニスとの関係を先導するものとして，母親の乳房と体に焦点化していた。これは，男性と女性双方の発達における前性器段階から性器段階への動きを意味しており，そこで子どもは両方の親の生殖的特質とかかわる位置を取るとされている。したがってクラインは，抑うつポジションという概念によって，フロイトのリビドー発達論に新たな視野をもたらしたのだ。クラインは，人生の始まりとともに，愛と憎しみが子どもの内部において相互に関わりはじめるものだと示唆した。そして二つの良い対象，すなわち二人の良い両親とともに，乳房とペニスという良い対象の優越性が，子どもの内的世界において許容されるという形で，彼らの葛藤に充ちた存在が解決される。リビドー発達はその葛藤解決能力（両親の生殖能力の優越性を受け入れる能力：訳者）にかかっているのだとクラインは提示しているのである。これによって，通常のエディプス的競合が可能となり，それは大人としての能力や強さを競い合いたいという欲望によって表現されることになる。他方で，発達の失敗はこの解決の欠如によってもたらされる。それは，供給してくれる母親を幼児的万能的に支配したい欲望として現れる。このような未熟な状態にいると，その個人は両親あるいは両親的人物たちから実質的な情緒的資源を要求し続けることになる一方で，自分の持つ個人的情緒的資源については，社会の他の人々に与えようとはしない。愛も仕事も問題を含むことになり，こうしてフロイトが唱えた心的機能不全の2つの基準へといたることになる。

　これらの洞察はさらなる重要性をもつ。なぜならば，良い乳房と良いペニス，そして同様に二人の良い親，これらを体験する能力はまた，子どもの無意識においてきわめて重要な原光景 primal scene を確立するからである。良い性交によって結ばれた両親というものは，エディプス的ライバル心を惹起するとはいえ，子どもの基本的な情緒的安定 emotional security をも意味する。実際のところ，エディプス的ライバル心を表に出すことができる能力はこのような安定性にかかっており，両親カップルが嫉妬に値するほどしっかり結ばれていて，しかも子どもの攻撃的な感情表出に耐えられるくらい強く結びついているのだ

という感覚にかかっている。エディプス的攻撃の後その修復に取りかかることのできる子どもの能力が，良い原光景という内的感覚を保護し維持するためのさらなる重要な要素となる。したがって修復reparationは，成長する子どもにとって決定的な重要性を持ち続けるのである。これに対して，安定性のない子どもの内的世界は，危機感を助長するような両親間のサディスティックな性交に支配されており，ライバル心を持つことを不可能にする。

このような構図には，成り行き上避けられない帰結がある。つまり，有害な両親間の性交は嫉妬や競争心をかきたてるはずなく，じつはむしろ慢性的で破滅的な恐怖心を高めて，家族統合さらには個人の安全を脅かすことになる。したがって，クラインのアイデアは，離婚した親をもつ子どもの願望を照らし出す。すなわち，広く恒常的に認められることとして，そのような子どもたちは片方の親がいなくなる際に，近親姦的享楽に浸るなどということからはほど遠く，結局，概して両親が再結合するよう望むのである。

抑うつポジションを定式化するにあたって，クラインの観点からすると，その克服が本質であり続けることには疑う余地がない。そのような克服によってのみ，対象の良さと悪さという諸側面の統合が可能となるのであり，そこでは良さが悪さを吸収し緩和することで，良さが自我の核に安全に確立される。クラインは，未だに時にそのように信じられているようだが，大人の生活が妄想分裂的状態と抑うつ的状態との間を振動することで成り立っていると述べたことはないし，抑うつポジションが精神分析において達成が目指されるような目的として，純粋に前進的発達現象であるなどとも述べたことはない。悲劇的抑うつ不安の克服ができないと，その子は原始的アンビヴァレンスの苦痛の中に取り残されることとなり，さらには良い対象の破滅の喪失とその結果としての過剰な不安とを繰り返し再体験し続けることとなるのだ。1945年にクラインは，この克服の失敗が，性器期へと進む能力，愛の対象を巡る競争関係に入る能力に影響を与え，成長力や修復力，そして，新たな命を創造し保護することに関する性別に見合った責任を全うする能力をもった大人になることができなくなるのだと付け加えている。

これは，後続のクライン派概念の発展のなかには，クライン自身のアイデアとは区別が必要なものがあることを意味する。そのような違いは，技法に関しては早くから起こっていた。たとえば，分析的逆転移が患者の情動の投影の結果なのだということを，クライン自身は認めていなかったにもかかわらず，それでも今ではそれがクライン派の技法における鍵的な特徴となっている。クラ

インのもともとの見解なのか，彼女に追随したクライン派の分析家の考えなのか，そのどちらかに特権を与える論拠はないとはいえ，その2つは確かに区別する必要がある。そうしなければ，クライン自身の見解の意味を理解することができないのだ。これまで見てきたように，クライン概念の中に暗示されている抑うつポジションの悲劇的モードを，より進んだ道徳モードから区別して抜き出すことが困難だという事実が，このような混乱をいっそうひどくしてしまったのかもしれない。なぜなら，取り返しのつかない喪失というそもそもの悲劇的シナリオは，その象徴的意義とともに，クラインの文章の中に描かれている道徳システムの維持のためには不可欠であり続けるからである。だが，一つの意味においては，悲劇的不安の現れは道徳的発達における最初の一歩であり，したがってそれが健康な対象関係への必要条件となるわけだが，その一方で，もう一つの必要条件は悲劇的状態の克服なのである。クラインのモデルでは，精神的疾病は，早期の，そしてその後における，この克服に失敗することによって起こるのだということになる。そのような失敗を考慮に入れないことには，クラインが抑うつポジションこそ躁うつ病やうつ病の固着点なのだと主張することの意味を理解することはできない。克服の概念抜きでは，クライン理論において抑うつポジションを完全に説明したことにはならない。クラインはこれを明確に述べて説明を与える。「……迫害的そして抑うつ的不安が，過剰になれば，重症の精神疾患を引き起こすかもしれない。……この2つの形の不安はまた，大人の精神生活においてパラノイア，統合失調症，そして躁うつ病の固着点を提供するのである。」

注

1. Spillius, E. B. (1988) *Melanie Klein Today, Volume 1: Mainly Theory.* London: Routledge. p. 4.（松木邦裕監訳：メラニー・クライン トゥデイ①，②．岩崎学術出版社，1993.）
2. Joseph, B. (1989) *Psychic Equilibrium and Psychic Change.* London: Tavistock/Routledge. p. 117.（小川豊昭訳：心的平衡と心的変化．岩崎学術出版社，2005.）
3. Winnicott, D. W. (1958) 'The depressive position in normal development', in *Through Paediatrics to Psycho-Analysis.* London: The Hogarth Press. (First published in 1954.) p. 264.（佐伯喜和子訳：正常な情緒発達における抑うつポジション．小児医学から精神分析へ──ウィニコット臨床論文集．岩崎学術出版社，2005.）
4. See Greenberg, J. R. and Mitchell, S. A. (1983) *Object Relations in Psychoanalytic Theory.* Cambridge, MA: Harvard University Press.（横井公一監訳：精神分析理論の展開──欲望から関係へ．ミネルヴァ書房，2001.）
5. Segal, H. (1978) *Klein.* London: Karnac Books. (1979 初版) p. 132.

6. Meltzer, D. (1988) *The Apprehension of Beauty.* Strath Tay: Clunie Press, p. 1.（細澤仁監訳：精神分析と美．みすず書房，2010.）
7. Steiner, J. (1992) 'The interplay between the paranoid-schizoid and depressive position', in R. Anderson (ed.) *Clinical Lectures on Klein and Bion.* London: Tavistock/Routledge. (1990 初版) p. 48.（平井正三訳：妄想分裂ポジションと抑うつポジションの間の平衡．クラインとビオンの臨床講義．岩崎学術出版社，1996.）
8. Segal, H. (1978) *Klein.* London: Karnac Books. (1979 初版) p. 123.
9. Meltzer, D. (1978) *The Kleinian Development. Part 2.* Strath Tay: Clunie Press, p. 10.
10. Klein, M. (1940) 'Mourning and its relation to manic-depressive states', in *Love, Guilt and Reparation.* London: The Hogarth Press. p. 368.（森山研介訳：喪とその躁うつ状態との関係．メラニー・クライン著作集 3．誠信書房，1983.）
11. 同上，p. 347.
12. 同上，p. 345.
13. Klein, M. (1952) 'On observing the behaviour of young infants', in *Developments in Psycho-Analysis.* London: The Hogarth Press, p. 269.（小此木啓吾訳：乳幼児の行動観察について．メラニー・クライン著作集 4．誠信書房，1985.）
14. Klein, M. (1945) 'The Oedipus complex in the light of early anxieties', in *Love, Guilt and Reparation.* London: The Hogarth Press. p. 400.（牛島定信訳：早期不安に照らしてみたエディプス・コンプレックス．メラニー・クライン著作集 3．誠信書房，1983.）
15. 同上，p. 398.
16. Klein, M. (1963) 'On the sense of loneliness', in *Envy and Gratitude.* London: The Hogarth Press. p. 308.（孤独感について．メラニー・クライン著作集 5．誠信書房，1996.）
17. Klein, M. (1940) 'Mourning and its relation to manic-depressive states', in *Love, Guilt and Reparation.* London: The Hogarth Press. p. 347.
18. 同上，p. 345.
19. Ogden, T. (1992) 'The dialectically constituted-decentred subject of psychoanalysis. II: The contribution of Klein and Winnicott', in *International Journal of Psychoanalysis* 73, 4, pp. 517-27.
20. Klein, M. (1937) 'Love, guilt and reparation', in *Love, Guilt and Reparation.* London: The Hogarth Press. p. 311.（奥村幸夫訳：愛，罪そして償い．メラニー・クライン著作集 3．誠信書房，1983.）
21. Klein, M. (1957) 'Envy and gratitude', in *Envy and Gratitude.* London: The Hogarth Press. p. 180.（松本善男訳：羨望と感謝．みすず書房，1975；メラニー・クライン著作集 5．誠信書房，1996.）
22. Segal, H. (1973) *Introduction to the Work of Melanie Klein.* London: The Hogarth Press, p. 70.（岩崎徹也訳：メラニー・クライン入門．岩崎学術出版社，1977.）
23. Riviere, J. (1991) 'A contribution to the analysis of the negative therapeutic reaction', in M. A. Hughes (ed.) *The Inner World and Joan Riviere, Collected Papers 1920-1958.* London: Karnac Books. (1936 初版) p. 145.（松木邦裕監訳：陰性治療反応の分析への寄与．対象関係論の基礎．新曜社，2003.）
24. Klein, M. (1960) 'A note on depression in a schizophrenic', in *Envy and Gratitude.* London: The Hogarth Press. p. 265.（皆川邦直訳：分裂病者における抑うつに関する覚書．メラニー・クライン著作集 5．誠信書房，1996.）

25. Klein, M. (1944) 'Tenth discussion of scientific differences', in P. King and R. Steiner (eds) *The Freud-Klein Controversies 1941-1945*. London: Tavistock/Routledge. p. 839.
26. 同上，p. 836.
27. 同上，p. 201.
28. Klein, M. (1952) 'On observing the behaviour of young infants', in *Developments in Psycho-Analysis*. London: The Hogarth Press, p. 92.
29. 同上，p. 73.
30. Klein, M. (1935) 'A contribution to the psychogenesis of manic-depressive states', in *Love, Guilt and Reparation*. London: The Hogarth Press. p. 264.（安岡誉訳：躁うつ状態の心因論に関する寄与．メラニー・クライン著作集3．誠信書房，1983.）
31. 同上，p. 265.
32. Klein, M. (1940) 'Mourning and its relation to manic-depressive states', in *Love, Guilt and Reparation*. London: The Hogarth Press. p. 350.
33. Klein, M. (1935) 'A contribution to the psychogenesis of manic-depressive states', in *Love, Guilt and Reparation*. London: The Hogarth Press. p. 275.
34. Klein, M. (1952) 'On observing the behaviour of young infants', in *Developments in Psycho-Analysis*. London: The Hogarth Press, p. 71.
35. 同上，p. 66.
36. Klein, M. (1940) 'A contribution to the psychogenesis of manic-depressive states', in *Love, Guilt and Reparation*. London: The Hogarth Press. p. 347.
37. 同上，p. 265.
38. 同上，p. 264.
39. 同上，p. 265.
40. Rosenfeld, H. (1965) 'An investigation into the need of neurotic and psychotic patients to act out during analysis', in *Psychotic States*. London: Maresfield Reprints.（1964 初版）p. 205.
41. Klein, M. (1935) 'A contribution to the psychogenesis of manic-depressive states', in *Love, Guilt and Reparation*. London: The Hogarth Press. p. 269.
42. Klein, M. (1944) 'Tenth discussion of scientific differences', in P. King and R. Steiner (eds) *The Freud-Klein Controversies 1941-1945*. London: Tavistock/Routledge. p. 837.
43. Klein, M. (1935) 'A contribution to the psychogenesis of manic-depressive states', in *Love, Guilt and Reparation*. London: The Hogarth Press. p. 266.
44. Klein, M. (1952) 'On observing the behaviour of young infants', in *Developments in Psycho-Analysis*. London: The Hogarth Press, p. 260.
45. Klein, M. (1935) 'A contribution to the psychogenesis of manic-depressive states', in *Love, Guilt and Reparation*. London: The Hogarth Press. p. 288.
46. Klein, M. (1944) 'The emotional life and ego-development of the infant', in P. King and R. Steiner (eds) *The Freud-Klein Controversies 1941-1945*. London: Tavistock/Routledge. p. 779.
47. 同上，p. 780.
48. Klein, M. (1940) 'Mourning and its relation to manic-depressive states', in *Love, Guilt and Reparation*. London: The Hogarth Press. p. 346.
49. Klein, M. (1944) 'The emotional life and ego-development of the infant' in P. King and R. Steiner (eds) *The Freud-Klein Controversies 1941-1945*. London: Tavistock/Routledge. p.

772.
50. Klein, M. (1952) 'On observing the behaviour of young infants', in *Developments in Psycho-Analysis*. London: The Hogarth Press, p. 258.
51. Klein, M. (1940) 'Mourning and its relation to manic-depressive states', in *Love, Guilt and Reparation*. London: The Hogarth Press. p. 347.
52. Klein, M. (1945) 'The Oedipus complex in the light of early anxieties', in *Love, Guilt and Reparation*. London: The Hogarth Press. p. 371.
53. 同上，p. 403.
54. 同上，p. 404.
55. 同上，p. 407.
56. 同上，p. 382.
57. 同上，p. 400.
58. Klein, M. (1952) 'On observing the behaviour of young infants', in *Developments in Psycho-Analysis*. London: The Hogarth Press, p. 269.

第9章 「この非現実的な現実」
——クラインの空想（幻想）phantasy 概念

> つまり，子どもの最早期の現実というものはすべからく幻想的なものだということである……自我発達に伴って，現実への真の関係がこの非現実的な現実から徐々に構築されてゆくのだ[1]。

「非現実的な現実」によってクラインがいったい何を意味していたのかという疑問への答えは，彼女の無意識的空想概念が英国精神分析協会において発表され，その全貌が明らかになる1943年まで待たねばならなかった。だが，クラインの職業生活の始まりにおいてさえ，この概念は，説明を加えられないまでも，理論の中にはすでに現れていたのである。子どもの患者の遊びにおける想像力に富んだ内容をはじめて眼前にしたとき，ただ必要だったからという理由で，それはクラインの語彙の中に組み込まれた。無意識的空想概念は，それ以後有用であり続けるとともに，逆にクラインが投影と取り入れ，人格化，象徴形成，あるいは内的イマーゴに関する考えを定式化した際，さらにその概念自体が洗練されていった。抑うつポジション概念の形成に伴って，それはますますクラインの思想にとって必要なものとなる。急速に増殖するクラインの洞察は，この頃までに理論的テーマを繋げる目の詰んだ網状構造へと織り上げられ始めていた。その核心あるいはその論理の中心には，彼女の無意識的空想の概念があった。

　無意識的空想の概念は，クラインが抑うつポジションに関する2つの論文を仕上げたあとに発表されたが，それよりもかなり以前から強力な潜在的存在としてクラインの文章中に表れていた。したがって，それはクラインの思想の中に一気に姿を現したわけでもなく，現れてきた時期を簡単に区分けすることもできないため，最良の接近法は，それについて書かれたただ一つの論文を通じて理解することである。クラインの進展する理論のなかで，無意識的空想という考えがまさにその中心だったことを考えると，「空想の成り立ちとその機能

The nature and the function of phantasy」と題されたただ一つの論文の発表者が彼女ではなかったことを知るのはまさに驚きである。その論文は，クラインのかわりに，明晰で科学的頭脳の持ち主だった弟子スーザン・アイザックスが執筆し発表したのだった。この論文がある種の圧力の元で書かれたことは特筆に値する。これが大論争における最初の発表となるとともに，クラインの職業人生におけるこの決定的なひとときの幕開けとなった。もしかすると，状況が面倒であったため，その執筆をアイザックスに手渡すことになったのかもしれない。すなわち，クラインは，自分の複雑な思考を簡潔な形式へと凝縮する必要があったとともに，その時点までにクラインの理論が新たなクライン派という思想学派により使用されていることを示す必要があったのだ。彼女が弟子たちに発表を分配し，大論争の間，弟子たちのうちの数人がその責務を担ったことの意味はそこにあった。さらに，アイザックスは能力的に抜きんでて明晰な支持者であったために，英国協会が彼女に何らかの解説を期待することは自然であった。その発表がなされることになる一連の臨時会議の間に，アイザックスは協会のプログラム委員会から，投影と取り入れに関する論文発表で議事をはじめるよう求められた。だが，その代わりに彼女が選んだのは空想について書くことであった。それというのは，まず空想概念について記述しないことには，クライン派の理論を説明することなどほとんど不可能であると彼女が理解していたからであった。

　したがってこの論文が，議論戦術の幕開けに関する全責任を担っていたわけで，すべてはこれが承認されるかどうかにかかっていた。見ての通り大論争は，数本のクライン派論文の発表に焦点化されており，それらを討論へと開くことを通して，彼女の理論的革新を再検討できるよう意図されていた。さらに，これは広く認識されていることでもあるが，言外に含まれた議題というのは，これよりもさらに不穏なものだった。クライン思想が精神分析として正当なのかどうかをはっきりさせるためのこの論争が，その実，クラインが英国精神分析協会の会員資格を継続できるのかという含みまで持つことになり得たわけである。だがあいにくこの空想論文はすばらしい先手をとった。この最初の発表と討論において，早くも協会はクライン思想の精神分析的妥当性を検証するなどという責務が完結することはないということを発見してしまった。クラインの無意識的空想概念を否定することも，あるいは全面的に受け入れることもともに不可能であり，第2の発表と討論に取って代わられるまでのあいだ，この議論は決着を見ることなく延々と4カ月も続いたのだった。この集団的不決断は，

政治的，職業的，個人的思惑が集約された作用であったが[2]，それでもクラインは，集団に潜在する気運が自分に対して有利に働いていたことについて言明している。「精神分析が未だ年若い科学であり発展段階にあることを考えに入れれば，フロイトの仕事からの推論が，彼の発見のどの部分を取り上げて探求を進めるのかに応じて相違が生じることに驚くべきではない[3]」。

　知的な寛容と，ある種の創造的逸脱に訴えたことから，クラインは英国グループの多くのメンバーから支持を得たに違いない。それがさらなる疑問を生むだけであったとしても，無意識的空想概念は探求に値するものであることが示された。より深い水準においては，協会のメンバーたちはまた，その主題が抗しがたく魅惑的であると感じていたに相違ない。この議論を見ると，討論者たちは乳児体験の現実性を発見しようとすることなどまったく無駄なことだと繰り返し述べ立てている。だが，それでも彼らは主題そのものを追いやることはできていない様子であり，クラインに反論する過程において，それぞれのメンバーは，早期心的生活の別のこれまた魅惑的な概念化を提示しているのである。心の原点という主題は，手の届かないところに至るほど魅惑的になるようだ。

　先述の通りアイザックスの論文では，すべてがクラインの着想に捧げられており，アイザックスはほぼ伝達者としての役割を演じている。だが彼女の分析的鋭敏さと明晰な文章は，この困難な課題をこなすための装備として賞賛に値するものであった。彼女の論文では，内的生活に関するクラインの概念が理論的に洗練され続けており，これらに照らして複雑な無意識的空想概念が明快に説明されるのである。だがアイザックスは，夢と無意識に関するフロイトの考えの重要性をも再び強調する。クラインはすでに，子どもの遊びと夢とは「無意識への王道」を提供することにおいて，同等の位置を占めるのだと述べていた。そしてここでアイザックスは，思考の一次過程に支配され，願望するリビドー的な心が，クラインの空想概念にインスピレーションを与えたことを示したのである。またクラインの概念は，たとえば白昼夢などのより古典的な意味での意識的空想とは区別される必要があったために，アイザックスが提案したのは，綴りをfではなくphで始めることで区別すべきだということであった。

　フロイトは異なる2種類の心的過程を考えた。第2の心的過程（二次過程：訳者）は現実原則によって拘束されており，したがってそこから生じる概念的言語的論理によって世界を正確に評価することが可能となる。それに対して，夢に代表されるような一次過程思考 primary thought process は，より原始的で合理性の低い人間の心的活動であるとされる。それは，欲望されるもの，万

能感，さらに願望する体験によってもたらされるものに基づいており，現実をそのものとして捉えることを犠牲にして成り立っている。したがってフロイトは，一次過程思考というものが夢にも似て，意識的合理性の法則を無視するものだと感じていた。快感原則の支配のもとで，一次過程思考は事実をないがしろにすることで混乱を引き起こすのだと彼は感じていた。それらは奇妙な合成物へと凝縮されるか，もしくは断片化されて転置されてしまうために，夢見の心において典型的に認められるような非合理性を生むことになる。この非合理性は，折り合いのつかない考えが矛盾を生じることなく共存すること，どのような形でも否定 negation というものが形にならないこと，時系列の明白な構造が現れてこないこと，などのためにさらに悪化する。ともすれば混沌となるこの混合物に優勢な方向性があるとすれば，それは持続的満足のシミュレーションであり，苦痛な欲求不満や欲望の除去である。

これによってフロイトは，夢の混沌としたプロセスと乳幼児の心的生活とのつながりを観察することへと導かれたのである。「**夢見とは，乳幼児の心的生活のかけらが取って代わったものである。（強調原文）**[4]」さらに彼は典型的な乳幼児の幻覚的思考を仮定する。新生児はほとんど出生直後に快感の経験とそれを満たす対象との連接を形成するのだとフロイトは示唆した。満足させる対象は，視覚的感覚的記憶として貯蔵され，乳児が次に欲求不満の状態を経験したときに，感覚器によって本能的に希求される。また，原始的な心は現実による制限を被らないため，乳幼児は幻覚という形で願望満足を作り出すところまで強力に生々しく自分の期待を実際の体験として持つことができる。フロイトは，これを大人が，食べ物のにおいや味を実際に体験するところまで追い込まれるような極度の空腹体験になぞらえている。乳幼児においては，満足を作り出すこの能力は普通のことだとされる。それは欲求不満を短時間かわすように働き，願わくば大人がこの乳幼児に反応できる暇を与えるわけである。しかしながら，環境側の応答が過度に遅延するならば，乳児の幻覚する能力は，フロイトの言葉を借りるなら，「枯渇」し，現実が気づきのなかに押し入ることになるのだ。幻覚は，早期乳児期における脆弱な時期に，乳児の心で快感原則の支配を可能にするのだが，しかし，奇怪な一次過程論理がはびこることにもなってしまう。

アイザックスは，クラインがこの考えをもとに，無意識的空想を乳幼児の幻覚的願望充足といかにして結びつけたのかを示した。後者に関してのフロイトの思想に従って彼女は，無意識的空想が想像，感覚そして身体的な状態を巻き

込むことを示唆した。苦痛な窮乏に直面すると乳幼児的身体は，願望する本能的精神と一緒になって，ひとつのある特別な空想を生じるのである。乳幼児の正常な覚醒時機能に属するとはいえ，それはある意味では，夢生活の一種だということになる。だがアイザックスは，その記述においてさらに先へと進んだ。空想は「すべての心的プロセスの原初的内容」なのであり，そうなると，空想とは「衝動 impulse，情動 affect，そして感覚 sensation の中に潜在する[5]」なまの精神素材 the raw material of the psyche だということになると彼女は示唆した。

さらに言うならば，この空想の存在は根拠のないものでは決してない。というのは，これには重要な機能があるからである。空想はまた，「……原始的な心的プロセスの内容なのであり，それによって原始的なリビドー的願望や攻撃的衝動が……精神内部において体験され秩序づけられるのである」。換言するなら，リビドー的願望は単なる動揺として精神内に現れるだけではなく，ひとつの心的形態を取るのだということだ。どのような心的プロセスにせよ，いかなる体験にせよ，内実を与える活動を伴わないなどということはあり得ない。つまり，「……すべての衝動，すべての感情，すべての防衛様式は，その固有の空想において表現され体験されるのである[6]」。

乳幼児が自分自身の盲目的衝迫 blind urges を認識できるようになる前にすら，その心は衝動の働きをもとに内的シナリオを創出する。このシナリオはまた，でたらめに作り出されるわけではない。なぜならそれは，「……衝動に固有の内容を表現しているからであり……その内容は，そのときの子どもの心に対して強い支配力を持つ」からである。アイザックスの説明には，（無意識的）空想 phantasy が精神において最早期の意味体系を形成することが暗示されている。それは，人間の盲目的衝動に方向性を与える要素であり，したがって世界からの侵襲への応答にもとづいた，思考の本能的様式なのである。この原初的な心的活動から，より成熟した認識能力 cognitive capacity が後に発達してゆくことになる。

このような概念提示の含意は奥深い。ここでクラインが提示しているのは，幼い人間の組織体 organism における盲目的生物学的奮闘と，そこから現れる説話的観念的能力とのつながりなのである。無意識的空想の描写からその概念定義の試みへと移る際，アイザックスはこのことに気づいていた。彼女は無意識的空想の定義を次のように提示した。「……本能の心的帰結 the mental corollary であり，本能の精神的代理 psychic representative である」と述べ，

さらに次のように追加する。「……衝動と本能衝迫は、どれ一つとっても（無意識的）空想として体験されないものはない[7]」と。

フロイトは「本能的要求の心的表現」についてすでに言及していた。さらにいえば、本能というものはそもそも彼の思想において特に重要視されていたのである。彼は、本能が心的生活を動機づける根源の力だと見なしていた。彼は、本能の起源が純粋に生理学的なものでも、純粋に心的なものでもなく、それら二つの境界にあるものだと考えた。人間という組織体における生き残りの必要性が体と心に作用するとともに、世界に対処するために活性化された最初のエネルギーが、心的なものと身体的なものとの間によこたわる境界のようなものを造っているにちがいなかった。ここでアイザックスが示したのは、クラインの概念がフロイトの見解に完全なる説明を与えるものなのだということであった。心身混合体としての本能において、とりわけ心的要素こそ無意識的空想に他ならない。

フロイト本能論のこの特殊な方向への拡張に着手したあと、アイザックスはこの概念のさらなる側面を詳述した。すなわち、それが対象関係に関わるという意味において、より典型的にクライン派由来のものである。人間的衝動の根底にあり、それらに形を与えるものとしての無意識的空想という彼女の描写に合致する形で、彼女はある種の細部へと分け入った。すなわち「子どもが母親に対して欲望を感じるとき、その子はそれらを『乳首を吸いたい。彼女の顔を撫でたい。彼女を食べてしまいたい。彼女を自分の内側に持っておきたい。』などとして体験するのであり、陰性の表現の場合ならば『乳房を咬みちぎりたい、彼女をバラバラに切り裂きたい……自分の中から彼女を放り出したい。』などとして経験されるのである[8]」。

このような描写から、子どもの早期空想生活に洗練された概念的内容が存在するのだと仄めかそうというのではない。アイザックスはこの件に関して、クラインのもう一人の支持者であるジョアン・リヴィエールを引用している。

> われわれが赤ん坊や幼児の「空想 phantasies」という場合、そのなかに手の込んだ舞台装置やまとまりをもった劇化があるのだというのではないし、そもそもそこに心的あるいは言語的表象があるのだなどと主張するつもりはない。われわれが推測するのは、そこで子どもがあたかも自分が望んだ行為をまさに遂行しているかのように感じており、この感じはある器官（たとえば、口唇や筋肉組織）の身体的興奮を伴っているということである[9]。

アイザックスが引き続き強調するのは，そのような非常に原初的な空想活性を基礎として，後のもっと複雑な内的視覚イメージが発達してくるのだということである。だが，彼女が到達することになるのは，ある空想を構成するシナリオというものは常に特異的な対象関係に基づいており，そこにおいて対象は独特の様式で扱われるか，あるいは対象自体に主体を独特の仕方で扱う役割が割り当てられていたりするというクライン派の信条 belief であった。アイザックスはこのことの含意を隅々まではっきりと述べているわけではないが，これはクライン派における主要元素的なオリジナリティとなる。これは心的作用の基盤が本質的には関係的 relational であることを描写しているのであり，主体と対象とのやりとりを通じて意味が実現 actualize される内的シナリオに持続的に依拠せずして，われわれの経験もそしてそもそもわれわれのアイデンティティも意味をなしえないということを示唆している。

　無意識的空想というクラインの概念は，子どもの早期エディプス空想という彼女の考えと強いつながりを持っている。クラインの思想は，母親との初期関係について緻密な考察が重ねられるなか，「大論争」の時までにはその実質は進化していた。彼女はいまや，全般的な意味での母親の身体を超えたところにまで考えを至らせていた。彼女は，乳児はその生命が始まったときから，母親とのやりとりの質を識別することができるのだと示唆し，その識別は情緒的感覚的装置を通じてなされるのだとした。そのやりとりの質というものは，どんなに萌芽的であろうと，何らかの形の表象なくしては内的に解釈することができないだろうと彼女は感じていた。クラインの思想において空想 phantasy というものは，内的現実に形を正確に与えるプロセスなのである。ここに至るまでにクラインは，空想 phantasy がただ外的対象を内部において表象するだけではなく，それ以上のものであることに気づいており，したがって彼女は空想が，母親を人として全体的に認識する前のより未発達な諸水準での体験に影響を与えるのだと認識していた。無意識的空想は，「内に摂取された」世界の諸部分として，あるいは「内に摂取された」母親の諸側面として理解された方がよいのであり，それらは実際の母親とのやりとりを通じて繰り返し精神内部に取り入れられ，そして個人の発展するアイデンティティの中に吸収されるのである。

　クラインの強調点は，初期においては母親の身体全体にあったが，ここではすでに，部分対象という概念，あるいは乳児が感じ体験の一部として取り入れ

る母親養育の諸側面という概念へと道を譲っていた。これに関して，よりしっくりくる表象あるいは原型は，母親の授乳する乳房なのであり，こうして乳児の持つ最初のリビドー的体験は乳房との授乳関係と結びつけられた。彼女はここで，乳児の最初のサディスティックな攻撃が，もっぱら母親の乳房へと向けられているのだと考えるにいたり，このことが彼女の抑うつポジション概念形成の核心へと導いた。こうして離乳における喪失とその結果もたらされる悲しみは，6カ月の乳児の空想において体験される状態なのだという理解が可能となる。抑うつポジションに関するクラインの考えは，アイザックスの空想論文にあまり多くは持ち込まれていない。だが，それでもこの論文に対してなされた批判では抑うつポジションについて言及されており，ひいては無意識的空想概念への反論の根拠として抑うつポジション概念を挙げ，クラインが行き過ぎているという批判がなされている。

アナ・フロイトの批判

　第一に，アイザックスの発表に続いてなされた討論から明らかなことは，全体的に見て，無意識的空想という概念が確実に分析家の聴衆たちの心を何らかの形で動かしたということである。だが，ある種の鋭い批判がなされたことも確かであり，その中で特に傑出していたのはアナ・フロイトによるものだった。アナ・フロイトの批判はさまざまな要素に向けられていたものの，アイザックス論文のただ一つの側面が，他に比べ突出して彼女をいらだたせたに違いない。アイザックスが示したように，クラインは乳幼児の一次過程思考の領域に，ありそうもなく成熟した二次過程の諸要素をこっそり持ち込んでいるように見えたのである。アナ・フロイトは，クラインが一次過程思考という父の考えを逸脱しておきながら，いったいどうして無意識的空想がすべての心的過程の一次的内容だなどと主張できるのだろうか，と訝るのである。そもそもクラインの抑うつポジションという概念が，時間感覚，葛藤，矛盾さらには否定 negation などといった二次過程思考を含んでいることは疑うべくもないことである。

　　アイザックス氏による無意識という描写には，所属なく遊離した本能的衝動の流れというものが見当たらない。「早期快感自我 early pleasure ego」の統合が，生命の始まりとともに存在するなどとあまりにも早期に位置づけられているのである。

諸衝動はそれぞれが互いに「葛藤状態」に入るという。つまり，赤ん坊は母親への愛が脅かされるという感情を伴うことなく母親に憤怒を感じることはできないし，……その「両価的な」感情は，並列して存在することができず一部は外へと投影されねばならないのである。……否定 negation は当初から存在するという。たとえばそれは302ページに示されている。280ページには「母親の永遠の不在という空想」と書かれており，子どもには一時性と永続性の区別は存在しないというわれわれの考えに相反して，時間感覚すら存在するようである[10]。

アナ・フロイトにとってことに最悪だったことは，ありえないような早期から自我が出現するというクラインの仮説だったようである。クラインは抑うつ的状態を寄せ付けないための早期防衛機制の使用を仮定していたので，彼女の概念的枠組みにはこれが必要だったのだ。種々の防衛があるためには，脅威を体験できて防御活性を動かす能力のある組織化の中心が人格の中にそもそも存在することが必要だったのである。

早期快感自我というものが無意識における中心的人格機能となるなどということがいかにして可能なのか理解することは簡単なことではないが，そのような活性中心の存在を仮定しなければ，いわゆる早期防衛の存在を説明することはできない。したがって，この論文によれば，無意識生活は一次過程の性質と二次過程の重要な特質とを併せもっていることになる[11]。

クラインの無意識的空想概念に対する告発は，それが一次過程思考を提示しているのではなくて，一次過程と二次過程のあり得ない混同を示しているのだというものであった。アイザックスが反論の機会を与えられたとき，後者（一次過程と二次過程の混同）の点についてエネルギッシュに論駁した。まず彼女は，アナ・フロイトの批判が正当であると承認することから始める。しかしながら，アイザックスはそのあと重要な誤解について訂正することへと進んでいった。クラインの無意識的空想が，純粋な一次過程思考と無意識的空想とを同一のものとすることを目指してはいないのだと彼女は説明した。さらには，そもそもフロイト自身も，組織化を行える二次過程との相互作用なく一次過程が純粋な形で存在しうるのかと疑っていたのだ。アイザックスはフロイトから引用する。

われわれの知るかぎりでは，一次過程だけを備えた心的装置というものは存在しないのであり，それはいわば理論的フィクションである。しかしながら，一次過程は

最初期から認められる一方で，二次過程というものが人生の途上で徐々に形を得てゆくというのは少なくとも事実なのであり，二次過程が，一次過程を抑制したり覆い被さったりするなどしながら，人生の最盛期になると，もしかすると一次過程に対する完全なるコントロールを得ることになるのかもしれない[12]。

　この観点から，アイザックスは二次過程が早期に始まるとして，それらの「原初的萌芽」が必然的に乳児的空想の中に現れるのだと示唆した。防衛機制を使用する早期自我という仮説に関していえば，彼女はいくぶん曖昧な言い方をしている。すなわち，「……子どもは生まれながらに，苦痛で不快な刺激に対する反射的防衛能力を持っている。そのような反射的防衛を子どもは最初から示すのであり，それなしで生き延びることはできない[13]」。この議論は確かに，早期自我が出生時から存在して，痛みの原始的で反射的な回避を組織化するのだというクラインの確信を支持するものである。クラインの空想概念の意味するところでは，この反射的活性でさえ精神内界において表象されねばならず，したがって，攻撃性が痛みの発生源を消滅させてしまったのだと感じられるような空想という形をとることになる。さらに，そのような破壊を空想する前でさえ，乳児は自らの痛みの体験を擬人化しており，それを迫害的な存在として内的に表示するとされている。

　これらの議論からすれば，クラインの無意識的空想概念は，無意識生活のバリアーの背後に一次過程が密閉されてしまうということのない開かれたシステムを示すものとなる。世界から精神への情報の流れは，恒常的に生じており内的本能エネルギーに影響を与え続ける。早期自我という仮説はまた，空想に対してさらなる機能を与えることを示唆する。すなわち，それは自我の防衛的活性を想像したり幻覚したりすることでそのような活性の組織化を促進するということである。アイザックスが述べているように，無意識的空想は本能と防衛機制とのあいだをつなぐ作動連絡路 operative link として働きうる。もし子どもが驚愕 fright を受信するなら，恐怖の源を激しく排除するなど，防衛戦略を「誘発」するような性質をもった観念が，無意識的空想によって作り出されることとなる。

　無意識的空想という概念によって，クライン初期の難解なアイデアの多くに整合性がもたらされた。それは彼女の内的対象という概念，投影と取り入れというアイデア，さらには愛の対象の喪失という内的体験に関する彼女の考えをより理解しやすくしたのである。この空想概念は周囲に完全に受け入れられた

わけでも，完全に拒否されたわけでもなかったが，クラインは程なくそれをさらに強調するに至る。人生の始まりについて，そして抑うつポジションに先行する心的状態について，さらに彼女は考えを進めてそれを妄想分裂ポジションと名付けるのだ。彼女のこのポジション概念の本質は，空想が最早期乳児期に始まるもので，それが最も原始的な心身的・反射的なかたちで作動しており，本能に心的表現を与えるのだという発想なのだが，しかし何よりも無意識的空想が本能衝動と最早期心的防衛との間の作動連絡路ともなりうるということであり，それは特に分裂的な性質をもつものなのだと彼女はここで再評価することになる。

注

1. Klein, M. (1930) 'The importance of symbol-formation in the development of the ego', in *Love, Guilt and Reparation.* London: The Hogarth Press. p. 221. （村田豊久・藤岡宏訳：自我発達における象徴形成の重要性．メラニークライン著作集1．誠信書房，1983．）
2. Steiner, R. (1990) 'Background to the scientific controversies', in P. King and R. Steiner (eds) *The Freud-Klein Controversies 1941-1945.* London: Tavistock/Routledge.
3. Klein, M. (1942) 'The second Extraordinary Business Meeting', in P. King and R. Steiner (eds) *The Freud-Klein Controversies 1941-1945.* London: Tavistock/Routledge. p. 91.
4. Freud, S. (1901) 'On dreams', Standard Edition 5. London: The Hogarth Press, p. 567. （夢について．フロイト全集6．岩波書店，2009．）
5. Isaacs, S. (1943) 'The nature and the function of phantasy', in P. King and R. Steiner (eds) *The Freud-Klein Controversies 1941-1945.* London: Tavistock/Routledge. p. 272. （松木邦裕監訳：空想の性質と機能．対象関係論の基礎．新曜社，2003．）
6. 同上．p. 278.
7. 同上．p. 277.
8. 同上．p. 277.
9. Riviere, J. (1936), quoted in ibid., p. 283.
10. Freud, A. (1943) 'First discussion of the scientific controversies', in P. King and R. Steiner (eds) *The Freud-Klein Controversies 1941-1945.* London: Tavistock/Routledge. p. 330.
11. 同上．p. 330.
12. Freud, S. (1900) Quoted in 'The nature and the function of phantasy', in P. King and R. Steiner (eds) *The Freud-Klein Controversies 1941-1945.* London: Tavistock/Routledge. p. 374.
13. Isaacs, S. 'The nature and the function of phantasy', ibid., p. 375.

第10章 「超然とした敵意」
——妄想分裂ポジション

　大論争がクラインにとって有利なかたちで終結した1946年，彼女は確かに安堵を体験していたことだろう。しかしながら，このひとときを小休止として使うなどとはほど遠く，新しく確立された職業的安全感は殊に刺激的な効果を持つこととなった。クラインは今や自分のアイデアをその究極の結論へと運んでゆく自由を得たと感じており，さらに最も挑戦的なアイデアを形にすることで，心の最も深く不明瞭なところへと掘り進んでゆくのである。このときから11年の間に，それは彼女に死が訪れる1960年の3年前にあたるが，彼女の理論の主要部分がすべて出そろい完成されることになる。だが1946年には，乳幼児の心的生活で抑うつポジションに先行するものに関しての彼女の考えを完全なものへと発展させるという困難極まる任務があった。これから2つの章を割いて吟味することになる1946年の独創的論文「分裂的機制についての覚え書き」のなかでクラインは，抑うつポジションの始まる前，乳児期最早期の日々には，心的生活の最初の進化相 evolutionary phase として妄想分裂ポジションが支配するのだと示唆した。
　分裂機制に関するクラインの論文は，最も複雑な仕事のうちの一つであると同時に，20世紀精神分析における技法の発展に対して相当貢献したもので，臨床実践に幅広く適用可能であることが実証されたものでもある。この論文においてクラインは，乳児期の最初の瞬間に関する自説の詳細を，より十分な形で披瀝することに着手する。彼女は心的生活を原始の混沌から徐々に立ち現れてくるものとして描き出し，そこでは生命増進的傾向と破壊的傾向とがはじめは渾然一体となっているが，これらは筋が通る形に凝集して妄想分裂ポジションを形作るのだと示唆した。クラインはすでに，乳児が授乳乳房との萌芽的な「関係」に没入し始めるのだという考えを提示していた。したがって彼女は，たとえこれが空想において全体的体験 whole experience として，あるいは彼女が「全体状況 total situation」と名付けたものとして体験されるにして

も，最初の「関係」は部分対象に対して結ばれるのだと結論づけた。だが，彼女の概念においてさらに本質的なことは，乳児が達成する安定性が，どのようなものであれ常に一時的であり，それは出生直後に始まる強力な本能活動とともに，環境における欲求不満や環境からの侵害を含む，内的あるいは外的起源を持つものによって脅かされるのだという信念であった。

クラインはまた，すでに乳児的諸防衛について着想していた。彼女は，乳児がさまざまな不具合に関して萌芽的な気づきをもっており，それらに対して不安によって反応するための自我活性 ego activity を十分にもっているのだと信じていた。そして，乳児の心は大量の不安を加工するほど十分に成熟していないため，繰り返し原始的防衛機制に訴えることになる。そのような防衛機制は，「反射的なもの」と同様に，人生においてある限られた時期にのみ重宝する。というのは，その未発達な原始的性質にふさわしく，それは無差別的攻撃性を帯びたかたちで誘発されやすく，それゆえ本質的に猜疑的な paranoid 性質をもつことになるからである。それらの諸防衛が手加減なく容赦ないものであるため，痛みや不安が防衛による殲滅標的となるばかりではなく，それらへの気づきそのものにも向けられる。したがって，それらの防衛は，苦痛な体験の諸部分を自己から切断することを目指すのであり，さらにそれに加えて，悪いものとして体験された対象の側面を，愛すべき部分から取り除くことを目指すことになる。したがってそれらは，猜疑的（妄想的）paranoid であるばかりでなく分裂的 schizoid なのである。

妄想分裂ポジションについての考えを進めるなか，クラインはいまや経験における最早期の諸相を明らかにすることを目指し，これらをあとに続くはずの抑うつポジションというすでに存在する概念へと結びつけようとした。彼女はすでに，対象と世界の「諸部分 parts and portions」しか取り込まない断片化の状態から，部分ではなく全体を棲息させられる心的な場が可能となる統合の状態へといたるものとして乳児を捉えるような発達経路の見取り図を示していた。また彼女は，最早期の乳児の空想において，極端によい内的イマーゴと極端に悪い内的イマーゴが次第に接近して統合 synthesis が達成され，それとともに乳児的両価性が軽減し，精神の中に愛の対象が安全に樹立されることを示唆していた。抑うつポジションに関する議論でも，すでにクラインはこの発達経路がいかに危険に満ちているのかということを明示していた。すなわち，両価性というものが愛の対象の喪失という悲劇的状態を招きうるのであり，抑うつポジションが克服されないなら，それは後の躁うつ病の固着点になり得るの

だということであった。これまでに見てきたように，これがそもそも他の分析家との間で物議を醸す元になったのであり，彼女の理論のなかで早期の心的生活に関してさらにこれ以上複雑なものを追加する余地はないように見えた。だが，これこそクラインが，妄想分裂ポジションという新しい概念によってさらに進んで追加したものに他ならない。

　抑うつポジションに関する論考の複雑さが，離乳の苦闘と母親対象からの心理的分離によって始動する多くの同時発生的プロセスから生じてきたのに対して，妄想分裂ポジションの複雑さは別の因子によるものである。クラインは，いくつか異なった種類の断片化プロセスについて説明を加えようとしている。それらは最早期乳児期に同時的に作動しているものであり，それぞれ異なる起源を持っている。だが，彼女の用語法からすると，彼女が探求しているそのようなプロセスは，防衛という単一の起源を持つものだけであるというふうに映る。つまり分裂的防衛 schizoid defence である。これらの難点に加えて，この単一にみえる焦点ですら実は多彩なのである。というのは，クラインが探求している分裂的機制は単一のものでは決してなく，いくつかの種別があるからだ。つまり読者は，似たような現象が雑然と並べられるさまに出くわすわけで，このこと自体が無秩序な断片化プロセスの数々が押し寄せて幻惑する混沌という，クラインの描写する原始心的生活を適切に映し出すようでもある。クラインが想定するさまざまな断片化プロセスを分類するには，まず彼女が新しく概念的レパートリーに加えたものの基礎について吟味する必要がある。すなわちそれは，原始的分裂機制という概念である。

　第一にこの概念の目立った特徴は，精神分析的定義の目的に精神医学的な用語を引き続き使用していることである。抑うつポジションに関しても，すでにクラインは早期の心的経験と後の精神医学的疾病との間につながりを築いていた。彼女が指し示したのは，乳児を耐え難い不安に晒す原始的世界体験がいかなるもので，逆にこれが過剰になるまで強められるならば，精神病のすべての兆候をあわせもつに至るまでの防衛をいかにして始動させるのかということであった。したがって人間の病理というものが，生命 living と生き残り survival という問題そのものを通じて説明されているのである。抑うつ病理と乳児期に関するクラインの考えはアブラハムに啓発されたものだった。クラインがアブラハムの考えを，信頼にたるものとしてあてにすることができたのは，彼には入院設定における精神病患者からの直接的臨床経験というクラインには得られないものがあったからであった。しかしながら，自分が分裂概念を使用する段

になると彼女は，再び該当する精神医学的経験を持った者の結論にたよる必要があることに気づく。それを彼女は同世代の2人に見いだした。フェアバーンとウィニコットである。大人の患者の分裂的状態に関するクラインの探求はそれ自体一つの項目であり，彼女の1946年の論文中の重要な主題になっている。だが，大人の病理的分裂状態を構成するものに関する彼女の議論は，彼女がこの理解を乳児期に関する彼女の概念に対していかにして適用したのか，その意味をつかむには大変重要で本質的なことなのである。したがってそれを本章において議論することにしたい。

フェアバーンの影響

スコットランドの精神分析家ロナルド・フェアバーンは，1940年から1945年の間に，精神医学的経験に基づいて，「**精神の基礎的ポジションは常に分裂ポジション schizoid position である。（原文強調）**[1）]」と結論づけた。そのときまで分裂的現象という視点から考えることのなかったクラインは，この分裂ポジション概念に触れて，それが彼女自身の理論に対して持つ含意を直ちに理解した。

> 彼は最早期の相を分裂ポジションと呼んでいる。すなわち，それは正常発達の一部を形作るとともに，大人の分裂的疾病と統合失調症の基盤となるのだというのである。私はこの主張に同意する。そして，発達としての分裂的現象という彼の記述は，重要で意味深く，われわれが分裂的行為や統合失調症を理解する際に非常に価値があるものだと思う[2)]。

1946年以前のクラインの仕事の中にも多くの点で，フェアバーンの分裂ポジション概念を予感させるものがあった。正常な心がどのように発達してゆくのかに関する彼女の考えにおいては，体験が断片から次第に同化融合されることが示唆されていた。さらにそこに，対象と自己とを分画化する解離のプロセス dissociation process が加えられたが，そのプロセスは不穏な体験を分割し split-off 隔離する isolate ことを目指すものである。したがって，クラインは正常な自我は統一体であるという見解に対してすでに異議を唱えていたのであり，普通の子どもの発達においても解離のプロセスは豊富に見られるとしていた。クラインが行った心理的二分法に関する1946年以前の探求の全貌は，彼女の2本の抑うつポジション論文の中で明らかになる。その中で彼女は，早期自我が

本質的には抑うつ的状態と躁的状態に関連したポジション間を揺れ動くもので，乳幼児の自己全体からすると，それらは部分的側面でしかないのだというアイデアを追加している。この考えによると，発達というものが，もはや直線的進展だとは見なされておらず，むしろ苦悩したり，躁的であったり，抑うつ的であったり，落ち着いていたり，満足していたりするなど，それぞれの状態が入れ替わり立ち替わり生じて来る自己の断片を調和させるような，こみ入った取り組みなのだと見なされている。

　フェアバーンの仕事を知るようになると，クラインは自分の以前の結論に奥行きを与える要素に関して必然的に気づくことになった。彼女は今や，さまざまなポジションや断片化プロセスに関して考えるだけでなく，基調をなす機制すなわち分裂的防衛という観点から考えるようになった。その機制は，主体が最も原始的な水準において取る基礎的ポジション primary position を決定づけるものであった。

　しかしながら彼女は，最も萌芽的な心のシナリオについて1946年よりも前にすでに説明を加えていた。抑うつポジションにいたる前に，乳児が数多くの異なる早期のポジションを取りうるのだと彼女は感じていた。そのなかには妄想的なものが含まれており，これが最も早期のポジションだとその頃クラインは信じていたのだ。最早期乳児期は，母親の世話における間隙や不完全さに対する最も極端な諸反応によって特徴づけられるが，これらは死の本能を通じて本能的危機感覚を引き起こし，それゆえ迫害的状態あるいは妄想的ポジションへと達することになる。

　フェアバーンの喚起的なアイデアに触れて，クラインは最早期相が妄想ポジションという概念だけでは完全には捉えられないことに気づいた。それでも彼女はそれを手放すことに気が進まなかった。彼女は，乳児的不安の切迫した性質についても，そこから発生する恐怖や憤怒の感覚についても，考えを変えるつもりはなかった。しかしながら彼女は，原始的心的生活の特徴であると感じられる断片化や不完全性について，不安だけから説明することはできないことにも気づいていた。したがってクラインは，そこにフェアバーンの分裂ポジションという考えを追加するという形で，彼女の妄想ポジション概念を保持することにした。

　だが，現存する理論的構造に影響するような変化を招くことなく，ただフェアバーンの理論的枠組みの一部分を付け加えることは不可能だった。したがって，自らの概念的枠組みの中に分裂という概念を統合すべくクラインは奮闘し

たが，その結果として，特に複雑な妄想分裂ポジションの定式化をもたらした。そもそもフェアバーンが知見を発表した頃，クラインの同僚だったドナルド・ウィニコットも分裂現象に関心を持つようになっていた。1940年に彼は，「原始的未統合 primary unintegration」と呼ぶ状態に関連があるものとして分裂状態を探求した。ウィニコットも精神分析的著作のなかに精神医学的経験を使用していたこともあって，クラインは彼の考えにも影響を受けた。

　1946年の論文でクラインは，彼ら2人の一見矛盾する推論を抱き合わせようと企てたばかりでなく，彼女が以前の仕事のなかですでに探求していた別の分割プロセスの主体を統合することも同時に並行して成し遂げようとした。だが，クラインはなぜ精神医学的用語をあえて再び引用したのだろうか，そしてこれは乳児が精神病的であると彼女が見なしていたことを意味するのだろうか。もしそうであったならば，ある種の原罪思想 original sin が彼女の理論に再浮上してきたことを意味しうる。すなわち，ここでの原罪思想は精神病が自然なものとして想定されている原初的精神病の理論という形を装っている。確かに大論争の際，実際に彼女の精神分析家の同僚たち数人のあいだで起こったように，クラインが精神病と乳児期を同等視していると見なすという誤りに陥ることは非常にたやすい。

　しかしながら，自分がその2つを同じものと見なしてはいないという事実をクラインが相当長々と強調していることは重要である。大論争のあいだ，このことを例証するものとして，彼女は以前に出版された『児童の精神分析』の中核を構成する18人の子どもの患者の治療における医学的診断を明示していたのである。18人の子どものうち，彼女がスキゾイドあるいは早期統合失調症だと診断したのは，2人だけだったことは明らかなのだ。残りの子どもたちは，たとえば「重症神経症」もしくは「強迫諸症状」など，広範囲にわたる病状に苛まれているのだと診断されていた[3]。クラインが大論争の機会に繰り返し強調したことは，なかには実際に精神病を患っている子どももいるため，乳幼児期と精神病とを素人的に同等視してしまうことが，正常発達と病理的発達との区別を妨げるばかりでなく，本当に精神病である子どもの鑑別を不可能にするかもしれないということであった。

　したがって，彼女が正常発達現象を描写するにあたって精神医学的概念を使用したのは，その2つを同等と見なすという問題よりもむしろ，早期の不安状況と精神病への脆弱性を持つ人格の発達との結びつきを作り出すためだったのである。このことは，精神分析コミュニティがその頃大人の精神病への関心を

高めていたという文脈においても理解する必要がある。

分裂的現象 Schizoid phenomena への関心

　これまでにも述べたとおり，分裂的現象への精神分析からの関心は，1940年代に活発化した。分裂機制などの精神病の基盤となる機制が，心的生活の中心となる諸過程に関する手がかりを有しており，これらを発見できるならそれには二重の意味がある，つまり発達の本質を明らかにすることができると同時に精神病の意味と原因とを明らかにできる，そういった気運の高まりがこのような関心に現れていた。

　この野心的目標は，フロイトの意向とは対立するものだった。フロイトが生涯をかけて探求したものは，古典的神経症とそれが提示する正常発達に焦点づけられていた。ファインは，精神分析がその発達過程において，精神医学，心理学，社会学，生物学，人類学などを含む科学研究と人文学研究の多くの学問分野との接触を重ねてきたことを指摘している[4]。フロイトはそれらすべてを重要視した。彼は人間の本性を研究する学問分野のスペクトラムすべてにわたって関心を持ち，包括的で多次元的な心的生活観へとまとめ上げようと試みた。しかしながら，彼は統合失調症が精神分析で吟味可能だということには納得しなかった。古典的神経症に焦点化しようというフロイトの傾向の意味するところは，彼の著作や仕事が統合失調症をはじめとした慢性的な精神疾患に向けられたものではなかったということであり，どのような学派の精神科医であれ，彼らが垣間見る精神病の深刻さは器質的起源に根ざしているのだと考えていたということである。

　だが，精神分析が成長したのは，19世紀の末から始まった精神医学的思索の実質的進展時期と一致しており，この思索は分裂状態の理解にとって重要であった。そのような分裂状態を理解するための最初の重要な一歩が踏み出されたのは，エミール・クレペリンが「早発性痴呆[5]」の名の下にこれらの諸状態の範囲が血族関係にあることを立証した1883年であった。したがって，それまでは全く共通点が見いだせず混沌としたものだとされ，時には病気だとさえ見なされなかった状態に関して，それらが共通の起源から現れてきたものであることを彼は明らかにしたのである。1912年までには，スイスのブルクヘルツリ病院の院長だった精神科医オイゲン・ブロイラーが，このような一群のグループを単一のものとして基礎づける症状，すなわち異なる精神諸機能の分

割が起こることを発見し，それが名に示されるようにと「分裂病（統合失調症）Schizophrenie」と呼称を変更した。分割 splitting という比喩が，この病気の根底にある心的機制に関する後の考察への道を開いた。「分裂的 schizoid」という用語がはじめて現れたのは，1924年のブロイラーの「精神医学総論 Textbook of Psychiatry [6]」であった。

　クレペリンとブロイラーの発見は，29年という世代格差によってばかりではなく，非常に異なった見地にあることからも，それぞれ独立したものではある。だが，クレペリンが礎石を築いたからこそブロイラーの研究が可能となったこと，典型的なパターンや症候学の範囲など独立した症候群として統合失調症を理解することに両者とも寄与したこと，など彼らの理論には連続する要素があったことに疑いはない。しかしながら，クレペリンの見地は心と脳とを等価と見なすという強固に器質論者のそれであったが，一方ブロイラーは心的生活に対して経験がもたらす影響に関心があった。この関心は，それだけですでに精神医学に対して精神分析が影響をもたらした結果なのである。ブロイラーはフロイトに感銘を受け，彼の「精神医学総論」の中である種の精神分析的な解説を使用している。だが，彼のフロイトとの関係はぎこちないもので，究極的には自立性を保持することを好んだ。つまり，精神分析からの知見は用いたが，自説がそれによって支配されることは許容しなかった。

　この関係から明らかなように，分裂機制の理解に対する精神分析からの寄与は，単に精神医学が激動した後の余波だったわけではない。精神分析の誕生は，ちょうど精神医学分野の革命的進展と軌を一にしていたため，両分野は同じような時期に流動的変化を被ったのである。この時期に精神医学と精神分析は，ともに収斂と分岐という道を辿っており，相互に影響を与え合うとともに，それぞれの相違も明確にされた[7]。

　第5章で論じたように，ブルクヘルツリのチームは，特にカール・アブラハムの仕事を通して，精神医学的見解を精神分析の発展へとつなぐ連絡路を提供した。彼はうつ病の探求ばかりでなく，初めのうちにはユングと同様に，早発性痴呆 dementia praecox（慣習的な学術語を使用する：訳者）の本質の探究に取り組んだ。統合失調症の心という大きな謎に対するアブラハムの見解からすると，それはフロイト的な線に沿って，自己充足的な自体愛という最も原始的な水準，すなわち後にはナルシシズムと名づけられた水準への退行を示すのだとされ，したがってそれが統合失調症者の超然とした性質をもたらすのだと見なされることとなった。そのような患者では満足な進展が得られなかったこ

とから，フロイトは分析的試みに協力する態度が欠如した彼らの様子を心的生活における最早期リビドー段階，すなわち対象を閉め出すナルシシズム期にあるせいだとこの時すでに見なしていた。

　これら初期の成果には，精神分析が精神病理解に対して持つ可能性への萌芽的な気づきが現れている。だが，精神病を患う個人との精神分析作業は第二次世界大戦の時期に，よりはっきりと表に出てきた。フェアバーンとウィニコットは分裂状態の患者と有効に仕事をすることができたため，それらの臨床例を使って自分たちの理論的結論を確証することができたのである。

クラインによる分裂的状態 the schizoid state への理解

　前述の通り，クラインは部分的にフェアバーンとウィニコットに同意しており，両者の論考の諸側面を最終的には自説へと吸収していた。この2人と同じように，彼女は大人の精神病と幼児の心的状態とのつながりを明らかにしようと試みた。結局この2人の理論家とクラインが共有したのは，両者をそのまま無遠慮に同等視すべきではないということだった。それゆえ，乳幼児が精神病であるなどとは考えていなかったが，他方クラインは，大人になって精神病を作り出すにいたる構成諸要素は，正常発達の早期段階に登場している特徴なのだと主張した。さらに彼女は，それら精神病を構成する諸要素が，特徴的プロセスを伴って前もって形成されていた精神性から生じてくるのだと感じていた。

　クラインの分裂的プロセスに関する探求が単独で孤立してなされたのではなく，専門家同士のより広い対話の一部分だったという事実は，1946年の「分裂的機制についての覚え書き」の中のどこを見ても彼女が分裂 schizoid を定義づけた部分が見当たらないことの説明になるかもしれない。だがそれでも，彼女の理解する分裂的現象については，この論文の中の「ある分裂的諸防衛」という小見出しのもとで提示される臨床例から推測することができる。ここで彼女は大人の男性例を提示し，分裂的プロセスの破壊的本質について説明するとともに，それらが自我の知覚する能力や経験する能力を蝕むさま，さらには自我の統一化された諸機能をバラバラにする様子を明らかにしている。

　臨床事例の提示に先立って，クラインは分裂的状態にある個人の最も厄介な側面，すなわち彼らが示す情緒的欠陥について述べている。彼女がそこで強調するのは，「引きこもった非情緒的態度，つまり対象関係におけるナルシシスティックな要素」であり，「分析家との関係全体に浸透するある種の超然とし

た敵意[8]」である。さらに続けて彼女が述べるのは，いかに「患者が自分自身を疎遠なものとして遙か遠くに感じているのか」であり，これは「患者の人格と情動のかなりの部分が使用不可能である」という分析家の印象と呼応しているということである。したがって，クラインが照らし出しているのは分裂的状態にある個人の解離した状態なのであり，彼らがいかにして自分たちの応答性のある情緒的側面から身を引き離すのかというその方法についてなのである。

分裂的状態に対するこのような見方は，その本質に関するフェアバーンの見解に一致する。彼もまた，分裂的状態（スキゾイド）の属性のうちの一つに，「孤立 isolation と疎隔 detachment の態度」を挙げており，さらに重要なことは「**対象関係における脱情緒化**[9]」（強調原文）のプロセスを強調している点である。

しかしながら，フェアバーン自身も，ブロイラーが「精神医学総論」の中で提示していた分裂的状態（スキゾイド）に関する見解に依拠していた。フェアバーンは次のように銘記している。「『分裂病（統合失調症）schizophrenia』という用語を適用するのは，もちろん第一に思考と感情との分離が観察されることに基づいている。つまりそれが示唆するところは心の内部での分裂である[10]」。

ブロイラーはその著作の中で，フェアバーンが後にいうところの対象関係の「脱情緒化 de-emotionalization」に関する多くの描写を提供していた。特にそれは，彼の教科書の統合失調症について述べた部分において認められる。彼もまた，統合失調症者の性質に強く印象づけられた。すなわち，「彼らの振る舞いはすべてにおいて**無関心**という特性を持っている。……命にかかわる重大事，あるいは家族の運命や自分の将来について，患者たちは全くもって関心を示さない[11]」という事実である。ブロイラーは続けて指摘する。すなわち，時として見た目はあてにならないもので，統合失調症者が活動的であり「世界を良くするだの，あるいは人類の健康だけでも改善しようなどという大いなる熱意」を示すような場合ですら，よくよく調べてみると「情緒性の欠陥」が明らかとなるのであり，結局彼らにとって，「何も重要なものはなく，何ら敬愛すべきものもない。ようするに概して態度は『どうでもいい I don't care』なのである[12]」。

このような患者の背景こそ，クラインが観察した分裂的状態の患者における引きこもった非情緒的態度とよく合致するものであった。それはそのような性質が対象関係の脱情緒化に起因するのだというフェアバーンの仮説にも当

てはまる。分裂的（スキゾイド的）個人において典型的であるナルシスティックな関係様式に関するクラインのさらなる観察は，分裂的超然性 schizoid detachment の起源についてのフロイトの見解から生じており，これはアブラハムも同様に発展に寄与したものであった。この知識を使用した一方でクラインの展望はさらに野心的なものだった。彼女は症状記述のみにとどまることは望まなかったのだ。彼女はその原因を解明することを望んだのであり，特に分裂的状態において作動している心的機制を解明しようとした。したがって，彼女の臨床記述が示しているのは，脱情緒化がセッション内部において起こっているところさえそのまま捉えてやろうとした彼女の試みなのであった。分裂的状態に苛まれた大人の患者との経験は，彼女の場合は病院設定ではなく，個人開業実践から得たものだったが，それらは臨床家が常々気づいていたことを確証するものだった。精神医学とは違い，精神分析実践は心的過程の詳細な観察を可能にする。したがってクラインは，自らの臨床実践から引用することにしたのであり，患者分析家間の詳細なやりとりの中に展開するかたちで分裂的プロセスを跡づけることに決めたのである。

　彼女が選び出したセッションには，通常は非常に観察困難なものが明瞭に描き出されている。すなわち，それは脱情緒化がまさにそこで起こっている過程である。クラインは，患者がそのセッションを始めるにあたって，分析家に向けて不満，羨望そして不平という感情をあらかじめ潜在的に持ってそこに臨んでいた様子について説明する。クラインは，これがそれ自体特殊な臨床状況であるというのではない。だが，その患者が自分の感情について無意識的であり，それらを異常に脅威だと感じているという事実の重要性を強調している。クラインの子どもの患者ディックを彷彿させるような記述だが，その中で彼女の大人の患者は，自分の中に敵意の感情があるというほんの少しの可能性にすら耐えられない様子である。クラインが，セッションの中で彼女の体験した彼からの敵意について解釈したとき，彼は劇的に反応する。クラインは彼がいかに唐突に変化したのかについて述べ，さらに描写する。「彼の声のトーンは平板になった。彼は表情のないゆっくりした調子で話し，すべての状況から隔てられた感じがすると言った。さらに彼は，私の解釈は正しいようだが，そんなことはどうでもいいとも言った。実際彼は，もはや何の願望も持っておらず，どこにも気にする価値のあるものなどなかった[13]」。

　この意気阻喪させる脱情緒化のルーツを探ろうとするなかでクラインが患者に示唆したことは，不平の気持ちに触れさせたことが彼にとっては危険なこと

だったのだろうということである。これは自分の持つ彼女への陰性感情の力を恐れたのだということを意味するのであり，これらがあまりに極端だったため，通常ならばそうしたはずのより適切な感情，すなわち罪悪感や抑うつ感によって反応することができなかったのだということである。そうする代わりにここで彼が試みたこととは，それに対してスプリッティングという特殊な方法で対処することだったのだとクラインは述べたのである。

　そしてクラインは，そのようなスプリッティングを別の種類のものとは区別すべきだと主張する。つまりその別種のものとは，彼女がごく初期から述べてきた，葛藤や両価性の脅かしのもとで，対象の良い面と悪い面とを分けておくという，より普通のスプリッティングである。この後者のスプリッティングについて，かねがねクラインは，それが乳幼児の心的生活における正常な側面であり，乳幼児が対象を空想的に良い形で，あるいは空想的に悪い形でというふうに極端な形で体験する傾向を特徴づけるものだと感じていた。それに対して，彼女が今患者の中に目撃している分裂的スプリッティング schizoid splitting というものは，患者が「自分の破壊的衝動を……**自分の自我に向け変える**ことから成り立っており，自我の諸部分が一時的に消滅することを招く（強調原文）」のである。これこそ，「それに引き続いて起こる情緒の拡散」へと導くものであり，「人格の一部の消滅」という無意識的空想をもたらすものとなる[14]。

　したがって，クラインが臨床素材の詳細を用いて説明するのは，自らの攻撃的意志によって，いかにして患者の中に不安が立ち上がったのかという様子についてであり，ひとたびその不安に耐えられなくなると，患者は自分の自我を攻撃することになるということであった。つまりそれは，不安を体験できる自分自身の側面を死滅させることで，したがって自分自身の情動の能力と経験する能力とを消滅させることなのである。ここでフェアバーンの用語を使うなら，脱情緒化して引きこもるということに行き着くわけである。

　クラインは，そのような状態の精神病的要素についてさらに詳述してゆく。彼女が強調するのは，患者がそこで達成するものが，情動からの心地よい解放などというものからはほど遠いということである。実のところ，そのような状態は決して不安と無縁ではないのである。

　　このスキゾイド患者における不安の欠如は見せかけだけである。つまり，スキゾイド・メカニズムが暗示するのは不安を含む情動の拡散だが，この拡散した要素は，いまだ患者の中に存在しているのだ。そのような患者は，ある種の潜在的不安を持

っている。つまりそれは特殊な拡散方法によって潜在化している。解体しているという感覚，情動を体験できないという感覚，対象を喪失しているという感覚，実はそれらが不安の代替物なのである。これが明らかになるのは，統合が進展したときである。……そのようなときにふり返るなら，情動が欠如していたときには，諸関係は漠として不確かで，人格のある部分が失われて，すべては死滅していると感じられていたことが見えてくる[15]。

　ここで描写されている分裂的（スキゾイド）反応は，患者の情緒反応の消滅にまで達しており，したがって患者が経験しているものの生き生きした核心は死んだ状態になっている。患者の自我は不能になっているのである。というのは，経験の諸側面がそれぞれつなぎ合わされて世界観の核をつくり出すことになるはずなのだが，この患者の経験の諸側面ではすべての情緒的意味が回避されているからである。ここには，主要な自我の衰弱と断片化が認められ，それがもたらすのは普通の反応機能に対するコントロールの喪失である。自我は世界体験を一貫性のあるものとして構成する能力を失うのだ。したがって，それまでは「早発性痴呆」つまり早期発病の認知症だと考えられていた精神諸機能の崩壊をクラインの発想によって説明できることとなった。

　この症例に関するクラインの解釈的接近法のうちの多くは特筆に値する。第一に彼女は，セッションの中で患者が彼女ともつ情緒的関係性が重要なのだと見なす。彼の欲求不満，不平，あるいは憎しみという感情が分析作業の標的となっており，実際にそれらがスキゾイド的機能をもたらす原動力になっていると見なされている。彼女はすでに早期対象愛の概念を発展させていた。彼女はここで今や，情動が対象関係を支配しており，本能は情動を通じて作動するとともに対象関係の中に具現化されてくるのだという確信とがっぷりと取り組む悪戦苦闘のただ中にいたのである。クラインの臨床例が提示するのは，患者の不相応な攻撃性が，転移の中で彼女を相手に実演される lived out ことで，いかにして表面化してきて心的に意味をもつのかということであり，さらにそれは一般化された欲動つまり攻撃性という意味合いではなく，より特別な情緒的体験，すなわち敵意という意味をもつのである。さらに，欲求不満，不平あるいは憎しみを通じて表現された患者の攻撃的欲動は，それが非常に特別な形で，つまり，分析状況における敵対的対象関係として現れるため，極端な分裂的防衛へとつながる恐れがある。

　この患者に対するクラインの技法からすると，彼女の臨床思考において今や

情動が中心になっていることは明白である。欲動と対象とが遭遇することで意味が創造されるが，それは今や彼女にとって本質的に情動的なものなのだと見なされている。しかしながら，この見解が意味するところは，クラインが決定的な点において，フロイトともフェアバーンとも完全には合意できないということであった。これまでにも述べたとおり，フロイトは精神分析が生物学的基盤の上に成り立つことを常に強調し続けており，心的装置が発生したのは，欲動を持つ身体が生き残らねばならないという切迫した必要性に応答したことによるのだと見なしていた。彼は諸欲動こそ原初的動機となる力なのだと見なしていたが，他方で情動というものを二次的現象であると見なしていた。フェアバーンがこれに疑問を投げかけ始めたときには，すでに彼は異なった時代のなかで働いていたことになる。それは1940年代であり，このときすでにフロイトはいなかったし，頼りにすべき臨床経験の集積を伴ってずっと広く知識の分野が拡張されていた。フェアバーンが，フロイトの本能論を完全に捨て去るべき時期に来ているのではないだろうかという疑問を呈したのは，このような脈絡の中にあってのことだった。彼が示唆したのは，乳幼児のリビドー衝動が生物学的な形で快を求めているのではなく，社会的な形で対象を求めているのだということであった。彼が指摘したのは，多くの臨床的仕事によって集積されてゆく臨床経験から考えると，発達を説明するには対象関係だけで十分なのだということであり，分析家が患者との仕事で良い結果を得るには欲動や本能などという曖昧な生物学的存在について理論化する必要などないのだということであった。

　クラインは，フェアバーンに対して全面的には同意することができなかった。だが，だからといって本能に関する伝統的フロイト的見地にも完全に同意することもできなかった。その代わりとして彼女が採用したのは，リビドーを快感希求と対象希求という双方の性質を兼ね備えたものだと捉える見地であった。対象との出会いにおいて乳児は，人間的世話と情動という質を求めるとともに，リビドー満足と本能的緊張の解放をも同時に求めるのだと彼女は論じたのである。そのようなニーズに関する満足と不満とが愛と憎しみをそれぞれ燃え立たせるのであり，そうして対象関係を創り出すのである。したがって，クラインにとってフロイトの本能論はなくてはならないものであった。クラインは，乳児のリビドーが確かに対象希求的であることには同意していたが，この対象を満足あるいは欲求不満を与えてくれるものとして体験すること，良いものとしてあるいは悪いものとして体験すること，愛すべきものとしてあるいは憎むべ

きものとして体験すること，これらの体験を可能にするのはリビドーのフロイト的な快感希求的側面なのだという事実を彼女は強調したのだった。

クラインはこのように臨床事例において情動の決定的な役割を強調した。だが，それにとどまらずクラインの事例にはさらに特筆すべき点があった。つまりそれは，患者が自我の部分消滅 annihilation of a part of his ego を何らかの形で望むことができるのだという想定である。クラインがいうところでは，患者の情動は分散するばかりでなく，これに加えて自我の部分消滅という無意識的空想を患者は持つのであり，この空想の根底にある分裂的機制が自我機能に対して実際に深く影響を与えることになる。自我の部分消滅という患者の空想は，実際に応答性の鈍麻 deadening を伴っており，患者の感情と残りの自我機能との分離 divorce を伴っていたのだということのようである。

クラインは，ある能力を鈍麻化できる内的機制を描き出している。だがそればかりではなく，彼女は患者が無意識的空想の中でそれを意図することを通じて，この機制に対してある種の心的制御をもっているのだとも示唆している。この見解は，無意識的空想が本能と心的機制との間を結ぶ作動連絡路 operative link なのだというクラインの主張とも一致している。ここに至って，クラインによる分裂的プロセスの定式化がなされているとともに，患者が空想を諸機制を発動する方法として使用するばかりでなく，自我構造の部分消滅を許容したりあるいは求めたりするなど，自分自身の諸部分と関係する方法として使用することが示されてもいるのだ。したがってクラインは，自己破壊的空想と患者が自分の心にもたらす実際の損傷との間の道筋を跡づけたわけである。

したがって，脱情緒化とはクラインとフェアバーンが分裂的機能に関して観察して得た顕著な特質であった。これを自らの早期乳児期概念と関係づけることのできる一つの方法として，クラインは，乳児が不安に直面すると患者と同じように自分の反応を鈍麻化させ，自我を部分消滅させると信じていたのかもしれない。クラインがこれを明言したわけではないが，それでも彼女は，これに関連して「分裂（スキゾイド）」という用語を用いており，乳児的な心における統合失調症的過程に言及するなど，スプリッティング・プロセスを使用するものとして乳児を描写している。さらに加えて，乳児の心的生活に関するクラインの説明は，いまやその計り知れない脆弱性に強調点が置かれている。新生児の心は生命が始まる瞬間から容易に圧倒され不安定化する。それは出産によるトラウマという圧倒的事象やその後の養育関係の中で普通に起こる世話の途絶に対する身体的欲求不満などというものと同等ではない。これらに加えて，

自己制御能力が欠如しているなか急速に高まる内的本能衝動の絶え間ない圧力があるのだ。したがって乳児を，自分の壊れやすい心を保護する極端な防衛が必要となる存在だと見なすことは理にかなっている。さらに乳児が，心をかき乱す不穏な体験部分を気づきの中から切断してしまって，自我の応答性を鈍麻化することで痛みを弱められるという分裂的防衛に訴えるのだということも考えやすくなるだろう。

　しかしながら，このように定式化することで，早期の心的生活に関するクラインの概念は大きな欠陥を持つことになる。大人の分裂的機能を乳児のそれに対して理論的に転用することで，自我発達を説明しえない乳児期の構図を残すことになってしまうのだ。乳児が絶え間なく自らを防衛しなくてはならないのだとすれば，情動に耐えることを学んで，次第に増加する現実の要素を取り入れてゆくかわりに，むしろ徐々に人間性の欠如へと向かうことにならないのは，いったいなぜなのかがはっきりしない。クラインの臨床記述に現れているこの種の分裂的機制は，これまでに見たとおり精神の自然な応答性を徐々に鈍麻化するもので，結局その能力に損傷を与えるプロセスなのである。

　そのような理解は乳児的諸防衛に関する彼女の理論を構成する強力なより糸にもなる。だが，彼女の大人の事例が心的な静止や衰退を示している限りにおいて，それは正常な乳児の動きを持って発達する心に対して完全に適用することはできない。後者（健康な乳児）に，単に大人の分裂的病理についての概念を転用するだけでは不十分なのである。さらにまたクラインは，子どもの患者たちの内的生活のなかで不安や諸防衛がもたらす複雑な活性にすでに気づいていたし，それらのうちの多くは成長促進的だったのだ。それゆえ，乳児の分裂的諸防衛に関する彼女の理論はさらなる要素を必要とした。それは彼女が投影同一化という概念を形にすることでもたらされたものであり，次章にて探求されることになる。

注

1. Fairbairn, W. R. D. (1952) 'Schizoid factors of the personality', in *Psychoanalytic Studies of the Personality*. London: Tavistock/Routledge. (1940 初版) p. 8.（山口泰司訳：人格における分裂的要因．人格の対象関係論．文化書房博文社，1986.）
2. Klein, M. (1946) 'Notes on some schizoid mechanisms', in *Envy and Gratitude*. London: The Hogarth Press. p. 3.（狩野力八郎・渡辺明子・相田信男訳：分裂的機制についての覚書．メラニー・クライン著作集 4．誠信書房，1985.）

3. Klein, M. (1932) *The Psychoanalysis of Children.* London: The Hogarth Press. p. 292.（衣笠隆幸訳：児童の精神分析．メラニー・クライン著作集2．誠信書房，1996.）
4. Fine, R. (1979) *A History of Psychoanalysis.* New York: Columbia University Press. (1914 初版)
5. Ellenberger, H. F. (1994) *The Discovery of the Unconscious.* London: Fontana Press.（1970初版）（木村敏・中井久夫監訳：無意識の発見，上・下．弘文堂，1980.）
6. Bleuler, E. (1924) *Textbook of Psychiatry.* New York: Macmillan.
7. Ellenberger, H. F. (1994) *The Discovery of the Unconscious.* London: Fontana Press. (1970 初版)
8. Klein, M. (1946) 'Notes on some schizoid mechanisms', in *Envy and Gratitude.* London: The Hogarth Press. p. 18.
9. Fairbairn, W. R. D. (1992) 'Schizoid factors in the personality', in *Psychoanalytic Studies of the Personality.* London: Tavistock/Routledge. (1940 初版) p. 14.
10. 同上，p. 20.
11. Bleuler, E. (1924) *Textbook of Psychiatry.* New York: Macmillan, p. 379.
12. 同上，p. 379.
13. Klein, M. (1946) 'Notes on some schizoid mechanisms', in *Envy and Gratitude.* London: The Hogarth Press. p. 19.
14. 同上，p. 19.
15. 同上，p. 21.

第11章 「バラバラになること,自らを分割すること」——投影同一化,未統合状態と分割過程

クラインの著作において,投影同一化の描写が占めるスペースはごくわずかだが,それでもそれは彼女の概念の中で最も広範囲にわたる知名度を享受することになった。それが多くの病理的機制を明らかにしたばかりでなく,精神分析の技法自体を顕著に進展させることができたため,その臨床的有用性が急速に明らかとなったのである。クラインの晩年あるいは死後,この概念はビオンによって決定的なかたちで取り上げられ発展させられた。すなわちビオンは,投影同一化概念を患者と分析家との間の交流に関するモデルとして据えると同時に,母親と乳児との最早期コミュニケーションを解明するために用いた。分析技法に対して,正常発達理解に対して,そして大人の分裂的過程への非常に深い洞察に対して,などその含意は計り知れない深さを持っていた[1]。

1946年にこの概念を形にしてゆく過程でクラインは,より早期に考えた概念の中で,特に重要な2つの中心的アイデアをさらに進展させた。第一に,人が自分の心から厄介な内容を取り除く唯一の方法は,それに対する気づきを削除することであり,これは自我の中に裂け目を作ることができる分裂諸機制を通じて起こるということである。また,クラインが専門家生活におけるずっと初期に示唆していたことは,内的混乱はそれが攻撃性であれ痛みであれ,対象の上へと投影され転置されることが可能であり,それによって乳児の知覚の中でそれが変容するということであった。

クラインはこのとき,これら2つのアイデアを新たな方法を用いてつなぎ合わせた。彼女は,スプリッティングの諸機制が単独で作動するのではなく,対象の上への感情の投影 projection と転置 displacement というプロセスとともに作動するのだと示唆した。さらに,これらの動きは,自我の望まれない部分が自己から排出されて,万能的に対象の中へと押し込まれるという無意識的空想によって下支えされるとした。そのような空想は,早期の精神が原始的身体

生活とのあいだでもつ関係性から生じるのであり，それは乳児が，苦悩や苦痛を表記する自我部分を望まれない内容物であると体験し，不快を引き起こす糞便であり攻撃的に排泄されねばならないものとしてそれを体験するという意味である。これらのような内容物が「対象の中」に投影されるというクラインの新しいアイデアからすると，それに応じてその対象の側が次第に乳児の内容物や諸部分を包容していると感じさせられるようになることを意味する。そうすると当然乳児はそのように手放した自分自身の諸側面とその対象とを等置し始め，そうなると乳児はすべての自己嫌悪をその誤認された対象へと向けることになる。すなわち，「……自己の憎むべき諸部分とその対象とのこのような同一視は，他人に対して向ける憎しみを強めることに寄与する[2]」。

乳児が厄介な自我の諸部分 disturbing ego parts を望まれない糞便と等置するなどという考えは，もしかすると投影同一化概念に対する読者の第一印象を限定的で曇ったものにしてしまったかもしれない。しかしながら，クラインの概念は急速に拡張して，投影プロセスに関するさらに豊かでより複雑な見地を提供するものとなった。乳児にとって糞便は，さまざま内容物を雑多に並べ立てたものを示しうると同時に，投影されたさまざまな自我状態であるかもしれず，それらのうちには陽性のものも含みうる。しかしながら，投影が陰性であったとしても，そこに自我の諸部分が含まれているのだという事実がもつ含意は，乳児的対象関係に対しても，大人の心的生活の原始的基盤に対しても非常に大きなものがあった。まず何よりも，人が常々経験するような最も原始的な不安に充ちたある種のシナリオの意味が，これによって明らかになるのである。「対象の中に押し入るという空想は，主体が対象の内部から脅かされるという危険に関連した不安を立ち上げることになる。すなわち対象の内部にいることでおこる，コントロールされ迫害されるという恐怖である[3]」。

クラインはここで，たとえば，囚われの身になる閉所恐怖，あるいは侵略される恐怖や心を支配される恐怖など，子ども時代に生じて後の大人の生活にまでも存続しうるある種の不合理な恐怖感の源泉について理解し始めた。さらにクラインは，その他の現象についても意味を理解することができた。それはたとえば，ある種の個人は対象に陽性のものを投影するが，その際ナルシシスティックに価値づけられた自己の部分を他人の中に置いてしまうことによって，多くの場合その対象との関係に過度に依存的になり，そのために自分自身の能力が剥奪されると感じて，健康な自己充足感が欠如してしまうことになるなどの現象について理解できたのである。

投影同一化概念は，このようにすばらしく実用的であることが判明していたとはいえ，これらの考えからすでに明らかになっていたことは，これが理論的な難点を持っているということだった。第一に，クラインが定式化したように，それがもっぱら陰性の現象として，あるいは彼女のいう「敵対的対象関係の原型」であるという印象を与えたことである。このことによって，情緒的コミュニケーションや同一性の発達などへの含意という，この概念が展開できる最も興味深い可能性が制限されてしまうこととなった。だが，これらについてのさらなる議論に進む前に，もう一つの理論的難点を検証する必要がある。そちらの方がむしろ，この概念の真価を細かく掌握するにあたってより切迫しており大きなインパクト与えるものである。

投影同一化に関するクラインの定式化は，彼女の文章中で出会う典型的な難題をまたもや復活させる。つまり，彼女がその概念を用いて単に空想の内容を描写しようとしているのか，そうではなく心的過程の概念的定義を提供しているのかが定かでなく，確かめづらいということである。さらに投影同一化は，クラインがそれに絡んだ複雑な空想内容に対して特に関心を抱いていたために，それが空想内容の文脈で捉えられることへと容易に傾きがちだったのだ。これによって，彼女の描写の焦点がもっぱら理論的定式化の方に向けられているという誤解を生じやすかったのである。

しかしながら，クラインは自己の部分が実際に他人の中に入り込むことなどあり得ないことには十分気づいていたし，それが起こるとしたところで心的機制に関する何の説明にもならないことに気づいていた。この記述が空想の働きに関することで占められているとはいえ，クラインが単に空想の記述にとどまるだけでなく，理論的な意味で心的機制を定義づけることを目指した概念的情報の流れを維持し続けていることを確認するには，特に注意深く彼女の文章を読み込む必要がある。これは文章の中で，補助的な働きであるような印象を与えるかもしれないが，それでもなお存在するし，しかも重要なのである。

まずそもそもクラインは，無意識的空想が本能と心的機制との間の作動連絡路であるという見解に引き続き依拠していた。そうすると，ある特定の無意識的空想内容が，その根底にあって作動している心的機制を指し示していることになる。「私が述べた諸過程は，もちろん乳児の空想生活に結びついている。つまり，スプリッティング機制を**引き起こす**不安もまた空想的性質をもっているのである[4]（強調原著）」。この記述から明らかなように，クラインは心的諸過程と空想生活とを区別している。すなわち，前者は後者と結びついており，

空想体験がスプリッティングという心的機制を引き起こすのだとしている。そのうえここには，主観的空想を純粋に記述するよりも，むしろその現象を呼称する専門用語の助けを借りて心的諸過程を理解しようとの試みがある。分裂機制の精神医学的理解に，それを特に精神分析的なかたちで説明するフロイト概念を付け加えることは可能である。そのような概念は，主観的心的内容の記述であるよりも，心的現象を呼称する専門用語である必要がある。フロイトの用語のうちで，クラインがスプリッティングに関する自らの着想に対して特にしっくり来るものと見なしたのは，乳児の幻覚的願望充足と乳児の万能思考という一対のよく似た現象に対する2つの呼称であった。

たとえばクラインは，乳児が理想的対象（満足させる幻覚的対象）を万能的に登場させるばかりでなく，そもそも幻覚が必要となった苦痛な状況を万能的に一撃のもとで消滅させるのだと述べている。したがって，フロイトの万能的幻覚思考という概念は，スプリッティングの起源を理解するための第一歩となる。なぜなら，それは欲求不満状況が気づきから削除される瞬間であるからだ。主観的観点からすると，乳児は単に自分の攻撃的意志の力によってその苦痛な状況は消え去ったのだという空想を持つかもしれない。すなわち，「悪い対象と苦痛な状況の存在に対する万能的否認は，無意識においては破壊的衝動による根絶に等しい[5]」ということになる。

この引用から，定義づけに対して使える理論的概念要素を引き出そうとするなら，それは込み入った作業になるかもしれないが，それでもこの概念要素は存在するのであり，それはクラインが無意識的空想の内容とは区別したものである。乳児が苦痛状況への魔術的コントロールを実際に持っているわけではないため，実際の苦痛状況の破壊を念じる魔術的能力こそが主観的空想の内容なのである。しかしながら，理論的観点からすると，苦痛の根絶に関して責任をもつ機制は万能的否認だということになる。したがって，クラインは空想の記述以上のものを提供しているのであり，それは乳児の万能思考と万能的否認が，精神分析的にいうならば，分裂的諸機制とそれを生み出す空想生活の基調となる過程なのだという考えから始まる。

万能感というフロイト概念に対してクラインが依拠するその度合いは，それが分裂的機制に関する1946年の論文に氾濫する多くの概念のうちの一つにすぎないことから，一見するとさほど印象的とは感じられないかもしれない。だが，彼女の理論の中でこの概念の果たす鍵役割について軽視すべきではない。彼女が最初にこの概念を自説の中に吸収しはじめたのは，部分的にはフェレンツィ

からであった。彼が提示したのは，乳児の現実感覚への動きが，万能感という根源的状態から遠ざかる距離と関連して計られることであった。子どもが成熟するに従って，自分の切迫した欲望がそれ自体で魔術的に満足をもたらすことはないのだということを，よりよく受け入れられるようになるのである。

　この理論においてフェレンツィは，万能思考に関するフロイトのもともとの見解を採用している。フェレンツィは，万能感から段階的な形で徐々に抜け出てくるその様子を吟味することを通じて，フロイトの見解をさらに発展させたのであった。フロイトは，もともと子どもや乳児の観察からではなく，大人の分析作業からこの現象により深く気づくようになった。それは鼠男として知られている重症の強迫症患者であった。その患者にとって強迫観念が圧倒的であるのは，それが彼の心に対して突如として入り込む狂気じみた侵入であるからのみならず，それを考えるという行為だけでその内容の実現を招くのだと確信していたからである。したがって，婚約者が死ぬだろうという突然の考えに彼が取り付かれたことは，悩ましい考えという範囲を超えていた。彼はそれが実際に起こるのであり，したがってその考えのために罰を受けることになるのだと確信していた。このようにフロイトは，この大人の心的状態を乳児期のより無垢なシナリオと結びつけて，最初期の万能的幻覚状態が人生最初の激しい渇望に応じて乳児の心が満足状態を立ち上げることを可能にするとしたのである。

　フロイトとフェレンツィは乳児の陽性の欲望とその充足との関連で乳児的万能感を論じていたが，ここでクラインはこの構図に対して攻撃的な万能感を付け加えたのであった。フロイトの鼠男が自分の殺人的思考が実現するのだと信じたのだから，怒っている乳児の心からそのような思考を排除する理由は全くない。その反対に，鼠男の思考は乳児的な根を持っていたはずなのである。したがって，乳児にとって迫害的だと感じられる苦痛な状況に対して最初の攻撃性が向けられるため，乳児はその痛みを攻撃的に否定し壊滅させるために万能的思考に頼る必要があるのだとクラインは示唆した。さらにクラインは，投影同一化という新しいアイデアと同様に，万能的思考も自己の厄介な部分 disturbing parts of the self を対象の中へと排出するという処理に関して責任を持っているのだと付け加えた。

　しかしながら，スプリッティング機制との関連では万能的否認という概念は啓示的であったし，投影同一化の説明としてある程度は使用できるものではあったのだが，とはいえその完全な定義づけのためにはさらに必要なものがあった。投影同一化を説明するためのさらなる心理機制を提供できないならば，そ

の概念は，とりわけ周囲に複雑な空想を紡ぎだすスプリッティングと万能的否認という二重機制にすぎなくなってしまう。だがクラインもこれには気づいており，実際さらなる機制の定義づけを行ったのである。すなわちそれが同一化であった。

　したがってクラインが選んだ用語は，適切に概念を言い表していたことになる。というのは，彼女は投影同一化という現象をスプリッティング，投影そして同一化との間のコンビネーションだと見なしたからである。これまでにも見てきた通り，スプリッティングの諸機制が感情や考えなどの心的機能をそれぞれ切断してしまうものだという考えを彼女はすでに持っていた。ところが，このプロセスが心の中で何の妨害もなく働くとするなら，それは徐々にすべての気づきを消し去ってしまうことになるだろう。そのような崩壊を防ぐ何らかのプロセスがほかに必要となる。クラインはディックという子どもの患者で，これが実際に起こり始める状況を観察することとなった。すなわち，彼の感情は自己破壊的プロセスを通じて徹底的に攻撃され浸食されたため，彼の精神生活はまさに事実上の静止に追い込まれたのである。

　クラインは分裂的機制というものが本質的に自己破壊的であることを完全に理解しており，これこそが正常な子どもとディックのような病気の子どもとの相違を説明できる概念へと彼女を導いたのであった。ディックと違って，正常な子どもたちは投影同一化の能力を持っており，スプリッティングの機制を使ったときにもこの心的プロセスがあることで心が完全にバラバラになってしまわずにすむ。スプリッティングと投影に同一化が伴うということが意味するのは，気づきから何が切り離されたとしても，それは失われるのではなく，対象の中に再発見されるということである。したがって心は，たとえそれが間接的なものだとしても，それがなければ拡散してしまうような自己部分との関係を保ち続けるのであり，これが投影されたものを永久に失わずに再び取り戻して自分のものとする能力への道を開くことになる。投影同一化は，体験の諸側面を完全に削除してしまうかわりに，苦痛な事象がより多くの部分耐えられるようになるまでは，完全に知られている体験と同時に，間接的に知られている体験，部分的に知られている体験というふうに，その分割的体験 divided experience を作り出すのである。

　空想内容に関するクラインの描写が，そこで作動している固有の心的機制についての彼女の考えを見えにくくすることがあるのだとすれば，その逆もまた起こりうる。心的機制についてのクラインの説明が，ある特定の空想内容につ

いて言及しているのだと受け取られる場合があるのだ。この誤解は、乳児が自分の投影した諸部分と対象とを同等視して、自己と対象とが混同されるとする彼女の考えに関して起こりやすい。しかしながら、クラインがそのような混同について述べるときには、心的プロセスについて言及しているのであって、それが立ち上げる空想体験についてではないのである。その対象は別の自己と関係づけられるのではなく、全くその反対に、外的な悪意の起源と関係づけられるのである。クラインのいう自己と対象との混同というものは、ある心的状態の客観的な説明なのであり、その定義からも明らかだが、当の乳児は自分が混同していることに気づいていない。これは、人間の攻撃性の本質を非常にはっきりと照らし出すがために特に重要である。クラインが示しているのは、人間はその残酷さの起源において、自分自身に帰属するものを他人のせいにして責め、他人を罰しようとする妄想的衝動が常に存在するのだということである。乳児においてこの傾向が和らいでくるのは、成長して自己の厄介な側面に耐える能力が高まり、それを自分のものとして取り戻すことができるようになったときなのである。

　この考えが、道徳意識の発達と関連をもっており、クラインの抑うつポジション概念につながることは明らかだが、さらに驚くべき別の含みがここには存在する。特にクラインは同一性の発達についての一風変わった視座を提供するのだ。彼女が示すのは、それが単純に自己認識 self-awareness が増加するという問題ではないということである。最も強烈に不穏な自己部分というものは、他者の心を旅泊した後にはじめて、自分のものとして宿るのであり、したがって、乳児が自分の最も厄介な諸側面との自我関係を外在化した後にはじめて、自分の中に宿ることになるのである。

　クラインが「分裂的機制についての覚え書き」の中で明確な形にしようと試みた諸概念が、夥しい量に達するものであったことから考えれば、彼女が投影同一化の記述をあわただしく急ぎ足で通り過ぎてしまって、この概念の豊穣な可能性の見込みを自分で引き出し尽くすことがなかったのは、もしかすると驚くには値しないのかもしれない。概して彼女の言及では、投影同一化が「敵対的対象関係の原型」だと見なされ、発達する個人の中で高圧的で万能的に他人を扱うことへと導くいわば修正に失敗した状況なのだと指摘されるなど、不当に否定的な響きを持ち続けていた。

　それでも投影同一化という概念には、可能性が豊かに充満していることが判明し、クライン自身もその可能性を引き出し始めてもいたのだが、それを発展

させる仕事は後続の分析家に残された。したがって、この概念の驚愕すべき分岐細分化は、クラインの死後になってはじめてその姿を現すことになった。1960年代の初頭、ビオンは革新的発見にいたる跳躍台として投影同一化を使用した。彼が示唆したのは、乳児の諸部分が母親の中に逗留してはじめて自分のものとして宿る accommodated ので、そうだとすれば、乳児が自分の諸部分を受け入れることのできる心的実在へと変形するのを助けるという意味で、母親が決定的な役割を果たすのだということであった。この考えに従うと、人間の乳児が自分の攻撃性を直接知ること learn はないのだということが明らかとなる。乳児は、母親によって堪え忍ばれたものとしてのみそれを知る learn のであり、それゆえ乳児は常に自分の攻撃性を、それが堪え忍ばれ対処されたそれ固有の方法と一緒に再度取り入れることになる。そのような考えは、母親の情緒的供給 emotional provision の本質を明確にするという点において革新的であった。さらにそれは、母親の心的弾力性 mental resilience の重要性を強調することにもなったのである。これはまた、フェレンツィに端を発する思索路線の頂点であった。その思索においては、子どもの道徳発達に対して教育的強制が主要な方法となるという考えの欠点が常に強調されてきた。

　投影同一化という概念によって、乳児期に分裂的諸防衛が幼い心を解体に導くことなくどのように作動しうるのかが明らかになり始めた。だが前述したように、クラインの投影同一化と分裂的諸機制に関するアイデアは、さらなる文章上の障害物に出くわすような文脈におさまっている。分割排除 split-off された体験、あるいは断片化 fragmented された体験を理解したクラインのやり方はそれ自体、最早期乳児期を特徴づけるさまざまな断片化プロセスに関する複雑な見解の一部分なのであった。

未統合状態とスプリッティング

　クラインは分裂的機制に関するフェアバーンの見解に感化されはしたが、他方で彼女が彼に同意した箇所は、単に心的生活には分裂的機制が存在しているのだという考え以上には広がっていないことも明らかである。スプリッティング機制についてのフェアバーンの見解は、彼自身のより広い概念にまで適用されており、そのような機制を心的構造の構築に結びつけようとしていた。彼の手の込んだモデルは、その当初から乳児の最早期の気づきに関するフロイト的な見解に従っていた。これによると、乳児は自分が快適で基本的ニーズや欲求

不満によってかき乱されていないならば，多くのことに気づかない。何も起こらないならば未分化なままの存在状態に対して，現実は途絶 disruption という形ではじめて侵入し始めるのであり，したがって最初に取り入れられる対象は必然的にかき乱す不穏な disturbing ものだということになる。客観的にいえば，この対象は悪くて厄介なものである一方，いまだ未分化な「前両価的 pre-ambivalent」存在であり続けている乳児にとって，それは悪い対象として完全に分化したものではない。しかしながら，その対象は漠然としたものとして体験され続けているが，それでも緊張を強いる内的存在であるため，乳児にある種の反応を引き起こし，スプリッティング・プロセスを始動させることになる。これこそ，未分化な取り入れによって，多くの分化した自我部分を構築するものであり，心的装置の構造の基礎を築くものである。

　クラインはこの見解に同意しなかった。実のところ，それに対する彼女の反論の詳細そのものから，彼女が自分の理論からも遠く離れていった様子がくっきりと際だった輪郭をもって現れてくる。彼女は乳児が最初に悪い対象だけを取り入れるという考えを好まなかった。この考えだと，世界が乳児に提示するのは，修正される必要のある不穏で悪い対象以外にはなく，すると良い対象を創造するのはすべて人間個人まかせだということを意味するのだ。クラインの立ち位置はここからはすでに遠く離れていた。彼女の理論が憂鬱とまではいわないまでも，しらふにさせるような響きを持ち続けていたにもかかわらず，彼女は最初の良さ goodness は外部から，すなわち栄養を与える母親から，あるいは良い乳房からもたらされるのだと固く信じていた。彼女の見解では，乳児は自分の人間的環境から良い入力も悪い入力もともに受け取っており，両方を即座に，それとして心に銘記する register のである。どちらかといえば，乳児の攻撃性が惹起されるのは，乳房の良さの強烈な体験があるがゆえなのであり，これによって剥奪に直面する際の乳児の怒りはより一層際立つことになるのである。

　フェアバーンの考えに関して，クラインが同意しなかった別の重要な論点は，最初の心的構造がどのようにして生成されるのかについての彼の見解に関連していた。彼の考えでは，スプリッティングという活動的プロセスが自我部分を構築することになる以前の生命最初期には，そのような自我部分は存在しておらず，したがってこれの暗示するところは，心的構造というものが活発な心的な企て active mental enterprise の賜だというものであった。クラインにとって，そのように考えることは乳児の心を白紙状態だと見なしてしまうことを意

味した。フェアバーンのモデルでは，内的構造というものは内的区画を作り出す防衛機制の働きを通じて存在するようになるのだとするのに対して，クラインのモデルでは，スプリッティング機制が最初の心的構造を作り出すのではなく，ごく萌芽的であるとしてもすでに存在している構造の内部において，その機制が作動し始めるのだとするのである。

クラインにはいまや，この仮説的構造の本質をより十全に説明する必要が生じた。職業生活のもっと早い時期からすでに彼女は，ある種の自我活性が出生直後から存在することを想定してはいたのだが，分裂的機制に関する彼女の新しい理論は，これが意味するところについて，より確実で完全なる説明を必要としたのである。分裂的機制に関してはフェアバーンが彼女の考えに影響を与えたが，早期の心的構造について彼女がよりどころとしたのは，彼女の同僚のドナルド・ウィニコットであった。

前述のごとくクラインは，本能体験，身体感覚，そして享受されている母性的環境の「それぞれの部位と部分 parts and portions」とは無意識的空想という原初的心的実質の中において混和されているのだと考えた。さらに彼女は，そのような原初的状態が自我の存在と矛盾しないとも考えた。しかしながらこれは，自我を能動的に存在しはじめる構造だとは見なさず，出生直後の生存の基本原理と連動するおかげで何らかの最初の原始的形態をもつ構造と見なすことで初めて可能となる。そのような基本原理とは，環境とのやりとりのための萌芽的能力に等しく，つまり，それは投影と取り入れのプロセスなのだと彼女は考えたのである。能動的なスプリッティング active splitting や構造化 structuring は，このすでに存在する設定へと組み込まれる必要がある。

言い換えれば，乳児が分裂的機制を用いるということとは別に，クラインは乳児のもともとの自我活性というものが，そもそも断片化したものなのだと見なしていた。そのために乳児は現実を漸次ばらばらに取り入れることができるのであり，対象世界の部位や部分とだけやりとりすることで，それが強烈な体験になるとはいえ，良さと悪さの質を別々の瞬間に受け取ることになるのだと彼女は考えていた。したがって，クラインに関していうなら，活発なスプリッティング・プロセスを通じて心的構造が設立されてゆくのに先立つような原初的状態が存在するのだと考えていたことになる。彼女の理論はつまるところ，乳児の心的生活における2種類の断片化現象を扱っているのである。すなわち，原初的自我活性の元の状態を特徴づける受動的な未統合状態と，この元のすでに存在する状態に重ねられる能動的スプリッティング・プロセスである。「分

裂的機制についての覚え書き」の原文における問題の一部分は，これらの相違について，確かに触れられてはいるものの，強調されてはいないという点にある。その結果，読者が直面するのは，多くの断片化現象の羅列であり，それらすべてが関連しているわけではないにもかかわらず，分裂的機制という単一の起源のせいだと誤解されうるという問題である。乳幼児は対象世界の部位と部分のみを捉え，良さと悪さの間の区別を行い，部分対象と関係し，自分の自我に裂け目をつくる分裂的機制を用いる，などである。これらのさまざまなプロセスの根源を基礎づけようとするなか，このクラインの理論に対してフェアバーンが能動的要素を呼び込んだのだと見なすことができ，もう一つの要素，すなわち受動的要素について彼女は，ウィニコットの影響を受けているのだということを心にとどめておくのが有用である。フェアバーンと同様，ウィニコットも分裂的な患者との臨床経験を持っていたが，彼がよりどころとして記載したものは，能動的なスプリッティング機制ではなく，未統合 unintegration の原始的状態という彼の概念として捉えられるもの，つまり乳児の未統合状態についてであった。

原初的未統合——ウィニコットの影響

　クラインの理論における概念的な難題は，出生直後から存在する自我というものに関して説得力のある説明を加えることであった。したがって1946年の論文において，彼女が自説を前に進めるには，どうしても「早期自我の諸問題」に取り組む一つの節から始めなくてはならなかった。クラインがこの問題を検証するまでには，この問題に関して別の意見が同世代の分析家の間ですでに出ていた。たとえば，人生初期にはいくつかの自我核が存在するというグラヴァーの仮説に彼女は同意しなかった。それに対して彼女が書いているのは，「……早期自我の未統合 unintegration を強調するウィニコットの説の方がより有用だと私は思う。さらに，早期の自我が甚だしく凝集性に欠けており，統合への傾向と解体つまりバラバラになる傾向とが代わる代わる現れるのだと私は考えている[6]」。

　ウィニコットの1940年の論文「原始的情動状態」に暗に言及しつつ，クラインは，彼の未統合に関する種々の考えに賛同していたばかりでなく，最早期の自我状態に関する自説を構築するにあたって，これらの概念を頼りにしてもいたのである。とはいえ未統合という概念は問題を含んでおり，文章で明確に描

くことは困難でもある。ウィニコットにしてもクラインにしても，それをはっきりとは定義づけていない。両者ともに，早期の自我がまとまりに欠け，バラバラになる傾向を示すのだという印象を漠然と描写するに止まっている。ウィニコットは，最早期に始まる発達プロセスに関して仮説を立て，それを「統合 integration」と名づけていた[7]。このプロセスが必要となるのは，心的生活における最初期の状態が原初的未統合という性質をもつからなのだとウィニコットは推論していた。

　ウィニコットはもしかすると，この概念に対して過剰に正確な定義づけを行わないようにと意図したのかもしれない。フィリップスは，自己など本来的に謎めいた存在の本質をあまり形にしすぎることがないというウィニコットの傾向を指摘している[8]。この線に沿ってウィニコットは，特に大人の経験や観察からは非常に遠いような精神現象が，基本的に謎めいているのだということを強調したかったのかもしれない。ウィニコットと同じように，クラインは早期乳児期の未知の領域について，完全に説明するような固有の仮説を立てることはなかった。彼女は論文の一節で述べている，「われわれが早期自我の構造について知るところは少ない。」さらに続けて次のように推論する。すなわち，「われわれが後の自我から知ることができるような機能の一部は，すでにその初期から存在しているのだと推測することは理にかなっている[9]」。ウィニコットと同じように，彼女は早期自我の諸活動は後の状態から推測される必要があるのだと考えていた。

　ウィニコットは，心的内容を正確に最早期の心的生活にまでたどるよりも，むしろ後の経験のなかに，その心的内容の痕跡となっている可能性のあるものを探し出そうとした。彼は，原初的未統合の本質が，大人のある種の精神医学的状態における解体状態から推測されうると感じていた。ウィニコットは，そのような解体の状態と早期の心的生活とを同じものだと見なすことには慎重だった。彼は，それらがそもそも大人の機能が崩壊したことの表れなのだということを強調した。だが，そのような崩壊は，発達的に達成されたものを元に戻すことを意味し，したがってそれはより早期の痕跡的な様式 rudimentary mode の心的機能を明らかにすることに他ならない。

> 人格の解体は，よく知られた精神医学的状態であり，その精神病理は大変込み入ったものである。だが，分析の中でこれらの現象を検証すれば，原初的未統合状態が解体の基礎を提供することが示されるのであり，さらに，原初的統合の遅延と失敗

が，退行としての解体，あるいは別の防衛様式における失敗の結果としての解体に先立っていることが分かる[10]。

　解体という「よく知られた精神医学的状態」は，好ましい統合体験 positive integration experience を通じて起こるはずの，原初的未統合からの浮上が十分にはできていないという失敗の結果なのである。ウィニコットは，原初的未統合の本質について考える際，精神病的解体における2つの側面に注目した。第1の側面は，精神病患者が諸体験を身体や自己の中に位置づけることができないという点であり，第2の側面は，彼らが体験を時間の経過に結びつけることができないという点であった。両者が相まって，心が機能する際に不可欠となる空間と時間の基礎的な位置づけに困難が生じることになる。

　第1の側面について考察する際にウィニコットは読者に対して，「自らの身体の中に自己を位置づけることは，しばしば当然だと考えられている」が，精神病患者の体験からは，それが実は発達的に達成されるものなのだと示唆されることに注意を促している。たとえば，彼は分析の中で次のようなことを発見したある患者について語っている。「……ほとんどの時間，彼女は自分の眼の後ろにある頭の中で過ごしていた。彼女は窓からのぞくようにして自分の目から外を見ることができるだけなので，自分の足がしていることに気づかなかった。その結果，彼女はよく穴に転落したり，物に躓いたりするのだった[11]」。

　この臨床描写に暗示された精神病的不安や無力感というものは，種々の体験からの侵害に影響されているとはいえ，これらを自分の体験する身体全体の中に位置づけることが，この患者にとってはそう簡単ではないのだというところに関連している。彼女の自我は，自分の身体と世界との関係を十分に組織化することができず，したがって諸経験の意味を理解する能力は阻害される。ウィニコットの他の症例においても欠陥のある自我機能が現れている。「……ある精神病患者が分析の中で認識するようになったことは，赤ん坊の時に自分が乳母車の反対側にいた双子の妹を自分自身だと思いこんでいたということだった。彼女は双子の妹が抱き上げられた後にも，自分は乳母車の中に残っていたため大変驚いた[12]」。

　この患者は，十分に発達して，妹に気づくことができるようになり，抱き上げという行動に何らかの意味を付与できるようになった乳児期のある時期のことを述べていたのである。だが，多くの印象が彼女に押し寄せてきたとき，彼女の自我は，諸印象を収集して連結することができなくなり，それらの印象を

自己や他者の中に適切に位置づけるために必要となる統合機能を行使することができなかったようである。

　ウィニコットが原初的未統合と関係づけた解体の別の側面は，時間体験を結びつけることの失敗である。時間への気づきというものの重要性は，統合失調症の解離状態に関するブロイラーの記述においてその姿が浮き彫りになっている。時間的な連結のない経験の断片を発信するために，話が意味不明になっていた患者の例を彼は引用している。ウィニコットの示す実例は，もう少し普通の症例素材から引用されている。彼が描写する患者は，非常に断片化された様式でしか人生を体験できず，したがって，分析家という人物の内部において，何とか単一のまとまりを得ようとなりふり構わず盲目的に働きかけていた。「……このことを，自分の破片や断片のすべてを一人の人物，つまり分析家に知ってもらう必要性として理解すべきである。知られることは，少なくとも分析家という人物の中では統合感が得られているのだと感じることを意味する。これは乳児的生活においては普通の要素であり，自分の破片を収集してくれる人が誰もいなかったような乳児は，ハンディキャップとともに人生を始めることになる[13]」。

　分析家の心の中で繋げられる必要のある患者は，連続したさまざまな出来事に応答するたびに現れる異なった自己を連結することができない。ここで暗示されるのは，個人史形成に向かってゆく乳児の応答のさまざまな断片群を，意味ある形に寄せ集める役割が，実は母親の担っているものなのだということである。これこそが，一次的な断片として現れる以上のものではないさまざまに異なった自己群 different selves というよりも，時々刻々と変わりゆく一つの自己 one self という感覚を与えるものなのである。

　クラインは自らの論文の中で，「体験持続性の中断，つまりそれは時間性のスプリッティングを意味するのだが，その重要性を強調した」スコットの仕事について言及している。実際に，時間性のスプリッティングという概念は，乳児がもともと，満足を与えてくれるだけであるか敵意を持っているだけであるような，世界のさまざまな部位あるいは諸部分，すなわちその瞬間瞬間の即時的出来事とだけしか関係することができないのだというクラインの見解とぴったり適合するものだった。後に統合されるにともなって，はじめて乳児は世界とは（そして彼の対象とは），さまざまに異なった部分が時間的に結合されてできあがる混成的現象 composite phenomenon なのだということを学ぶことになるのである。

しかしながら，早期の心的経験における時間的側面は，1946年の論文ではクラインの見解の中に顕著に認められるものではなかった。ウィニコットの原初的未統合という概念の理解において，彼女が主として強調点を置くのは，「早期自我では大部分において凝集性が欠けている」ということであり，そのために「統合の傾向と解体の傾向とが交互に現れる」という彼女の主張に集約されるものであった。

　ウィニコットは自験例から，自我の解体というものが，さまざまな衝動を束ねて諸知覚を調和させることに関しての自我の失敗なのだとして，古典的フロイト派の線に沿って考えていた。だが，クラインに関する限り，ここで重要なことは，ウィニコットがそのような例を原初状態の性質を特徴づける事実なのだと見なしていたということであった。しかしながら，彼は大人の解体は不穏で恐るべき精神医学的状態なのだと考えていたが，他方，そこから推論され得る原初的未統合というものの方は良性であり，不快なものではなくて未形成の精神の正常な状態なのだということであった。確かにフィリップスも述べているように，「ウィニコット的な赤ん坊の生活では，（赤ん坊というものが）異質な諸感情や諸印象の単なる束からできているという長い期間があり，ウィニコットが書いているように，『赤ん坊は時々まとまりをもっては，何かを感じる』のだとすれば，そのような感情や印象を，大人がするようには気にするmindなどということはない[14]」。

　したがって，ウィニコットの理論の諸要素の中で，クラインが特に必要としたものは，しっかりとした形と凝集性をもって現れてくる後期の自我に対して，それ以前に存在する早期自我を説明する方法だったようである。そのような自我が萌芽的で未発達な形で存在しているとはいえ，それは心的発達の原点なのである。また，ウィニコットが解体した精神病状態に関する臨床記述を提供すること以上には，原初的未統合について説明を加えなかったのに対して，クラインの理論の方はさらに進んで，そのプロセスが意味をなすための精神分析概念を提供してもいる。それは投影と取り入れという概念であった。

　1946年には，クラインにとって最も基本的な心的構造とは，後の自我がそうであるような意味においては安定した存在ではないのだということが明らかとなる。すなわち，むしろ絶え間なく環境が取り込まれ，持続的に内的な内容が排出されているような動的存在としてそれは描写されている。この種の自我は，最初には固定された位置に据え付けられるというものではなく，それぞれの瞬間に吸収されたものあるいは排出されたものから成る。すなわち，良い対象が

取り入れられたときには快の状態に，悪い対象が投影されたり再取り入れされたりするときには迫害の状態になる。抑うつポジションに関するクラインの考えによって，いかにしてこの早期の流動的状態が，より永続的な構造へと徐々に落ち着いてゆくのかを説明できる。つまりそこでは，繰り返される取り入れ introjection と取り入れ同一化 introjective identification によって，最適条件の下では良い対象が優勢になり，より永続的な人格特徴の樹立が可能になるのである。

したがって，クラインが原初的未統合についてのウィニコットの見地に依拠したのは，それが最早期の自我状態を説明するために必要だったためばかりでなく，この原初的心的構造が統合プロセスの起点となる発達基盤であることを描き出すためでもあった。しかしながら，このように原初的未統合を吟味する中でクラインはさらに複雑な要素を自説に追加した。良性の原初状態というウィニコットの概念には，それに引き続いて起こる別のプロセスというアイデアがすぐさま追加導入される。つまりそれは，退行的な原初的解体 regressive primary disintegration である。乳児の心は，統合の時と解体状態への逆戻りとの間を絶え間なく行きつ戻りつするので，2つの種類のプロセスが乳児期に持続的に協働していることが考慮される必要がある。つまり，それは原初的であること primary と退行的であること regressive とである。

ウィニコットは，解体プロセスがそのように即座に出現することの重要性を認識していた。彼は，乳児にとって統合体験の漸次的増加が重要だと信じていたばかりでなく，クラインと同様に解体プロセスが即座に始まることも認識していた。そして彼は，解体プロセスとは「諸衝動のなすがままになることを意味し，それらが意のままに振る舞うために制御不能となること[15]」として現れることを認めていた。こうした理由からクラインは，良性の未統合などというものは，ほとんど観念的なものでしかないということに気づいていたのである。というのは，自我が統合の最初の瞬間を迎えてしまうと，統合を取り消すプロセスや彼女が「断片化 a falling into bits」と呼んだプロセスを通して破壊的にならない限りは，前の状態に戻ることができなくなるからである。自我構造における最初期の動揺さえ，建設的－統合的自我プロセスと破壊的－退行的自我プロセスとの間の揺れ動きという重要な意味を帯びることになる。

クラインが1946年の論文において追加した，このさらに複雑な要素は，その内容をほとんどありえないまでの抽象化水準へと押し出すことになった。クラインは自我分割というフェアバーンの分裂的機制に依拠したばかりではなく，

あるいは未統合という先在的構造を仮定したばかりではなく，いまやこの原初的構造そのものに，分裂的機制とは別種の解体プロセスが存在し，それは精神の自然な退行的力動の中に認められるのだという難解な概念を付け加えたのであった。断片化プロセスに関するこの二重の起源によって，彼女は「自我内部におけるある種の**自発的**スプリッティング・プロセス active splitting process はごく早い時期には起こりえないのではないか（強調著者）」という問題から早期自我の解体の問題を区別して考えることへと導かれた。さらに，彼女が考察しているのは，1つの現象ではなく2つの現象なのではないかという疑いに際して，彼女は自我が「バラバラになる**か**，自らを分割する**か**（強調著者）[16]」という，原初的不安に応答する2つの選択肢ではないかと示唆した。

そのような考えが読者に課する困難な要求を和らげる方法の一つは，早期解体の時機を基本的に良性だと分類し，バラバラになるということは精神活性における弛緩のようなものに過ぎず，流れに任せて穏やかに離ればなれになることだと見なす決断をすることだったかもしれない。こうすれば少なくとも，フェアバーン的な能動的分裂的プロセスから，ウィニコット的な早期諸過程の受動的良性次元を際立たせることにはなるだろう。しかしながら，クラインが思い描いていたのは，そのようにすっきりした区別ではなかったのである。

ウィニコットは，解体が二次的プロセスなのだということには正しく気づいていたものの，その起源について説明することはなかった。だが，クラインはそのような概念をより確実に精神分析理論と結びつけたがっていた。そこで彼女は，フェレンツィの信念を思い出した。すなわち，「……すべての生命組織体 living organism は，不快な刺激に対して断片化によって反応する。もしかすると，複雑なメカニズム（生命組織体）というものは，外的条件のインパクトを通じてのみその全体的形態を保つのかもしれない。これらの条件が不利なものになると，その組織体はバラバラになってしまうのだ[17]」というものであった。これによって彼女は，フロイトの死の本能という概念について考察することへと導かれた。これはすでに彼女が「大論争」の時に採用していた概念だったのである。

いまやクラインは，乳児の心の早期解体が死の本能によって引き起こされるのだと示唆した。生命の始まりとともに，人間という組織体は死の本能のインパクトを断片化の圧力として組み入れる。このことが，バラバラになる傾向と，フロイトが1920年に提示した見解に沿った線で，それ以前の原初的未統合状態へと戻る傾向とを説明するのである。さらにクラインは，死の本能が急性の迫

害的性質をもった原初的不安をかき立て，それは「内側から破壊される不安」という形を取るのだと結論づけた。また彼女は，「……凝集性の欠如と相まって……この脅威による圧力のもと，自我はバラバラに断片化することになるのだ」と付け加えている。したがってクラインは，この二次的断片化が大人の統合失調症状態の根底にあるシナリオなのだという点において，ウィニコットに同意しているが，しかし彼女は，断片化の起源を内的に体験される死の本能によって生成された精神病的不安に帰するという決定的な要素を追加したのである。

　この段階にいたって，乳児期に関してのクラインの見解は確かにとても冷酷なものだという印象を与えたかもしれないが，しかしそれは，背景にある理念がそうであるというよりも，むしろ文章中における彼女の強調点が与える印象なのであった。というのは，彼女の理念には，そもそも人間の破壊的な力に対抗する強力な拮抗力が想定されているからである。フロイトの死の本能の適用は，まずその反対，すなわち生の本能という彼のアイデアも同時に適用することなしには不可能であり，これは環境の生命促進的側面への応答を表す強力な陽性状態が存在することを暗示する。そして，ウィニコットが示唆したこと，つまり「統合の傾向は二揃いの経験によって支援されている。すなわち，それは乳児を暖かく保ち，手を触れ，入浴させ，優しく揺する，名を呼ぶなどして乳児を世話する手法を経験することと，もう一揃いは，内側からパーソナリティを束ねるのに役立つ強烈な本能体験である[18]」という彼の見解は，クラインにとってさらなる価値を持つ。

　クラインにとって，この「二揃いの経験 two sets of experience」は，原初的な良い対象すなわち生の本能の代表者 representative という概念において互いに結びついて一つになっていた。というのは，この良い対象という概念からは，外からの滋養と，乳児自身のリビドー的衝動あるいは愛する衝動を良い乳房上に投影すること，これら両方が示唆されるからである。これがクラインを遠く先へとさらに促した。彼女が破壊的断片化の諸過程を想定し，確かにそれが彼女の乳児期に対する1946年の説明での最も顕著な印象を形作っているのだといえるのだが，そうはいっても他方，全体としてみたとき，発達に対する陽性の核が不在のまま論じられるならば，彼女の見解はほとんど意味をなさなくなってしまうだろうということを考えに入れておく必要がある。クラインはここで，乳児の精神というものを，統一の核となるものを提供できるものならば何でも用いて，その周りに星雲状の原始的基質を形成するような即座の傾向を

示すものとして，つまり，ひとりでに自らを組織化してゆく存在なのだと見なしているのである。そして彼女はこの核が，取り入れられた良い対象であることを明確に認識していた。リビドー的快感の状態 libidinal pleasure state，そして愛と感謝の感情は，養育してくれる乳房の上に投影され，続けてそれは再取り入れされてそのような核を形成する。種々の心理状態や自我部分は，乳児が受け取る人間的供給の助けによって創られるこの「守られた島 island of security」の周りに群生することができ，これが徐々に統合を可能にするのである。

早くも1935年に，クラインは良い乳房が最初は全体状況 total situation として体験されるのだと示唆していた。彼女がここで追加したのは，それはひとたび取り入れられると，生命維持に不可欠な自我部分となり，統合し integrating，統一する unifying 力として働くのだということであった。したがって，ウィニコットに影響されて着想した早期統合体験の必要性に関するアイデアは，最早期の良い体験についての理論の肯定的で感謝に充ちた側面を強化することになる。クラインの思索において，良い乳房というものは，乳児が自分に中心点ができると感じること feel centred を可能にして，存在することから生じる最初の痛みからの退避場所を乳児に提供するのである。

分化 differentiation としてのスプリッティング

クラインは，未統合で持続的に解体へと向かうものであるとすでに想定されている基礎構造 framework の中において，スプリッティング機制がいかなる形で活動的になり始めるのか，という問題の説明には進まなかった。そして，この問題は確かに，最初から断片化の諸過程へと向かっているような心的状態が，さらにスプリッティング（分割）されうるのかという問題を提起する。この問題を考察する方法の一つはカーンバーグによって提起されている。すなわち彼は，「正常な発達と成長の諸機制が，後に防衛操作になってしまうのではないか……」というのである。さらに彼は，スプリッティングというものが「……第一に非常に肯定的な情動状態と非常に不快な情動状態にそれぞれつながる諸経験が，個別的に構築されることの受動的な帰結」と見なすことができると示唆し，さらに「この個別的な構築は，後に防衛の目的に使用されうる[19]」と結論づけた。

ここで示唆されているのは，クラインのいう防衛的スプリッティングとは，

一度脱したはずの原初的未統合諸過程が再強化され模倣されることだと見なしうるという考えである。そのような見解は，以前の状態にしがみつき回帰しようとする衝動，すなわちフロイトの死の本能に照らし合わせることで意味をもつのであり，そうすることでクラインの理論の本質的要素に適合することになるだろう。さらに，確かに彼女の理論は，乳児の精神の中における２つの主要な動きを描き出していた。生の本能は，滋養の諸経験 nourishing experiences という形で，精神のさまざまな前進を促し，自我統合の瞬間と気づき亢進 increased awareness の瞬間を促す。そのような気づき awareness が，苦痛を喚起する状況という妨害に出会うと，すぐさま退行的な死の本能による傾向が生じ，気づきの再断片化を通じて乳児の心を防衛することになる。

　しかしながら，先行する基礎構造に追加する形で存在しはじめる分裂的機制，すなわちこのような形ですでに揺れ動いている先行基礎構造システムの上に重ねられるものとしての分裂的機制に対しても，クラインは実質的強調点を置いていたのだということは心に留めておく必要がある。これの本質的意義は，本能と心的機制とをつなぐ作動連絡路としての無意識的空想という概念にある。言い換えれば，彼女が心に描いていたのは，分裂的機制が働くときに作用する，ある程度の個人内活性 individual agency（無意識的空想のこと：訳者）についてであり，分裂的機制は単なる受動的分散でもなければ死の本能の圧力のもとでの否応なしの解体でもないと彼女は考えていた。つまり，分裂的機制のなかに含意される無意識的空想プロセスが，どれほど原始的なものであったとしても，それは乳児的本能エネルギーの強固な目的によって駆動しているということなのである。

　さらに別の重要な考えがある。クラインにとって，最早期の精神的操作 psychic operation とは，発達と統合における重要な動きも含めて，ほとんどすべてにわたって，部分的で断片的な動きによって特徴づけられるものであった。たとえば，乳児が現実の諸側面を取り入れ，成長してゆく自然な様式は，最初は断片的で部分的である。理論的な観点からすると，乳児が最初に取り入れるものは種々の部分対象である。だがクラインは，部分対象という理論的な呼称と，主観的態勢からして乳児の体験がいかなるものなのかということ，それら２つの間を本質的に区別していた。彼女はかねてから，乳児の体験は断片的なものであり，最初に取り入れるのは部分対象であると述べてきたが，乳児の実際の空想 phantasy においてそれらは，そのように体験されるのではないのだと指摘していた。その反対に，良い部分対象は全体状況として体験される

のであり，それを体験するときの力 power と充実性 fullness は，乳児にとってのすべてとなる。客観的にみると単発の事象 isolated event として理解されるものであっても，それが現実の他の諸側面に関する知覚と統合されないならば，そのまま単発の事象として心に刻まれるわけではないということである。

　このことは重要である。なぜならば，そこにはクラインの理論における肯定的な側面 positive aspect についての含意があるからであり，その重大さに見合わずそれは十分可視的ではないのだ。つまりそれは，乳児がより広範囲の現実を吸収し assimilate 始めるときに，良い経験的枠組みの内部からそうするということである。クラインによると，統合というものが乳児を，「愛の対象の全人性 complete person of his loved object」と関係することへと導く。つまり，悪さ badness や不穏な動揺 disturbance というものを，概ね安全で滋養的な枠組みの中に同化するということである。不穏な動揺が心によって吸収されるのは，ずいぶん間接的な形になってはじめてなされるのであり，つまりそれは，母親へと投影された後なのだという考えを，投影同一化概念が強化する。クラインは，悪い対象が良い対象よりも先に取り入れられるというフェアバーンの主張に同意しなかった。彼との違いは，彼女の全般的な心的モデルにおいてより鮮明になる。すなわち，そのモデルは良い対象が圧倒されてしまうという脅威がもはやなくなったときに，陰性の体験や自己の不穏な側面を収容できて扱うことができるという心を描き出している。したがって，クラインの概念的枠組みでは，乳児の自然な存在地点を快感，愛，安全という肯定的諸経験に位置づけているのであり，言い換えるならば，良い対象の全体状況の内部に位置づけているということになる。スプリッティングの諸過程が，良い体験を保存するための堅固な境界を作り上げることで保護しようと努めるのは，まずはこの良い対象に対してなのである。

> 小さな乳児が比較的安定するために必要となる前提条件だと私が見なしているスプリッティング・プロセスに立ち返って考えてみたい。すなわち，最初の2，3カ月の間では，乳児はもっぱら良い対象を悪い対象から離し隔てている。したがって，根元的な形で良い対象が保存される。……それと同時に，この根元的な分割 primal division は，適切な愛の能力が存在してはじめて成功する。……したがって，私の仮説は，統合傾向に対しても適切な根元的スプリッティングに対しても，愛の能力が勢いを与えるのだということである。……これは逆説的に聞こえる。だが，私が述べたように，統合というものは自我の核を形成する強く根ざした良い対象に基盤があるため，統合にはある程度のスプリッティングが不可欠なのである。なぜ

ならば，それによって良い対象が保存されるのであり，後には自我が良い対象の二つの側面を合成する synthesise ことを可能にするわけである[20]。

この考察によって，大人の分裂的状態と乳児の分裂的機制との間の違いが最終的に明らかとなる。前者は脆弱で過剰防衛的な個人における高度に破壊的なプロセスを示しているのであり，他方，後者は良い体験を果敢に aggressive 保護することを表現しているのであって，そうすることでのみ自我の核の構築が可能なのである。それゆえ，クライン的乳児を破壊的で分裂的存在だと見なすことは誤りである。なぜなら，乳児が攻撃的な諸防衛を駆使するのはある種の目的があってのことであり，それらが乳児にとって習慣的になるのは甚だしい苦痛と不安に苛まれるような事象があってのことだからである。とはいえ，このような考察に関して，クラインの見解に自己満足的なところはない。彼女の乳児は，環境的剝奪や不当な扱いに立ち向かう理想的で英雄的な戦士などではない。乳児は悲劇的存在であり続ける。つまり，自らの発達に対する最悪の障害物を，ある種自分自身で創り出してしまう存在なのである。これは特にクラインの最後の主要論文，すなわち原初的羨望についての1957年の仕事の中で明らかとなる。

注

1. E. B. Spillius (ed.) (1988) Part two: projective identification', in *Melanie Klein Today. 1: Mainly Theory*. London: Routledge. pp. 81-7.（松木邦裕監訳：第2部 投影同一化. メラニー・クライン トゥデイ. 岩崎学術出版社，1993.）
2. Klein, M. (1946) 'Notes on some schizoid mechanisms', in *Envy and Gratitude*. London: The Hogarth Press. p. 8.（狩野力八郎・渡辺明子・相田信男訳：分裂的機制についての覚書. メラニー・クライン著作集4. 誠信書房，1985.）
3. 同上，p. 11.
4. 同上，p. 6.
5. 同上，p. 7.
6. 同上，p. 4.
7. Winnicott, D. W. (1975) 'Primitive emotional development', in *Through Paediatrics to Psycho-Analysis*. London: The Hogarth Press. (1945 初版) p. 149.（妙木浩之訳：原初の情緒発達. 小児医学から精神分析へ――ウィニコット臨床論文集. 岩崎学術出版社，2005.）
8. Phillips, A. (1990) *Winnicott*. London: Fontana Modern Masters.
9. Klein, M. (1946) 'Notes on some schizoid mechanisms', in *Envy and Gratitude*. London: The Hogarth Press. p. 4.

10. Winnicott, D. W. (1975) 'Primitive emotional development', in *Through Paediatrics to Psycho-Analysis*. London: The Hogarth Press. (1945 初版) pp. 149-50.
11. 同上，pp. 149-50.
12. 同上，p. 149.
13. 同上，p. 150.
14. Phillips, A. (1990) *Winnicott*. London: Fontana Modern Masters, p. 79.
15. Winnicott, D. W. (1975) 'Primitive emotional development', in *Through Paediatrics to Psycho-Analysis*. London: The Hogarth Press. (1945 初版) p. 155.
16. Klein, M. (1946) 'Notes on some schizoid mechanisms', in *Envy and Gratitude*. London: The Hogarth Press. p. 5.
17. 同上，p. 5(n).
18. Winnicott, D. W. (1975) 'Primitive emotional development', in *Through Paediatrics to Psycho-Analysis*. London: The Hogarth Press.〔1945 初版〕p. 150.
19. Kernberg, O. (1989) in T. Sandier (ed.) *Projection, Identification, Projective Identification*. London: Karnac Books, p. 83.
20. Klein, M. (1957) 'Envy and gratitude', in *Envy and Gratitude*. London: The Hogarth Press. p. 191.（松本善男訳：羨望と感謝．みすず書房，1975；メラニー・クライン著作集 5．誠信書房，1996.）

第12章 「あまりにも得難いがゆえ」
── 羨望に関する2つの説明

　クラインが周りの同僚の前で，羨望についての自説を初めて発表したとき，ウィニコットが「ああ，それを言ったらお終いだ[1]」と落胆して呟いたといわれている。彼女の最も忠実な支持者のうちの一人だったポーラ・ハイマンは，このときまでにすでにクラインとは次第に反りが合わなくなっていたものの，この瞬間こそ2人の間の修復不可能な断絶を決定づけるものとなったと見なしている。クラインが公的にこれを発表したのは，1955年にジュネーヴで開かれた国際精神分析協会の大会においてだったが，先述のような反応は，この概念が一般にどのように受け止められたのかということを如実に示すものである。
　このときすでに「大論争」の時から10年が経過していた。クラインは73歳になっており，職業的に生き残っていたばかりでなく，アーネスト・ジョーンズの言葉を借りるなら，「生きているうちに，自らの仕事が堅固に根付いてゆく様を見ることができた[2]」のであった。また，英国精神分析協会の中で確固たる位置を築き，新たな出版物によって大きな影響力を持ち始めていたクライン派グループの発展を彼女は自ら目撃することにもなった。
　ところが，さらに確立されてゆくこの地位によっても，クラインの見解が広く受け入れられることが保証されたわけではなく，それどころか彼女の考えが許容されるかどうかさえ定かではなかった。なぜならば，彼女の考えは円熟して和らぐなどということからはほど遠く，新たな極端さへと行き着いてしまったからである。これは当然，彼女自身の取りまきのうちにおいてさえ反発を引き起こし，結果として学派内の亀裂や脱退者の続出は免れなかった。これに反して，1955年に発表されたこの新たな見解を歓迎する忠実なクライン派の分析家グループもあった。したがって，2年後の1957年に「羨望と感謝」として出版されることになるジュネーヴ論文を迎える反応は，鮮明に二分されるものだったのだ。羨望の理論がこのように相反する反応を引き起こし，クラインの精神分析の同僚のうちに，かくも激しい憤りをかき立てられる者がいたというの

は，いったい何なのだろうか。

　羨望に関するクラインの論文は，行き過ぎてしまった理論などという単純なものではない。それは重要な観点において，予期せぬ最終地点なのであり，クラインの理論がその道を見つけ，あるいはもしかしたら偶然たどり着いてしまった地点だとも見なせる。だが，クラインの生涯を通じての思索とその論文との関係は，そう簡単に摑めるものでもない。その論文のある部分は，以前からの一連の思索との連続性を保っている一方で，他の部分は過去のものとのつながりが中断している。これを吟味する前に，クラインの精神分析への最後のオリジナルな貢献となるべきもののなかにおいて，彼女の論究の筋道を概観する価値はあるだろう。

　クラインは，自説を見直して改訂版を発表しようなどと意識的に目論んだわけではなかった。というのは，彼女は自分がこれまでの30年間にわたって根気強く練り上げてきた早期精神生活に関する込み入った図式をしっかりと保持し続けていたからである。だが，彼女は乳児の最初の経験に関する自説に，さらに一つの要素を追加したかったのであり，そうすることで自分の理論は完成するだろうと考えたのだった。彼女がここで加えた要素こそ，原初的羨望 primary envy というアイデアであった。クラインはその経歴全体を通して，そして抑うつポジションと妄想分裂ポジションという概念やその傍らで解きほぐしていった多くの複雑な防衛機制と断片化プロセスに関する諸概念を練り上げる期間のすべてを通して，乳児が母親の乳房と身体に加える早期の攻撃という概念を破棄せずにいた。ここで彼女は，心的生活の基盤となるシナリオに立ち返り，さらなる熟考を加えたのである。

　羨望についてのクラインの論文は，またもや最初の良い対象というものを強調することから始まる。それは良い対象が乳児に対して持つ唯一無二の価値をさらに喚起的に思い起こさせるものである。彼女は，「母親の乳房との関係，そして母親との関係」という乳児の最初の対象関係の重要性に言及する。彼女は，「もしこの原初的対象が取り入れられて，比較的安全な形で自我に根付くならば，満足いく発達の基礎が築かれることになる[3]」というこれまでの結論を繰り返し述べている。ここまで来ると読者は，クラインが良い対象の描写を絶え間なく延々と繰り返していると感じるだろうし，ともすれば何かの教条を詠唱するかのようになってしまう危険を感じるかもしれない。ここでは，あたかもクライン自身が自分の理論の中において，良い対象を見失ってしまうのを恐れているかのようにも見えるのであり，破壊的プロセスを研究する論文はそ

れぞれ決まって，良い対象に関する不滅の価値と安定した理論的位置とを儀式的に確立することから書き始められている。しかしながら，クラインの繰り返しは，あながち単に強迫的なばかりではなく，同時に創造的でもあるのだ。彼女が良い対象についてあらためて熟考する際には，新たな側面を見つめ眺望を深めるよう，さらなる繊細な一筆を振るう。この羨望論文においてもまた，彼女は良い対象のさらなる次元を新たに雄弁な強調点を伴って詳述することになる。口唇的衝動が優勢な中で，乳房は「……本能的に滋養の源であると感じられ，したがってより深い意味で生命そのものであると感じられている」のだとクラインは示唆している。乳児が出生直後の波乱の状況へと最初に突入するとき，そこで失われる安全な「母親との出生前における一体性[4]」の感覚を取り戻すことができるのは，「満足を与える乳房との身体心理的近接性」を通じてなのである。

　クラインはまたもや，理論的に見るなら良い乳房が自我の核を形成するのだと述べているが，ここではさらに深い確信を加えてこれについて論じている。彼女が指摘しているのは，乳房はその重要性の大きさゆえに，単に満足を与える身体的対象では決してないのだということであった。乳房に関する限りでは，「……乳児の本能的欲望と無意識的空想のすべてが乳房へと浸透するが，それは乳房が与える実際の栄養というものをはるかに超えた性質を伴っている。」これは，最初の良い対象が精神生活において何ものにも代えがたい位置を占めるのだということに関する最終確認である。つまり，人は乳児期に取り入れた，自己を滋養 self-nourishing できる創造的な核に依存し続けるのであり，それはライフサイクルすべてを通してそうであり続ける。無意識の心においては，良い乳房が永遠に「母性的な良さ，つまり尽きることのない忍耐と寛容，そして創造性」の原型であり続ける。厳しい世界においては良い乳房こそ，人に「希望 hope，信頼 trust，そして良さへの確信 belief in goodness の基盤[5]」を提供するものにほかならない。

　「羨望と感謝」における良い対象の描写は，クラインの著作の中で最も胸を刺す感動的なもので，そのうえ最もはっきりとしたものでもある。彼女はいまや完成に達した理論において，良い対象の重要性を細心の注意を払って余すところなく詳述する。そのような描写はそれに続く思索のために不可欠なのである。良い対象の重要性こそが，それに対する脅威の深刻さを読者に警告することになり，良い対象の本質を伝えるクラインの切実な叙述が乳児の失いかけているものを反映しているのだ。したがって，羨望による攻撃は心的発達に対す

る最も深刻な脅威となる。なぜならば，それが「乳児の良い対象の構築を阻害することに寄与する」ためである。

　最初の良い対象への乳児からの攻撃という概念は，クラインの思想においては別段新しいものではなかった。彼女はすでに，そのような攻撃がいかにして乳児の母親との関係を歪め母親を悪い対象へと変えるのか，それがいかにして深い不安をかき立て，早期の諸防衛の引き金となるのか，ということについて描写し説明していた。彼女はこれがさらに，心の中に良い滋養的対象を取り入れる能力を蝕むのだと示唆していた。クラインはここにいたって，より万人向けの表現で直接的かつ観察的な描写を付け加えた。クラインがいったい誰に向かって話しかけているのか，その心中を知るのは難しい。だが，単に精神分析の同僚たちにのみ向けて語っているのではなさそうである。彼女の観察は，精神分析の専門用語を使って描写されているのではない。したがってそれはより広い素人的一般社会に，つまり普通の母親たち，あるいは祖母たち，もしくは保育所の保育士たちなど，通常の乳児のケアを任される人々に向けて拡張されて語りかけられるのにふさわしいものである。「母親への攻撃性は，赤ん坊が経験できるはずの楽しみの質に干渉し，したがって乳児が満足に関する新たな源を経験する能力を損なうことになる[6]」。クラインの個人的生活において，最も手近に得られる乳児期に関しての経験は，もはや子どもの精神分析家という専門職としてのそれではなく，彼女の孫たちと家族的な接触を通じてなされるもの，つまり祖母としての経験であったということが，ここには関係している。一人の祖母としての見地が彼女の著作に，ある種の新しい家庭的な形の乳児期の描写を追加することになった。

　とはいえ，これは彼女が理論的にもしくは精神分析的に考えることをやめてしまったことを意味するわけではない。ここに至るまで，彼女は自説において，乳児のサディスティックな攻撃が早期エディプス・コンプレックスによって引き起こされるものであり，さらには母親の身体を貫通し所有し支配するという愛知衝動 epistemophilic urges によって誘発されるのだと考えてきた。いまや彼女には，これが一般化しすぎているようにみえた。養ってくれる最初の根源を攻撃するという奇妙な衝動が，確かに彼女がこれまで常々考えてきたとおり蒼古的な意味でエディプス的ではあったとはいえ，今や心的生活においてもっと特異的な要素をその根源に持っているのだと見なされるようになった。これらの要素もまた，精神分析的な構成概念とはあまり関係しない，より日常的情動に関する素人的な考えのリストにおさまりがよいものであった。

クラインが大胆に持ち出した考えは，そのような早期攻撃の引き金の一つが，最初の良い対象に向かう乳児の原初的羨望なのだというものであった。この普遍的な情動は人生初期から現れており，授乳する乳房から満足と良さとを享受しようとする乳児の奮闘に対して大きな妨害となる。羨望は，屈託のないままであり続けるはずの乳房との快感と愛の関係に侵入して，乳児の最初の情緒的パートナーシップを食い荒らすのである。幸福な関係を味わい，その本質を吸収するための自由な能力を満喫するかわりに，乳児は世界に安全な基礎を確立する自らの努力そのものを妨害され阻害されることになってしまう。さらには，これがすべて内的な力の間の悲劇的な状況を通じて現れてくる。羨望とは，人類の悲劇的な弱点であり，その源を死の本能に辿ることのできる反生命力 anti-life force なのである。

　クラインが羨望を重く見ていたことには疑いがない。それはいまや，彼女の早期の理論においてサディズムが占めていた場所を占拠することとなったが，人間の破壊性の本質を表現する特異的な現象でもあった。だが，これまでの理論ではすべてにわたってクラインは，心的作用における基礎的で葛藤的な二元性を強調し続けてきたのであり，したがって，羨望はコインの一面に過ぎず，もう一つの面は感謝である。羨望が乳児の最初の快感の質を減弱させる一方，感謝はそれを強める。

　上述のように，羨望と感謝といった現象についての議論は，一般的な言葉遣いとしてすぐに馴染むものである。だがその結果，それらは精神分析の専門用語の中で，蒼古的乳児プロセスの確たる描写のために必要となる概念化に際しては容易に適合しない。だがこれについて述べる前にクラインには，羨望というものが早期のサディスティックな攻撃を誘発するもののなかでは唯一のものなのではなく，実際のところ他の多くのプロセスが活性化する状況の中で働くものであることを説明する必要があった。多くの異なるプロセスを想定するにあたっては決定的な理由があった。クラインは彼女の職業生活の初期に形作られた信念を破棄していなかった。すなわち，エディプス的なシナリオが，人間の攻撃性，すなわち母親の身体に対する乳児の攻撃性の活動する基本領域なのだという信念である。彼女はこのシナリオを原始的なものとして考えていた。すなわち，母親の身体の資源を略奪するという乳児の空想的衝動に関わるものとして考えていたのである。原初的羨望という発想によって，そのような攻撃に意味が生じる方向へと向かいうる一方で，それだけですべてを説明するには十分なものではなかった。

まず始めにエディプス的経験というものが、単に羨望のみを暗示するのではなく、それには嫉妬も含まれているのであり、その2つを区別する必要があった。嫉妬とは二者あるいはカップルに関連して体験されるもので、愛の対象への所有欲求によって引き起こされるのであり、特にそれはその対象に手が届かなくなり、他の誰かのものになるようなときに生じるのだとクラインは示唆した。この三角的状況の文脈で、嫉妬はつねに精神分析的な認識のうちに姿を現してきた。クラインはここで、乳児が両親をそのものとしてはっきり認識できるようになるよりも前から、それが現れるのだということを追加した。というのは、乳児には「母親の乳房と母親とを持って行ってしまう」ライバルたちの存在を直観する根源的な心的能力が存在するからである。

精神分析において嫉妬はなじみ深いものであったが、羨望の方はそうではなかった。良い対象をめぐる競合に焦点がある嫉妬とは違って、羨望の方は対象に全く価値を置いていない。その反対に羨望では、直接の攻撃性が対象をめぐるライバルたちに対してではなく、対象そのものに焦点づけられるのであり、対象の良さに対する悪性の憤りを表すものである。クラインは、嫉妬がライバルへの気づきなど外から来る妨害によって引き起こされる一方で、羨望は「内側から生じ」、「飽くことを知らず insatiable」、そして「焦点づける対象を常に探し出す[7]」のである。

ところが、羨望と嫉妬の間をこのように区別したうえでも、母親との早期の関係において作動しているもう一つの攻撃的現象をさらに明確にする必要がある。乳児期に関するクラインの理論には、母親の身体に向けられる所有的で占有的な衝動が常に含まれていたが、これらについての説明に関して、嫉妬と羨望はある一定の役割を果たすのみであった。これによって彼女は、いまや早期のサディスティックな攻撃の中に認められるさらなる要素を提案することへと導かれた。つまりそれは貪欲さであった。クラインは、人間の所有的占有的本能の中に暗示されるサディズムの一つの形として貪欲さを強調した。すなわち、羨望や嫉妬とは違い、貪欲さというものが特に、乳房の内容物を「えぐり出し」容赦なく対象からすべての良さを抜き取るという獰猛な空想を説明するだろうと彼女は感じた。攻撃性の一つの形式として、貪欲さとは盗み略奪しようとする衝動を下支えする搾取的傾向なのである。即座に明らかとなることは、貪欲さというものが羨望とは異なるとはいえ、それによって活性化されうるということである。羨望に対する一つの反応は、対象から良いものを盗むこと、つまりは対象から剥奪することなのである。

第12章　羨望に関する2つの説明　245

　羨望，嫉妬そして貪欲さの描写にあたって，クラインは人間の破壊性の残忍さを詳述することを躊躇しなかった。しかしながら，これら3つの性向のうちで，彼女の思想で焦点化されるのは羨望であり，そこに人間の破壊性が凝縮される。嫉妬と貪欲さは攻撃性の2つの形式であるが，その2つは究極的には所有欲に関するのであり，したがってそれらが可能になるには良い対象という観念を持つ心的能力が必要となる。だが，羨望は別物である。なぜならばそれが純粋に破壊的だからである。羨望をかき立てる衝動は，獲得を目指すものであったり，所有を目指すものであったりするならば，まだしも分かりやすいはずだが，実はそうではなくて，何の得にもならぬものであり，ただ損なうだけのものである。その典型的な空想的シナリオは，乳房の良い内容物を台無しにする目的で毒を投入すること，すなわち自己の糞便部分を乳房の中に投げ入れるというものである。したがってそれが表現するのは，攻撃的に獲得することではなく，損傷を与える反生命的な anti-life 死の本能 death-instinct の諸傾向である。

　羨望，感謝，嫉妬，貪欲さについて考察するにあたって，クラインはまた理論化の焦点を心的機制というところから，心的生活の変遷を形作る特異的な情緒的潮流 emotional currents へと移動させることも行った。彼女が照らし出したことは，通常の大人のパーソナリティを乳児期の情緒生活がどのように下支えしているのかという様式についてであり，そのような早期の情緒性というものが，心的発達においてどのような形で必須の構成要素となっているのかということであった。このことは，クラインがフロイトの欲動論や快感希求的乳児という概念を捨てて，もっぱら対象希求的な情緒的乳児というものの研究だけに向かう決心をしたことを意味するわけではない。実のところ，「羨望と感謝」の全編を通して認められるのは，彼女の理論の根底にある欲動論の存在を指摘し続けていることであり，乳児の母乳栄養体験におけるリビドー的な享楽 libidinal enjoyment など，リビドー的諸要素の重要性に関して頻繁に言及しているのだ。ところが，彼女の思索におけるこの段階では，本能的満足ばかりでなく，情緒もまたそのような享楽に対して不可欠なものなのだと考えられている。大人の性交渉の場合と同じように，乳児の愛が良い授乳対象との感覚的快感を大きく強めることになり，したがって取り入れ introjection を促進することになる。同じように，感謝もまた乳児の享楽を増幅する。なぜならば，それが良いやりとりからの獲得の感覚を意味するからであり，したがってそれが剥奪からの羨望に拮抗するからである。

　とはいえ，この情緒への焦点化というものがいかに興味深いとはいえ，そ

してそこでの言葉づかいがいかに「素人にも分かるもの lay」であるとはいえ，クラインの論文において鍵となるその他の特徴と同じように，それは精神分析サークルにおいて受け入れられることが困難なものでもあったのだ。それに関する最悪の懸念は，概ね3つの主要な反論の中に集約されるだろう。すなわち，それが根拠のない否定主義 negativity に基づいていること，それが乳児の思考プロセスを不相応に成熟したものと見なしていること，それが人間の破壊性や病理性の一要因としての親的環境役割をあまりにも軽視していること，であった。これらの反論の内実について吟味しておく価値は確かにある。というのは，それらの反論が今日までも持続しているものであり，クライン派のテクストを十把一絡げに単純化して否定するような拒絶をいまだに招きうるからである。それらのテクストは，その特質上そのように単純化されるよりも，本来はずっと複雑である。これによって，それらの反論の根拠となる証拠がクライン派の文献中に広汎に認められるという事実を否定しようとするものではない。しかしながら，そのような証拠はクラインの論述のなかの単なる一要素を反映しているに過ぎないのであり，その要素というのも実は，その他のさらに矛盾する思考の傍らにあって，さらに複雑なものを含んでいるのだ。だがこれをすぐに論じる前に，先に挙げた反論そのものを検証する必要がある。

　最初の反論，すなわちクラインの過度の否定主義に関するものに対しては，彼女の見解が悲観主義的なのではなくて，リアリズムを示しているのであり，人間のありのままの本質というリアリティに直面する勇気のある者に向けての見解なのだと切り返せばよかったはずである。ところが，1955年の発表を聞いた非クライン派の聴衆に関していえば，羨望する乳児というアイデアは，クラインの思想をその早期の陰鬱へと引き戻し，原罪理論の新しいバージョンを提供したに過ぎないと映ったようである。「それはすべての罪のうちで最も大きなものだと無意識的に感じられている[8]」とクラインもはっきりと述べているように，人間は七つの大罪のうちで最も無益で最も反社会的なところから人生を始めるものなのだと見なすことは，現実的ではなくて悲観的に見えたのである。

　今日的に見るなら，羨望についてのクラインの説明は生真面目すぎるにちがいない。彼女が批判をうける否定主義というものは，羨望的なサディズムにおける何の得にもならない無益なものという形で，特に彼女の仮説の中に広汎に認められる。すなわち，乳房が乳児の目の前にあって求めに応じることができ，快感と安全と栄養を与えることができるそのときにこそ，羨望的サディズムが

乳房に向けられ作動するのだというのである。この無意味な攻撃性は，世界の中で出会う良さに耐えられないという反生命的不耐性を示すものであり，乳児がその良さを実際にちょうど楽しんでいる過程において生じる。クラインの説明では，乳児に応じることが出来る乳房へと向けられる何の得にもならない羨望，そして「破壊的衝動によって決定づけられている羨望というものが，……ミルクが与えられるときに得られる安堵そのものによって引き起こされる。……なぜならば，それによって乳児に満足が得られはするのだが，……（とはいえ）その贈り物が，あまりにも得難い so unattainable 何かであるがゆえに，羨望を立ち上げることになるからである[9]」。

　そのような信念を通じて生じる寒々とした眺望は，理論的な根拠を挙げることによってより一層ひどいものとなる。原初的羨望に関するクラインの理論は，そもそも不人気だった概念，つまり死の本能論を使っているのであり，さらにはその概念を新たな極端さへと導くことになっている。破壊的衝動を乳児に帰属させていることがまず一つあり，さらにかなり性質を異にするものとしてもう一つあるのは，心的発達に欠かせない母親からの養育的資源を攻撃するなどという所作を下支えする不可思議な反生命的傾向である。したがってクラインの見解では，良い母親的供給を歓迎するどころか，のっけからそれを挫こうとするものとしての乳児が描写され，これは人間という組織体が目の前に来るすべての滋養物をいつもすっかり使い切り，単純に成長に邁進するのだというもっと楽観的な見解に疑問を投げかけるものとなる。さらにそれは，人間の破壊性と病理性を反応性の要素にではなく，生来性の要素に根があるものとして描写する。この見解では，乳児というものが，体質によって程度が決定されている羨望とともに世界にやってくるのだと見なされており，母親が誤って扱ったことや環境に苛まれたことなどというよりはむしろ，この素因こそが個人の破壊性の程度を説明すると考えられているわけである。

　そのような考えから即座に導かれるのが，原初的羨望に関するクラインの理論に対する第２の反論である。すなわち，それによって彼女の理論が，外的経験の役割を誤って位置づけるよう強いられているのではないかというものである。そこに至るまでの彼女の理論では，外的な母性養育と母親の再保証的再出現の繰り返しこそが，乳幼児的な迫害感を緩和し，内的な歪曲を最終的には是正するのであり，それが情緒的安全を伴って現実感覚を確立する方法そのものとなっていた。つまり，抑うつポジションの解決こそ健康発達を可能にする唯一のものであり，それを解決するのは実際の母親であり再保証的存在としての

母親なのである。このような見解では，実際の母親が決定的な重要性を持つのであり，乳児に対して否定的に影響する外的諸要素について考える際に，クラインはそのような重要性をさらに強調した。たとえば困難な出産，乳児の養育を楽しめないという母親側の神経的能力不足，あるいは母親の一般的な精神状態などという現実的な諸事象が，乳児を迫害的感情やそれに付随する防衛的攻撃性の活性化に対してより脆弱にしてしまいうる要因のすべてなのである。

ところが，原初的羨望の概念に至ると，クラインは今やみたところ，子どもが出会う両親からの実際の養育の重要度を割り引いているかのようである。実際には，クラインがそのような誤った位置を取っていたわけでは決してない。なぜならば，「羨望と感謝」の一部分では，成長の最中に乳児が良い体験を繰り返す必要があるということが引き続き述べられているからである。だが，だからといってこれが性急な結論づけを阻むことにもならない。たとえば，クラインは次のように物議を醸すことを示唆している。「……乳児の中には，多大な剝奪と不利な状況に晒されても，過剰な不安を発展させないものもいる」。

「多大な剝奪」に苛まれる乳幼児たちが「過剰な不安」反応を顕著に示さないことがあるなどというアイデアは，クラインを批評しようとする人々にとっては擁護できないものであった。多大な剝奪はその定義からすれば，精神に飢餓をもたらすはずであり，それを病理的因子として軽視できないのは，身体的発育に対して栄養失調を軽視できないのと同様である。どちらにせよ，クラインが羨望という概念を形にしようとしていた時に，彼女が没頭していた仕事は，被剝奪児にせよ何にせよ子どもの患者ではなく，大人の患者の治療であった。だが他方で，ウィニコットには被剝奪児との実質的な治療経験があり，彼の見解は，心的発達に対する実際の母親養育の関与という問題をクラインが無視していることを即座に目立たせることとなった。彼の観点は，子どもたちとの精神分析的治療によってもたらされるわれわれの経験の中で，今もなお確証が得られ続けている。被剝奪児の復元力 resilience には，素因として持って生まれた大きさや小ささに個人差があることは確かだが，実際に「多大な剝奪」を被ってしまった者は誰しも，「過剰な不安」を逃れてそれに対する防衛の構築も免れるなどということは有り得ないのである。

第3の反論は，もしかするとクラインの羨望理論に対する最も強力な反論になるかもしれないが，それは蒼古的な心的プロセスに関わるものである。羨望する乳児というアイデアは，クライン自身のこれまでの見解に照らしても無理のあるものに見えるし，彼女が想定した最早期の自我活性という概念を受け入

れた者に対してもそう見える。羨望に値する母親の性質をはっきり区別できるところまで十分発達した認識能力などというものが、乳児期にいかにして可能なのかを理解することは困難であった。クラインは自説の中で早くからすでに、母体内容物に対して乳児が気づいていることを指摘していた。しかしながら、彼女が定式化した母体内容物に対する関係というものは、ずいぶん原始的な形だったのであり、口唇的本能衝動に突き動かされて母親から提供される良さを吸収するというものであった。そこでは良さというものが、それ自体実際の栄養や栄養を与えてくれる対象など物質的なものと同等視されている。原始的な空想生活において、十分に栄養を与えられた乳児は、自分が栄養を堪能したことを内在化された良い乳房と同等視 equate し、それは具象的な内的基質 a concrete internal substance となるのである。

　羨望概念の導入とともに、これらの前提条件は改変を被ることになる。なぜならば、ここでクラインは抽象的な質の意味を把握する乳児の能力について論じているかに見えるからである。羨望は「ミルクが与えられることで得られる安堵そのもの」によってかき立てられるのだとクラインは示唆する。それは、「この贈り物があまりにも得難い何かである」からである。乳房は今や、それのもたらす恩恵によって羨望されるのであり、その恩恵とはクラインが創造的な力として描写したものでもあるのだ。ところが、これが暗示するのは、乳児には独立した他者の非物質的な性質を指し示すことができる抽象思考を用いる能力があるということである。こうなるとずいぶん彼方に行ってしまっているように見えるのだが、羨望に関するこの同じ論文の最初の方の箇所ではクラインも、「（乳児の）本能的欲望と無意識的空想の総体が乳房に向けて浸透して、実際の栄養をはるかに超えた質をもたらす」というふうに慎重に言葉を選んでいたのである。乳房に質が浸透するのだという考えは理にかなっている。なぜなら、このことで、質というものが知的に認識されるなどと示唆しているわけではないからである。確かに質が授乳とともに体験されうるかぎり、乳児は両者を未分化の一体性、すなわち内部化 incorporated されている物質的基質として体験し続けるかもしれない。このように慎重な言葉の選び方が、原初的羨望に関するクラインの記述全体にわたって広がっているようには見えない。彼女が新生児はおろか乳幼児に可能なものをはるかに超えて、洗練された比較査定を通じて現れるような羨望について言及しているようにしばしば見えることがあるのだ。

　そのような反応のことを考えると、クラインの論文が挑発的なものとして体

験されたとしても驚くべきことではない。とはいえ，今引き合いに出したような反論の数々は，必ずしも精神分析的なものではないということもまた重要である。羨望理論は否定的である，環境の影響を度外視するため唯我的である，さらには乳幼児過程にあり得ないような成熟性を付与している，そういった批判は，乳児の心を限定的なものとして見なす一般的な文化的見解に基づいており，すべてが常識的な主張である。精神分析理論というものが，しばしば通常の期待を無視するものであるため，クラインの羨望理論を正当に批判しようとするなら常識を越えたところまで行く必要があり，精神分析的な論究の届く範囲に基づいて行う必要がある。

そうはいうものの，クラインの羨望論文を精神分析的論究の次元で吟味してみたところで，問題が解決するというよりは，むしろ引き続き物議を醸し続けることになる。「羨望と感謝」の持つ難点のうちの一つには，メタ心理学的な観点から再吟味すると，常識的反論がさらなる実質的基盤を持ってしまうということがある。乳幼児が，自分に応じることができる乳房 available breast と「ミルクが与えられることで得られる安堵そのもの」をそれが「あまりにも得難くみえるがゆえに so unattainable」羨望するのだという提案は，根本的な精神分析の教義，つまり早期生活における万能的プロセスというフロイトの概念を公然と無視することになるのである。この考えによると，人生早期における幻覚的プロセスというものが働くのはまさに，「ミルクが与えられることで得られる安堵」が万能的支配の届く圏内にはなく，あまりにも「得難い」のだという感覚を持つのを防ぐためなのだということになってしまう。さらにいえば，非常に中核的なものとして，大論争の際にあんなにも弁護された無意識的空想というクラインの概念は，そもそも万能的プロセスによって可能になる幻覚的願望充足というフロイトのアイデアに頼っていたのである。この観念を徹底的に見直し，乳児期の万能性というアイデアをなしで済まさないかぎり，ミルクが与えられることで得られる安堵は自分の欲望によって万能的に作り上げられたものではないのだという事実を，生まれたての乳児が察知できるなどという概念は正当化できないだろう。また，クラインは引き続き乳児の万能的諸機制についての確信を保ち続けてもいたため，彼女がいかにして羨望概念を自説の他の枠組みに適合させようと考えていたのかを知ることは難しい。

このことは，常識による多くの反論に加えて，クラインの原初的羨望概念の運命を決定づけるように見えるだろうし，それが最初に発表されたときからずっと表明され続けてきた多くの懸念を確証してしまうように映るかもしれない。

しかし，そうしてしまうことは時期尚早であり，この段階におけるクラインの見解の本質を見失うことにもなるだろう。彼女の羨望理論には確かに欠点があり，その理論はしばしば当惑させるほどに素朴すぎてあり得ないような描写によって提示されてもいる。そのうえ，クラインにはよく見られることだが，その理論をより詳しく吟味すると，見た目よりもずいぶん複雑であることが分かる。「羨望と感謝」は，ひとまとまりの一面的な反論を喚起するような単一の仮説などではない。この論文は，重要な形でそれ自身と議論するものであり，両側面からの議論をともに進めてゆく。最初にも述べたとおり，この議論のうちの一つの要素とはクラインの初期の見解に沿ったものであり，もう一つの要素がそれと衝突するように見えるのである。

そこには，「ミルクが与えられることで得られる安堵」によって引き起こされる破壊的羨望というクラインの面倒な概念に対しての対論が存在する。多くの場合に十分に強調されておらず，些末に見えるかもしれないことは，クラインの論じている原初的羨望の形がただ１つなのではなく，実は２つの形式をもっていて，それらが彼女の理論に対してそれぞれ別の最終目的地を提供するのだという事実である。羨望の第１の形式とは，自分に応じてくれる良い乳房に向けての何の得にもならない攻撃性であり，それは死の本能によって支配される人間の姿という陰鬱な見解を確証するものである。それはクラインの理論全体において，紛うことなく存在する一つの強力な要素である。もしそれを彼女の論文の主たるメッセージなのだと捉えるならば，人間の否定性 negativity に関する論文の適切なる結論としてそれは収まるように見える。ところが，羨望の第２の形によってクラインが提示するのは，自分に応じてくれる乳房に対してのこの無意味で死の本能的な羨望とは別のものであり，したがって，異なった類の論述の可能性が示唆され，それは別の結論を提供するのである。こちらの方は，乳児の脆弱さと早期剥奪の重大な帰結についてのものであり，ずっと救いのある寛大なものである。

非常に重要であるにもかかわらず概して見過ごされてきたことは，**自分に応じてくれない乳房** unavailable breast によって引き起こされる羨望と，そのような剥奪からの痛みや苦難とによって引き起こされる羨望という，第２の形をもクラインが提案しているということである。この第２の形は即座に，乳児の中に起こるより正当な羨望的攻撃性を描き出す。クラインは，赤ん坊の授乳が不適切であるときにそれがどのように経験されるのかについて述べている。すなわち，それによって赤ん坊は貪欲さと迫害的不安を強め，「乳房が剥奪する

と，乳房は悪いものとなる」という感覚へと導かれるというのである。この線での思索が持つ含意は重要である。その思索を前進させることでクラインは図式の中に，乳児の攻撃性の決定因子における外的環境の役割を必然的に導入することとなる。この対案の中では，剥奪された乳児が無理もなく攻撃的になるのであり，さらに加えて，そのような攻撃性はまた羨望という形を取り得るのだというアイデアがある。

　この対論では，否定的な感じがずいぶん減少してはいるものの，特に乳児の心的諸過程の本質についての問いを先送りし続けているという点において，クラインの原初的羨望理論が生じさせる難点を解決するようには見えないかもしれない。乳児はそもそも自分が剥奪されているなどということを，本当に知ることができるのか，もしそうだとしても，羨望などというものが最もそれらしい反応なのだろうか。そのような疑念は，クラインがたとえば次のように大人が考えそうなアイデアを乳児に当てはめているように見えることで増強するのである。すなわち，「……乳房が自分を剥奪すると，それは悪いものとなってしまう。なぜならば良い乳房に伴うミルクや愛あるいは世話といったものすべてを乳房が独り占めするからである。」などと示唆していることがその例である。とはいえ，そのような早期のシナリオがありそうにもないものだと感じられるにもかかわらず，剥奪に関するクラインの考えは，原始的な心的生活に関する彼女の見解にずっと論理的な形で適合する。さらに，それは「羨望と感謝」のなかでも，クラインの生涯を通じての仕事の中核的側面と連続性をもった構成要素となっている。彼女の仕事の中核とは，良さと安全さの核を人格の中に確立する苦闘として早期生活を描き出すということであった。これによると，早期剥奪は動揺とか痛みとかといった漠然とした経験以上のものとなる。

　まず始めに，クラインは今や新生児の心というものが，生まれたときすでに良い対象との出会いを予感していると信じるようになっていたのである。口唇的な性格を刻印された自然の生き残り衝動が，栄養を受けとるための本能的探索を活性化させるのだが，さらにいえば，その生き残り衝動には何が探されるべきなのかに関する直観が刻印されているのだということになる。良い対象に出会っていない乳児でさえ，何が欠けているのかを指し示す特殊な緊張状態を経験する。なぜならば，「……乳児の心には，最大の欲望の的となるような無尽蔵の乳房という空想がある」からだ。これは，フラストレーションがどのように体験されるのかということを暗に示している。

　前述のごとくフロイトは，乳児の心がフラストレーションによる緊張に対し

て，幻覚的願望充足のプロセスを通じて，何が欠けているのかに関しての苦痛な気づきを一時的に避けることで対処するのだと示唆していた。しかしながら，フロイトは，もし実際の満足が過度に遅延するならば，幻覚する能力は枯渇し破綻するのだとも論じていた。だが，このことが起こるならば，それはある機能を果たすことにもなる。なぜならば，もはや幻覚することのなくなった乳児は，現実の一部分を取り込むことができるからである。剝奪する乳房への羨望というクラインの見解は，まさにこの幻覚する能力が破綻したその時に関係するものなのである。フロイトとは違い，彼女にはそれが単にある種の現実を考慮するための機会なのだとは信じられなかった。乳児が実際に現実を全体として認識し，今は対象が使えないのだという考えを受け入れることは，統合の時期という発達のより後の時期に至って初めて可能となるのだという考えを彼女はすでに詳しく述べていた。したがって，認識がこの水準に至る前には，非常に幼い心というものは，幻覚の破綻に対してある空想を別の空想に置き換えるという，より原始的な様式で反応するのである。良い授乳乳房という空想は，妨害的で出し惜しみする勢力という体験によって取って代わられることになり，それは悪い乳房という空想的形態をとる。したがって，幻覚が枯渇するとき，乳児はいまや自分の欠乏 need による痛みに晒されることになり，それを悪い対象によって責め立てられていると感じるのである。

　この対象が，望ましい満足をその対象自身のために手放さないでいるのだという複雑な概念もまた，クラインの初期の結論や全体的な理論に調和する。生命の必需品を独占しうるライバルたちの存在を直観しつつ乳児は生まれてくるのだ，という考えを彼女はすでに提案していたのである。これに加えて，彼女は投影 projection と転置 displacement という心的過程についても考えを述べていた。こうした初期の定式化によって，不満になると乳児は良さの源泉を独占したいという攻撃的な意志 intent をその対象のせいにするということを説明できる。幻覚が破綻したとき，その直前まで心が思い描いていた望ましい満足というものが跡形もなく単に消えてしまうということはない。つまり，その慰めをもたらす本質は今やどこか別のところへと移動させられたのだと想像することになる。この体験とともに，乳児の不満を抱いて渇望している部分は，対象の上へと投影され転置される。したがって，そうなるとその対象は良い乳房を手放さず，所有し続け，自分だけでそれを楽しむのだと感じられることになる。

　この見解のなかで意味深い要素のうちの一つは，妄想的諸過程と羨望にはつ

ながりがあるということである。クラインはここですでに，剥奪に苛まれるのが早期であればあるほど，その個人は剥奪が故意の悪意によって他者からもたらされたものだ，とする妄想的解釈に訴えがちになるのだと見なしていた。そのような結論に至るに際してクラインは，彼女の人生のこの段階にいたっては，大人の患者たちとの豊かな内実のある臨床経験をもとにして考察しており，それらによって，広汎な子ども時代の剥奪と，後の人生で他者に対して慢性的で妄想的な憤怒が現れてくることとの間のつながりを，はっきり認識することができたのであった。

クラインが論文中で述べている羨望の2つの形の中で，彼女が最初の方，つまり自分に応じてくれる乳房への何の得にもならない羨望という方にもっぱら重きを置いていたことは明らかであり，他方で2つ目の形の方はほとんど付け足しのようであった。だが，これまでにも述べたように，蒼古的な心的諸過程についての彼女の精神分析理論に適合させることが困難なのはむしろ，応じてくれる乳房とその創造的な力に向けられる羨望という第1の形の羨望の方なのだ。さらにいえば，クラインが臨床素材を用いて羨望を描写しようとすると，剥奪する乳房に向けて経験される羨望という第2の形の方が，きまって彼女の例の中には表面化してくるのである。

羨望に関するクラインの臨床例

クラインが描写する大人の患者たちは，剥奪されたと感じると羨望を体験する。なぜならば，剥奪されることで彼らは，誰か他の者が出し惜しみをしており，差し控えたものによって満足を享受しているのだという想像に導かれるからである。たとえばクラインは，肩の痛みのために2回のセッションを休むことになった女性患者を描写している。クラインが描き出しているのは，患者がセラピーに戻って来たとき，いかに不平でいっぱいだったのかという様子についてであり，それは患者が具合の悪いあいだ誰もかまってくれなかったし，健康状態を気遣って聞いてくれることもなかったというものであった。さらにその患者は夢について述べた。夢では，彼女がレストランで給仕を待っていたが結局誰も来ない。列に並んで自分で給仕することに決める。列で彼女の前にはきっぱりとした感じの女性が，2，3の小さなケーキを自分の皿に取り込んでいた。患者は同じことをしようと決心する。

この夢に関する患者の連想から，列に並んでいる女性とクラインとが関連し

ていることが判明し，また小さなケーキがクラインという人物につながることも分かった（kleinはドイツ語のsmallを意味する：訳者）。クラインは次のように解釈する。すなわち，その夢は，患者が２つのセッションを，つまり２, ３の小さなケーキを失った際に生じた気持ちを示しており，彼女が具合悪く分析に来られなかった間，分析家が彼女への栄養を差し控えたばかりでなく，分析家自身に栄養を与えていたと感じたことを表していると解釈したのである。この状況で分析家は，患者が具合の悪いときに何ら問いかけることもなく，出席できなかったセッションを別に提供するような方法を見つけるわけでもなく，患者から気づかいやセッションそのものを差し控えるような剥奪する対象であると見なされている。さらにその上，分析家は情緒的供給を出し惜しみしていると見なされるばかりでなく，それらを自分自身のために蓄えて「ケーキを持っていてそれを食べる」ことができるというのである。そのような羨望は，患者が依存する無尽蔵の授乳供給源の所有者としての分析家を思い描くというような，より乳児的な空想によって下支えされている。したがって，それらの空想は，乳房が創り出すミルクが与えられることで得られる安堵そのものによって，乳児は乳房を羨望するのだというクラインの考えに適合することになる。しかしながら，この例においてもう一つ重要なことは，患者が具合の悪いときに，乳房が自分の求めに応じてくれなかったことで羨望されているという点であり，そういう意味では剥奪的であったわけである。

　別の臨床例でも，同様に剥奪が羨望を招くものとして表面化する。クラインはまた別の女性患者について述べている。その患者は，一定の職業的成功を得たその時にも分析家に対して完璧に優っていると感じる必要があった。患者の夢では，分析家が羊毛woolly（頭が混乱してぼんやりしているという意味がある：訳者）のカーペットをもぐもぐと咀嚼し続ける乳牛として現れる一方で，患者の方は木のてっぺんをゆらゆら漂う魔法の絨毯に座っていた。クラインはこの夢に現れた競争的羨望に気づかぬわけにはいかなかった。患者の想像では，職業的にいって自分は「木のてっぺん」に達しており，ぼんやりして何の価値もない言葉を発する分析家である年老いた乳牛を置き去りにしてしまっている。クラインは，これが羨望による分析家の完全なる脱価値化なのだと示唆している。しかしながら，ここでも再び彼女は，その要因の説明として剥奪の感覚を挙げるのだ。すなわち，この患者がいかに「授乳を満足に施さなかった母親への不平」に苛まれていたかを述べているのである。

　さらに別の例として，クラインは非行少年を助けようとするもののうまくい

かないという夢を見た男性患者について述べている。その夢の中で患者は、少年の父親の車に乗せてもらう。だが、その父親の運転する車は、正しい方向に進まず、どんどん患者の目的地から遠ざかってゆく。クラインは、これを間違った方向へと彼を連れて行く彼女への転移的批判だとして解釈する。つまり、その患者は彼女の仕事への羨望的脱価値化を表現しているのであり、その結果助けを提供する彼女の能力に対する不信を招くこととなっているのだ。分析家とのつながりを断ってしまったことで、分析家が示す方向性への信頼を失ってしまい、彼は彼自身の中の不良少年を扱うことができないと感じざるを得なくなった。彼の立場からすると、彼はひとりぼっちになり信頼できる分析家を剥奪されたということになる。

　剥奪と羨望とのつながりの検証をさらに進めてゆく前に、もう一つのより差し迫った問題に注意を引かれるのであり、そこには即座に疑問が生じてくる。すなわち、クラインはいったいいかにして、患者の攻撃が、たとえば怒りあるいは正当な批判から生じるのではなくて、羨望に由来しているといえるのだろうか。たとえば、彼らの夢に現れた攻撃性というものは、彼女の分析的な判断ミスや失敗に対しての隠された苦情を同様に示しているのかもしれない。また実際に、クラインもまさにこの難問に囚われていたのである。当初彼女は、文脈的な諸因子から証拠を求めることで、十分それを同定できると感じていた。羨望が問題となるのかどうかは、セッションでの素材と夢とがそこで理解されるような広汎な臨床的文脈を考慮することで決定できるだろうと彼女は考えていたのである。したがって、彼女が臨床素材として引用した患者たちでは、すでに羨望というものが認識されていたのだという事実を彼女は強調していた。だが、クラインはこれで満足することはなかった。精神分析技法は患者が意識的に承認できるものに基づくわけにはいかないのである。また、より広汎な臨床的文脈を探求すれば、確かにさらに有用な細部が見えてくるかもしれないが、とはいえさらなる臨床素材それ自体が証拠となるわけではない。

　この気づきによってクラインは、臨床状況の中で羨望を目撃していると信じた状況を、さらに詳細に検証することへと導かれたのであり、羨望を同定できるより堅実な方法があるのだということを徐々に見いだした。もし分析家への破壊的攻撃が、患者に恩恵をもたらした肯定的分析作業に引き続いて生じるならば、それが羨望的であると考えることができるだろうと彼女は気づいたのであった。この見解によって、彼女は即座にとても重要なつながりを察知することとなった。すなわち、それは彼女の羨望理論と、精神分析の歴史において分

析家たちを悩ませ続けてきた現象，つまり陰性治療反応とのつながりであった。

陰性治療反応

　フロイトが自由連想の手法を確立するやいなや，臨床作業への障壁に出会ったことは，広く知られている。自由で気軽に連想するということからはほど遠く，肝心なところで彼の患者たちの心は真っ白になってしまう。フロイトはこれを，抑圧による抵抗の力の表れだと見なすようになった。フロイトの論考によると，ある想念が患者の意識にのぼることを防ぐのが抑圧であり，したがって抑圧が連想素材の流れに対する抵抗を生じさせることになる。この見解はさらに発展した。そして，抑圧に対する理解と抑圧を活性化させる心的なものへの理解がさらに洗練されてゆくにしたがって，この見解は徐々にしっかりした表現へと高められた。フロイトが，精神分析プロセスの展開に対してもっと手強い障壁となるものがあるのだと気づいたのはちょうどこの頃であった。つまりそれが陰性治療反応というものであった。彼が記述したのは，患者の抵抗が十分に解釈されて，患者の方は目に見えて安堵しているという状況だった。ところが，そこからさらなる改善が期待される代わりに，患者の状態は不可解にも悪化するのであった。この奇妙な現象に出くわしてフロイトは，この患者の悪化が個人的な進歩に対するマゾキスティックな反応を示しているのであり，自分はそのような進歩にふさわしくないと感じることへと患者を導く無意識的罪悪感に根ざしているのだと結論づけざるを得なかったのである。

　クラインは今や，患者が進歩し始めると，その進歩に対して不可解にも悪い反応を示すというときに，等しく根源に存在しうる要素に新たな光を投じることとなった。分析家の助ける能力に対する羨望こそがそのような要素である。実際の援助を受け入れ，そこで生じる変化を経験すること，それらがもたらすものと自分とを比べて突如として劣等感を感じてしまう患者の部分にとっては，助けも変化も警戒すべきものでもあるのだ。良くなるための方法は自分の支配下にはなく，分析家のもとにあって，後者はそれをほしいままにしている。これが深い依存の感覚と自分が無能であるとの感覚を立ち上げ，したがって羨望に寄与することとなる。それゆえ，分析状況の内部において羨望は，多くの場合，分析家への不適切な批判として現れ，あるいは分析がすでに安堵をもたらすものだとわかった時にこそ，分析作業の価値への疑念として現れてくるのである。

言い換えれば，フロイトが無意識的罪悪感のせいで生じるとしていた典型的な陰性治療反応は，羨望という新たな要因を持つに至ったばかりでなく，それは羨望が存在していることを確認するための良い予想的指標にもなるのであった。患者が自分の進歩に対して悪い反応をする場合，それらは必ずしも，罪悪感や自分がそれに値しないと感じることを通じて，自分から進歩を剥奪しているとはかぎらず，分析家の良い仕事を台無しにするために分析家を攻撃しているのかもしれない。クラインの症例のうちの一つが，分析家の仕事を台無しにする例を明確に表面化させている。すなわち，彼女の描写する男性患者は，クラインの本のページを細かく刻んでパイプに摘めて吸っているという夢を見た。彼女はそれによって，彼が羨望でもって彼女の仕事を引きちぎり破壊しているのだと理解する。羨望が陰性治療反応を説明しうるというクラインの示唆は，今日に至るまで精神分析技法において価値をもち続けている。しかしながら，この洞察は，羨望の根源という問題や，自分に応じてくれる乳房への原初的羨望というクラインの主張がかき立てた論争に対処したわけではない。

羨望と剥奪

　これまでにも述べてきたことだが，クラインが自分に応じてくれる乳房にむける不当な羨望に理論的強調点を置くにもかかわらず，彼女の提示する臨床例では，文章を入念に調査しないとはっきりしない場合があるにせよ，剥奪につながりのない羨望はどこにも見当たらない。表面上では，クラインが羨望的な気質の単一の起源もしくは主要な起源として，剥奪に焦点を当てることはない。むしろその反対に，彼女は自分の理論上のより重要な場を，応じてくれる良い対象に向けられる何の得にもならない羨望の方に割り当てている。これに加えて彼女は，自分の臨床例の中に認められる羨望の起源について簡単に触れることはあっても，しっかりと議論していない。さらに，文章から羨望の第二の形式，すなわち剥奪によってかき立てられたものが明らかに認められる場合ですら，そのように定義づけられることはないのである。患者の剥奪体験というものは，相対的なのであって，主観によって決定づけられるかもしれない。分析家は現実には剥奪しようとするものではないのかもしれないが，それでも種々の要因によって，患者からするとそのように感じられるかもしれない。同じ理由から，母親からの適切な養育を受けていても，欲求不満なままの乳児がいる。彼らにとっては，対象は剥奪的なのである。結局のところ，自分自身で剥奪を

作り上げてしまうという，自らの剥奪に責任があるような奇妙なケースが存在するのだ。たとえば，2つのセッションを休んだ女性患者は，自ら故意に分析家を遠ざけているようであり，したがって羨望的不平をかき立てる剥奪の原因は彼女自身にあるということになる。

　このように考えることで，程なくクラインは起源という厄介な問題に陥ることとなった。そもそも患者が最初に分析家を（セッションに来ないことによって）使いものにならなくさせたこと，つまりそれによって自己剥奪とさらなる羨望をかき立てるという悪循環を生むことになるわけだが，それは原初的羨望によって引き起こされたものなのか。あるいは，主観的にはどのように受け取られていたかは別として，もともと剥奪感の方が先にあって，それによって腹を立てて分析家を避けることになり，二次的反応として羨望を引き起こしたのか。クラインはこの堂々巡りの，鶏が先か卵が先か式の問題に取り組む中で，さらに複雑な問題に注目した。人は羨望というものを単に意識的な形で経験するだけではないかもしれない。むしろその逆なのではないだろうかと。無意識という心の原始的水準では，羨望には種々の破壊的空想が伴っており，それらは対象を万能的に攻撃して損傷を与えたという原始的感覚をもたらす。それに気づくならば，罪悪感と自己批判へと導かれるだろう。そのような感情は防衛の使用によって回避される必要がある。さらに，羨望に対する典型的な防衛は，羨望を弱めるためにその対象を減衰させることへと向けられる。言い換えれば，対象は無価値なものだと見なされることとなり，そして主体は結局それがために剥奪されるのだ。

　クラインは，羨望に対するそのような一連の諸防衛を列挙している。彼女が提示したのは，「混乱」「母親から他の人物への逃避」「対象の脱価値化」「自己の脱価値化」であり，さらに，他人のなかに羨望をかき立てること，貪欲，愛情を抑え込むこと，あるいは憎悪を増強させること，などを加えている。彼女が防衛だとして記述しているこれらのことは，なんらかの機制 mechanisms を意味しているわけでもなければ，既存の精神分析概念やメタ心理学的な枠組みに適合するわけでもない。それらは，たとえば，スプリッティング機制とは違って，心の構造を変化させることもなければ，自我の機能様式を変えることもない。それらは，むしろ羨望の体験を否認したり回避したりするために動員される情動的認知的戦略という性質をもっているのだ。つまり，たとえば混乱というものは個人を，対象が良いのか悪いのかについて，ごっちゃに混同させてしまうことであり，そのために羨望の対象の本来の価値を曖昧にしてしまうの

である。母親から他の対象への逃避では，羨望していた対象を廃棄して，新しくおそらくはより良い対象を絶え間なく探し求めることになる。また，対象の脱価値化では明らかに，その対象はもはや羨望される必要がなくなることを意味する。

このように，クラインが複雑な心的機制について述べているのではなく，普通の観察によって十分接近できる日常の行為について述べているため，彼女の描写する諸防衛を同定することは比較的容易である。秘かな羨望というアイデアからは，良いものと悪いものを混同する人，人を簡単には信用しないことで，他人が信頼に値して尊重され羨望すべき人物となるような世界に住む必要がなくなるようにしている人のことが理解できる。母親からの逃避からは，常に既存の関係を無価値だとして捨て去り，新しくよりよいとおぼしき人々を絶え間なく発見し続けるような人のことが分かる。クラインが列挙した中では，もしかすると対象の脱価値化が最も啓示的かもしれない。批判的で人をバカにするような人物は，過剰に自信がある人格を単に示しているというのではなくて，おそらく羨望を隠蔽しているのである。クラインの見解は，尊大さと軽蔑というものが，羨望に対するナルシシスティックな諸反応を特徴づけるのだと初めて強調したのであり，それゆえもともと過剰な自信のように見えたものが，実は秘かな不安 secret insecurity を示しているということになるのである。

羨望に対する防衛を理解することで，クラインは感謝の重要性と感謝が不十分であることがもたらす不利益とに気づくことにもなった。羨望的であるために，良いものを受け取っていてもその良さを認められない人は，その良さを楽しめないのである。彼あるいは彼女はあえて，他人から何らかの価値あるものを受け取る経験を見合わせてしまうことを選ぶわけであり，そうすることで楽しみと豊かさを奪われことになる。羨望は，恩恵をもたらすはずの多くのものに対しての取り入れ能力を妨害するため，それは対象関係の根底に打撃を与えることとなり，主体がそれらから恩恵を受ける力を妨げる。したがって，対象に対する侮蔑的脱価値化は，深い羨望に下支えされているのであり，さらには差し出されたものを楽しむことができないこと，それを破壊したいという秘かな欲求，そして結果としてもたらされる剝奪感によっても支えられているのだ。

この線での論究からみると，クラインにとっては確かに最初に来るのは羨望なのであって，つまり羨望は原初的 primary であり，乳児の生まれつきの体質によって決まる死の本能の強度に由来するもの，と彼女が考えていたのは確かなようだ。この原初的羨望 primary envy が対象の防衛的脱価値化の原因と

なり，そのために自己剝奪にまで至る。こうして初めて，剝奪がもたらす第二の形の羨望が立ち現れてくることになる。羨望の方を最初に置くという結論は，確かに精神分析サークルでの「羨望と感謝」の理解の様式に影響を与えた。その主張は確かに論文中で目立つのだが，とはいえ先述の通り，それはクラインの論究のうちの一つの要素に過ぎない。さらに顕著な要因に注意を払うことで，別の要素を認識することが可能なのである。クラインの臨床例は，ある特殊な側面に関して特に啓示的である。それらが指し示すことは，臨床的にいうならば，2種類の羨望を想定するなど無意味だということである。というのは，どちらの形式おいても，結局それが体験される際には，必然的に剝奪から生じるように体験されるからである。もし患者が分析家を脱価値化したために剝奪が生じたとしても，この羨望を体験するということは，そもそも損われた心のあり方がないと可能ではない。なぜならば，羨望が含意するのは，自分には何かが欠けているという感覚だからである。同様の理由で，思いのままに流れ出すミルクを所有するものとしての乳房を認識できる乳児が，それを羨望するのは，乳房が自分に応じてくれず，乳児自身の支配下にない場合か，あるいはクライン自身が描写したように「あまりにも得難いもの」であるように見えるときだけなのである。反対の状況，つまり乳児がミルクは自分の万能的支配下にあると感じているときには，乳房は乳児の欲望する自己の延長にすぎないと体験されており，いつでも望めば呼び出すことができるものと感じられている。この場合には，何ら羨望すべきものはない。応じてくれる乳房への何の得にもならない死の本能的羨望についてクラインが描写する際には確かに，思いのまま流れ出すミルクという贈り物が「あまりにも得難く」見えるというまさにそのことを彼女は羨望の根拠だとみなしている。

　これは読者にとって，ある種の理論的困難を生じることになる。クラインが広い意味での剝奪に明確な強調点を置くことにするのであれば，羨望がどのように発展するのかについての見解に顕著な方向転換がもたらされるのだ。そのようなバージョンになると過剰な羨望は，乳児期における尋常ではない無力感あるいは剝奪感によるものとなり，もしかすると授乳と養育に欠陥があったり，コントロール不能だったり，あてにならないものだったり，といった場合に生じることになるのかもしれない。幻覚することに関して，異常な形で時期尚早の破綻が生じて，良さというものが簡単には得られないというひどく苦痛な感覚へと導かれる。これがその次には，羨望をかき立てるとともに，迫害感と不平の感覚とを引き起こすことにもなる。

だがそれでもクラインは，このような強調点には同意しなかったに違いない。もしかするとそれは，時にそのように信じられているように，老境にいたったクラインが，自らの見解を極論にまで持って行ってしまったことを表しており，彼女の本性を示しているのだといえるのだろうか。だが，このように結論づけてしまうと，応じてくれる乳房に対する羨望というクラインの強調点における重大な要素を見落とすことにもなる。彼女がそのような羨望を想定せねばならなかったのは理論的な要請からであり，単に臨床的理由からばかりではなかった。彼女の理論は，発達的作用をもたらすすべての動因が外的な影響や環境的要素にあるというものでは決してなかった。その反対に，「羨望と感謝」における彼女の意図は，発達に対して内部から生じる妨害に焦点を当てることであり，内部から発生する破壊的な力に焦点を当てることであった。クラインが論文の中で強調しようと願ったのは，その人に固有の羨望の表出というものが，生来的にある自己破壊的素因の個人的な鋳型なのだということである。人はそれぞれ異なった程度の死の本能や破壊性を世界に持ち込む。クラインの羨望理論では概して，人々の間での内的な素質的相違を解き明かす鍵を提供することが眼目となっていた。剥奪を過度に強調し，実際の母親による供給の重要性の方を強調しすぎるならば，他人を責めたいという自然な願望を単に強めることにしかならず，したがって個人は何ら洞察を得ることはない。そのためクラインは次のように論じるのである。「確かに，どんな人においても，フラストレーションと不幸な境遇が，人生を通じてある種の羨望と憎しみを高めることに疑う余地はない。だが，これらの諸感情 emotions の強さと個人がそれらに対処する様式は人によってずいぶん異なるものである[10]」。

したがって彼女は，個人的素因の内的な成り立ち internal setting という自分の研究対象を，それに衝撃を与え複雑にするような多くの外的事象から分離しようと努めているわけである。彼女が熱心に光を当てようとしていたのは，個人差という痛ましい謎なのであり，ある種の人たちがその他の人に比べてよりよく人生上のハンディキャップに対処できるというかなり不可解な事実を明らかにしようとしたのである。特に大きな負荷と不安に苛まれると，すべての人にとって「良い対象への確信と信頼が揺らぐ」ことは避けがたいとクラインは述べている。しかしながら，「自我が自分自身を再統合し良い対象を安全な形で復旧できるかどうかを決定づけるのは，そのような良い対象に対する疑念，落胆あるいは迫害感の状態の強度や持続期間である[11]」。したがって，一部の人より低い復元力の素因を形成する個人差が，クラインの探求の的なのであっ

た。

　原初的羨望という理論は，人生上の困難への対処能力を弱める自己破壊的傾向に，より分析的に接近できるように意図されていた。不寛容へと過剰に傾きやすい人は，さらに苦しむことになるが，羨望理論はその人たちの持つ憤りの根源を理解するための助けになり得る。羨望が観察と自己反省によって比較的接近しやすいために，人生を楽しむことを妨害する内的障壁を探求するには，これが最も良い方法なのだとクラインは確信していた。剥奪によってかき立てられる羨望についていえば，これもまた分析的に探求できるということに彼女は気づいていた。しかしながら，それが二次的で反応的な現象であるために，残念ながら内的で一次的な破壊性要素の根源に関しての手がかりとはならないのである。

　クラインが説明したかったのは，人々の反応性における個人差のもととなる生来的要素であったため，彼女は死の本能を直接表現する純粋な形の原初的羨望というものを提案し，それは外的事象の乱れによって悪化するものではないと考えたのである。つまり原初的羨望は，われわれの内部にある最悪の障害物を意味するものとして理論的に重要なのである。すなわちそれは，われわれにもともと備わっている破壊性の大小の度合いに関する生来性要素である。だが，それでもこれは実際には純理論的なものでもある。というのは，クラインが描写する羨望の体験の本質は，主体が手に入れることができないものを誰か他の者が享受しているというところにあるからである。ここに示唆される避けられないはずの剥奪というものをクラインは見過ごしているが，その事実からは，生来的に決定されている原初的羨望という概念なしには理論的にうまく対処できないにちがいないと彼女が信じていたことがうかがえる。彼女にとってはこの概念だけが，生来性に根を持つ破壊性と自己破壊的傾向に関して満足のいく説明を提供できるだろうと感じられたのである。

　ところが，前述のごとく「羨望と感謝」は，乳児期に関する二者択一的な二通りのバージョンを提示しており，さらに人間の本性に関してあり得る二通りの物語を提供する文献なのである。羨望だけが生来的破壊性の説明となる唯一の動因ではないし，実のところ，この文献ではもう一つのバージョンの乳児期が内包されている。つまりクラインは，程度の違った破壊性へと傾かせる別種の素因についても考案しているのである。この別の因子というものは，彼女の論文中ではほとんどある種後付けとして添えられているものであって，たしかに衆目を集めるところとはなっておらず，周辺的些末事であり続けている。だ

が，それでもこと理論的にいえば，このような等閑視に見合わない遙かに大きな重要性がある。別種の生まれつきの素因とはすなわち，クラインが「脆弱な自我 fragile ego」と記述するようになったものである。それとともにクラインはもう一つの可能性について描写する。つまり，それはそれぞれの乳児たちがこの世界に現れるときに伴っている死の本能，破壊性あるいは羨望の量的総体には差がないのだというものである。その代わりに，人生上で普通におこる瑕疵，あるいは普通の日常的剥奪というものを，乳児がどのように経験するのかという体験様式の方に生来的に決定された差異を見るのだ。大人からすると，ほどよい供給のように見えるものでも，ある種の乳児たちにとっては不十分だと感じられるかもしれない。そのような乳児たち，つまり「弱い自我 weak ego」を持って生まれた乳児たちは，さまざまな理由から脆弱なのであり，したがってより多くの慰めと滋養の供給を要するのである。彼らは世話が一次的に中断すると，あっさりバランスを崩しやすく，総じて人生上の普通の欠陥 ordinary flaws に悩まされがちになる。そのような乳児たちは将来，環境側からの注意に少しでも手抜かりがあると，すぐさま激高するような人物になるかもしれないし，さらには簡単に羨望をかき立てられてしまうような人になるかもしれない。弱い自我を想定するということの含意には，クラインの羨望理論にとって重大な価値がある。なぜならば，彼女が自我の強さや弱さとして述べているものは，さまざまな個人的性格の形成の原因となる生まれつきの素質的決定因なのだということに彼女が気づいているからである。つまり，この性格というものの中には，個人が圧倒される羨望の程度も含まれている。クラインは続けて次のように説明する。「不安，緊張，フラストレーションに耐えることに難がある場合，それは，出生後の生活のはじめからして，その乳児が経験する強い破壊的衝動や迫害感の分だけ自我が弱いということの現れなのである」('Envy and Gratitude' p. 229：訳者)。

　この引用での見解からすると，個人の破壊衝動を一般的な意味で量と見なすようなことは許されない。破壊衝動は，自我がそれを扱う能力との関係において過剰であったり，適度であったりするだけなのであり，相互に作用し合う二種類の心的現象——自我と諸衝動——の脈絡の内部においてそうなるのである。クラインは次のように結論づけている。「……生まれつき強い自我はたやすく羨望の餌食になることはない」と。このような考えは，一見では矛盾するように見えるかもしれないものの，早期自我が未統合で著しく凝集性に欠けるのだという彼女の見解に相反することはない。早期の自我状態というものを，単な

る弱さと混同すべきではないのである。なぜならば，早期自我は最初から，投影と取り入れを通じて世界と交流するという装備を持ち合わせているからである。とはいえ，すべての乳児が一様に，世界とのこのような発達的対話に関わることができるわけではない。誕生時における個人差が意味するのは，ある種の乳児たちは世界から来る衝撃に比較的容易に耐えることができるということであり，ともすれば本能的な好奇心とともにそれを歓迎しさえするということである。他の乳児にとっては，世界からの衝撃はより厄介で迫害的なものとなる。彼らの中で原始的攻撃性が容易に動き出し，彼らの精神は世界からの衝撃を受け入れるのではなくて逸らせるという習慣へと入り込み，したがって過度にスプリッティングの諸機制に訴えることになるのである。

　生まれつき脆弱な自我という問題に対するクラインの着想は，これより12年前からすでに現れており，それはエディプス・コンプレックスに関しての1945年の論文中に認められる。自らの発想を描写するために選んだ2人の子どもの患者に関する説明で，彼女がどちらの子どもに関しても生来的な弱さを指摘していることは注目に値する。さらに彼女は，生まれつきの素因が過酷な環境状態と相互に作用し合う様子をわざわざ労を惜しまず提示した。クラインは12歳のリチャードの内的状態を，「環境因子だけでなく素因もかかわる[12]」相互作用という観点から理解した。生来的に脆弱な自我というものが意味するところは，リチャードが早期不安に対処することが困難だと感じており，したがって「口唇的，尿道的そして肛門的不安が過剰であり」，それに応じて，「これらの諸水準に対する固着が非常に強い」ということである。このような最初の脆弱さに加えて，多くの環境的諸問題があった。リチャードの授乳関係は短く不満足なものだった。彼はよく病気になるデリケートな乳児だった。家庭の雰囲気は「まるで幸福なものではなかった」。両親間の関係には「暖かさが欠けていた」。これに加えて，彼の母親は明らかな病気ではなかったものの，それでもどちらかというと「抑うつ的なタイプ」であった。したがって当然母親は，過敏で病弱な自分の息子を過剰に心配した。このような弱々しい始まり方は，リチャードを「母親にとっての失望の種」にしてしまったのである。それと同時に母親はできの良い兄の方を好んだ。

　リタのケースでもクラインは，素因と環境因子との間の同じような相互作用を記述した。リタの場合，生まれつきの素因は，「口唇サディズム衝動の強烈さ」であった。これらにもかかわらず，彼女の自我は弱く，「耐える力はどのような緊張に対しても異常に低かった[13]」。クラインは，このような多くの難

点が「早期に被るフラストレーションに対してのリタの反応を決定づけた素因的性質」なのだと述べている。また，クラインはこれらのフラストレーションにも注意を向けている。クラインのところにやってきた時に，リタは離乳が彼女に強いた苦悩から完全には回復しておらず，そのために彼女は未だにあまり食べない子どもであった。リタの母親は，その後トイレの躾けに気をもむようになり，それが母親と娘との間にさらなる困難を招いた。クラインは結論づけている。「リタの強迫神経症は，彼女の初期の躾けの習慣と明らかな関連があることがわかった[14]」と。したがって，これらの子どもの患者の病理に関して説明する際クラインは，乳児が世界に持ち込む生まれつきの素因的な自我の強度 ego-strength と，この素因が出会う環境的欠陥との間で起こる複雑な相互作用を描き出している。弱い自我というものは，素因と環境との間のこのようなやりとりの中で定義づけられ，自我の弱さとは，この相互作用におけるさまざまな程度の欠陥との関連で計られることになる。

1957年の羨望理論の頃までには，クラインがこの点に関して明言したわけではなかったものの，脆弱な自我という概念は十分に洗練され，それを個人における羨望の生来性を計る指標だと見なせるまでになっていた。したがって，個人の羨望を，それが死の本能から生じており，その量は生来的に決められているのだなどと仮定するような理論的必要性なしに済ますことができた。脆弱な自我という概念はまた，クラインの思索のその他の主要な流れとも完全に調和する。強い自我は，不安によりよく持ちこたえ，通常の邪魔や支障によって容易にうちひしがれることもないし，主体が良さを剥奪されたと感じることを少なくできるとともに，羨望の必要性も減少させられるのである。クラインは技法に関する議論の中で，脆弱な自我に関する議論を先鋭化しており，そこで彼女が繰り返し述べていることは，もはや羨望する必要がなくなるまで，患者が良い体験を内在化させ，自らを強化することの必要性についてである。

「羨望と感謝」によってもたらされたのは，人間の本性に関する2つの異なる物語である。第1の物語では，人間は生まれつき決められた量の死の本能とともにこの世に現れるものとして描かれ，それが羨望として表出されるというものである。これは，自分の本能的装備のなかに死による破壊というものを抱く人間の物語である。第2のバージョンには，自我強度の程度に大小を持って世界に現れる人間が描かれており，それゆえ人間は誰しも多少の迫害感や攻撃性でもって反応しやすいものだということになる。これは，人生の難題に対して必要なだけの能力をもたないで生まれてくる人間の物語であり，彼らは深刻

な生き残りの不安に直面して，自分の中の本能的混迷と戦う者たちである。これら2種類の物語は，人間の攻撃性とは生来性なのか反応性なのか，人間は人生を犯罪者として始めるのか犠牲者として始めるのか，という昔ながらの難問を含んでいる。また，職業人生のこの段階において，クラインは第2の可能性をあまり強調することはないが，とはいえそれは彼女の生涯にわたる中心的信念のうちのいくつかにはより良く適合するのである。それはたとえば，自我は最初のうち脆弱で「バラバラになりやすい」という信念であり，発達とは心の中にそれ自身を結合させ強化する良さの核を確立するための骨の折れる苦闘なのだという確信である。

注

1. Grosskurth, P. (1985) *Melanie Klein*. Attributed to Clare Winnicott. London: Maresfield Library, p. 414.
2. Jones, E. (1955) *Preface to New Directions in Psycho-Analysis*. London: The Hogarth Press.
3. Klein, M. (1957) 'Envy and gratitude', in *Envy and Gratitude*. London: The Hogarth Press. p. 178.（松本善男訳：羨望と感謝．みすず書房，1975；メラニー・クライン著作集5．誠信書房，1996.）
4. 同上，p. 179.
5. 同上，p. 180.
6. 同上，p. 182.
7. 同上，p. 182.
8. 同上，p. 189.
9. 同上，p. 183.
10. 同上，p. 190.
11. 同上，p. 194.
12. Klein, M. (1945) 'The Oedipus complex in the light of early anxieties', in *Love, Guilt and Reparation*. London: The Hogarth Press. p. 372.（牛島定信訳：早期不安に照らしてみたエディプス・コンプレックス．メラニー・クライン著作集3．誠信書房，1983.）
13. 同上，p. 399.
14. 同上，p. 399.

第13章 「言葉なくても分かってほしい，果たされぬ望み」——孤独 loneliness

　クラインの死後，1963年に出版された最後の論文には，1957年の羨望理論の諸部分に現れていたような，特に自分を満足させてくれる良い対象への何の得にもならない羨望という概念に代表される冷酷な結論の痕跡はほとんど認められない。孤独 loneliness を主題としたこの最後の仕事の中において，クラインの展望はより胸に響くものとなり，人間の心を情け深く見つめる位置へと回帰している。彼女がここでさらに強調するのは，弱い自我を持って生まれた乳児の生来的な不運である。そのように生まれつきの不利を背負った人が，いかに世界における苦難や痛みに対処する準備がそもそもの初めからできていないのかを彼女は提示している。以前よりもずっと円熟した調子で語るクラインは，この最後の論文を読むわれわれに，人類への反感ではなく共感をもたらす。撹乱する本能と内的葛藤に直面する人間の弱さという根源的状態を彼女は生き生きと描き出し，これが生命のあり方に内包されていることを示している。さらに彼女は，そのような痛みを伴う葛藤の起源を，生き残りをかけた苦闘のすべてに必然的にのしかかってくる生と死の現実へと求めるのである。それと同時に，発達途上の個人の本能的動機システムによるものだと彼女が常々述べてきた理不尽な残虐，羨望，あるいは破壊性といったものは，クラインの最後の論文の構成要素としてはあまり登場して来ない。

　最後の論文の主題は，その優しい円熟した語り口によく似合っている。「手に入れることのできない完璧な内的状態への切望」と定義される孤独感 loneliness は人の心が避けられないものであって，それは誕生とともに対象関係によって形作られ，以後それらに依存することになる[1]。この最後の論文では，人生 life というものが，孤独の緩和を探し求めるものと見なされており，われわれを動機づけるものの多くは，人生の旅において心の道連れに伴われている感覚を切望することから生じるのだと見なされる。われわれは他人や自分たち自身に理解され認識される心を育むことを望むものである。

孤独についての理論はごく簡潔なものだが，それでもクラインの生涯にわたる思索にしっかりと適合する。彼女の円熟したさまざまな信念が，葛藤する人間への紛う事なき共感 emphathy とともに，簡潔かつ雄弁に文節化されて表現されている。新たなる明晰さでもって，彼女が読者に想起させることは，最早期自我が最初にはどのように「統合性に欠け，いかにスプリッティング機制に支配されて」おり，そうすることで2種類の断片化プロセスを確立しているかである。さらに彼女は，スプリッティングによる諸防衛が成長という肯定的な目的に使用されることについても論じている。つまりスプリッティングによる防衛によって，「……自我の良い部分と良い対象がある程度保護されることになる。なぜならば，攻撃性がそれらから逸らされるからである[2]」。彼女が繰り返し述べているのは，そのような必須のスプリッティングが，どのように統合への力動と交互に働くのか，またこれが発達途上の自我の核を形作るように，心の中に良い対象を安全に取り入れる際，いかに重要となるのか，ということなのである。さらに，クラインが再度強調することは，このような早期の諸事象が官能的 sensual でリビドー的な経験などというものをはるかに超えているということである。彼女が論じているのは，単に享楽的な授乳関係だけではなく，最初の良い対象との決定的な精神的接触についてなのである。母性的対象との良い関係性というものが，「母親の無意識と子どもの無意識との間に起こる密接な接触を暗示する」ことが最も重要なのだ。この最初の精神的親密性は，「……理解されることに関する純然たる経験の基礎であり，本質的には前言語的状態に結びついている[3]」。ここでクラインが追加することができた要素とは，最早期乳児期における前言語的理解というものを，二度と同じ形では取り戻すことができないために，それを失うことこそ孤独感の早期起源のうちの一つになるのだということである。それ以後になされる親密性の追求は，完全には満たされることはないという含意がここにはあり，したがって，「……気心の知れた人に向けて考えや感情を表現することで，……どれほど満足が得られるとしても，そこには，言葉がなくても分かってほしいという果たされぬ望みが残るのである。」

孤独の体験はここで終わるわけではない。対象を探し求める人間の乳幼児はどのような段階においても，孤独による冷たい仕打ちと失望とを再体験することになる。妄想分裂ポジションにおいては，「猜疑的（妄想的）paranoid な非安全感が孤独の根源のうちの一つとなる」。乳幼児は敵意に充ちた世界にただひとり取り残されたと感じ，さらにそこで精神的統合のプロセスに向けての苦

闘を強いられることになる。この統合が完成されたと感じられることはないため，人が自分の情緒を「完全に理解され，受容される」経験という状態に達することはない。そして，完全なる理解というものを提供することができないと感じられるのは，他者だけにかぎらない。人は，自分の内部において強烈に体験されているにもかかわらず，自己理解をすり抜け続けている自己部分があるという永続的感覚を持ち続けているのである。この部分的な自己疎外 self-alienation は不完全さの感覚を創り出すとともに，そのような手の届かない自己部分 unavailable aspect of the self への切望をかき立て，その結果内的な孤独感をもたらすのである。抑うつポジションにおいては，両価性と悲嘆があるために，その個人は自らの憎しみの大きさとともに孤立させられるかもしれないし，それによって脅かされるかもしれない。その人は自分を無価値だと感じ，外的にはその対象の不在を通じて，内的には自らの攻撃的な破壊を通じて，自分の手をすり抜け続ける良い対象というものに見捨てられているのだと感じるのである。

　これらの記述のなかでクラインが，繰り返し「痛ましい painful」という言葉を使用しており，さらには概して発達の葛藤を苦しみ suffering として描写していることは注目に値する。たとえば彼女は，統合の過程を「極端な痛みを伴う」ものだと述べたり，統合失調症患者の状態の悪さについて討論する際に，患者がいかに「絶望的に断片化して」おり，「惨めさ misery」の中でひとりぼっちだと感じているのかについて語るのである。クラインが世界に向けての最後の言葉で，時に誤って推測されているように，妄想分裂的状態が道徳的には是認できないものだと示したかったなどという事実はない。そのような状態のなかでも，極端な形を呈するとおぼしき人たち，すなわち統合失調症患者はここで同情されているのであって，裁かれているのではない。すなわち，クラインは「統合失調症者の痛みと苦しみを軽く見積もらないことが重要である」とわれわれに語りかけている。これは確かに，同情からの言語なのであって，非難からのものではない。それと同時にクラインは，判決的で超自我的な態度を取ることも戒めている。彼女は，「過酷な超自我が破壊衝動に対する非常に強い抑圧を生じさせる」ことで，人の孤独感は悪化するのだと示唆している。この最後の仕事の中で，彼女自身の超自我が人間性というものを厳しく非難したりはしなかったのと同じように，判決的超自我というものが子どもの健康な発達を促進することはないのだと彼女は忠告するのである。したがって彼女は，両親が子どもに服従すべきだなどというわけではないが，少なくとも子どもの

破壊性に対して寛容であることを擁護するのである。彼女は次のように示唆する。「両親は，子どもの破壊的諸衝動を受け入れることで，そしてその子どもの攻撃性から自分たち自身を守れるのだと示すことで，その子どものもつ不安を緩和することができる[4]」。さらに彼女は，子どもの内部の過酷な超自我が好ましくないものであると警鐘を鳴らしている。なぜならば，それが「破壊的衝動を許すことはないのだと感じられる」からであり，そのために，攻撃的情動を適切に加工するのではなく，その否認を奨励してしまうためである。

この寛容 tolerance という雰囲気はまた，クラインの理論的結論にも染み渡っており，その強調点は，羨望的素質の悪性度に対してではなく，むしろ素質的悲劇状況——すなわち生誕時における脆弱な自我——というところに置かれている。

> 私は自我の脆弱さというものを生来性の特徴だと考えているが，もしこのように自我が非常に脆弱で，さらに出生時と人生早期にさまざまな困難があるならば，統合能力——つまり，自我の分割された諸部分を集める力——も脆弱となり，さらに加えて，破壊的衝動によって引き起こされる不安を回避するための分割の傾向もより大きくなるのである[5]。

このような根源的な不利というものが，決定的な結果をもたらすことになる。それらは，「不安に耐える能力の不足」を招き，「遠くさまざまなところへと至る重大な結果」をもたらす。諸経験をまとめて，早期不安をワークスルーする能力は弱くなるのである。その反対に，ある種の安全性とともに良い乳房を取り入れる能力というものは，ここに至って「自我のもつ生来性の強靱さを示す特徴[6]」として描写されることになる。強い自我というものは，すぐに良性の循環を立ち上げることができる。なぜならば，「強靱な自我は断片化の傾向が少なく」，「ある一定の統合の能力と，原初的対象との良い早期関係の構築を達成する能力」がより大きくなるからである。したがって，破壊的衝動は緩和され，それとともに超自我の厳しさも減少することになる。成長してゆくその子どもは，対象や世界の不備によりよく耐えることができ，そうなれば逆に，母親の「存在と情愛 presence and affection」を大切なものとして評価できると同時に，「愛の対象との幸福な関係」を確実なものにできることにもなるのである[7]。そのように幸運な早期状態では，取り入れと投影のプロセスが良く機能することになり，親密さの情や理解し理解されるという情を強めて，それらすべてによって孤独感が緩和されるのである。

もの惜しみしない運命というものにほとんど依存しているこの早期の至適シナリオというものが，どのように破壊性と羨望とを緩和するのか，そのことがクラインにははっきりと見えていた。彼女はこの最後の論文において羨望に言及することはほとんどないが，それに言及する際には，常に逆境という文脈の中において語っている。羨望に対するもっとも自然な備え insurance とは，強い自我において楽しむ能力が勝っていることなのだ，と彼女は結論づけている。この能力によって，喜びを安全に経験できるのであり，それは「接近できない満足への過大な貪欲さ」を伴うこともないし，あるいは「フラストレーションに対する過剰な憤り」をもたらすこともない。これの意味するところは，極言するならば，「……子どもは，ある種の羨望や嫉妬を持つにしても，家族の輪の中のメンバーが喜びと満足を持つということに同一化できるならば，後の人生において出会う人々との関係においてもそれができるのだ[8]」ということになる。

　この最後の仕事においてクラインが描き出しているのは，乳児期の最初から孤独な人間の個人であり，それはまず自分自身を統合するという戦いにおいての孤独であり，次には良い対象を保持する戦いにおいての孤独である。孤独というものを生涯続く現実なのだと見なしていた彼女はまた，老齢に至るに従って特に苦境が生じてくることについても認識していた。彼女自身老境にあっての執筆であり，明らかに自身の孤独を心に抱えていた。グロスクルスは，彼女の最後の日々が身体的に困難であったことについて述べている。クラインは進行性の骨関節症と過度の易疲労感に悩まされていたが，それでも「子どもたちがたくさんの喜びを与えてくれる」とも記している。この喜びとは，特に最愛の息子エリックによってもたらされたものであり，彼はそもそも彼女の職業人生の最初からとても重要な存在であり続け，今やおばあちゃんであることの喜びも彼女に経験させることができていた。このあとしばらくして，クラインのこの極端な疲労の一因が大腸癌によるものだったことが発見されたため，彼女は入院を余儀なくされることとなった。入院中には，彼女の同僚たちが見舞いに訪れた。「ハナ・シーガル，エスター・ビック，ベティ・ジョゼフらは定期的に病院を訪れていた[9]」とグロスクルスは述べている。またベティ・ジョゼフも，まだまだクラインが残りの日々を楽しむことができるだろうと感じていた。同時にクラインは，もともとの強い意地と勢いとを持ち続けていた。それは彼女が嫌っていた夜間看護師を頑固に拒絶するという形で現れていた。この行為を彼女自身の理論に照らし合わせて判断してみるならば，この段階におい

て彼女は，死を担う悪い内的対象を夜間看護師に投影していたのだろうということになるのだが，これは十分理解できる範囲のことであろう。彼女は病院で亡くなったが，しかし，最期まで頭脳明晰なままであり，他者と情緒的にかみ合った形で交流できていたようである。

もしかすると，彼女が人生の終焉を受け入れることができたことに関する秘密は，実際には彼女の死の1年前に発表原稿として完成していたこの孤独論文における思索のいくつかから，垣間見ることができるのかもしれない。老齢の苦境に関して考えるにあたってクラインが示唆していることは，老境を堪え忍ぶ最善の方法とは，「過ぎ去った楽しみは，もはや手に入らないのだから，あまり強い憤りを持つことなく，それらに感謝すること[10]」を通じてなされるものだということである。出生直後がそうであるように，死を前にした瞬間には，人間の個人というものは，不公平な世界に対する原初的な不平に対抗すべく，良さというものを大切に抱く必要がある。だが，クラインは感謝に充ちた老境という理想的な構図をわれわれに残したわけではない。彼女は，時には「過去へのとらわれ」が，「現在におけるフラストレーションを避けるための[11]」防衛として用いられることもあるという現実についても注目している。老齢における追憶というものが，良い記憶に対する感謝を示していることもあれば，別の時には，過去に対する退屈な反芻想起が現在における欠損や欲求不満への気づきに対しての防衛を示していることもあるのだ。

こうしてクラインの著作は，原罪に駆り立てられる羨望に満ちた破壊者としての人類ではなく，孤独なものとしての人類を描くことで終結する。ここで，彼女がもっと以前に得ていた人間の攻撃性についての洞察を手放したのだというわけではない。ここで彼女の見解が暗示していることは，われわれが自分たちの本性における最も悪い部分の犠牲者なのだということである。それゆえ，孤独は一部分では悲劇的なものとなる。なぜならば，それは部分的には自分自身によってもたらされるからであり，つまりそれをもたらしたのは，安全で良い対象を自分の中に保持することを不可能にしてしまった自身の破壊的プロセスなのである。このため孤独は，われわれが社会的な連結を求めることへの起動力を与える。孤独は「外的対象へと向かう大いなる要求」を創り出し，対象関係を探し求めることへとわれわれを駆り立てることになる[12]。

対象関係の理論が，孤独の研究で終わるというのは確かにそれにふさわしい。クラインは，人間は他者を必要とするのだという言明によって締め括っているのだ。しかしながら，この孤独論文には別のさらなる複雑な含意がある。クラ

インが描き出した孤独の状態は，究極的には，愛と破壊性との間の生涯続く葛藤へと辿ることができる。だが，この葛藤はまた，われわれの種としての社会性そのものに根ざしているとも見なされている。われわれの失望が強くなるのは，部分的にはわれわれが他者を必要とする強度のためであり，この世の同志を飽くことなく探求するためでもある。他者というものは，われわれがそうあってほしいと望むほど完全に応じてくれるわけではないし，われわれの方でも他者に対してそうありたいと考えるほど，他者に応じられるわけではない。クラインの円熟に達した思索から考えると，われわれの破壊性が誘発されるのは，一人で居続けたいがために他者を消し去るという自分勝手な必要性からというよりもむしろ，そのような失望にわれわれが耐えられなくなるときなのだということになる。したがって，孤独に関するクラインの仕事は，彼女の意義深い思索における最終形を提示している。また，彼女がより早期の自分の理論的枠組みの見直しを目論んだという事実は認められないし，人間の残酷さと破壊性に関する彼女の率直な見解を修正しようなどとしたわけでもないが，ここで彼女はこれらの人間の本性について科学的にあるいは道徳的中立性でもって評価すべきなのだと主張することで結んでいるのである。

　このことは，クラインが臨床的技法をどのように見ていたのかということに関しての内実ある含意を持つことになる。分析家の心の中での姿勢として最も重要なことは患者の倒錯的で破壊的な動機を想定することだ，などという類の懲罰的で懐疑的なアプローチを，彼女が好んだということはありそうもないことである。どういうわけか，そのような厳しさというものが，それこそクライン派の特徴だなどと誤解されて，ある種の分析家の技法に入り込んでいることがある。だが，この歪曲に注目して，それに反対する分析家もあった。1936年にはすでに，リヴィエールが次のように嘆いている。「もしかすると，攻撃的傾向を分析することの本質的な重大性というものによって足をすくわれて，別の方面でかえって失敗することになってしまう分析家がいるのかもしれない[13]」。スピリウスは1988年に，クライン派の技法を論じた際，同様の文脈で，「……1950年代と1960年代の多くの論文において，特に若く経験の浅い分析家のものでは，患者の破壊性が強調される傾向があった[14]」と指摘している。スピリウスはこの傾向が「クライン自身が成し遂げた仕事からの退歩」を示しているのだと正しく指摘している。手厳しい技法というものは，もしかすると専門家としての分析家に常に付きまとう典型的な非安全感 insecurity から生じるのかもしれない。深いところまで届く仕事を，適切に中立的態度でもって行

おうという苦闘から，ともすれば若い分析家は，厳密さは患者に向けて形作られる気づきの度合いより，分析家の態度の厳しさのうちに存するべきだとでもいうように，臨床的な手厳しさの方を厳密さの一つの形だとして身にまとうことになったのかもしれない。どちらにせよ，このことから，クラインのかなり厳粛な見解が，患者の精神生活に対して，時として若い分析家のそのような不安に満ちたアプローチを助長してしまうことがあるという理由を理解することも可能かもしれない。

　クラインが形にした概念の多くに，憂鬱な要素が影を落としていることは確かに否定できない。しかしながら，それは人間の本性を断定的に結論づけるところまでに達することは決してない。クラインは，確かに人間の破壊性の残忍さを力強く詳述しているが，最終的にそれは，諸々の生命本能との間で起こる闘争のなかで均衡を取るものと見なされる。さらに彼女は，それを個人のコントロールを超えた因子によるものだと見なし，その因子には，生きることから生じる痛みやフラストレーションを持ちこたえるための，自我の生来的能力があるとしている。さらにそのうえに，最初にもっている脆弱性を救援したり，逆に悪化させたりすることになる外的因子の重要性も加えている。ここには，人間性というものが破壊的なのか，恵み深いのか，ということに関しての普遍的なメッセージがあるわけではなく，ただ人間性というものが破壊的傾向と愛する傾向の間の戦いを必要としているのだというアイデアがあるだけだ。クラインがわれわれに与えてくれたのは，この戦いがどのように始まって，どのように進展するのかについての指摘であり，さらにその戦いがもたらす帰結に関わる内的な，そして外的な諸因子を提示することであった。

注

1. Klein, M. (1963) 'On the sense of loneliness', in *Envy and Gratitude*. London: The Hogarth Press. p. 300.（孤独感について．メラニー・クライン著作集5．誠信書房，1996．）
2. 同上，p. 300.
3. 同上，p. 301.
4. 同上，p. 312.
5. 同上，p. 303.
6. 同上，p. 309.
7. 同上，p. 310.
8. 同上，p. 310.

9. Grosskurth, P. (1985) *Melanie Klein.* London: Maresfield Library, p. 461.
10. Klein, M. (1963) 'On the sense of loneliness', in *Envy and Gratitude.* London: The Hogarth Press. p. 311.
11. 同上，p. 311.
12. 同上，p. 312.
13. Riviere, J. (1991) 'A contribution to the analysis of a negative therapeutic reaction', in M. A. Hughes (ed.) *The Inner World and Joan Riviere.* London: Karnak Books. (1936 初版) p. 142.（松木邦裕監訳：陰性治療反応の分析への寄与．対象関係論の基礎．新曜社，2003.）
14. Spillius, E. B. (1988) *Melanie Klein Today, Vol I.: Mainly Theory.* London: Routledge/Tavistock. p. 6.（松木邦裕監訳：メラニー・クライン トゥデイ①，②．岩崎学術出版社，1993.）

訳者あとがき

　本書は，Meira Likierman（ミーラ・リカーマン）'Melanie Klein: Her Work in Context.' (Continuum, 2001) の全訳である。タイトルをそのまま翻訳するならば，「メラニー・クライン：彼女を取り巻く状況とその仕事」となるが，邦訳にあたっては，敢えて『新釈メラニー・クライン』とした。本書のもつユニークさゆえである。

　クライン派の理論や概念を紹介する著作は，Hanna Segal の『メラニー・クライン入門』[1] をはじめとして，これまでにも出版されてきたが，Jean-Michel Petot の 'Melanie Klein vol. I & II' [2] や Robert D. Hinshelwood の 'A Dictionary of Kleinian Thought.' [3] をのぞけば，概してクライン派臨床概念や技法について，その時代における「完成形」を紹介することで，学派思想と分析技法を継承することに力点があった。したがって，それらは概念や理論の解説にあたって，著者たちの臨床自験例が使用されることが多く，メラニー・クライン自身の中での概念形成を捉えたものにはなりにくかった。それらはいわば，現代クライン派のコンサルティング・ルームから発信された「進化途上の口述伝承」であったといえるだろう。そこから得られる臨床概念は，今もなお発展し続ける現代クライン派の視座であり，いわばクライン派「内部」の訓練生にとって必須の元素である。

　それに対して，本書『新釈メラニー・クライン』でのリカーマンのアプローチは，探求の対象をほぼクライン自身の著作に焦点化するものであり，現代クライン派の臨床概念セミナーというよりはむしろ，純粋な「メラニー・クライン学」と呼ぶにふさわしい。これには，より広くクラインに関心を持つ読者にも開かれたいわば「考証学的」論考という特徴がある。そういう意味で本書は異色であるといえるだろう。

---

1) Segal, H. (1973): Introduction to the work of Melanie Klein. 岩崎徹也訳：『メラニー・クライン入門』岩崎学術出版社，1977.
2) Petot, J.-M.: Melanie Klein Vol. I. First Discoveries and First System 1919-1932. (仏語原版1979，英訳版1990), Melanie Klein Vol. II. The Ego and the Good Object 1932-1960 (仏語原版1982，英訳版1991.)
3) Hinshelwood, R. D. (1989): A Dictionary of Kleinian Thought. (『クライン派用語事典』として邦訳刊行予定)

シーガルやビオン，あるいはローゼンフェルドやメルツァーといった，後のクライン派分析家の精神分析的思想にすでにふれているわれわれにとって，メラニー・クライン自身の文章を読みこなすことは容易ではない。独特の記述法と臨床描写の鮮烈さに印象づけられ圧倒されるものの，そこから彼女の中で進化し続けた概念自体の全貌を臨むことが困難なためである。さらに他の要因としては例えば，リカーマンも指摘するように，彼女の接近法がフロイトとはちがい，メタ心理学的現象水準と個人内的体験とを，時として分かちがたく抱き合わせた形で描写説明していることがあげられる。あるいはクラインの発見が，概して乳児の対象関係世界に関するものであるため，そこに接近するためには非言語的具象的体験を描写する必要が生じ，言語による描写の限界を超えることになるために必然的に芸術的・劇的・擬人的表記が使われるからでもある。クラインの著作においては，患者や子どもたちがコミュニケートする夢や遊びといった臨床素材が最も鮮烈で説得力をもっているという事実からも，このことは例証されるだろう。

このように，クラインの文献をいわば「考証学的」に読み解こうとするリカーマンのアプローチが生きてくるのは，特に摑みがたい概念である「内的対象」や「無意識的空想」というたやすく言語をすり抜けてしまうように見える概念に向けての理解に関してである。これはある意味で逆説的であり興味深い。おそらく，精神分析を自ら受けていない人たちにとっては，これらの概念を既存の「口述伝承的」解説書から実感を伴って把握することは困難であろう。なぜならば，多くのそのような解説書は，読者が何らかの精神分析体験をもっていることを前提として語りかけているからである。

しかしながら，リカーマンの明晰な論述によって浮き上がってくるそれらの概念の定義や意味は，もしかすると分析体験を未だ持っていないという不利な状況でさえ，これらの不可思議で定義困難な概念に接近できる可能性をもたらす。これらの概念は，前述のごとく「そこにある」「ふれている」何か，だとは感じられたとしても，言葉を通してそれらを明確に理解することは非常に困難だった。だが，リカーマンがクライン自身の著作に立ち戻ることを可能にし，そこから見えてくるものに対する視野の倍率を著しく拡大したがゆえ，主要な概念はこれまでよりも明確で接近しやすいものとなった。これが可能となったのは，これらの概念が，そもそも精神分析を受けなければ把握できないというものでは決してないからであり，万人が日々体験している心的現象に他ならないからである。とはいえ，精神分析を受けるということが，それらに対する実

感をもたらし，無意識的内的世界とそこに存在する内的対象の触知可能性を根本から高めることもまた確かである。したがって，本書によってクラインの概念がより近づきやすくなるとすれば，それは読者が精神分析を受けるという位置に接近したことを意味する。そういう意味では，リカーマンは，クラインの諸概念の形成プロセスを明確に可視化することによって，読者がクラインの著作を直接読むことを助け，さらには精神分析を受けることへと導く橋渡しをすることになるだろう。実は，このような橋渡しの試みこそ，リカーマンが彼女の仕事の重要な一部としてきたもののようである。

さて，このように非常にユニークでオリジナルな本書の著者であるミーラ・リカーマンについて，私の知りうる限りのことを述べておこう。リカーマンは，長らくロンドンのタヴィストック・クリニックにて，コンサルタント心理療法家として臨床活動を行うとともに，主に理論講義を行ってきた。さらに，その経歴の途中からは，タヴィストックの精神分析的研究に関するマスター・コースの学術担当責任者となった。そのコースは，タヴィストックの成人部門と児童家庭部門との合同プログラムであった。その傍ら，臨床トレーニングに入る学生の理論学習と臨床とを橋渡しすべく，3つの大学にて精神分析理論研修コースを主催し教鞭を執った。さらにはタヴィストックにおいて博士課程のプログラム委員長も務めた。

タヴィストックの常勤を退きパートタイムとなってからは，乳幼児メンタルヘルス・ワークショップの副委員長となり，ロンドン・カムデン地区における公的福祉にかかわる子どもの心理療法チームに所属した。その一方で，大人の患者に対する心理療法オフィスを個人開業し，精神分析的心理療法とともに幅広くスーパービジョンを行っている。この間彼女は，英国内ばかりでなく，イタリアをはじめとしたヨーロッパにて広く講演活動を行っていた。また，タヴィストックを退職後は，オックスフォード大学のケロッグ・カレッジにて教鞭を執った。

リカーマンは，臨床体験からの発見や理論的概念についての40本以上の質の高い学術論文を記し，国際精神分析誌（IPA雑誌）をはじめとしてJournal of Child Psychotherapyなど多くの学術雑誌にコンスタントに学問的貢献をしてきた。それらが結実したもののうちの一つが本書である。さらに，現在同様の手法にてビオンについての著書を執筆中とのことであり，その完成が待たれる。

ここまでがリカーマンのロンドン・タヴィストックを拠点とした精神分析的心理療法における臨床活動とアカデミックな領域における展開である。次に続くのは，彼女のパーソナルな領域における経験の一端である。

ミーラ・リカーマンは，職業柄さまざまな土地を巡って活動する土木建築技師の父と慈善家の母のもとに，イスラエルにて出生し3歳までを過ごした。その後，サハラ砂漠周辺の都市に移住し，幼少期をアフリカ諸国で暮らす。街の中心地をハンセン氏病患者が彷徨い物乞いをする様子，多くの子どもが幼くして亡くなる様を目にしながら彼女は過ごした。重いハンセン死病患者が近寄ってきて母に物乞いをしたとき，恐れて後ずさりし，泣き出しそうになった彼女に母親が言った。「怖がらないで，彼女は気の毒でかわいそうな人なの」と。その光景を今も彼女は鮮明に思い出すのだという。一方，彼女はアフリカの果てしない地平線に守られた大地と永遠を思わせる夜空をこよなく愛していた。

　十代になる頃，彼女の家族は南米ベネズエラのカラカスに移住する。当時のスラム地区の生活向上の一環として，政府が公団住宅の建築を彼女の父に委託したのだった。地震の多いカラカスでは，基礎工事を地底奥深くまで施すために建築には相当な手間がかかった。当初の計画では一棟のはずだった住宅ビルは地盤の貫き難さから三棟に分けられることとなった。カラフルで近代的なビルが完成した。ところがスラム街の住人たちはだれ一人として，そこに入居しようとはしなかった。スラム街は人と人との密な関係で成り立っており，それを失いたくないのだというのが住民の主張だった。彼女の父親は大統領にその旨を報告した。当時の父親の落胆ぶりを彼女は今も覚えている。

　ティーンエイジャーだったミーラは，とにかくカラカスを脱出したかった。そこで彼女が目指したのはロンドンであった。彼女は，ロンドンの大学にて英文学と言語学を専攻しPhDを取得した。彼女の言語表現能力の精緻さはここで育まれたようである。その後，子どもの精神分析的心理療法に関心を持ったミーラは，タヴィストックでトレーニングを受ける。さらには，大人の精神分析的心理療法のトレーニングへと至り，先述の臨床的教育的活動へとつながる。

　私は直接リカーマン氏と会って話したことはない。私がタヴィストックにいた2004年から2008年までの間，彼女は上述のコースを運営していたということなので，今から思うと受講しなかったことは大変残念である。私が本書に出会ったのは帰国後のことであった。だが本書の訳出がほぼ完成したときに，私は彼女に連絡を取り，メール上での質問など何度かやりとりをする機会に恵まれた。そこでの文通は，彼女の明晰な頭脳に触れるのに十分な密度であったし，彼女の寛容や親切さにふれることもできた。だが，それでも大変ミステリアスな接触であったという感覚が今もなお私には残っている。というのは，私は翻

訳者あとがき　　*281*

訳者の好奇心から，彼女のトレーニングの経験について聞き出そうとしたのだが，ついぞ彼女は自分がクライニアンなのかどうかを明言しなかった。私が少し考えてみて納得したことは，メラニー・クライン自身の著作に訪ねるという本書の「考証学的」アプローチからすると，学派的素性を明らかにしない方が概念自体を浮かび上がらせる態度としては妥当だということであった。リカーマン氏も指摘するように，精神分析の臨床はそもそも，体験的位置と観察的位置から構成されている。本書は，そのアプローチの特質として観察的位置を取っていると考えられ，そこでは自らの臨床体験や分析体験はいったん棚上げしておくことが望ましいのかもしれない。そういう意味で，本書はやはり「メラニー・クライン学」がその名にふさわしいと思われる。とはいえ，精神分析の臨床をなすものにとって，リカーマン氏がいったいいかなる理論的臨床的立ち位置にいるのか，という好奇心を持つことを，どうしても自らに禁じ得ない。

　私の貧困な想像と読みからは，彼女の学問的スタンスが，「良い対象」概念に結実するメラニー・クラインの抑うつポジション概念の発展と，原初的対象愛という概念に焦点をもっており，彼女が特にフェレンツィにスポット・ライトを当てるその姿勢には，その後の理論家バリント，ウィニコット，ビオンの成し遂げた達成を統合し，より良いバランスに組み上げたいという目論見があるのではないかと感じられる。それらについて空想することも，精神分析における理論的思索の醍醐味でもあるだろう。

　さて，どちらにせよ直接メラニー・クラインの著作を訪ねる経験というものこそ，再び新鮮な風にふれる可能性に満ちているのだということが，本書によって明らかになるだろう。本書は，読者があらためてメラニー・クラインの著作に親しもうとするその試みを支え，案内してくれる役割を持っているのである。本書の邦訳が，日本においても，さらにクライン理論への関心の扉を開く一助となることを私は期待している。

　本書における主要な術語の訳は，概ね学術的慣習に従ったが，議論のある訳語に関しては私の判断にて選択した。それは，まず'unconscious phantasy'である。'phantasy'の訳語は一部を除いて「空想」を採用し，「無意識的空想」とした。また，原文にてphantasyのみが使用され，unconsciousがついていない場合にも，文脈に応じて「無意識」を補って訳した箇所がある。だが，文脈によっては'phantasy'に「幻想」をあてる方が妥当であると思われる箇所があったため，そのように表記した箇所もある。もうひとつは，'projective identification'である。これには「投影同一化」を採用した。これは，ローゼ

ンフェルド，ビオン以降の「交流的投影同一化」と「コンテイナー・コンテインド・モデル」という概念発展との連続性を意識しての術語選択である。また，特に投影同一化における体験形成的側面に言及する本書の概念的スタンスからも，「投影同一化」を訳語として採用することとした。しかしながら，クラインに焦点化した本書の趣旨からすると「投影性同一視」を採用すべきという見地にももちろん妥当性がある。これは，非常に重要な議論であり今後も熟考が必要であろう。

最後に，ミーラ・リカーマン先生より日本の読者諸氏に当てたメッセージをいただいた。どことなく，「思考の起源としての悪い対象」というビオンの概念の含み感じる言葉だと私は思った。

日本の読者の皆様へ，

もし皆さんが，一般に受け入れられ評価されている書物を読んでおられて，その中で理解できない箇所に出くわしても，自分が愚かなのだと思うべきではありません。もしかしたらそれは，a）とても悪い書き方 very bad writing であるか，b）とても悪い考え方 very bad thinking なのかも知れません。少し時間をかけて，そのうちのどちらかじゃないかと考えてみる価値はあるのです。

私は，一度も日本に伺ったことはありませんが，いつか訪ねてみたいと思っています。

Meira Likierman

本書を翻訳するための動機と意志の持続を有形無形に支えてくださったNPO法人子どもの心理療法支援会理事長・平井正三先生，そしてNPO主催文献セミナー「フロイト・クライン・ビオン購読セミナー」の参加者諸氏に厚く御礼申し上げます。また，面識のない私をミーラ・リカーマン先生へと繋いで下さった Margot Waddell 先生と Janine Sternberg 先生に御礼申し上げます。

末尾ながら，遅々として進まぬ私の訳出作業を見守り，根気よく緻密に訳稿のチェックをしてくださいました岩崎学術出版社編集部・長谷川純氏に，ここであらためて深謝いたします。

2014年9月

飛谷　渉

索　引

あ

愛　8, 126〜130, 133〜135, 137, 141, 144, 146, 157, 168〜170, 172〜175, 181, 182, 212, 234, 243, 252, 259, 274, 275
　　——の概念　127, 132
　　——の衝動　134
　　——の進化　127
　　——の対象　129
　　——の能力　236
　　最早期の——　131
　　受動的な——　129
　　乳児の——　133, 137, 245
愛知衝動 epistemophilic urges　242
アイザックス, S.　77, 118, 189〜197
愛する能力　131
アイデンティティ　124, 194
　　——感覚　124
愛と生の本能 love and the life instinct　131
「愛の喪失状況」　143
愛の対象　104, 123, 129, 131, 134, 137, 138, 142, 154, 156, 173, 174, 183, 200, 244
　　——の全人性 complete person of his loved object　236
　　——の喪失 loss of the loved object　137, 146, 154, 164〜167, 170, 197, 200
　　——への償還 restitution　175
アイヒホルン, A.　72
悪意
　　——の起源　222
悪性　159
アブラハム, K.　9, 10, 11, 91, 97, 101〜107, 126〜130, 140, 142, 143, 147, 201, 206, 209
あまりにも得難い何か　247, 249, 261
安心感　180
安全　172, 246
安全感 security　162, 170
アンビヴァレンス　105, 137, 139, 142〜144, 146, 147, 154, 156, 157, 159, 167, 169, 170, 196
　　——の解決　142
　　原始的——　168〜170, 183
　　乳児的——　167, 168
アンビバレントな反抗心 ambivalent rebellion　147

い

怒り　171, 224
　　両価的な——　171
生き残り survival　193, 201, 252, 267, 268
意識　67, 122
　　——的合理性　191
意識 awareness　29
意志性　124
依存　257
痛み　147, 156, 157, 160, 197, 200, 216, 251, 252, 268, 270, 275
　　——からの退避場所　234
　　心的な——　163
一次過程　196, 197
　　——思考 primary thought process　93, 190, 191, 195, 196
　　——論理　191
一次性自己愛　13
一次性ナルシシズム primary narcissism　76, 128, 145
一次的愛 primary love　132
一体性　241
いないいないばぁ　175
イマーゴ　109, 110, 112〜114
　　——の分割　169
　　過酷な両親——　113, 114
　　完全に現実離れした——　114
　　対象——　148
　　助けになる——　123
　　敵対的——　123
　　内在化——　109
　　内的——　114, 188
　　二極化した——　114
　　良い——　114, 200
　　悪い——　114, 200

癒し healing　*176*
陰性治療反応　*161, 257, 258*
陰性転移　*19*

う

ウィニコット，D. W.　*28, 33, 51, 160, 202, 204, 207, 225〜234, 239, 248*
受け身的対象愛　*129*
失われた愛の対象　*156*
うつ病　*103, 104, 140, 141, 146, 147, 151, 184, 206*

え

栄養　*246*
エディプス　*12, 92, 93, 95, 96, 98, 122, 242*
　　——・シナリオ　*96*
　　——状況　*86, 93, 94, 96, 181*
　　——神話　*164*
　　——対象　*109*
　　——的葛藤　*35, 86*
　　——的カップル　*108, 109*
　　——的感情　*95, 179*
　　——的競争関係　*177, 180, 182, 244, 253*
　　——的空想　*53*
　　——的攻撃性　*95, 98, 100, 183*
　　——的子ども　*109*
　　——的三角　*145, 244*
　　——的素材　*93, 95*
　　——的体験　*108, 244*
　　——的発達　*178*
　　——的布置　*86, 178*
　　——的欲望　*92, 180*
　　——的両親　*113*
　　原始的——　*109, 178〜180*
　　性器的——性愛　*66*
　　前——　*86, 94*
　　早期——　*86, 92, 178*
エディプス・コンプレックス　*13, 78, 79, 85, 86, 89, 92〜94, 96, 127, 145, 176, 178, 181, 182, 265*
　　早期——　*92, 242*
　　フロイト的——　*179*
エディプス期　*94*

お

オグデン，T.　*163*
オショネシー，E.　*68*
恐れ dread　*171, 173*
恩恵　*249, 260*

か

カーンバーグ，O.　*234*
快感　*243, 246*
　　——希求　*212*
　　——の能力　*131*
　　感覚的——　*245*
快感原則　*13, 76, 191*
解体　*226〜228, 230, 231, 234, 235*
　　——プロセス　*231, 232*
　　早期——　*232*
　　退行的な原初的—— regressive primary disintegration　*231*
外的現実　*100, 173〜175*
外的事象 external events　*150*
外的世界　*174, 176*
　　——の連続性　*176*
外的対象　*165, 194, 273*
　　愛する——　*168*
回避
　　衝動の——　*121*
解離 dissociation　*208*
　　——的心的過程　*121*
　　——のプロセス　*202*
核 core　*165*
拡張リビドーモデル　*107*
隔離 isolate　*202*
葛藤解決能力　*182*
悲しみ sorrow　*163, 174*
感覚 sensation　*192*
環境因子　*265, 266, 275*
関係的 relational　*194*
　　——形態 relational format　*151*
関係パターン　*152*
感謝　*129, 132, 133, 234, 243, 245, 260, 273*
感情 feeling　*130*
観念表象　*148*
願望　*121*
願望充足　*49, 158*

幻覚的―― 　191, 219, 250, 253
寛容 tolerance 　190, 241, 271

き

記憶 　121
擬人化 　90, 197
擬人的存在様式 　148
擬人法 　151
傷ものの母親という感覚 the sense of a flawed mother 　156
気づかいの態度 　164
気づき awareness 　216, 219, 221, 235, 244
　　――の成長 　146
　　――の能力 　146
　　苦痛な―― 　253
希望 hope 　165, 167, 241
逆転移 　183
客観的用語 　155
急性不安状態 　168
吸啜 　104, 129
　　――期 the period of suckling 　143
驚愕 fright 　197
狂気 　167
凝集性 　226, 230, 233, 264
競争心 　183
強迫行為 　3
強迫症状 　77, 177, 204, 220
強迫神経症 　266
恐怖 　170, 171, 174, 180, 183, 203
　　急性破局―― 　170
　　侵略される―― 　217
去勢 　95, 181
近親姦 　95, 183
　　――願望 　94, 179

く

空想（幻想）phantasy 　146, 156, 166, 188, 192, 194～196, 199, 200, 213, 216, 218, 219, 221, 222, 235, 244, 253
　　――概念 　190
　　――活性 　194
　　――生活 　218, 249
　　――内容 　218, 221
　　――パターン 　151
　　意識的―― 　190

原始的――活動 　108
　　自己破壊的―― 　213
　　主観的―― 　150
　　乳児的―― 　197, 255
　　破壊的―― 　259
「空想の成り立ちとその機能」 　188, 189
苦境 　272, 273
クジャール，R. 　110, 111
苦痛 　217, 219, 221, 235, 237
　　――状態 　169
屈服 　172
苦難 suffering 　160
苦悩 　217
クライン，アーサー 　9, 11
クライン，エマヌエル 　38, 39
クライン，エリック 　9, 19, 20, 34, 36, 37, 39, 44～50, 52～54, 56, 57, 62, 121, 272
クライン，メリッタ 　9, 18
クラインの患者
　　エルナ 　60～65, 83, 109
　　エルンスト 　63
　　グレーテ 　62
　　ジェラルド 　95, 122
　　ジョージ 　114, 119
　　ディック 　120, 121, 209, 221
　　トゥルード 　62, 63, 65
　　ピーター 　62, 67
　　フェリックス 　57, 60～62
　　「フリッツ」 　20, 54～57
　　リタ 　62, 63, 93, 162, 177, 178, 180, 181, 265, 266
　　リチャード 　55, 99, 100, 101, 177, 179～181, 265
クライン派 　53, 75
グラヴァー，E. 　226
グリンバーグ，J. R. 　33, 66
苦しみ suffering 　270
クレペリン，E. 　205, 206
グロスクルス，P. 　23, 36, 272

け

経験
　　――する能力 　207, 210
系統発生 　97, 98, 101
　　――的遺伝 　130

劇化　　114
現実原則　　13
欠乏 need　　253
幻覚　　191, 219, 261
　　——する能力　　253
　　——的プロセス　　250
　　——の破綻　　253
原光景 primal scene　　94, 108, 182
　　良い——　　183
言語発達　　120
原罪 original sin　　90, 113, 204, 273
　　——主義　　106
　　——理論　　246
原始機制　　118
現実　　155
　　——の否認　　121
現実感覚　　48, 49, 51, 77, 85, 91, 101, 114, 124, 131, 135, 155～157, 175, 220, 247
　　——の発達　　174
「現実感覚の発達段階」　　28, 48, 49
現実原則　　76, 190
現実検討
　　——プロセス　　175
現実性 actuality　　175
現実対象　　174
現実認識　　50, 81, 84, 169
原始的恐怖心　　171
原始的空想生活　　179
原始的主観性 primitive subjectivity　　174
原始的象徴形成　　97
「原始的情動状態」　　226
原始的心的表象　　81
原始的防衛　　77
原始的未統合 primary unintegration　　204
原始的陽性情動　　130
原始的両価性　　174
現象　　149
原初状態
　　良性の——　　231
原初的羨望　　51, 134
原初的対象　　80
幻想（空想）phantasy　　77
　　——生活　　77

こ

後悔　　143
好奇心　　8, 37, 41, 42, 46, 50, 51, 53, 81, 265
　　性的——　　41, 43, 44, 49, 51
攻撃衝動　　192
　　前性器期的——　　122
攻撃性　　83, 85, 86, 95, 98～101, 112, 120～122, 129, 140, 146, 156, 164, 166, 168～171, 177～181, 197, 211, 216, 220, 222～224, 242, 244, 245, 256, 266, 267, 269, 271, 273
　　空想的——　　138
　　原始的——　　265
　　口唇的——　　99, 143, 156
　　肛門的——　　99
　　サディスティックな——　　242～244
　　制御不能の——　　170
　　前性器的——　　99, 101, 108, 109
　　羨望による——　　241, 251
　　何の得にもならない——　　251
　　乳児的な——　　169, 252
　　破壊的——　　156, 170, 256
　　母親への——　　242, 243
　　防衛的——　　248
　　無意味な——　　247
　　無差別的——　　200
攻撃的
　　——意志　　210, 219
　　——傾向　　86, 274
　　——欲動　　211
口唇期　　92, 94, 103～105, 109, 179
　　——固着　　104
　　——体験　　139
　　早期——　　103
口唇性
　　多型的 polymorphous な——　　95
口唇的　　12, 15, 94, 95, 104, 107
　　——感覚満足　　131
　　——吸啜　　105
　　——サディズム　　169, 181, 265
　　——衝動　　104
　　——食人相　　106
　　——体験　　143
　　——態度　　103
　　——飲み込み　　105

——幼児　　*181*
　　——リビドー　　*105*
　　原始的——体験　　*142*
合成 synthesise　　*237*
構造化 structuring　　*225*
行動化　　*172*
「荒廃の悪夢 a nightmare of desolation」　　*165, 170, 173*
肛門期　　*92, 94, 104〜106, 109, 179*
　　——第2期　　*105*
肛門的　　*12, 94, 95, 104, 107*
　　——サディズム　　*169*
　　——所有欲　　*105*
交流的諸感情　　*154*
国際精神分析協会（IPA）　　*26*
克服 overcoming　　*139, 146, 157, 159, 161〜163, 167, 170〜172, 174, 175, 184*
　　——体験　　*174*
　　大規模な——　　*174*
心 psyche　　*170*
個人差　　*262, 265*
個人分析　　*19*
個体発生　　*130*
　　——的発達　　*126*
固着　　*103, 179, 265*
固着点　　*77, 142, 184, 200*
孤独 loneliness　　*3, 10, 11, 268〜274*
　　——の緩和　　*268*
　　——の根源　　*269*
　　——論文　　*273*
「子どもの心的発達」　　*19, 21, 22, 32〜34, 39, 42, 48, 52, 53, 57*
孤立 isolation　　*208*
混成的現象 composite phenomenon　　*229*
混乱　　*259*

さ

罪悪感　　*54, 68, 86, 141, 143, 156, 157, 160, 162〜165, 168, 172, 173, 210, 259*
　　原始的—— primitive guilt　　*156, 163*
　　無意識的——　　*257, 258*
猜疑的（妄想的）paranoid　　*3, 200*
　　——な非安全感　　*269*
再断片化　　*235*
再統合　　*262*
再取り入れ　　*179, 231, 234*
再保証 reassurance　　*175*
　　——的再出現　　*247*
　　——的接触　　*175*
サディスティック　　*64, 65, 86, 94, 95, 98, 99, 137, 138, 140, 146, 159*
　　——な攻撃　　*112, 168, 171, 195*
　　——な衝動　　*89, 168*
サディズム　　*64, 89, 90, 92, 101, 105, 106, 110〜113, 117, 118, 120, 126, 127, 130, 132〜134, 141, 146, 168〜170, 173, 176, 243*
　　口唇——　　*105, 121, 143, 180*
　　肛門——　　*121*
　　前性器的——　　*101, 179*
　　羨望的な——　　*246*
　　早期口唇——　　*147*
　　乳幼児的——　　*113*
作動連絡路 operative link　　*197, 198, 213, 218*
残酷さ　　*85, 222, 245, 268, 274, 275*
　　原始的な——　　*169*

し

シーガル，H.　　*25, 139, 160, 161, 165, 272*
シェファード，N.　　*69*
自我 ego　　*28, 81, 110, 117, 118, 123, 131, 132, 135, 137, 140, 142, 143, 148, 151, 155, 165, 170, 171, 173, 175, 178, 181, 183, 196, 197, 202, 207, 210, 211, 213, 216, 217, 224〜228, 230〜235, 237, 240, 259, 262, 264〜267, 269, 271*
　　——活性　　*200, 248*
　　——関係　　*222*
　　——機能　　*117, 171, 213*
　　——の応答性　　*214*
　　——の解体　　*230*
　　——の核　　*131, 133, 137, 146, 226, 236, 241, 269*
　　——の強度　　*266, 271*
　　——の衰弱　　*211*
　　——の成熟　　*155*
　　——の望まれない部分　　*216, 217*
　　——の部分消滅　　*213*
　　——発達　　*188, 214*
　　——分割　　*231*
　　原初的——　　*225*
　　建設的-統合的——プロセス　　*231*

脆弱な―― 264〜266, 268, 271, 275
　　早期―― 195〜197, 202, 226, 227, 230, 232, 264, 265, 269
　　強い―― 264, 266, 271, 272
　　破壊的‐退行的――プロセス 231
　　フロイト的―― 118
　　萌芽的―― 124
自我中心 self-centred 158
「自我の中に据え付けられた対象 an object installed in the ego」 150
時間感覚 196
時間認識 176
自己 self 3, 5, 13, 17, 21, 32, 48, 51, 90, 98, 103, 108, 112, 117, 122〜124, 133, 140, 141, 145, 149, 150, 152, 158, 159, 160, 164, 165, 179, 200, 202, 203, 206, 213, 216, 217, 221, 222, 227〜229, 236, 237, 241, 259, 263, 270
　　――意識 97
　　――嫌悪 217
　　――疎外 270
　　――体験 120
　　――認識 self-awareness 222
　　――の発達 109
　　――の糞便部分 245
　　――の厄介な部分 220, 222
　　――破壊 221, 263
　　――批判 259
　　――部分 124, 218, 270
　　――理解 270
　　強迫的―― 124
　　サディスティックな―― 122
　　体験している―― 115
　　手の届かない――部分 270
　　パラノイド―― 124
　　一つの―― 229
　　分析家―― 57
　　文明化した―― 122
　　抑うつ的―― 124
　　欲望する―― 261
自己愛的脆弱性 147
思考 149
　　幻覚的―― 191
自己感覚
　　原始的―― 124
仕事 182

自己保存本能 91
自体愛 206
実体化 materialize 145
嫉妬 3, 95, 182, 183, 244, 245, 272
失望 146, 147, 171, 269, 274
『児童の精神分析』 61, 177, 204
児童分析 66〜69
　　――シンポジウム 68
「児童分析技法入門」 68
「児童分析の記録」 99〜101, 177
児童養護施設 72
死の本能 118, 203, 232, 233, 235, 243, 245, 247, 251, 260, 262〜264, 266
支配欲 97
自閉症 120
　　――的防衛 120
社会的良心 149
充実性 fullness 236
修正 166, 171, 175, 222
修復 reparation 110, 164〜167, 173, 176, 181, 183, 239
　　――活動 176
　　――の能力 181
　　――のプロセス 157
自由連想 81, 82
主観性 258
　　原始的―― 175
主観的 219
　　――空想 219
　　――状態 149, 155
　　――体験 14
　　――内的シナリオ 167
　　――な内的シナリオ 170
　　――不合理性 150
主体 149, 152, 158, 169, 194, 203, 204, 217, 259, 260, 263
シュタイナー，J. 160
受動的目的 128
授乳 249
授乳関係 156, 269
情愛 passion 128
　　早期乳幼児的―― 127
情愛的な流れ 127
正気 159
情緒 emotion 245

――体験　*169, 211*
――的感覚的装置　*194*
――的関係性　*107*
――的供給 emotional provision　*223, 255*
――的コミュニケーション　*218*
――的資源　*182*
――的流れ　*126, 245*
――的能力　*146, 210*
――の拡散　*210*
――の欠陥　*208*
象徴　*32*
――的意味　*67, 114, 184*
――的コミュニケーション　*53, 63*
――的表現　*81*
象徴化　*53*
象徴解釈　*67*
象徴機能　*111*
象徴形成　*16, 109, 111, 120, 129, 188*
象徴思考　*28, 111*
情緒的安全性 emotional security　*146, 182, 247*
滋養的乳房　*16*
衝動 impulse　*14, 40, 51, 52, 78, 80, 83, 91, 94, 96, 97, 104, 112, 120, 121, 124, 143, 160, 192, 193, 230, 235*
――コントロール　*14*
――制御　*78, 79*
――の抑制　*121*
愛の――　*106*
受け入れる――　*107*
快感希求――　*105*
拒否する――　*107*
原始的――　*83*
口唇的――　*241*
性的――　*43*
占有的な――　*244*
知識への動因や――　*51*
知への――　*42*
人間的――　*193*
破壊――　*106, 210, 219*
情動 affect　*32, 192, 211〜214*
衝迫 urge　*193*
盲目的――　*192*
ジョーンズ, E.　*14, 68, 73, 102, 239*
食人　*122, 143*

――攻撃　*15*
部分的――　*127*
ジョゼフ, B.　*160, 272*
所有欲　*97, 104, 105, 244, 245*
原始的――　*105*
進化　*155*
――相　*199*
人格化　*114, 188*
――活動　*109*
進化論　*97, 101, 103, 106*
心気症的　*177*
神経症　*40, 42, 72, 112, 177*
――者　*80*
古典的――　*205*
重症――　*204*
身体　*95*
――感覚　*225*
――言語　*29*
心的価値機能　*175*
心的過程　*218, 222*
心的記憶　*148*
心的機関 psychic agency　*113, 118, 148, 151*
心的機制　*107, 108, 206, 209, 213, 218, 219, 221, 235, 245, 260*
心的機能　*151, 154, 159*
痕跡な様式の――　*227*
心的現実　*147, 160, 163, 167, 173*
心的現象　*151, 154, 155, 219*
心的構造　*78, 79, 84, 155, 223〜225, 230, 259*
――モデル　*78*
永続的な――　*231*
原初的――　*231, 232*
心的作用　*194*
心的実在　*151*
心的生活　*158, 159, 191, 201, 205, 207, 210, 214, 223*
原始――　*201, 203, 252*
乳幼児の――　*199, 225, 240*
心的成長　*155, 157, 159, 247*
心的操作　*155*
心的装置　*17, 115, 149, 152, 196, 212, 224*
心的体験　*160*
心的弾力性 mental resilience　*223*
心的統一体　*155*
心的統合　*155, 169*

心的内容　*227*
心的表現　*198*
心的防衛　*117, 121, 123, 155, 156*
　　早期——　*117*
心的ポジション　*51*
信念 belief　*149, 165*
進歩　*172*
親密性
　　精神的——　*269*
信頼 trust　*165, 174, 241*
心理機制　*108*
神話体系　*109*

す

スキゾイド（分裂）　*204*
　　——・メカニズム　*210*
　　——患者　*210*
　　——的機能　*211*
スコット，W. C. M.　*229*
ストレイチー，J.　*14, 57*
スピリウス，E. B.　*274*
スプリッティング（分割）　*169, 210, 216, 219, 221, 223, 234, 236, 265, 269*
　　——・プロセス　*168, 213, 224, 225, 236*
　　——・メカニズム　*158, 220, 225, 259*
　　——の起源　*219*
　　根元的——　*236*
　　時間性の——　*229*
　　自発的——プロセス active splitting process　*232*
　　能動的な—— active splitting　*225, 226, 232*
　　防衛的——　*234*

せ

性愛　*42, 66, 67*
　　性感的——　*125*
性器期　*92, 104, 126, 179, 183*
性器性愛　*94, 127, 129*
性器態勢　*126*
性器段階　*182*
性器的
　　——願望　*180*
　　——傾向　*128*
　　——組織化　*179*
　　——体験　*127, 130*
　　——発達　*94*
　　——モード　*179*
　　——リビドー　*127, 128*
　　——レベル　*126*
性交
　　——概念　*181*
　　サディスティックな——　*183*
　　飲み込むような——　*181*
静中　*221*
成熟　*106*
「精神医学総論」　*206, 208*
精神性の発達段階　*104, 179*
精神的欠陥 mental deficiency　*162*
精神的病気 mental illness　*162*
精神病　*1, 3, 17, 77, 99, 102, 147, 159, 160, 163, 171, 201, 204, 205, 207, 227, 228, 230*
　　——的要素　*210*
　　原初的——　*204*
精神分析的遊技技法　*54*
性対象　*127*
成長　*134, 135, 163, 170, 174, 222, 234, 271*
　　——因子　*155*
　　——促進的　*214*
　　——的現象　*167*
　　——のプロセス　*163*
　　——力　*183*
性的啓蒙　*52*
性同一性
　　——形成　*179*
生の本能　*8, 131, 233, 235, 275*
生命 living　*201, 241*
性目的　*127*
性欲　*126*
生来性　*263, 264, 265, 267, 271, 275*
世界観　*166*
　　——の核　*211*
世界体験
　　原始的——　*201*
　　断片化した——　*159*
　　抑うつ的な——　*159*
世界認識
　　悲劇・抑うつ的な——　*174*
　　妄想・分裂的な——　*174*
責任感　*160*
積極技法　*23, 24*

セッティング　55
切望
　　完璧な内的状態への——　268
絶望　167
説話的観念的能力　192
前言語的　269
　　——存在　16
前性器期　94, 104, 107, 179
前性器段階　182
前性器的　101, 104
　　——空想　95
　　——攻撃性　95
　　——衝動　95
　　——性愛性　104, 106
　　——精神生活　106, 107
　　——組織化　126
　　——破壊性　99
　　——本能衝動　108
　　——モード　179
専制的万能支配　157
全体状況 a total situation　166〜169, 199, 234〜236
先入観　83
羨望 envy　3, 133, 209, 239〜241, 243〜264, 266, 268, 271〜273
　　——理論　239, 249〜251, 256, 262, 264, 266, 268
　　競争的——　255
　　原初的——　237, 240, 243, 247〜252, 258, 259, 260, 263
　　何の得にもならない——　247, 254, 258, 261, 268
　　破壊的——　247, 251
　　剥奪からの——　245
「羨望と感謝」　239, 241, 245, 248, 250〜252, 261〜263, 266
前両価的 pre-ambivalent　224

そ

素因　248, 264〜266
　　自己破壊的——　262
「躁うつ状態の病因論への寄与」　139, 154
躁うつ病　3, 17, 77, 102, 103, 144, 147, 162, 184, 200
早期愛　130〜132

——概念　129
早期エディプス
　　——空想　194
　　——状況　96
　　——体験　108, 109
　　——的布置　108
早期空想生活　193
早期状況　158
早期体験　169
早期対象愛　117, 128
「早期不安から見たエディプス・コンプレックス」　176
早期不安状況　100
相互主観的気づき intersubjective awareness　158
相互主体的　159
相互主体的関係化 intersubjective relating　159
相互分析　23
喪失 loss　137, 139, 141, 144, 146, 152, 156, 164〜168, 170, 173, 175, 195, 211
　　——感覚　139
　　——状況　144, 156
　　——体験　144, 170
　　——の恐怖 fear of loss　163
　　取り返しのつかない——　164, 167, 184
　　破滅的——　183
　　比喩としての—— metaphorical loss　139
喪失感 feelings of loss　147, 161, 163
創造　16, 181
　　——的な核　241
　　——プロセス　110
躁的
　　——状態　203
　　——否認的　156
躁的防衛　147, 156, 157
早発性痴呆 dementia praecox　103, 205, 206, 211
疎隔 detachment　208
組織化　196, 197, 228, 234
　　性器的——　126
組織体 organism　192, 193, 232, 247
存続性 continuity　167

た

体験
　──持続性　*229*
　痛みの──　*145*
　間接的に知られている──　*221*
　完全に知られている──　*221*
　時間──　*229*
　主観的──　*149, 151, 152, 155*
　身体的──　*145*
　内的──　*149*
　部分的に知られている──　*221*
　分割的── divided experience　*221*
対象　*108, 128, 131, 132, 141, 142, 144, 146〜148, 151, 156, 157, 163〜166, 168, 169, 172, 176, 191, 194, 200, 207, 210, 212, 216, 217, 220, 222, 244, 249, 253, 259, 269*
　──希求　*212*
　──認識　*174*
　──の安全への危惧（恐れ）fear for the object's safety　*170*
　──の中での再発見　*221*
　──の不在　*270*
　──の分割　*121*
　──の良さ　*143, 144, 183*
　──の悪さ　*143, 144, 183*
　愛の──　*156, 160*
　生きた──　*166*
　外的──　*148*
　極端に完璧な──　*123*
　極端に悪い──　*123*
　原初的──　*240, 271*
　誤認された──　*217*
　死にかけている──　*166, 173*
　死んだ──　*166, 173*
　身体的──　*241*
　全体──　*169, 179*
　母親──　*145, 179, 181, 201, 269*
　本能の──　*178*
　良い内在化された──　*170*
　良い養育的── the good, nurturing object　*164, 245*
対象愛　*125〜128, 131, 132, 169, 172*
　受動的──　*128, 129*
　早期の──　*134, 211*

対象関係　*1, 28, 29, 32, 33, 72, 76, 107, 129, 152, 154, 160, 163, 179, 193, 194, 207, 208, 211, 212, 240, 260, 268, 273*
　──思想　*34*
　──的要素　*107*
　──モデル　*34*
　健康な──　*184*
　原始的──　*107*
　敵対的──　*211, 218, 222*
　乳児的──　*217*
対象関係論　*33, 51*
対象指向性　*107*
対象世界　*123, 226*
対象中心 object-centred　*158*
体内化　*103, 107, 108, 109*
　口唇的──　*107*
大論争 Controversial Discussion　*75, 77, 78, 81, 125, 189, 194, 199, 204, 232, 239, 250*
多形倒錯的　*126*
出し惜しみ　*253, 254*
他者　*158, 274*
多重決定 over-determined　*180*
脱価値化　*255, 259, 260, 261*
　羨望的──　*256*
　侮蔑的──　*260*
脱情緒化 de-emotionalization　*208〜210, 213*
立て直す work over　*147*
断片　*229*
　自己の──　*203*
断片化　*105, 123, 124, 134, 158, 168, 169, 191, 200, 203, 211, 223, 225, 226, 229, 231〜234, 270, 271*
　──プロセス　*134, 201, 203, 232, 240, 269*
　二次的──　*233*
　破壊的──　*233*

ち

知覚
　──する能力　*207*
知識への欲望　*114*
乳房　*182, 234, 240, 241, 245, 247, 249, 261*
　応じてくれない unavailable ──　*251*
　応じてくれる available ──　*250, 254, 258, 261, 262*
　完全な──　*156*

空想上の―― *179*
授乳する―― *195, 199, 243, 253*
取り入れられた―― *152*
迫害的―― *132*
剝奪する―― *253*
母親の―― *181*
無尽蔵の―― *252, 255*
良い―― *224, 252*
理想化された―― *180*
悪い―― *180, 252, 253*
抽象思考 *249*
超自我 *78〜80, 84〜86, 89, 92, 109, 112, 113, 142, 148〜151, 270, 271*
　　――形成 *86*
　　過酷な―― *84, 113, 270, 271*
　　早期―― *86*

つ

償い reparation *68, 147, 176*
　　――のプロセス *147*
罪意識 *98*

て

抵抗 *52, 257*
敵意 *103, 121, 139, 141, 146, 181, 209, 211, 229, 269*
　　解決できない―― *167*
　　超然とした―― *199, 207*
転移 *27, 28, 80〜86, 92, 180, 211*
　　――状況 *92*
　　――的批判 *256*
転移状況 *172*
転移神経症 *80*
転置 displacement *112, 191, 216, 253*

と

ドイチャー, I *69*
ドイチュ, H. *139, 141, 142, 144, 151*
同一化 *122, 140, 141, 148, 151, 170, 171, 217, 221, 272*
同一性 identity *151, 222*
　　――形成 *131*
　　――の発達 *218*
動因 drive *51, 66*
　　知識への――や衝動 *51*

投影 projection *89, 90, 100, 101, 107, 108, 111〜114, 117, 118, 121, 122, 131, 160, 179, 183, 188, 189, 196, 197, 216, 217, 221, 222, 225, 230, 231, 233, 234, 236, 253, 265, 271, 273*
　　――的活動 *129*
　　――プロセス *217*
　　愛する感情の―― *130*
　　感情の―― *216*
　　敵対的―― *111*
投影同一化 projective identification *6, 214, 216〜218, 220〜223, 236*
　　――概念 *216, 218*
同化吸収 *109*
透過的 porous *169*
統合 *6, 8, 49, 50, 81, 107, 123, 124, 130, 134, 138, 155〜158, 162, 180, 181, 183, 195, 200, 203, 204, 211, 226, 227, 229〜231, 233〜236, 253, 269〜272*
　　――的機能 *155*
　　――プロセス *124, 231*
　　家族―― *183*
　　原初的―― *227*
　　好ましい―― *228*
　　心的―― *155*
　　早期―― *234*
　　発達的―― *124*
統合失調症 schizophrenia *3, 17, 77, 102, 103, 121, 162, 184, 202, 205, 206, 208, 229, 233, 270*
　　――的過程 *213*
　　早期―― *204*
倒錯 *274*
逃走・逃避反応 *119*
同等視 equate *249*
道徳性 *149, 154, 164, 172, 173*
　　対象関係の―― object-related morality *165, 166*
道徳的 moral *90, 113, 164, 167, 222, 270*
　　――罪悪感 *40*
　　――システム *184*
　　――水準 *172*
　　――側面 *166*
　　――達成 *160*
　　――中立性 *274*
　　――な枠組み moral framework *165, 172*
　　――配慮 *171*

——発達　　143, 184
　　——プロセス　　164
　　——モード　　172, 184
　　——抑うつポジション　　172
道徳の物語　　167
途絶 disruption　　224
トラウマ　　72, 157, 213
取り入れ introjection　　16, 28, 90, 105, 107, 108, 112〜114, 123, 131, 139〜144, 146, 148, 150, 165, 171, 173, 176, 179, 188, 189, 194, 197, 214, 223〜225, 230, 231, 234〜236, 240〜242, 245, 260, 265, 269, 271
　　再——　　108
　　能動的——　　129
　　未分化な——　　224
取り入れ同一化 introjective identification　　231
取り入れられた対象　　150, 151
鈍麻化 deadening　　213, 214
貪欲　　104, 176, 244, 245, 251, 259, 272
　　圧倒的な——　　168
　　破壊的な——　　168

な

内在化　　85, 114, 139, 142, 266
　　——された対象　　174
内的イマーゴ　　48, 113
内的感覚　　145
内的基質
　　具象的な—— a concrete internal substance　　249
内的機制　　213
内的供給源　　145
内的現実　　174, 175
内的構造　　79
内的混乱　　216
内的視覚イメージ　　194
内的事態 internal event　　165
内的シナリオ　　192, 194, 217, 220, 233, 240
　　エディプス的な——　　243
　　早期の——　　252, 272
内的状態
　　主体的—— subjective internal state　　166
内的生活　　176, 214
内的世界　　109, 129, 138, 165, 170, 176, 177, 182

内的体験　　173, 197
内的対象 inner object　　16, 81, 84, 122, 138, 139, 143, 147〜152, 155, 157, 160, 164, 165, 168, 175, 177, 197
　　——体験　　166
　　——の修復　　180
　　愛する——　　165
　　良い——　　146, 165, 172, 180
　　悪い——　　151, 180
内的対象関係論　　1
内的破壊　　170
　　——本能　　118
内的破局 internal catastrophe　　165
内的母親像　　110
内的プロセス　　175
内的分割　　122
内的本能エネルギー　　197
内的枠組み internal form　　81
内部化 incorporated　　249
内容物　　217
七つの大罪　　246
ナルシシスティック
　　——な要素　　207
ナルシシズム　　24, 76, 140, 206, 209, 217, 260
　　——期　　207
　　——的不平　　103
　　乳幼児的——　　103

に

憎しみ　　144, 157, 168〜170, 173, 180〜182, 211, 212, 217, 259, 262, 270
二次過程　　195〜197
　　——思考　　154, 190, 195
乳児　　266
　　快感希求的——　　245
　　対象希求的な情緒的——　　245
尿道的
　　——サディズム　　169
人間愛　　125
人間的世話　　212
人間の条件 human condition　　144
人間の本性　　266, 274, 275
認識
　　——知覚　　111

──能力　　51, 77, 192, 249
認識愛（愛知）本能 epistemophlic instinct
　　91, 97, 129, 155
忍耐　　241
認知症　　211

は

排出　　105, 107, 216
排除　　121
排泄　　217
ハイマン，P.　　239
破壊　　165, 167, 243, 245, 246, 247, 262, 266,
　　268, 271, 272, 274, 275
　　──機制　　105
　　──性要素　　263, 264
　　──相　　105
　　──的衝動　　247, 264, 270, 271
　　──的存在　　151
　　──的プロセス　　240, 273
　　攻撃的な──　　270
破局　　171
　　──的喪失感覚　　159
迫害　　174, 197, 231, 247
　　──的感情　　248, 261, 264, 266
　　──的恐怖　　162, 171
　　──的状態　　203, 220
迫害不安　　161, 162, 171, 251
　　原始的──　　158
剥奪　　254〜256, 258〜260, 262, 263, 266
　　自己──　　261
　　早期──　　251, 252
　　多大な──　　248
　　日常的──　　264
　　被──児　　248, 252
激しい関係化 intense relatedness　　132
恥　　98
発達経路　　157
発達段階　　154
発達理論　　158
母親からの逃避　　259, 260
母親対象　　140
母親的供給　　247
母親の身体　　15, 16, 53, 96, 97, 101, 114, 137,
　　178, 242〜244
ハムステッド・クリニック　　71

ハムステッド戦時保育園　　72
破滅　　152
パラノイア　　97, 162, 184
　　──的メカニズム　　169
バリント，アリス　　128, 131
バリント，マイケル　　28, 33, 128, 132, 134
　　──理論　　128
反逆状態　　146
反抗状態 rebellious state　　141
「反射性」心的行為　　118
反射的
　　──活性　　197
　　──防衛能力　　197
反生命力 anti-life force　　243, 245, 247
反動形成　　68
万能感　　36, 38, 48〜52, 166, 190, 219, 220
　　原始的──　　176, 250
　　攻撃的な──　　220
　　幼児の──　　48
万能的　　52, 216, 222
　　──解決　　52
　　──機制　　250
　　──空想　　37, 114, 133, 156, 219
　　──幻覚状態　　220
　　──攻撃　　259
　　──支配　　49, 156, 250, 261
　　──瞬間　　176
　　──存在　　46
　　──否認　　219, 220, 221
　　──プロセス　　250
反発達的避難所 anti-developmental shelter
　　180

ひ

悲哀 sadness
　　人間的── human sadness　　147
悲哀 unhappiness　　177
非安全感 insecurity　　274
PS ↔ D　　159, 163
ビオン，W. R. D.　　28, 159, 161〜163, 172, 216,
　　223
悲観主義　　246
悲劇　　152, 154, 164, 166, 167, 169〜171, 173,
　　174, 176
　　──への不安　　172

原始的―― *172*
　　　潜在する―― *173*
　　　乳幼児的―― *165, 172*
悲劇的 tragic　*164, 165, 173, 237, 243, 273*
　　　――感情　*172*
　　　――状況　*170, 271*
　　　――状態　*171, 184, 200*
　　　――水準　*172*
　　　――側面　*166*
　　　――な内的シナリオ　*172, 184*
　　　――不安　*166, 170*
　　　――モード　*184*
　　　――要素　*172*
　　　――抑うつポジション　*172*
非現実的な現実　*188*
悲嘆 grief　*146, 157, 163, 175, 270*
ビック　*272*
否定 negation　*191, 195, 196, 251*
　　　――主義　*246*
人見知り　*84*
非防衛的理想　*133*
非ユダヤ的ユダヤ人　*69*
憑依　*148*
表象　*148, 194, 195, 197*
ヒンシェルウッド，R. D.　*148, 163*

ふ

ファイン，R.　*205*
不安 anxiety　*2, 3, 8, 10〜13, 17, 20, 34〜39, 43, 44, 55, 62, 63, 68, 74, 77, 82〜86, 100, 111〜115, 117〜121, 124, 127, 130, 132, 134, 135, 137, 151, 152, 160〜163, 168, 170〜174, 176〜178, 180, 184, 200, 201, 203, 204, 210, 213, 214, 217, 218, 233, 237, 242, 248, 262, 264〜267, 271, 275*
　　　――概念　*127*
　　　――体験　*118*
　　　――耐性　*112*
　　　――の概念　*112*
　　　――の欠如　*210*
　　　――の代替物　*211*
　　　――発作　*84*
　　　内側から破壊される――　*233*
　　　過剰な――　*183, 248*
　　　去勢――　*35*
　　　原始的――　*175, 180, 217*

　　　原初的――　*232*
　　　口唇的――　*265*
　　　肛門的――　*265*
　　　精神病的――　*159, 168, 171, 228, 233*
　　　潜在的――　*210*
　　　前性器的な――　*179*
　　　早期の――　*175, 179, 265, 271*
　　　乳幼児的――　*113, 203*
　　　尿道的――　*265*
　　　悲劇的――　*166, 184*
　　　妄想分裂的――　*161*
　　　抑うつ的――　*161, 176*
不安 insecurity
　　　秘かな――　*260*
不安惹起的対象　*121*
フィリップス，A.　*227, 230*
フーク・ヘルムート，H.　*4, 57*
フェアバーン，W. R. D.　*28, 33, 202, 203, 204, 207, 208, 210, 212, 213, 223〜226, 231, 232, 236*
フェニケル，O.　*140, 142, 151*
フェレンツィ，S.　*4, 10, 11, 19, 20, 21〜34, 36, 40, 42, 43, 46, 48〜52, 54, 55, 82〜85, 91, 101, 102, 114, 128, 155, 174, 219, 220, 232*
フォレスター，J.　*26*
不穏な動揺 disturbance　*236*
深い解釈 deep interpretation　*67*
不寛容　*263*
復元力 resilience　*248, 262*
復讐心　*143*
服喪 mourning　*139, 147, 175*
不在の乳房　*138*
不足　*169*
部族信仰　*148*
布置 constellation　*86, 108, 109, 154, 164*
部分対象　*130, 138, 194, 200, 226, 235*
　　　良い――　*146, 235*
　　　理想的――　*138*
　　　悪い――　*146*
不平　*209, 211, 254, 255, 261, 273*
　　　羨望的――　*259*
不満　*181*
ブルクヘルツリ病院　*102, 205, 206*
フロイト，S.　*2, 8, 13, 14, 16, 18, 19, 21, 24〜28, 30, 33〜36, 39〜41, 46, 48, 49, 51, 60, 61, 66, 70, 73, 76, 85, 86, 91, 92, 94, 97, 101〜105, 118,*

121, 125〜127, 131, 140, 149, 164, 175, 176, 178, 179, 182, 190, 193, 196, 205, 206, 212, 219, 220, 232, 245, 250, 252, 257
　——本能論　193
　——症例：鼠男　220
　——症例：ハンス坊や　13, 33, 34, 35, 40, 41, 44, 55, 57, 60, 95
フロイト，アナ　18, 30, 55, 68〜82, 84, 85, 195, 196
フロイト・クライン論争　18, 75, 118, 149
フロイト・フェレンツィ書簡　27
ブロイラー，E.　102, 103, 142, 205, 206, 208, 229
分化 differentiation　234
分割 splitting　121, 123, 132, 160, 169, 202, 205, 232, 271
　——プロセス　122, 204, 216
　——防衛　123
分割排除 split-off　223
憤怒　176, 203, 263
　妄想的な——　254
分離 divorce　213
分離 separation　165
　心理的——　201
分裂 schizoid　200, 207
　——概念　201
　——的機制　199, 205, 213, 214, 216, 218, 219, 221, 223, 225, 226, 231, 232, 235, 237
　——的現象　202, 204, 205, 207
　——的状態　202, 204, 205, 207〜209, 237
　——的スプリッティング　210
　——的超然性 schizoid detachment　209
　——的反応　211
　——的病理　214
　——的プロセス　207, 209, 213, 232
　——的防衛　103, 203, 211, 214, 223
　原始的——機制　201
　病理的——状態　202
「分裂的機制についての覚え書き」　199, 207, 222, 225
分裂排除　106
分裂病　206
分裂ポジション schizoid position　202
　——概念　202

へ

閉所恐怖　217
ヘイノー，A.　27
ペトー，J.-M.　23, 36
ペニス　96, 182
　恐ろしい——　180
　サディスティックな——　181
　父親の——　180, 181
ベルンフェルド，S.　72
弁証法的緊張　172

ほ

防衛　121, 154, 157, 178, 200, 201, 214, 234, 248, 259, 260, 273
　——戦略　197
　——的活性　124, 197
　——様式　192
　攻撃的な——　237
　最早期心的——　198
　乳児的——　214
防衛機制　77, 197, 225, 240
　原始的——　200
　早期——　196
崩壊 breakdown　165, 227
防御
　——活性　196
放出　107, 108
報復の恐怖　95
ボウルビィ，J.　28
保護力　181
保持　105, 107
母子関係の基質 the mother-infant matrix　152
ポジション　203
　——概念　124, 160
　——論　124, 154, 159
　基礎的——　203
　分裂——　203
　妄想的——　203
　幼児的——　182
母性的環境　225
母体内容物　249
ホッファー，W.　72
ボラス，C.　32

本能　　*41, 49, 51, 63, 79, 83, 91, 193, 197, 198, 211, 212, 218, 225, 235, 268*
　　――活動　　*129, 200*
　　――傾向　　*79*
　　――生活　　*77, 178*
　　――的緊張　　*212*
　　――的衝動　　*119, 195, 198, 214*
　　――的所有欲求　　*97, 244*
　　――的満足　　*245*
　　――的欲望　　*131, 133, 164*
　　――の心的帰結 the mental corollary　　*192*
　　――の精神的代理 psychic representative　　*192*
　　快感希求的――　　*126*
　　口唇的――衝動　　*249*
　　フロイトの――論　　*212*

ま

魔術的コントロール　　*219*
マゾキスティック
　　――な反応　　*257*
丸井　　*140*
満足状態　　*169*

み

惨めさ misery　　*270*
ミッチェル，S.　　*33, 66, 117*
未統合　　*216, 223, 225, 226, 232, 234, 264*
　　原初的――　　*226〜232, 235*
　　良性の――　　*231*
未分化　　*224*

む

無意識　　*6, 15, 17, 28, 32, 47, 48, 53, 63, 67, 74, 77, 82, 84, 93, 98, 103, 133, 148, 150, 154, 180, 182, 190, 192, 195, 196, 209, 219, 241, 246, 259, 269*
　　――生活　　*40, 154, 196, 197*
　　――的意義　　*53*
　　――的応答性　　*74*
　　――的要素　　*20*
　　――の言語　　*109*
　　――への王道　　*82, 190*
　　――領域　　*66*
　　――レベル　　*103*

無意識的空想 unconscious phantasy　　*61, 93, 109, 131, 133, 148, 164, 178, 188〜198, 210, 213, 216, 218, 219, 225, 235, 241, 249, 250*
　　――概念　　*188〜190, 195〜197*
無意識的不安　　*36, 100*
無関心　　*121, 208*
貪り
　　復讐に満ちた―― vengeful devouring　　*143*
無意識的攻撃性　　*141*
無‐道徳的　　*104, 106*
無力感　　*228, 261*

め

銘記　　*224*
メタ心理学　　*250, 259*
メランコリーの起源　　*163*
メルツァー，D.　　*160, 161*

も

喪　　*137*
妄想　　*141*
　　――状態　　*169*
　　――的解釈　　*254*
　　――的衝動　　*222*
　　――的スタンス　　*160*
妄想分裂
　　――的状態　　*169, 183*
　　――的な世界認識　　*174*
　　――的枠組み paranoid-schizoid framework　　*168*
　　――レベル　　*162*
妄想分裂ポジション　　*134, 158〜161, 168, 172, 198, 199〜201, 204, 240, 269*
盲目的生物学的奮闘　　*192*
「喪とその躁うつ状態との関係」　　*139, 154*
「喪とメランコリー」　　*140, 142*
モラル構造　　*158*

や

夜驚　　*93*
ヤング・ブリュエール，E.　　*68*

ゆ

優愛 tender　　*128*
遊技技法　　*60, 74*

有機的な交流　　148
ユダヤ
　　──系思想家　　69
　　──人女性の同一性　　69
　　──性　　69
夢生活　　192
夢見　　191
ユング，C. G.　　102, 103, 206

よ

良い
　　──経験的枠組み　　236
　　──側面　　81, 133
　　──存在　　152
　　──体験　　124, 132, 145, 171, 236, 237, 248, 266
　　──乳房　　138, 146, 182, 233, 234, 241, 249, 271
　　──母親像　　110
　　──部分　　155, 269
　　──ペニス　　182
良い対象 the good object　　124, 130〜134, 137, 157, 164, 165, 168, 170, 171, 176〜178, 181〜183, 224, 230, 231, 233, 234, 236, 237, 240〜244, 252, 260, 262, 268〜270, 272, 273
　　原初的な── primary good object　　134
養育的資源　　247
幼児期神経症　　174, 175
幼児性愛　　14, 66, 91
　　──概念　　14
　　──理論　　14, 92
幼児的性理論　　93
抑圧　　41, 42, 98, 119, 121, 122, 257, 270
　　──理論　　121
抑圧概念　　121
抑うつ depression　　3, 69, 103, 110, 137, 139〜148, 152, 156〜163, 167〜169, 171〜179, 182〜184, 188, 195, 198〜203, 210, 265
　　──感情　　174
　　──現象　　160, 164
　　──的位置　　157
　　──的危機　　141
　　──的空想　　166
　　──的状態　　168, 169, 183, 196, 203
　　──的スタンス　　160

　　──的体験　　163, 166
　　──の発作　　147
　　──病理　　201
　　破滅的──　　179
抑うつ不安　　161, 178, 184
　　──の克服　　162
　　悲劇的──　　183
抑うつポジション　　125, 134, 135, 137, 138, 143〜145, 147, 148, 152, 154〜164, 166〜169, 172〜179, 182〜184, 188, 195, 198〜203, 231, 240, 270
　　──概念　　103, 143, 144, 156, 158, 163, 188, 195, 198, 222
　　──の克服　　147, 161, 173, 176〜178, 182, 183, 247
　　──論文　　139
抑制　　82, 83, 85, 120, 141
　　──の解放　　53
　　──の欠如　　83
欲動　　14, 211, 212
　　──モデル　　33
　　──論　　34, 245
欲望 desire　　105, 166, 182, 193, 220, 250, 252
　　愛されたい──　　128
　　性器的──　　181
　　本能的──　　241, 249
良さ goodness　　76, 115, 123, 131, 133, 138, 145, 146, 157, 170, 180, 224, 225, 243, 244, 247, 252, 253, 266, 267, 273
　　──という概念　　146
　　──の原型　　171
　　──の原理 the principle of goodness　　171
　　原初的な──　　134
　　生命の──　　176
　　対象の──　　132
　　母性的な──　　165, 241
良さと悪さという観念　　145
欲求不満 frustration　　165, 180, 181, 219, 252, 258, 262, 264, 266, 273, 275

ら

ラド，S.　　10, 123, 141〜143, 146, 151, 169
ランク，O.　　24

り

リアリズム　　246

リヴィエール，J.　　165, 193, 274
理性的作用 a reasoning act of realizing　　169
理想化 idealization　　2, 38, 81, 132～134, 179
　病理的──　　133, 134
　防衛的──　　132
理想的
　──体験　　134
　──対象　　138, 219
　──な体験　　132
離乳 weaning　　137～139, 144, 165, 195, 201, 266
　心理的な──　　138
「離乳について」　　96
リビドー　　104, 126, 127, 130, 131, 134, 213
　──概念の拡張　　131
　──状態　　129
　──衝動　　104, 212, 233
　──生活　　125, 179
　──的快感　　234
　──的活動　　130
　──的関係　　126
　──的願望　　192
　──的諸要素　　66, 245
　──的体験　　195, 269
　──的に備給された乳房　　131
　──的熱情 libidinal passion　　131
　──発達　　176, 179, 182
　──本能　　91
　──満足　　129, 212
　──領域　　127
　──理論　　51, 103, 131

官能的・エロス的な──生活　　125
最早期──段階　　207
情緒的な──生活　　125
早期──　　129
リビドー本能　　51
両価性（アンビヴァレンス）　　200, 210, 270
両親像　　108
両親表象　　108
良性　　159, 232
良性次元
　受動的──　　232

れ

霊　　148
劣等感　　257

ろ

ローゼンフェルド，H.　　168, 172

わ

悪い
　──側面　　81
　──存在　　152
　──体験　　145
　──対象　　121, 179, 180, 219, 224, 231, 236, 242, 253, 273
　──部分　　155
　不安惹起的な──イマーゴ　　122
悪さ badness　　76, 83, 106, 115, 138, 146, 157, 180, 225, 236
ワークスルー　　90, 161, 271

訳者略歴
飛谷渉（とびたに　わたる）
1964年　大阪府高槻市生まれ，滋賀県大津市にて児童期思春期を過ごす。
1991年　大阪市立大学医学部卒。
1996年　同大学院博士課程修了，医学博士。
　　　　以後，大阪市立大学神経精神医学教室助手を経て，2004-2008年ロンドン・タヴィストック・センター思春期青年期部門留学，思春期青年期臨床課程修了。同時期にクライン派精神分析家に師事し精神分析を学ぶ。ロンドン芸術大学（University of Art London）にて学生メンタルヘルス・コンサルタントとして勤務。
現　職　大阪教育大学保健センター准教授。日本精神分析学会認定スーパーバイザー。
著訳書　現代のエスプリ別冊　オールアバウト「メラニー・クライン」（分担執筆「メルツァーの急進的展開」），至文堂，2004
　　　　メルツァー「精神分析過程(1967)」（共訳・解題），金剛出版，2010

新釈 メラニー・クライン
ISBN978-4-7533-1081-4

訳 者
飛谷 渉

2014年11月1日　第1刷発行

印刷　広研印刷(株)　／　製本　(株)若林製本
―――

発行所　　(株)岩崎学術出版社　〒112-0005　東京都文京区水道1-9-2
発行者　村上 学
電話 03(5805)6623　FAX 03(3816)5123
©2014　岩崎学術出版社
乱丁・落丁本はおとりかえいたします　検印省略

見ることと見られること――「こころの退避」から「恥」の精神分析へ
J・シュタイナー著　衣笠隆幸監訳
新しく包括的な，クライン派による「抵抗」論　　　　　　　本体3800円

フロイトを読む――年代順に紐解くフロイト著作
J-M・キノドス著　福本修監訳
フロイトと出会い対話するための絶好の案内書　　　　　　　本体4600円

母子臨床の精神力動――精神分析・発達心理学から子育て支援へ
ラファエル-レフ編　木部則雄監訳
母子関係を理解し支援につなげるための珠玉の論文集　　　　本体6600円

米国クライン派の臨床――自分自身のこころ
R・ケイパー著　松木邦裕監訳
明晰かつ率直な精神分析についての卓越した分析　　　　　　本体3800円

臨床現場に生かすクライン派精神分析――精神分析における洞察と関係性
ウィッテンバーグ著　平井正三監訳
臨床現場に生きる実践家のために　　　　　　　　　　　　　本体2800円

精神分析の学びと深まり――内省と観察が支える心理臨床
平井正三著
日々の臨床を支える精神分析の「実質」とは　　　　　　　　本体3100円

精神分析的心理療法と象徴化――コンテインメントをめぐる臨床思考
平井正三著
治療空間が成長と変化を促す器であるために　　　　　　　　本体3800円

こどもの精神分析Ⅱ――クライン派による現代のこどもへのアプローチ
木部則雄著
前作から6年，こどもの心的世界の探索の深まり　　　　　　本体3800円

ウィニコットを学ぶ――対話することと創造すること
館直彦著
「ともにいること」を重視する治療論への誘い　　　　　　　本体2600円

この本体価格に消費税が加算されます。定価は変わることがあります。